Logistiknetzwerke

Lizenz zum Wissen.

Sichern Sie sich umfassendes Wirtschaftswissen mit Sofortzugriff auf tausende Fachbücher und Fachzeitschriften aus den Bereichen: Management, Finance & Controlling, Business IT, Marketing, Public Relations, Vertrieb und Banking.

Exklusiv für Leser von Springer-Fachbüchern: Testen Sie Springer für Professionals 30 Tage unverbindlich. Nutzen Sie dazu im Bestellverlauf Ihren persönlichen Aktionscode C0005407 auf *www.springerprofessional.de/buchkunden/*

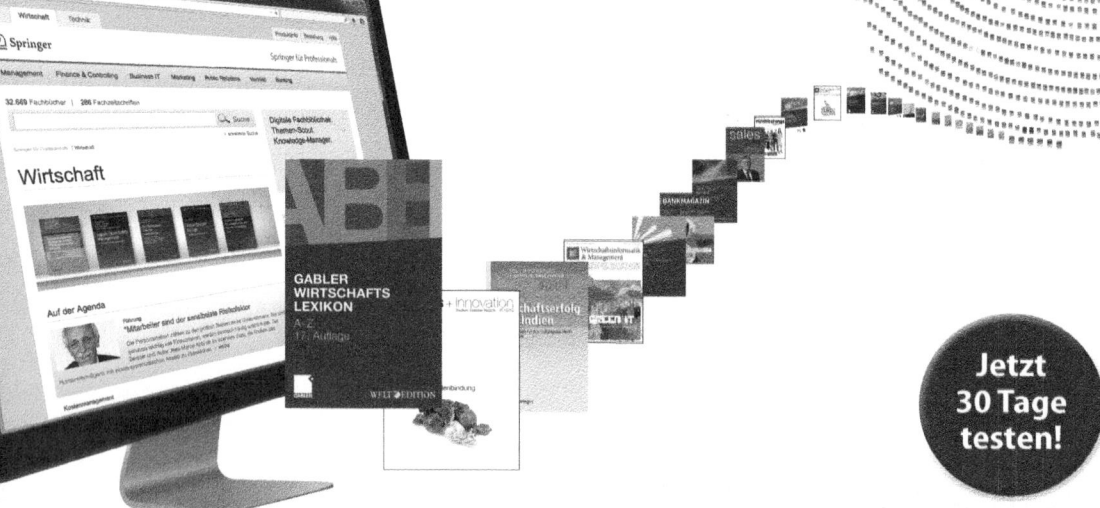

Jetzt 30 Tage testen!

Springer für Professionals.
Digitale Fachbibliothek. Themen-Scout. Knowledge-Manager.

- Zugriff auf tausende von Fachbüchern und Fachzeitschriften
- Selektion, Komprimierung und Verknüpfung relevanter Themen durch Fachredaktionen
- Tools zur persönlichen Wissensorganisation und Vernetzung

www.entschieden-intelligenter.de

Springer für Professionals

 Springer

Dirk Mattfeld · Richard Vahrenkamp

Logistiknetzwerke

Modelle für Standortwahl und Tourenplanung

2., aktualisierte und überarbeitete Auflage

Springer Gabler

Prof. Dr. Dirk Mattfeld
TU Braunschweig
Braunschweig, Deutschland

Prof. Dr. i.R. Richard Vahrenkamp
Universität Kassel
Kassel, Deutschland

ISBN 978-3-8349-2269-4
DOI 10.1007/978-3-8349-6912-5

ISBN 978-3-8349-6912-5 (eBook)

Die Deutsche Nationalbibliothek verzeichnet diese Publikation in der Deutschen Nationalbibliografie; detaillierte bibliografische Daten sind im Internet über http://dnb.d-nb.de abrufbar.

Springer Gabler

Lektorat: Susanne Kramer, Renate Schilling

Gedruckt auf säurefreiem und chlorfrei gebleichtem Papier

Springer Gabler ist eine Marke von Springer DE. Springer DE ist Teil der Fachverlagsgruppe Springer Science+Business Media.
www.springer-gabler.de

Vorwort zur 2. Auflage

Die außerordentlich gute Akzeptanz der 1. Auflage dieses Buches hat die nun vorliegende Auflage motiviert. Dabei sind die Autoren ihrer Zielsetzung eines grundlegenden und umfassenden Verständnisses von quantitativen Modellen und Methoden im Logistikmanagement treu geblieben. Es wurden nur behutsame Änderungen vorgenommen, die Literatur erfuhr eine Überarbeitung und zahlreiche Fehler der 1. Auflage konnten ausgemerzt werden.

Die Autoren schlagen das Buch Studierenden der Betriebswirtschaftslehre, der Wirtschaftsinformatik und des Wirtschaftsingenieurwesens als begleitende Lektüre für Lehrveranstaltungen mit Fokussierung auf die Standortplanung (Teil 1+2) bzw. die Tourenplanung (Teil 1+3) in der späten Bachelor-Phase vor. In der Master-Phase ist die Betrachtung beider Bereiche (Teil 2+3) dank entsprechender Vorkenntnisse in einem Semester möglich.

Dieses Buch setzt elementare Kenntnisse des Logistikmanagements (z. B. Günther und Tempelmeier 2005, Vahrenkamp 2005) sowie des Operations Research (z. B. Domschke und Drexl 2011, Suhl und Mellouli 2006) voraus. Diese Kenntnisse sollen in gesonderten Lehrveranstaltungen der frühen Bachelor-Phase erworben werden. Für eine Vertiefung seien die Werke von Domschke 1996, 1997 und 2007 sowie von Grünert und Irnich, Bd. 1+2 2005 empfohlen.

Die Autoren danken Frau Dipl. Math. Viola Ricker und und Herrn Dipl. Wirt.-Inf. Patrick Vogel (beide TU Braunschweig) für eine Vielzahl von Korrekturen und Verbesserungen gegenüber der 1. Auflage des Buches. Besonderer Dank gebührt Herrn Malte Becker (ebenfalls TU Braunschweig) für die Unterstützung bei der Erstellung des Buches. Frau Susanne Kramer vom Springer Gabler Verlag hat das Buchprojekt kompetent betreut.

Braunschweig und Berlin im Juli 2013   D. C. Mattfeld und R. Vahrenkamp

Vorwort zur 1. Auflage

Ziel des vorliegenden Buches ist das grundlegende und umfassende Verständnis von quantitativen Modellen und Methoden im Logistikmanagement. Adressaten des Buches sind die Studierenden der Betriebswirtschaftslehre, der Wirtschaftsinformatik und des Wirtschaftsingenieurwesens in universitären Bachelor- und Masterstudiengängen.

Dieses Buch setzt elementare Kenntnisse des Logistikmanagements (z. B. Günther und Tempelmeier 2003, Vahrenkamp 2005) sowie des Operations Research (z. B. Domschke und Drexl 2007, Suhl und Mellouli 2006) voraus. Diese Kenntnisse sollen in gesonderten Lehrveranstaltungen der frühen Bachelor-Phase erworben werden.

Die Autoren schlagen das Buch als begleitende Lektüre für Lehrveranstaltungen mit Fokussierung auf die Standortplanung (Teil 1+2) bzw. die Tourenplanung (Teil 1+3) in der späten Bachelor-Phase vor. In der Master-Phase ist die Betrachtung beider Bereiche (Teil 2+3) dank entsprechender Vorkenntnisse in einem Semester möglich.

Für eine weiterführende Vertiefung seien die jeweils dreibändigen Werke von Domschke 1996, 1997 und 2007 sowie von Grünert und Irnich, Bd. 1+2 2005 (Bd. 3 soll erscheinen) empfohlen.

Die Auswahl der Inhalte ist von der praktischen Relevanz der vorgestellten Modelle und Methoden sowie von dem didaktischen Aufbau des Buches bestimmt. Die Inhalte werden konsequent anhand von Abbildungen und Tabellen illustriert und durch eine Vielzahl von Beispielen vertieft.

Die vorgestellten Algorithmen werden in Form von Programmen und Java-Applets auf der Webpage des Buches (http://www.gabler.de) bereitgestellt. Hier finden sich auch Aufgaben und Lösungen zum Stoff des Buches sowie auf Anfrage auch Lehrmaterial für Dozenten.

Die Autoren danken besonders Herrn Malte Becker und Herrn Dipl. Wirt.-Inf. Thomas Huth für die Unterstützung bei der Erstellung des Buches (beide TU Braunschweig). Frau Susanne Kramer vom Gabler Verlag hat das Buchprojekt kompetent betreut. Die Autoren danken der Deutschen Post AG, die durch ihr Sponsoring einen attraktiven Preis des Buches ermöglicht.

Kassel und Braunschweig im Juli 2007   R. Vahrenkamp und D. C. Mattfeld

Inhaltsverzeichnis

Teil I

Grundlagen

1 Modellierung von Logistiknetzwerken

Für die Darstellung der Verfahren zur Konfiguration von Logistiknetzwerken sind eine Reihe grundlegender Begriffe und Zusammenhänge notwendig, die in **Teil 1** des Buches in den Kapiteln 1-4 vermittelt werden.

- In diesem Kapitel werden die **Grundbegriffe der Netzwerktheorie** vorgestellt und dargelegt, wie ein Logistiknetzwerk als ein System von Knoten und Kanten modelliert werden kann. Es schließt sich eine Diskussion der Bewertungen in Netzwerken sowie deren Implikationen für die Lösbarkeit von Netzwerkmodellen an.

- In **Kapitel 2** wird das **Baumkonzept** als ein erstes Grundgerüst für die Netzwerkmodellierung eingeführt. Internet-Backbones und Versorgungsnetze sind Fragestellungen, die sich geeignet mithilfe von Bäumen abbilden lassen. Deren effiziente Auslegung ist durch das Konstrukt der minimalen aufspannenden Bäume und deren Erweiterungen darstellbar.

- **Kapitel 3** setzt sich mit der Betrachtung der Komplexität von **Algorithmen** und grundlegenden **Datenstrukturen** für die Abbildung von Netzwerken auseinander. Die vorgestellten Konzepte werden anhand von Algorithmen erläutert, die die Erreichbarkeit von Knoten mittels der Breiten- und Tiefensuche gewährleisten.

- Das **Kapitel 4** ist der grundlegenden Fragestellung bei der Überbrückung von Distanzen auf dem kürzesten Weg gewidmet. Die vorgestellten **Kürzeste-Wege-Verfahren** bilden die Grundlage für eine Reihe weiterer in den Folgekapiteln vorgestellter Optimierungsverfahren.

Aufbauend auf diesen Grundlagen werden in **Teil 2** in den Kapiteln 5-7 die zentralen Fragestellungen der Standortplanung bei der Konfiguration von Logistiknetzwerken behandelt.

- Bei der Planung von Distributionsnetzwerken für Konsumgüter stellt sich die Frage nach der Anzahl der Lagerstufen sowie der Verteilung der Lager im geografischen Raum. **Kapitel 5** beschäftigt sich mit Fragen der **Standortwahl** in Netzwerken mit und ohne Fixkostenstrukturen.

- Stehen die Lagerstandorte fest, ist zu entscheiden, welche Kunden von welchen Lagerstandorten aus mit welchen Mengen bedient werden sollen. Dieser unter dem Stichwort **Transport- und Zuordnungsmodelle** diskutierte Problemkreis ist Gegenstand von **Kapitel 6**. Für das Verständnis des ungarischen Algorithmus zur

Lösung des Zuordnungsproblems sind Kenntnisse in linearer Optimierung erforderlich.

▨ Speziell in Luftverkehrsnetzen und bei der Paketdistribution spielen **Hub-Konfigurationen** eine besondere Rolle. In **Kapitel 7** geht es um die Frage, ob zwei Knoten eines Netzwerks über eine direkte Relation oder indirekt über einen sog. Hub – das ist ein zentraler Knoten im Netzwerk, auf den andere Transportverbindungen sternförmig zulaufen – verbunden werden sollen.

Teil 3 des Buches setzt sich in den Kapiteln 8-10 mit der Tourenplanung als der operativen Ebene der Planung und Steuerung von Logistiksystemen auseinander.

▨ Bei der Planung von Sammel- und Verteilverkehren in Städten spielen Rundreiseprobleme eine zentrale Rolle. **Kapitel 8** widmet sich den **kantenorientierten Rundreiseproblemen,** die bei der Planung von Briefträgertouren oder bei der Routenplanung für die Müllabfuhr zum Einsatz kommen.

▨ In **Kapitel 9** sollen bei den als Travelling Salesman Problemen bekannten **knotenorientierten Rundreiseproblemen** alle Knoten im Netzwerk (z. B. Kunden, Lager, Haltestellen usw.) in optimaler Reihenfolge angefahren werden.

▨ Gegenstand von **Tourenplanungsproblemen** ist die Belieferung von Kunden einer Region mit einer Anzahl von Fahrzeugen mit bestimmten Kapazitäten von einem oder mehreren Depots aus.

▨ Dieses in **Kapitel 10** behandelte Thema ist für die Planung von Ausliefertouren an die Endkunden im B2C-Segment des E-Commerce besonders relevant.

Die aufgeworfenen Fragestellungen werden ausführlich dargestellt. Es werden jeweils wichtige Varianten der Fragestellungen diskutiert und Verfahren zu ihrer Lösung vorgestellt. Die Vorgehensweise der Algorithmen wird in Beispielen erläutert. Bei der Auswahl der Verfahren wurde auf hohe Praxisrelevanz Wert gelegt und häufig effizienten Heuristiken gegenüber optimierenden Verfahren der Vorzug gegeben.

Zur Lösung eines Teils der in diesem Buch vorgestellten Modelle können Standard-Solver für Lineare Optimierungsprobleme mit stetigen und ganzzahligen Entscheidungsvariablen eingesetzt werden. Einige dieser Programme können als Studentenversion mit reduzierter Kapazität aus dem Netz geladen werden. Zu nennen sind die Solver von ILOG, LINDO, DASH und CLIPMOPS von der FU Berlin (vgl. Werners 2004). Auch die Studentenversion der integrierten Entwicklungsumgebung des Dash-Solvers, Express-Ive, kann aus dem Web heruntergeladen werden. In diesem Buch werden die Solver von LINDO und die Entwicklungsumgebung Express-Ive von DASH mit der Problemformulierungssprache MOSEL angewendet (Werners 2006, Guéret et al. 2002). Die verwendeten Modelle und andere Softwarelösungen können von der Webpage des Buches heruntergeladen werden (www.gabler.de).

1.1 Anwendungen der Netzwerkmodellierung

Moderne Logistiksysteme beruhen auf dem Konzept von Flüssen in einem Netzwerk, in dem Rechte, Güter, Finanzströme und Informationen von Quellen über Zwischenknoten zu Senken fließen und dabei Raum- und Zeitdifferenzen sowie Grenzen von Unternehmen überwinden. Mit der räumlich/zeitlichen Veränderung der Güter geht häufig eine Transformation hinsichtlich Mengen, Sorten, Handhabungseigenschaften und zugehörigen Informationen einher. Das Netzwerkkonzept eignet sich daher besonders gut, unternehmensübergreifende Flüsse in einer Logistikkette abzubilden.

Mit Netzwerken lassen sich Logistiksysteme in anschaulicher Weise darstellen. Analog können in Form von Netzwerken modelliert werden:

- Verkehrssysteme mit Flughäfen, Bahnhöfen und Haltestellen, hierarchische Distributionssysteme für Konsumgüter mit Zentrallagern und Regionallagern,

- Sammel- und Verteilsysteme von Paketdiensten mit Außendepots und Hubs zur Konzentration,

- Kommunale Versorgungs- und Entsorgungsnetze sowie

- das Internet, Elektrizitätsnetze, Telefonnetze, etc.

1.1.1 Typen von Netzwerkmodellen

Gemeinsam ist den genannten Systemen ihre Darstellung mit graphentheoretischem Instrumentarium: Knoten, Kanten sowie optional an den Kanten haftende Gewichte. Im Folgenden sollen ausgewählte Fragestellungen mithilfe dieses Instrumentariums modelliert werden. Zum einen wird die Bandbreite des Anwendungsspektrums der Netzwerkmodellierung aufgezeigt. Zum anderen wird deutlich, dass Knoten, Kanten und Gewichte völlig unterschiedliche Bedeutung haben können, je nachdem, ob physische, logische, hierarchische oder zeitliche Relationen modelliert werden. Tabelle 1-1 gibt einen Überblick.

Tabelle 1-1:   Mögliche Bedeutung der Objekte in der Netzwerkmodellierung

Relation	Knoten	Kanten	Gewichte
Physisch	Orte	Verkehrswege	Distanzen
Logisch	Partner	Güterflüsse	Flüsse
Hierarchisch	Objekte	Ordnung	Mengen
Zeitlich	Zustände	Übergänge	Zeit

Abbildung 1-1:   Physische Relation am Beispiel eines Autobahnnetzes

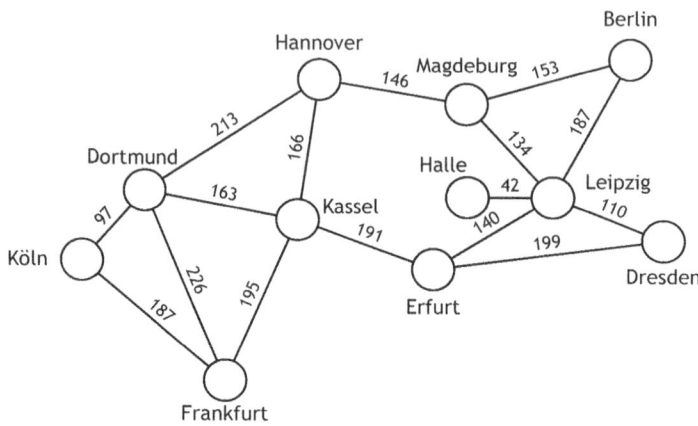

Ein nahe liegender Anwendungsbereich ist die Abbildung von physischen Strukturen. Knoten haben hier die Bedeutung von Orten, die über Verkehrswege erreicht werden können. Die Verkehrswege selbst werden als Kanten abgebildet, die jeweils zwei Knoten miteinander verbinden.

Abbildung 1-2:   Beschaffungs- und Liefernetzwerk

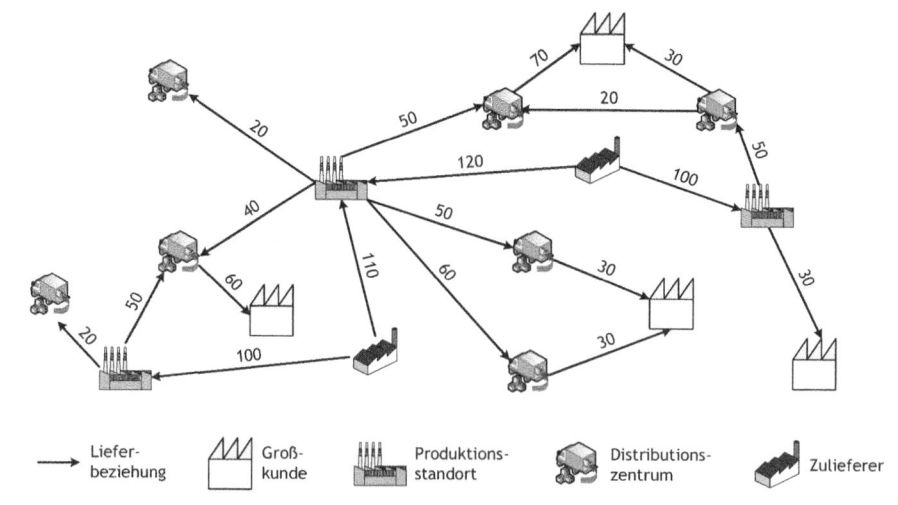

Die Distanzen zwischen zwei Orten werden als Gewichte an den Kanten abgetragen, die als Entfernungen interpretiert werden. Ein solches Modell reduziert die Wirklichkeit auf wenige, für einen Reisenden wesentliche Merkmale des Modells. Abbildung 1-1 gibt ein Beispiel für einen Ausschnitt eines Autobahnnetzes Deutschlands.

Auch Strukturen auf logischer Ebene können mithilfe von Netzwerken abgebildet werden. In einem Beschaffungs- und Liefernetzwerk etwa bilden die Knoten die beteiligten Partner ab. Da das Netzwerk aus unterschiedlichen Partnern besteht, werden die Knoten durch Attribute kenntlich gemacht. Kanten (Pfeile) zeigen gerichtete Lieferbeziehungen zwischen jeweils zwei der beteiligten Partner auf. Die jeweils zu transportierenden Mengen (je Zeiteinheit) sind in Form von Gewichten an den Kanten abgetragen. Die Position der Knoten im zwei-dimensionalen Raum ist bestenfalls realitätsähnlich. Meist wird auf eine geografische Ähnlichkeit zugunsten der Übersichtlichkeit der Darstellung verzichtet. So sollen z. B. Überschneidungen der Kanten nach Möglichkeit vermieden werden.

Zu unterscheiden sind die Zielsetzungen der Modellierung. Ist eine wesentliche Aufgabe die Kommunikation von beteiligten Personen über eine logistische Fragestellung, so steht die Fokussierung auf wichtige Sachverhalte im Zentrum des **Erklärungsmodells**. Des Weiteren dient die Netzwerkmodellierung zur Formulierung von **Optimierungsmodellen**, deren Darstellung nur eine Nebenrolle zukommt. Hier werden die Komponenten der Netzwerkmodellierung als Hilfsmittel eines formalen Modells begriffen, anhand dessen ein Algorithmus automatisiert eine Lösung generieren kann. In Abbildung 1-1 kann dies ein kürzester Weg von Frankfurt nach Halle sein. Im Logistiknetzwerk der Abbildung 1-2 mag nach den optimalen Produktionsmengen der Produktionsstandorte gefragt sein, so dass eine kostenoptimale Belieferung der Distributionszentren gegeben ist.

Abbildung 1-3:   *Hierarchische Relation am Beispiel einer Erzeugnisstruktur als Gozintograph*

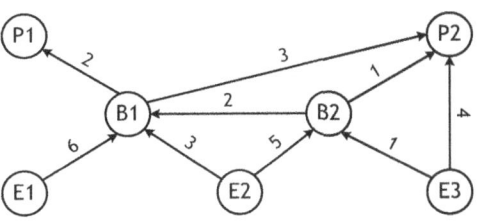

Auch hierarchische Beziehungen können mithilfe von Netzwerken modelliert werden. Ein Organigramm einer betrieblichen Aufbaustruktur mag ein Beispiel sein. Ein anderes Beispiel findet sich im Produktionsmanagement. Erzeugnisstrukturen können in Form eines Gozintographen (goes into graph) abgebildet werden. Die Knoten tragen hier die Bedeutung von Materialarten, die in Abbildung 1-3 weiter in Produkte (P), Baugruppen (B) und Einzelteile (E) untergliedert werden. Die Pfeile stellen dar, welches Material in welches andere Material eingeht. So münden in die Ausgangsmaterialien E1, E2 und E3 keine Pfeile ein, aus den Produkten P1 und P2 führen keine Pfeile hinaus. Die Gewichte geben die Menge an, in der ein Material in ein anderes eingeht. Aus dem Netzwerk können sowohl Stücklisten als auch Teileverwendungsnachweise generiert werden.

Abbildung 1-4: Zeitliche Relation am Beispiel einer Umlaufplanung im ÖPNV

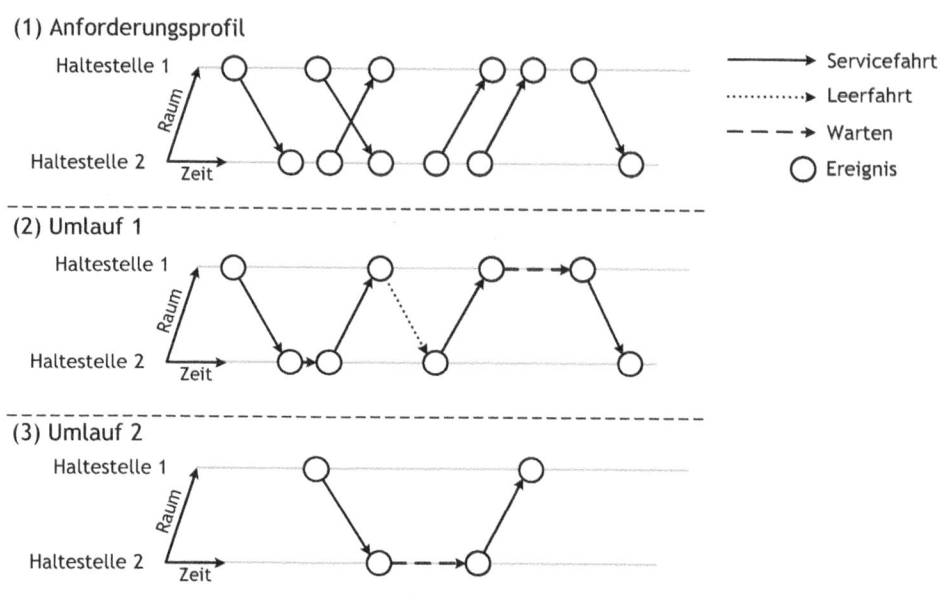

Ein abschließendes Beispiel, gängige Umlaufplanung im ÖPNV (Öffentlicher Personennahverkehr), illustriert die Verwendung der Netzwerkmodellierung zur Darstellung des Zeitablaufs. In Modellen der operativen Planung des öffentlichen Verkehrs finden häufig Raum-Zeit-Netzwerke Verwendung. Knoten stellen hier ein Ankunfts- oder Abfahrtsereignis dar, z. B. einer Buslinie an einer Haltestelle. Die Position der Knoten in der Horizontalen stellt die Terminierung der Ereignisse dar. Die Vertikale gibt die unterschiedlichen in die Planung involvierten Orte an. Die Kanten im Anforderungsprofil (1) der Abbildung 1-4 geben erforderliche Servicefahrten des Verkehrsbetriebes an, die von Fahrzeugen in unterschiedlichen Umläufen ausgeführt werden können. Die Kanten können die Dauer zwischen zwei Ereignissen als Gewichte tragen.

Werden nun Servicefahrten den Umläufen zugeordnet, ergeben sich zwei weitere Kantentypen, die Wartezeiten (etwa an einer Haltestelle) und Leerfahrten repräsentieren. In Abbildung 1-4 bedient das Fahrzeug in Umlauf 1 zunächst eine Servicefahrt von Haltestelle 1 zu 2. Nach einer kurzen Wartezeit fährt das Fahrzeug zu Haltestelle 1 zurück. Von dort wird eine Leerfahrt notwendig, um dann unmittelbar nach Ankunft an der Haltestelle 2 erneut eine Servicefahrt auszuführen. An Haltestelle 1 wird dann eine längere Pause notwendig, um schließlich erneut eine Servicefahrt von Haltestelle 1 zu 2 bedienen zu können. Weitere Servicefahrten werden von Umlauf 2 wahrgenommen.

1.1.2 Eigenschaften von Verkehrsnetzen

Bei Verkehrsnetzen sind grundsätzlich zwei Typen zu unterscheiden: landgebundene Verkehrsnetze (Straßen- und Schienennetzwerke) und Netzwerke von Fluglinien oder Seeschiffen. Landgebundene Verkehrsnetze zeichnen sich dadurch aus, dass von einem Knoten ausgehend nur direkte Verbindungen zu geografisch benachbarten Knoten vorliegen; jeder Knoten i besitzt eine Kante (i,j) zu einem Knoten j, der im allgemeinen die kleinste Luftlinienentfernung zu i annähert. Wege zu weiter entfernt liegenden Knoten können nicht über direkte Verbindungen, sondern nur über Zwischenknoten realisiert werden. Diese Eigenschaft ist durch den schrittweisen Aufbau von Verkehrsnetzen bedingt. Eine Stadt, die bisher noch nicht im Netz erreichbar ist, wird an den Knoten des Netzes angeschlossen, der mit den geringsten Investitionen erreichbar ist. Dieses ist im Allgemeinen der Knoten, der die kleinste Luftlinienentfernung zur Stadt aufweist. Hiervon gibt es Ausnahmen, wie natürliche Barrieren (Seen, Meeresarme, Berge) oder politische Barrieren, wie ungünstige Grenzverläufe von Nachbarstaaten. Häufig sind Knoten in landgebundenen Verkehrsnetzen durch 2, 3 oder 4 Kanten angeschlossen. Die Abbildung 1-5 zeigt einen Kartenausschnitt aus dem US-Staat Iowa mit einem ausgeprägten Raster von Nord-Süd- und Ost-West-Straßenverläufen.

Landgebundene Verkehrsnetze sind **planar**, d. h. sie lassen sich auf einer Landkarte repräsentieren, ohne dass sich zwei Kanten überschneiden. Und wenn sich zwei Wege kreuzen, dann geschieht dies nicht als Kreuzung zweier Kanten, sondern in einem gemeinsamen Knoten. Betrachten wir etwa die Kreuzung einer Straßenverbindung Hamburg-München von Norden nach Süden und Köln-Berlin von Westen nach Osten. Da im Unterschied zum Luftverkehr bei straßen- oder schienengebundenen Verkehrssystemen keine direkten Fernverbindungen realisiert werden, liegt im Kreuzungspunkt ein Knoten vor. Knoten in derartigen Verkehrssystemen sind demnach Städte, Industrie- und Logistikstandorte, Kreuzungspunkte und Y-Gabelungen von Autobahnen oder Schienenwegen. Man kann theoretisch herleiten, dass in planaren Netzwerken die Zahl der Kanten m nicht die Zahl von $3n$ Knoten übersteigt. Empirisch können wir eher $m \leq 2n$ feststellen.

Abbildung 1-5:   Straßen-Verkehrsnetz in Iowa

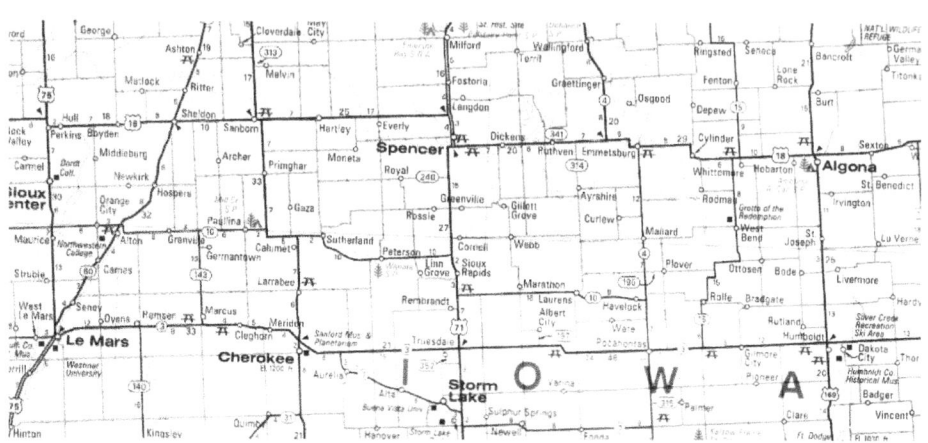

1.1.3   Kosten- und Nutzenrelationen von Netzwerken

Netzwerke sind für die Logistik deswegen besonders attraktiv, da sie eine subadditive Kostenstruktur aufweisen. Dieses kann man sich klarmachen, wenn man von dem Problem ausgeht, einen neuen Knoten an ein bestehendes Netzwerk von n Knoten anzuschließen. Durch den Anschluss an dieses Netzwerk erhält der neue Knoten Verbindungen zu den übrigen n Knoten im Netzwerk. Hierdurch fallen die Zugangskosten für den Knoten zu den anderen Knoten in drastischer Weise. Da bereits das Netzwerk vorliegt, muss der neue Knoten nicht mehr direkte Verbindungen zu den übrigen 1 bis n Knoten aufnehmen. In diesem Falle entständen für jede einzelne Verbindung Kosten und die Gesamtkosten der Verbindung zu allen n Knoten wären die Summe der Einzelverbindungskosten.

Demgegenüber ist die Kostenstruktur des Netzwerks **subadditiv**. Die Einrichtung einer einzigen Verbindung zum nächsten Knoten reicht aus, damit der neue Knoten Zugang zu allen übrigen n Knoten gewinnt. Je dichter das Netzwerk wird, desto geringer ist die durchschnittliche Entfernung zu einem bisher noch nicht angeschlossenen Knoten und desto geringer sind die Anschlusskosten. Da der neue Knoten mit dem Anschluss an das Netzwerk Verbindung zu n Teilnehmern gewinnt, fallen die Anschlusskosten pro erreichbaren Teilnehmer sehr rasch mit der Funktion $1/n$.

Setzt man den Nutzen für den neu anzuschließenden Teilnehmer im Netzwerk proportional zur Anzahl der erreichbaren übrigen Teilnehmer, so steigt der Nutzen für den Netzanschluss linear mit wachsender Netzwerkgröße, da für jeden Neuanschluss die übrigen n Knoten erreicht werden können. Nimmt man an, dass für die Gesamtheit der Teilnehmer der Nutzen eines Netzwerks proportional zur Zahl der realisierbaren Verbindungen steigt, so verhält sich der Nutzen für die Gesamtheit der Teilnehmer als eine quadratische Funktion $n^2 - n$ mit einem Zuwachs von $2n$.

Abbildung 1-6:   Schere zwischen Anschlusskosten und Nutzen im Netzwerk

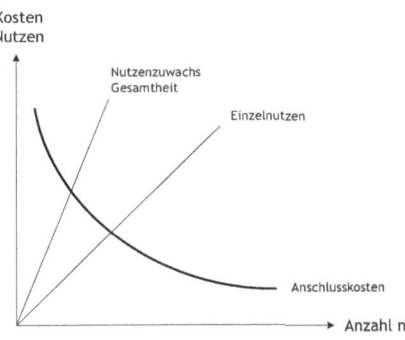

Den Nutzenzuwachs bezeichnet man auch als eine **Netzwerkexternalität** – extern insofern, als der Nutzenzuwachs nicht durch einen Austauschvorgang auf einem Markt zustande gekommen ist. Zusätzlich führt eine Nutzung des Netzes durch mehr Teilnehmer zu sinkenden Kosten der für den Netzbetrieb erforderlichen Güter durch Economies of Scale. Die hier aufgewiesene Schere zwischen sinkenden Investitionskosten und zunehmendem Nutzen sowohl für den neu anzuschließenden Knoten wie auch für die Gesamtheit der Netzwerkteilnehmer führt zu einem explosionsartigen Wachstum von Netzwerken. Dieses konnten wir vor ca. 150 Jahren für Eisenbahnnetze beobachten. Die Abbildung 1-6 zeigt die sich stark öffnende Schere zwischen dem zunehmenden Nutzen und den abnehmenden Anschlusskosten je erreichbarem Teilnehmer auf, die sich bei Anschluss eines neuen Teilnehmers ans Netzwerk ergibt.

1.2   Grundlagen der Netzwerkmodellierung

Im Folgenden betrachten wir das Netzwerk aus formaler Sicht, um zu einer einheitlichen, formalen Notation zu gelangen. Wir unterscheiden ungerichtete Netzwerke von gerichteten Netzwerken und führen den Spezialfall der bipartiten Netzwerke ein.

1.2.1 Ungerichtete Netzwerke

Ein **ungerichtetes Netzwerk** besteht aus einer Menge V von n **Knoten** und einer Menge von Verbindungen unter den Knoten, die als **Kantenmenge** E mit m Kanten bezeichnet wird. Eine Kante zwischen zwei Knoten $i, j \in V$ wird mit dem Symbol (i,j) oder (j,i) dargestellt. Man sagt auch, dass sie mit den Knoten i und j **inzident** sei. Die Knoten i und j heißen dann **adjazent** zueinander. Das mehrfache parallele Auftreten einer Kante wird ausgeschlossen. Für die Knotenmenge wird meist vereinfachend die Menge der ersten n Zahlen benutzt: $V = \{1,2,...,n\}$.

Abbildung 1-7: Ein ungerichtetes Netzwerk mit 6 Knoten

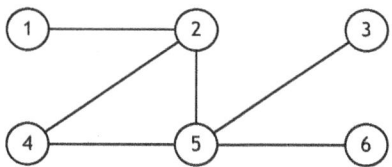

In Abbildung 1-7 dargestellt sind die Knotenmenge $V = \{1,2,3,4,5,6\}$ mit $n = 6$ Knoten und die Kantenmenge $E = \{(1,2),(3,5),(2,4),(2,5),(4,5),(5,6)\}$ mit $m = 6$ Kanten.

Gibt es in einem Netzwerk eine Kante (i,j), so heißen i Nachbar von j und j Nachbar von i. Die Menge der Nachbarn eines Knotens i bezeichnen wir mit $N(i)$, die im Englischen auch Forward Star genannt wird. Ein Knoten ohne Nachbarn wird **isoliert** genannt. Die Anzahl der Nachbarn eines Knoten i heißt Grad von i, der mit **grad(i)** bezeichnet wird. Ein Netzwerk wird **vollständig** genannt, wenn es mit je zwei verschiedenen Knoten i und j auch die Kante (i,j) enthält, d. h. jeder Knoten ist durch Kanten mit allen anderen Knoten verbunden. Ein vollständiges Netzwerk mit n Knoten besitzt $m = 1/2(n^2 - n)$ Kanten.

Ein **Pfad** von einem Anfangsknoten s zu einem Endknoten t ist eine Knotenfolge von p Knoten $i_1, i_2, i_3, ..., i_p$ mit $i_1 = s$, $i_p = t$ und $(i_k, i_{k+1}) \in E$, $k = 1,...,p-1$. Die Knotenfolge kann einen Knoten mehrfach durchlaufen (Wiederholungsmöglichkeit). Ein **Weg** von einem Anfangsknoten s zu einem Endknoten t ist ein Pfad ohne Wiederholungsmöglichkeiten. Pfade und Wege können auch alternativ als Folge von Kanten dargestellt werden.

Abbildung 1-8: Ein Weg in einem Netzwerk von Knoten s=1 zu Knoten t=5

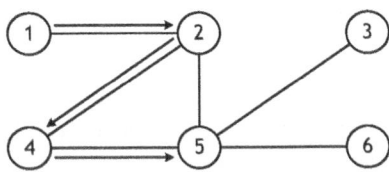

Der Weg von Knoten $s=1$ zu Knoten $t=5$ im Netzwerk von Abbildung 1-8 kann als die Knotenfolge (1,2,4,5) oder als die Kantenfolge (1,2), (2,4), (4,5) dargestellt werden. Offenbar gibt es verschiedene Wege von Knoten 1 zum Knoten 5. Ein Pfad von Knoten $s = 2$ zu Knoten $t = 3$ stellt z. B. die Knotenfolge (2,5,6,5,3) dar, in welcher der Knoten 5 zweimal durchlaufen wird.

Ein **Zyklus** ist ein Pfad oder ein Weg mit Anfangsknoten s gleich Endknoten t. Zyklen in Netzwerken werden gesucht, um a) effiziente Rundreisen in Verkehrsnetzen zu gestalten oder b) um nicht notwendige Mehrfachbesuche von Knoten zu eliminieren. Bei einem zyklischen Weg gibt es ausnahmsweise die Wiederholung des Startknotens als Endknoten.

Abbildung 1-9: Ein Zyklus in einem Netzwerk

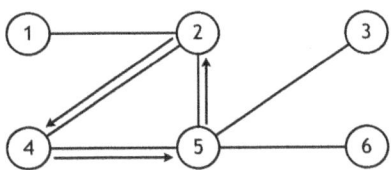

Mithilfe des Wegebegriffs lässt sich die Erreichbarkeit von Knoten im Netzwerk beschreiben. Ein Knoten j heißt **erreichbar** vom Knoten i, wenn ein Weg von Knoten i zu Knoten j führt. Ein ungerichtetes Netzwerk heißt **zusammenhängend**, wenn für jedes Knotenpaar i und j der Knoten j von Knoten i aus erreichbar ist.

Mit Aussage 1-1 lässt sich eine Bedingung formulieren, wann in einem zusammenhängenden Netzwerk ein Zyklus existiert:

Aussage 1-1: *Sei N=(V,E) ein zusammenhängendes Netzwerk mit n ≥ 3 Knoten. Wenn für jeden Knoten $k \in V$ gilt, dass grad(k) ≥ 2, dann existiert ein Zyklus in N.*

Herleitung: Sei N ein Netzwerk mit grad(k) ≥ 2 für alle Knoten $k \in V$. Alle Knoten in V erhalten die Marke „nicht besucht". Wir konstruieren einen Zyklus, indem wir bei einem Knoten starten, und markieren s als besucht. Von s aus gehen wir zu einem Nachbarn p von s und markieren p als besucht. Da *grad(p)* ≥ 2, existiert zu der Kante (s,p) eine weitere zu p inzidente Kante (p,q), über die wir p verlassen und zum Knoten q gelangen. Wir markieren q als besucht. Wir setzen diesen Weg fort. Entweder wir gelangen zu einem unbesuchten Knoten, den wir dann als besucht markieren oder wir erreichen einen besuchten Knoten. Damit ist ein Zyklus gefunden. Da die Knotenzahl n von V endlich ist, bricht die Suche nach unbesuchten Knoten nach spätestens n Schritten ab.

Die Existenz eines Zyklus in einem zusammenhängenden Netzwerk hängt ab von der Zahl der Kanten, wie Aussage 1-2 verdeutlicht.

Aussage 1-2: *Sei N=(V,E) ein zusammenhängendes Netzwerk mit n ≥ 3 Knoten und m Kanten. (i) Wenn in N ein Zyklus existiert, dann ist m $\geq$ n. (ii) Wenn N zyklusfrei ist, dann ist m = n-1.*

Herleitung: (i) Sei Z ein Zyklus in N. Wir entfernen in Z eine Kante und erhalten ein zusammenhängendes Netzwerk N_1. Sofern auch N_1 einen Zyklus Z_1 enthält, entfernen wir in Z_1 eine Kante und erhalten ein zusammenhängendes Netzwerk N_2, etc. Wir entfernen insgesamt $k \geq 1$ Kanten aus N und erhalten dann ein zyklusfreies, zusammenhängendes Netzwerk N_k. Nach **Aussage 1-1** besitzt N_k dann n-1 Kanten. Damit besitzt N die Anzahl von (n-1) + k $\geq$ n Kanten. (ii) Nach **Aussage 1-1** besitzt N die Anzahl von n-1 Kanten.

Wenn der Fall eintritt, dass im Netzwerk nicht alle Knoten untereinander erreichbar sind, bilden die untereinander erreichbaren Knoten so genannte **Zusammenhangskomponenten**. Eine Zusammenhangskomponente ist damit definiert als maximale Teilmenge der Knoten, die gegenseitig erreichbar sind. Die folgende Abbildung 1-10 veranschaulicht dies:

Abbildung 1-10: Ein Netzwerk mit zwei Zusammenhangskomponenten

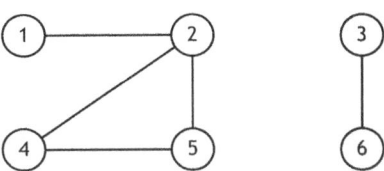

In dem Netzwerk von Abbildung 1-10 gibt es die beiden Zusammenhangskomponenten (1,2,4,5) und (3,6).

Ungerichtete Netzwerke können auch als gerichtete Netzwerke dargestellt werden, indem jede Kante (*i,j*) als ein Paar von Pfeilen [*i,j*] und [*j,i*] interpretiert wird.

1.2.2 Gerichtete Netzwerke

Im Fall eines **gerichteten Netzwerks** nennt man das einer Kante zugeordnete Paar von Knoten [*i,j*] **gerichtete Kante** oder **Pfeil** mit dem Anfangsknoten *i* und dem Endknoten *j*, und wir sagen, dass der Pfeil mit Knoten *i* **positiv inzident** und mit dem Knoten *j* **negativ inzident** sei. Durch die eckige Klammer [*i,j*] unterscheiden wir gerichtete Kanten von ungerichteten Kanten in ungerichteten Netzwerken. Gerichtete Netzwerke werden auch als **Digraphen** bezeichnet. In gerichteten Netzwerken kann neben der gerichteten Kante [*i,j*] auch zugleich der Pfeil in Gegenrichtung [*j,i*] auftreten, wie z. B. in Abbildung 1-11 die Kanten [5,3] und [3,5]. Gerichtete Netzwerke spielen eine Rolle zur Abbildung von Verkehrsnetzen in Innenstädten, wo Einbahnstraßen zu beachten sind. Beispiele dafür sind Transportnetzwerke (z. B. in Abbildung 1-12).

Abbildung 1-11: Beispiel eines gerichteten Netzwerks

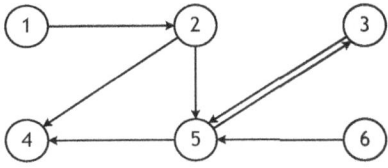

Gibt es in einem gerichteten Netzwerk eine Kante [*i,j*], dann heißen *i* **Vorgänger** von *j* und *j* **Nachfolger** von *i*. Für die **Menge der Vorgänger** eines Knotens *i* verwenden wir das Symbol *P(i)* und für die **Menge der Nachfolger** von *i* das Symbol *N(i)*. Das gleiche

Symbol $N(i)$ tritt für die Nachfolger bei ungerichteten Netzwerken auf, so dass die Bedeutung des Symbols aus dem Kontext hervorgeht. Die Anzahl der Nachfolger eines Knotens i wird **positiver Grad** oder **Ausgangsgrad** von i ($grad^+(i)$) und die Anzahl der Vorgänger von i **negativer Grad** oder **Eingangsgrad** ($grad^-(i)$) genannt.

In gerichteten Netzwerken werden **gerichtete Pfade** und **gerichtete Wege** unter Beachtung der Pfeilrichtungen analog zum ungerichteten Fall definiert. So ist z. B. in Abbildung 1-11 die Knotenfolge (1, 2, 5, 3) ein gerichteter Weg von 1 nach 3. Wird die Pfeilrichtung nicht beachtet, so spricht man in gerichteten Netzwerken von **Pfaden** und **Wegen**. In Abbildung 1-11 ist die Knotenfolge (1, 2, 5, 6) ein Weg von 1 nach 6.

Will man den Begriff der Zusammenhangskomponente auf gerichtete Netzwerke übertragen, so sind über den differenzierten Wegbegriff die starken von den schwachen Zusammenhangskomponenten zu unterscheiden:

- Die **starke Zusammenhangskomponente** ist eine maximale Knotenmenge, deren Knoten wechselseitig über einen gerichteten Weg erreichbar sind.

- Die **schwache Zusammenhangskomponente** ist eine maximale Knotenmenge, deren Knoten wechselseitig über einen Weg erreichbar sind.

1.2.3   Bipartite Netzwerke

Unter **bipartiten Netzwerken** versteht man Netzwerke, deren Knotenmenge V in zwei disjunkte Teilmengen V_1 und V_2 zerfällt. Gerichtete bzw. ungerichtete Kanten verlaufen nur zwischen der Knotenmenge V_1 und V_2, nicht aber innerhalb dieser Knotenmengen. Wichtige Anwendungen von bipartiten Netzwerken bestehen in der Modellierung von Zuordnungen, etwa für das Crew-Scheduling bei den Airlines, und bei Transportnetzwerken, in denen in der Knotenmenge V_1 die Aufkommensquellen (Anbieter) und in der Knotenmenge V_2 die Verbrauchssenken (Nachfrager) gegenübergestellt werden (vgl. Kapitel 6). Die Abbildung 1-12 gibt ein Beispiel für ein Transportnetzwerk mit drei Anbietern für V_1 und vier Nachfragern für V_2, in dem gerichtete Kanten nur von V_1 nach V_2 verlaufen.

Bipartite Netzwerke weisen besondere Eigenschaften auf, die man sich für eine besonders effiziente Implementierung von Algorithmen zunutze machen kann. So weist z. B. jeder Zyklus eine gerade Zahl von Kanten auf, und jeder Pfad wechselt zwischen den Knotenmengen V_1 und V_2 hin und her. In Kapitel 2 wird ein Verfahren vorgestellt, mit dem überprüft werden kann, ob ein gegebenes Netzwerk bipartit ist.

Abbildung 1-12: Transportnetzwerk

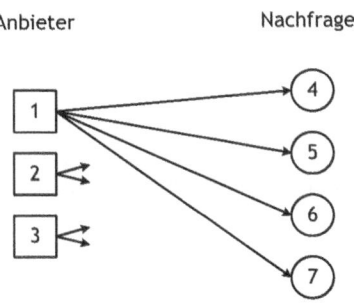

1.3   Bewertungen in Netzwerken

Wenn man den Kanten eines Netzwerks Bewertungen zuordnet, so lassen sich damit in einfacher Weise Logistiksysteme und Verkehrsnetze abbilden. Als weitere Komponente der Netzwerke wollen wir im Folgenden die Gewichte der Kanten genauer betrachten und formalisieren. Wir beschränken uns an dieser Stelle auf die Betrachtung von Verkehrsnetzen und die darin abzubildenden Entfernungen. Ein Netzwerk heißt **bewertet**, wenn jeder Kante (i,j) (bzw. $[i,j]$) eine Zahl d_{ij} zugeordnet ist. Diese Zahl wird als **Entfernung** (Distanz) d_{ij} zwischen Knoten i und Knoten j gedeutet. Ein Weg W von s nach t mit der Knotenfolge $s = i_1, i_2, i_3, ..., i_p = t$ besitzt dann die „Länge" $L(W)$, wobei $L(W)$ auch als **Gewicht** von W bezeichnet wird:

$$L(W) = d_{i_1, i_2} + d_{i_2, i_3} + ... + d_{i_{p-1}, i_p} = \sum_{m=1}^{p-1} d_{i_m, i_{m+1}}$$

Man kann die Netzwerke in verschiedener Weise klassifizieren, je nachdem, in welcher Art die Entfernungsdaten d_{ij} vorliegen. Wir unterscheiden die Luftlinienentfernungen von den für Flugzeuge und Schiffe relevanten geografischen Entfernungen, die die Erdkrümmung mit einrechnen. Schließlich behandeln wir Straßenentfernungen und Fahrzeiten.

1.3.1 Euklidische Daten und l_p-Metriken

Euklidische Daten sind dadurch gegeben, dass die Knoten Koordinaten in einem rechtwinkligen (X, Y)-Koordinatensystem besitzen. Für zwei Knoten i und j mit den (X, Y)-Koordinaten (x_i, y_i) und (x_j, y_j) stellt die Formel

$$d_{ij} := \sqrt{(x_i - x_j)^2 + (y_i - y_j)^2} \qquad (i, j = 1, ..., n)$$

die Länge der Kante (i,j) dar („Luftlinienentfernung"). Netzwerke mit euklidischen Daten sind vollständig.

Andere Metriken für Knoten mit Koordinaten in einem rechtwinkligen (X,Y)-Koordinatensystem sind die l_1 und die l_p–Metrik. Die l_1-Metrik misst die Summe der rechtwinkligen Entfernungen und wird wegen der Straßenblöcke in Manhattan auch als Manhattan-Metrik bezeichnet. Sie ist definiert als $d_{ij} = |x_i - x_j| + |y_i - y_j|$. Die l_p-Metrik ist definiert als $d_{ij} = (|x_i - x_j|^p + |y_i - y_j|^p)^{1/p}$ für $p > 0$. Damit ist die l_1-Metrik ein Sonderfall der l_p-Metrik für $p = 1$, und die euklidische Distanz entspricht der l_p-Metrik für $p = 2$. Im Folgenden wird ein Beispiel für euklidische Entfernungen gegeben.

Abbildung 1-13: Koordinatengitter und Luftlinienentfernung (In Anlehnung an Ziegler 1988)

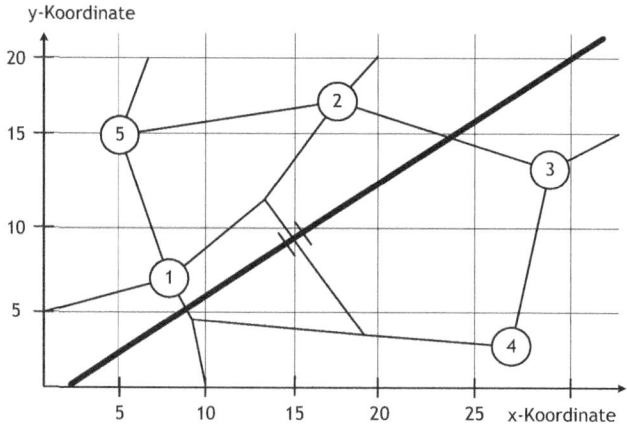

Tabelle 1-2 enthält die aus Abbildung 1-13 abgelesenen Koordinaten und die daraus berechneten Luftliniendistanzen.

Tabelle 1-2:   Luftliniendistanzen (Quelle: Ziegler 1988)

| | Koordinaten | | Luftliniendistanz zu Knoten | | | | |
Knoten	x	y	1	2	3	4	5
1	6,2	8,2	-	14,1	22,4	21,2	6,9
2	17,6	16,5	14,1	-	10,9	16,6	12,7
3	28,0	13,3	22,4	10,9	-	10,8	23,1
4	26,6	2,6	21,2	16,6	10,8	-	24,9
5	5,0	15,0	6,9	12,7	23,1	24,9	-

Da die Straßenkilometer bedingt durch den Straßenverlauf länger sind als die Luftlinienentfernungen, kann mit einem Korrekturfaktor eine Annäherung der Luftlinie an die Straßenkilometer gegeben werden. Dieser Faktor liegt zwischen 1,1 und 1,5 und hängt vom jeweiligen Gebiet ab. In der Literatur wird der Faktor 1,28 genannt. Die Faktoren können pro Bezirk oder pro Kunde festgelegt werden. Natürliche Hindernisse wie Gebirge oder Flüsse machen die Berechnung mit der Koordinatenmethode sehr ungenau.

Abbildung 1-14: Barriere bei einem Fluss (In Anlehnung an Ziegler 1988)

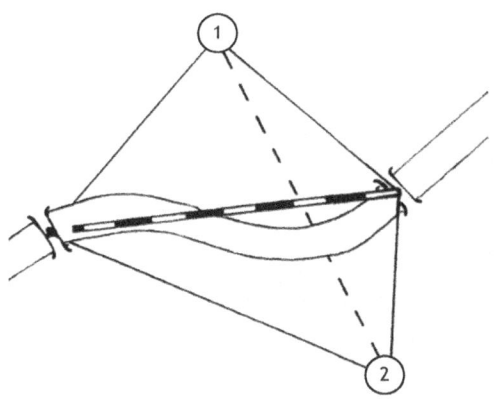

Bei einer geringeren Anzahl von Hindernissen werden Barrieren gesetzt. Im Falle einer Verbindung, deren Luftlinie über eine Barriere führt, werden die Umwege über die beiden Endpunkte der Barriere berechnet (Abbildung 1-14). Der kürzere Umweg ist die gesuchte Entfernung. Durch Barrieren können einzelne Hindernisse berücksichtigt werden, komplizierte Landschaftsstrukturen (z. B. wie in Norwegen) sind allerdings nicht realisierbar.

1.3.2 Geografische Daten

Geografische Daten sind dadurch gegeben, dass die Knoten auf der Erdkugel angesiedelt sind und Koordinaten (x_i, y_i) in einem Geo-Koordinatensystem besitzen, welche die geografische Breite und die geografische Länge eines Ortes darstellen und im Format GGG.MM gegeben sind, wobei GGG die Gradangabe ist und MM die Minutenangabe. Eine positive Länge meint „Ost", eine negative Länge soll „West" darstellen. Eine positive Breite meint „Nord", eine negative Länge soll „Süd" darstellen. So betragen z. B. die Geo-Koordinaten von Madrid 40,29 Breite und -3,55 Länge, was 40°29′ Nord und 3°55′ West bedeutet.

Im Kontext von Geo-Koordinaten wird eine Kante (*i,j*) als das **Kreissegment auf der Erdkugel** aufgefasst, das den Ort *i* mit dem Ort *j* verbindet, und die Distanz d_{ij} als die Länge der Kante (*i,j*). Dieser Distanzbegriff ist von zentraler Bedeutung für die Entfernungsmessung im Luftverkehr.

Um nun die Entfernung zwischen zwei Orten i und j zu berechnen, deren Koordinaten (x_i, y_i) und (x_j, y_j) im obigen Format (also in Grad und Minuten) gegeben sind, müssen diese zunächst in Radianschreibweise umgerechnet werden. Mit 180° = π = 3,141592 ergibt sich sukzessive:

▨ $Grad\,(x_i) = Trunc\,(x_i)$ (Abschneiden der Nachkommastellen)

▨ $Minute\,(x_i) = x_i - Grad(x_i)$

▨ $Breite[i] = \dfrac{\pi}{180} * \left(Grad(x_i) + \dfrac{100}{60} * Minute(x_i) \right)$

▨ $Grad\,(y_i) = Trunc\,(y_i)$ (Abschneiden der Nachkommastellen)

▨ $Minute\,(y_i) = y_i - Grad\,(y_i)$

▨ $L\ddot{a}nge\,[i] = \dfrac{\pi}{180} * \left(Grad\,(y_i) + \dfrac{100}{60} * Minute\,(y_i) \right)$

Für die Knoten *i* und *j* mit den Geo-Koordinaten (x_i, y_i) und (x_j, y_j) stellt dann die durch

▨ $d_{ij} = Round(6378,388 * ArcCos(0,5 * ((1+q_1) * q_2 - (1-q_1) * q_3)))$, $i, j = 1, ..., n$

gegebene Distanz die (ganzzahlig gerundete) Länge in km der Kante (*i,j*) auf dem Kreis auf der Erdkugel dar, der den Ort *i* mit *j* verbindet. Dabei wird die Erdkugel als eine ideale Kugel mit einem Durchmesser von 6.378,388 km angenommen. Die Funktion ArcCos ist die Inverse der Cosinus-Funktion. Die Größen q_1, q_2, q_3 berechnen sich wie folgt aus den Radianten:

▨ $q_1 = Cos\left(L\ddot{a}nge\ [i] - L\ddot{a}nge\ [j]\right)$

▨ $q_2 = Cos\left(Breite\ [i] - Breite\ [j]\right)$

▨ $q_3 = Cos\left(Breite\ [i] + Breite\ [j]\right)$

Wir geben als Beispiel in Tabelle 1-3 die Geo-Koordinaten und die Distanzen in ganzen km unter den vier Städten Athen, Berlin, London und Madrid an.

Für 88 Städte der USA liefert Daskin (1995, S. 476ff) die Angaben zu Länge und Breite. Für kleine Gebiete auf der Erdkugel können die geografischen Daten durch euklidische Daten angenähert werden.

Tabelle 1-3: *Geo-Koordinaten und die Distanzen von vier Städten*

Geo-Koordinaten			Entfernungen in km			
Stadt	Breite	Länge	Von/nach	Athen	Berlin	London	Madrid
Athen	38,10	23,38	Athen	0	1.793	2.368	2.377
Berlin	52,34	13,15	Berlin	1.793	0	913	1.872
London	51,32	0,00	London	2.368	913	0	1.266
Madrid	40,29	-3,55	Madrid	2.377	1.872	1.266	0

Wir erkennen, dass die Ermittlung von Entfernungen auf Basis von geografischen Daten aufwändige Berechnungen voraussetzt. Muss nun innerhalb eines Optimierungsverfahrens häufig auf die Distanzen zugegriffen werden, so bietet sich die Speicherung von Distanzen in Form von Matrizen an. Dieser Fragestellung wird in Abschnitt 3.2 nachgegangen.

1.3.3 Verkehrsnetz-Daten

Verkehrsnetz-Daten sind dadurch gegeben, dass die Knoten Koordinaten in einem (X,Y)-Koordinatensystem oder in einem Geo-Koordinatensystem besitzen und dass die Distanzen auf den Kanten im Netzwerk als km-Entfernungen im Verkehrsnetz zu verstehen sind, die im Allgemeinen größer als die direkten Luftlinienentfernungen bzw. Großkreisentfernungen sind. Diese Konstellation trifft etwa für Straßennetze zu. Empirische Studien in Deutschland haben ergeben, dass die Straßenentfernung in Netzen von Landstraßen ca. 20% über der Luftlinienentfernung liegt. Aufgrund der zentralistischen Verkehrsinfrastruktur Frankreichs liegen die dortigen Straßenentfernungen mit einem Faktor von ca. 2,0 erheblich über denen der Luftlinienentfernungen.

Verkehrsnetz-Daten werden mittlerweile in Form von digitalen Straßenkarten mit überaus detaillierten Informationen vertrieben. So verfügen die Netzwerk-Objekte des Anbieters Navteq Co. bereits über mehr als 200 auswertbare Attribute für die Routenberechnung. Relevante Attribute sind etwa der Typ der Straße, deren amtliche Bezeichnung, die Entfernung in Kilometern, die Fahrzeit in Minuten, Durchfahrtshöhen und Brückentragkräfte sowie Verbote für bestimmte Gefahrgutklassen.

Abbildung 1-15: Straßennetzmethode (In Anlehnung an Ziegler 1988, S. 46)

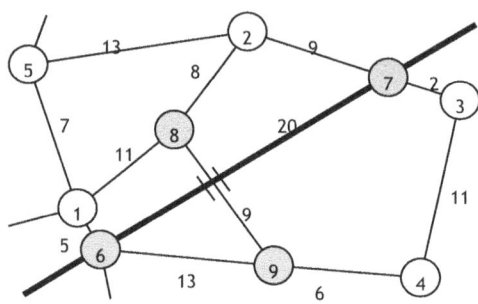

Abbildung 1-15 zeigt einen Ausschnitt aus einer Landkarte mit Kundenorten (1-5), Straßen, einer Autobahn und vier Verkehrsknoten (6-9). Für jedes Straßenstück ist die Länge in Kilometern angegeben. Anhand dieser Abbildung lässt sich die Tabelle 1-4 erstellen, welche die kürzesten Distanzen zwischen den Knoten enthält.

Tabelle 1-4:   Straßenkilometer im Straßennetz (Quelle: Ziegler 1988)

	1	2	3	4	5
1	-	17	27	24	7
2	17	-	11	21	13
3	27	11	-	11	24
4	24	21	11	-	31
5	7	13	24	31	-

Der obige Ansatz zur Bestimmung der Entfernungen zwischen den Kunden kann mit dem Ansatz der Luftlinienentfernung kombiniert werden. Da die Luftlinie eine untere Grenze der Straßennetzentfernungen darstellt, können in einfacher Weise **Plausibilitätskontrollen** im Straßennetz durchgeführt werden, um Fehler bei der Datenaufnahme des Straßennetzes zu erkennen. Umgekehrt können auch Verbindungen im Straßennetz, die wesentlich länger als die Luftlinie sind, z. B. mehr als zweimal so lang, leicht identifiziert und noch einmal überprüft werden.

In Verkehrsnetzen spielen neben Entfernungen die **Fahrzeiten** zwischen benachbarten Knoten eine wichtige Rolle. Diese Fahrzeiten können mit dem Hilfskonstrukt der Durchschnittsgeschwindigkeiten aus den Entfernungen hergeleitet werden, wenn im Straßennetz die einzelnen Straßen nach den dort erzielbaren Durchschnittsgeschwindigkeiten klassifiziert werden. Hat man etwa ein gemischtes Netz von Autobahnen und Landstraßen, so kann man den Autobahnen eine Durchschnittsgeschwindigkeit von z. B. 100 km/h und Landstraßen eine Durchschnittsgeschwindigkeit von z. B. 70 km/h zuweisen. Dieses System kann beliebig dahingehend verfeinert werden, dass die Schwierigkeitsgrade der Strecken berücksichtigt werden, wie z. B. kurvige Straßen in Bergen oder die Staugefahr auf Autobahnen. Zu beachten ist, dass Durchschnittsgeschwindigkeiten nicht als Spitzengeschwindigkeiten zu verstehen sind. Daher liegen die Durchschnittsgeschwindigkeiten deutlich unter den erzielbaren Spitzengeschwindigkeiten und bilden damit die auftretenden Verkehrshindernisse ab. Aus den Entfernungen auf den Kanten in Kilometern können dann mithilfe des Konstrukts der Durchschnittsgeschwindigkeit die Fahrzeiten in Minuten wie folgt hergeleitet werden:

$$\text{Fahrzeit} = 60 * \frac{\text{Entfernung}}{\text{Durchschnittsgeschwindigkeit}}$$

In der Literatur wird das Problem der Datenerhebung für die Tourenplanung zumeist vernachlässigt. In Deutschland stehen bisher noch keine preiswerten digitalisierten Karten für Stadtgebiete und ländliche Bezirke zur Verfügung, die eine Schnittstelle für den Export von Daten aufweisen. Gegenüber den USA besteht hier ein großer Nachholbedarf. Wie Bodin bereits 1990 gezeigt hatte, stellten die US-Bundesregierung und die US-Post Ende der 80er Jahre preiswerte Datensätze für geografische Informationssysteme (GIS) zur Verfügung, auf die Logistik-Planer mit ihren Algorithmen aufsetzen konnten.

1.4 Eigenschaften bewerteter Netzwerke

Aus den Gewichten an den Kanten in Verkehrsnetzen ergeben sich Charakteristika in Bezug auf die aus den Bewertungen generierten Distanzmatrizen. Diese wiederum können entscheidenden Einfluss auf die Anwendbarkeit von Algorithmen haben. Stützt sich beispielsweise ein Algorithmus auf geometrische Eigenschaften der Ebene, so müssen notwendigerweise euklidische Distanzdaten vorliegen. Dies ist gerade für aus digitalen Straßenkarten gewonnene Distanzen nur selten der Fall.

1.4.1 Erfüllung der Dreiecksungleichung

Euklidische Daten erfüllen die Dreiecksungleichung, es gilt für je 3 Knoten i,j,k : $d_{ik} \leq d_{ij} + d_{jk}$. Dieses bedeutet, dass der Umweg über den Knoten j nicht kürzer ist als die direkte Verbindung von i nach k (vgl. Abbildung 1-16).

Abbildung 1-16: Dreiecksungleichung

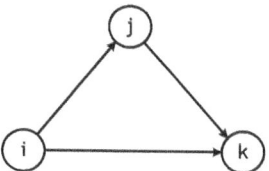

Das Erfüllen der Dreiecksungleichung ist besonders bei der Diskussion von Travelling Salesman Problemen (vgl. Kapitel 9) relevant. Netzwerke mit euklidischen Daten erfüllen die Dreiecksungleichung, ebenso Netzwerke mit Verkehrsnetz-Daten, sofern sich diese Daten auf die Kilometerentfernungen in einem Straßennetz beziehen. Wir verwenden daher die Terme „euklidisch" und „Daten, für die die Dreiecksungleichung gilt", im Folgenden oft synonym. Die Dreiecksungleichung trifft hingegen nicht für Straßennetze zu, in denen die Bewertung auf den Kanten als Fahrtzeit zu interpretieren ist. Bekanntlich kann ein in Kilometer gemessener Umweg über eine Autobahn schneller sein als die direkte Verbindung über eine Landstraße.

1.4.2 Symmetrische Daten

Im Falle symmetrischer Daten sind Hin- und Rückweg zwischen zwei Knoten gleich lang: $d_{ij} = d_{ji}$. Dieser Fall tritt in ungerichteten Netzwerken auf, z. B. bei euklidischen Daten (siehe Abschnitt 1.3.1 oben), bei geografischen Daten (siehe Tabelle 1-3) oder bei Verkehrsnetz-Daten von Landstraßen. Die folgende Tabelle 1-5 gibt ein Beispiel für symmetrische Daten mit $n=5$ Knoten. Man beachte, dass diese Daten nicht die Dreiecksungleichung erfüllen, da z. B. $d_{54} = 37 > 31 = d_{52} + d_{24}$.

Von asymmetrischen Daten spricht man, wenn ein Knotenpaar i und j vorliegt, zwischen denen Hin- und Rückweg nicht gleich lang sind: $d_{ij} \neq d_{ji}$. Asymmetrische Daten treten etwa bei der Tourenplanung in Innenstädten auf, wo man Einbahnstraßen vorfindet. Eine andere Anwendung findet sich in der Berücksichtigung von Umrüstzeiten in Produktionssystemen, wo z. B. die Rüstzeit beim Übergang von Produkt 1 nach Produkt 2 länger sein kann als beim Übergang von Produkt 2 auf Produkt 1. Ein Maß für die Asymmetrie stellt der **Antisymmetrie-Index** dar, der angibt welcher Prozentsatz der $1/2\,n(n-1)$ Knotenpaare i,j die Ungleichung $d_{ij} \neq d_{ji}$ aufweist.

Tabelle 1-5:   *Symmetrische Entfernungsdaten*

von / nach	1	2	3	4	5
1	0	15	27	24	7
2	15	0	11	18	13
3	27	11	0	11	24
4	24	18	11	0	37
5	7	13	24	37	0

1.4.3   Abstrakte Daten

Abstrakte Daten liegen vor, wenn die Daten weder symmetrisch sind noch die Dreiecksungleichung erfüllen. Abstrakte Daten treten häufig bei der übertragenen Fragestellung der Darstellung von Rüstzeiten in Produktionssystemen in Form von Rüstmatrizen auf, da die Rüstzeiten keinerlei inhaltlichen Bezug zueinander aufweisen. Die Tabelle 1-6 gibt ein Beispiel für abstrakte Daten mit $n=5$ Knoten. Man beachte, dass wegen $d_{41} = 12 > 10 = d_{42} + d_{21}$, die Dreiecksungleichung nicht erfüllt ist.

Tabelle 1-6:   *Abstrakte Daten*

von / nach	1	2	3	4	5
1	0	2	5	7	3
2	6	0	3	8	4
3	8	7	0	4	2
4	12	4	6	0	8
5	3	8	2	5	0

Weiterführende Literatur

Grünert, T. und Irnich, S.: Optimierung im Transport, 2 Bd., Aachen, Shaker, 2005

Ihde, G. und Kloster, T.: Netzeffekte in Logistiksystemen, in: Logistik-Management, Jahrgang 3, Heft 2, 2001, S. 25-34

Otto, A. und Obermaier, R.: Schaffen Netzwerke Wert? – Eine Analytik zur kausalen Erklärung des Netzeffektes, in Lasch und Janker 2005, S. 135-148

2 Bäume und Baumalgorithmen

Unter der Vielzahl möglicher Netzwerkkonfigurationen soll hier die spezielle Netzwerkstruktur des Baums diskutiert werden. Diese Struktur zeichnet sich dadurch aus, mit minimaler Anzahl von Kanten gerade noch einen **Zusammenhang** unter den Knoten zu garantieren. Zur kostenminimalen Auslegung einer Infrastruktur (Straßen, Internet-Backbones, Telefonnetze, Versorgungsleitungen) spielen Bäume daher eine besondere Rolle. Ein Baum enthält wegen seines Zusammenhangs insbesondere keinen isolierten Knoten und auch keinen Zyklus, da in einem Zyklus stets eine Kante entfernt werden kann, ohne den Zusammenhang zu unterbrechen. Besitzt ein Netzwerk $N=(V,E)$ mehrere Zusammenhangskomponenten und ist jede Zusammenhangskomponente ein Baum, so heißt das Netzwerk ein **Wald**. In einem Baum werden Knoten mit Grad eins als **Blätter** bezeichnet. Beispiele für ungerichtete Bäume enthält Abbildung 2-1.

Abbildung 2-1:   *Beispiele für ungerichtete Bäume*

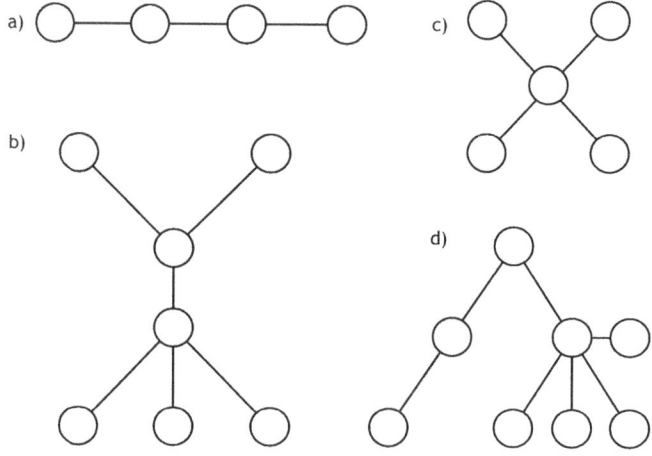

2.1 Eigenschaften von Bäumen

Unter den Bäumen sind verschiedene Anordnungen der Blätter möglich. Wir betrachten hier zwei extreme Ausprägungen: die lineare Kette und die Zentralstruktur. In einer linearen Kette befindet sich an den beiden Enden jeweils ein Blatt, so dass nur 2 Blätter insgesamt vorliegen, siehe Abbildung 2-1, a).

In einer Zentralstruktur sind alle Blätter mit einem Zentralknoten verbunden, so dass bei n Knoten insgesamt n-1 Blätter vorliegen, siehe Abbildung 2-1, c). Eine solche Zentralstruktur wird in der Logistik als **Hub** bezeichnet und ist insbesondere im Luftverkehr anzutreffen. Mit Regionalverbindungen werden die Passagiere aus einer größeren Region in einem Zentralknoten konzentriert und von dort aus mit Fernverbindungen zu anderen Kontinenten verbracht (Kapitel 7). Hubs findet man ebenfalls in Netzwerken für die Paketlogistik, wobei dort neben Flugzeugen (wie beim Unternehmen Federal Express) für kleinere Sammel- und Verteilgebiete (wie etwa die Bundesrepublik Deutschland) auch LKW-Verkehre eingesetzt werden.

Mit der Aussage 2-1 wird gezeigt, wie Bäume auf verschiedene Weise beschrieben werden können:

Aussage 2-1: *Folgende Charakterisierungen sind gleichbedeutend für einen Baum N=(V,E) mit n ≥ 3 Knoten:*
 1. N ist zusammenhängend und zyklenfrei.
 2. Je zwei Knoten in V sind über genau einen Weg verbunden.
 3. N ist zusammenhängend und besitzt bei n Knoten genau n - 1 Kanten.
 4. N ist zyklenfrei und besitzt bei n Knoten genau n - 1 Kanten.

Wir zeigen die Äquivalenz der Charakterisierungen 1. bis 4. von Aussage 2-1:

Herleitung von 1.$\Rightarrow$ 2.:

Da N zusammenhängend ist, existiert zwischen je zwei Knoten ein Weg, der beide verbindet. Da N zyklenfrei ist, ist der Weg eindeutig. Denn gäbe es zwei verschiedene Wege, würden diese zusammen einen Zyklus bilden.

Herleitung von 2. $\Rightarrow$ 1.:

Da je zwei Knoten über einen Weg verbunden sind, ist N zusammenhängend. Da der Weg eindeutig ist, ist N zyklenfrei.

Herleitung von 4. $\Rightarrow$ 3.:

Vollständige Induktion nach der Knotenzahl n: (1) n=3. Die Implikation 4.$\Rightarrow$ 3. trifft zu. (2) Es gelte die Aussage für $n \geq 3$. (3) Induktionsschluss für n+1: Sei N ein zyklusfreies Netzwerk mit n+1 Knoten und n Kanten. Da N zyklusfrei ist, kann nicht jeder Knoten einen Grad ≥ 2 besitzen, da ansonsten ein Zyklus vorläge. Also existiert ein

Knoten k mit $grad(k) \leq 1$. Gezeigt wird, dass $grad(k)=1$. Denn wäre $grad(k)=0$, also der Knoten k isoliert, dann könnte in N der Knoten k gestrichen werden. Es entstände ein Netzwerk N' mit n Knoten und n Kanten. Wir streichen in N' eine Kante (s,t) und erhalten ein Netzwerk N'' mit n Knoten und n-1 Kanten. Nach Induktionsannahme ist N'' zusammenhängend, und es existiert ein Weg in N'' von s nach t. Wird in das zusammenhängende Netzwerk N'' die Kante (s,t) wieder eingefügt, dann entsteht ein Zyklus. Also besitzt N' einen Zyklus, und damit auch N, im Widerspruch zu Merkmal 4. Damit ist $grad(k)$ =1 gezeigt. Das Netzwerk N^* gehe aus N hervor, indem Knoten k und die Kante, die von k ausgeht, gestrichen werden. Dann besitzt N^* n Knoten und n-1 Kanten und ist nach Induktionsannahme zusammenhängend. Dann gilt diese Aussage auch für N.

Herleitung von 1.$\Rightarrow$ 4.:

Vollständige Induktion nach der Knotenzahl n: (1) $n=3$. Die Implikation 1.$\Rightarrow$ 4. trifft zu. (2) Es gelte die Aussage für $n \geq 3$. (3) Induktionsschluss für $n+1$: Sei N ein zusammenhängendes und zyklenfreies Netzwerk. Wie in Herleitung von 4. $\Rightarrow$ 3. gezeigt, existiert in N ein Knoten k mit $grad(k)=1$. Das Netzwerk N^* gehe aus N hervor, indem Knoten k und die Kante, die von k ausgeht, gestrichen werden. Dann besitzt N^* n Knoten und n-1 Kanten und ist nach Induktionsannahme zyklenfrei. Damit ist auch N zyklenfrei und besitzt n Kanten.

Herleitung von 4. $\Rightarrow$ 1.:

Wie in Herleitung von 4. $\Rightarrow$ 3. gezeigt, ist N zusammenhängend. Damit ist N zyklenfrei und zusammenhängend.

Herleitung von 3. $\Rightarrow$ 4.:

N ist zyklenfrei, da genau n-1 Kanten vorliegen.

Man kann aus der Aussage 2-1 auch folgern, dass zwei der folgenden drei Eigenschaften für einen Baum zutreffen müssen:

- Das Netzwerk ist zyklenfrei.

- Das Netzwerk ist zusammenhängend.

- Das Netzwerk besitzt bei n Knoten n-1 Kanten.

2.1.1 Der Wurzelknoten

Wegen der Eindeutigkeit von Wegen in Bäumen kann man einen Baum durch Angabe eines (beliebigen) Referenzknotens beschreiben. Dieser Knoten wird **Wurzel** r genannt. Man betrachtet dann für jeden Knoten $i \in V = \{1,...,n\}$, $i \neq r$, den Weg von r nach i. Als

Beispiel ist in Abbildung 2-2 ein Baum mit 10 Knoten und der Wurzel *r*=8 gewählt. Um die Wege von der Wurzel hervorzuheben, sind die Kanten gerichtet.

Abbildung 2-2: Beispiel eines Baums mit 10 Knoten und Wurzel im Knoten 8

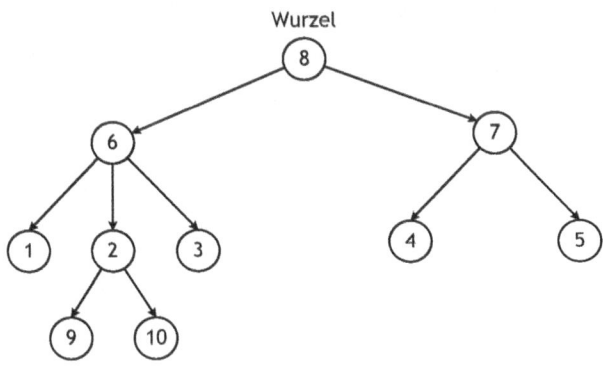

Zur Visualisierung eines Baums verfährt man, wie in Abbildung 2-2 gezeigt: Wenn man die Wurzel auf der obersten Ebene ansiedelt, dann werden die Nachfolger der Wurzel jeweils eine Ebene tiefer angesiedelt und die Nachfolger der Nachfolger wieder eine Ebene tiefer usw. Mit einer Baumstruktur lassen sich auf diese Weise auch hierarchische Zusammenhänge, wie etwa Organigramme von Unternehmen, abbilden. Man erkennt an dieser Visualisierung ferner, wie die anschauliche Form eines Baums von der Wahl der Wurzel *r* abhängt.

Bei gerichteten Bäumen $B = (V,E)$ kann man die Richtung des Pfeils auf einem Weg im Vorgängerfeld mit dem Vorzeichen angeben: Ist *j* Vorgänger von *i* und $[j,i] \in E$, dann wird *j* positiv gespeichert. Wenn $[i,j] \in E$, dann wird *j* negativ gespeichert.

Als **Nachkommen** eines Knotens *i* wird die Menge aller Knoten *j* verstanden, bei denen die Wege von der Wurzel zu *j* über den Knoten *i* laufen. Anschaulich handelt es sich um die Nachfolger von Knoten *i*, um die Nachfolger der Nachfolger usw. Im Beispiel aus Abbildung 2-2 stellt die Knotenmenge {1,2,3,9,10} die Nachkommen von Knoten 6 dar.

Da ein Baum *B* eine Zusammenhangsstruktur mit minimaler Kantenzahl darstellt, zerfällt ein Baum in zwei Teilbäume T_1 und T_2, sobald eine Kante aus *B* entfernt wird.

Der eine Teilbaum besteht dann aus den Nachkommen von Knoten *i*, wenn die Kante (*i,k*) entfernt wird und *i* Vorgänger von *k* ist. Die Abbildung 2-3 zeigt dieses auf.

Abbildung 2-3: *Zerlegung eines Baums in zwei Teilbäume T_1 und T_2 durch Entfernen einer*
Kante

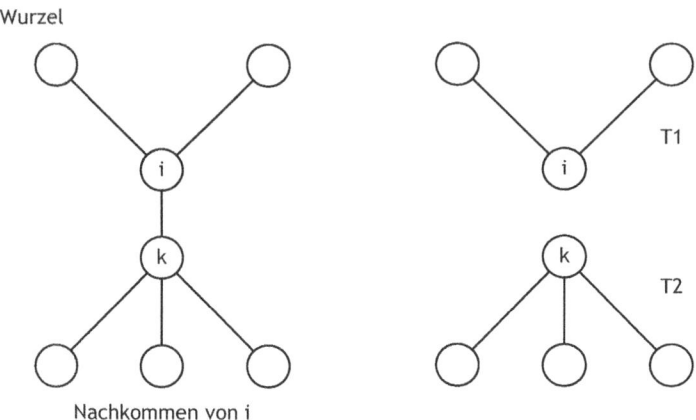

2.1.2 Bäume mit besonderen Eigenschaften

Mit einem **Entscheidungsbaum** lassen sich auch sukzessive Entscheidungssituationen abbilden, indem jedem Knoten eine zeitlich auseinander fallende Entscheidung zugeordnet wird, siehe z. B. das in Abschnitt 9.4 beschriebene Branch and Bound Verfahren. Hat man in jedem Knoten höchstens zwei Verzweigungen in die nächst tiefere Stufe, so spricht man auch von einem **Binärbaum**. Hier ist der Knotengrad ≤ 3. In der Informatik spielen **balancierte Bäume** für schnelle Suchverfahren eine große Rolle, bei denen die Wurzel so gewählt wird, dass sich die Verzweigungen möglichst gleichgewichtig auf die Äste verteilen. Die Suchbäume bei der Internetsuchmaschine Google, die den Inhalt von Milliarden von Internetseiten indizieren, sind so aufgebaut. Eine andere Klasse besonderer Bäume sind **Heaps**, die eine Teilsortierung von Knotenbewertungen vornehmen und mit denen das Auffinden des Minimumwertes besonders effizient gestaltet werden kann.

Ein **d-Heap** ist ein Baum, dessen Knoten höchstens d Nachfolger aufweisen und dessen längster Pfad von der Wurzel bis zu einem der Blätter höchstens $\log_d n$ Kanten besitzt. Meistens werden für den Fall $d=2$ die Heaps als Binärbäume aufgestellt. Zur Teilsortierung der Zahlenwerte wird jedem Knoten des Heaps ein Zahlenwert als so genannter Schlüssel zugeordnet. Der Aufbau des Heaps geht dann so vonstatten, dass der Schlüssel jedes Nachfolgers größer als oder gleich dem Schlüssel von dessen Vorgänger ist. Damit ist der minimale Wert als Schlüssel auf der Wurzel angesiedelt. Interessant ist die Heapstruktur insofern, als Änderungen in dieser Struktur, wie das Hinzufügen oder Streichen von Knoten oder das Ändern von Schlüsseln, besonders effizient vor sich geht (vgl. Ahuja et al. S. 773). Die Abbildung 2-4 gibt ein Beispiel für einen Binärheap, in dem die Schlüssel neben den Knoten vermerkt sind.

Abbildung 2-4:   Binärheap

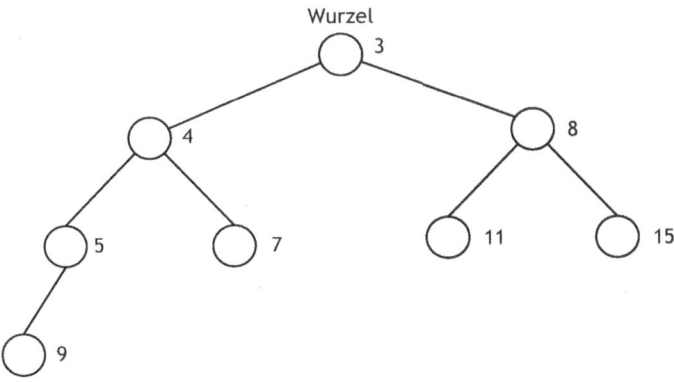

Wenn N zusammenhängend ist, spricht man von einem Baum, der N **aufspannt**. Dieser Baum mit Knotenmenge V ermöglicht, den Zusammenhang in N mit einer minimalen Anzahl von n-1 Kanten unter den n Knoten von N darzustellen. Je mehr die Kantenzahl m von N über das Minimum von n-1 Kanten hinausgeht, desto mehr Möglichkeiten gibt es, verschiedene aufspannende Bäume zu konstruieren.

Abbildung 2-5:   Ein Netzwerk mit zwei alternativen aufspannenden Bäumen

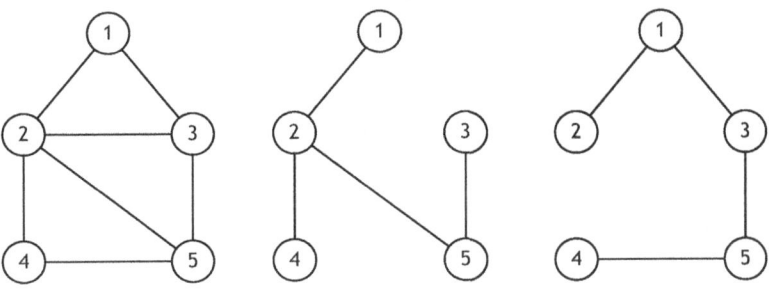

Abbildung 2-5 zeigt zwei Möglichkeiten auf, einen aufspannenden Baum in einem Netzwerk von 5 Knoten zu erzeugen. Für dieses Beispiel gibt es insgesamt 21 verschiedene aufspannende Bäume. In einem vollständigen Netzwerk gibt es sogar n^{n-2} verschiedene (z. B. erhalten wir für $n=5$ $5^3 = 125$ verschiedene aufspannende Bäume).

Wir stellen in Verfahren 2-1 eine Möglichkeit vor, aus einem zusammenhängenden Netzwerk einen aufspannenden Baum herzuleiten. Ausgehend von der Wurzel 1 besuchen wir nacheinander noch nicht besuchte Knoten und nehmen dabei die auf diesem Weg durchlaufenen Kanten in den Baum auf. Die besuchten Knoten werden in einer Menge M festgehalten. Bei diesem Verfahren ist sichergestellt, dass ein Baum repräsentiert wird, da in der Verarbeitung durch die Bedingung $i \notin M$ die Zyklusfreiheit garantiert wird.

Verfahren 2-1:   *Bestimmung eines aufspannenden Baums P für ein zusammenhängendes*
                  Netzwerk N mit Knotenmenge V = {1,...,n} und Kantenmenge E

Initialisierung
1   Wurzel ist Knoten 1
2   $M = \{1\}$

Verarbeitung
3   Suche einen Knoten $j \in M$, zu dem eine Kante $(i,j) \in E$ gehört mit $i \notin M$
4   Nehme i in M auf: $M = M \cup \{i\}$
5   Knoten j ist dann Vorgänger von i auf dem Weg von der Wurzel zu i

Terminierung
6   Abbruch, wenn M = V erreicht. Ansonsten GOTO 3.

2.1.3   Das Auffinden von bipartiten Netzwerken

Wenn ein Netzwerk $N = (V,E)$ gegeben ist, so ist nicht auf den ersten Blick zu entscheiden, ob es bipartit ist. Hier soll nun mithilfe des Konzepts des aufspannenden Baums ein Verfahren dafür vorgestellt werden. Als Einführung in das Thema betrachten wir das bipartite Transport-Netzwerk von Abbildung 2-6 mit den Knotenmengen $V_1 = \{1,...,3\}$ und $V_2 = \{4,...,7\}$.

Abbildung 2-6:   Bipartites Transportnetzwerk

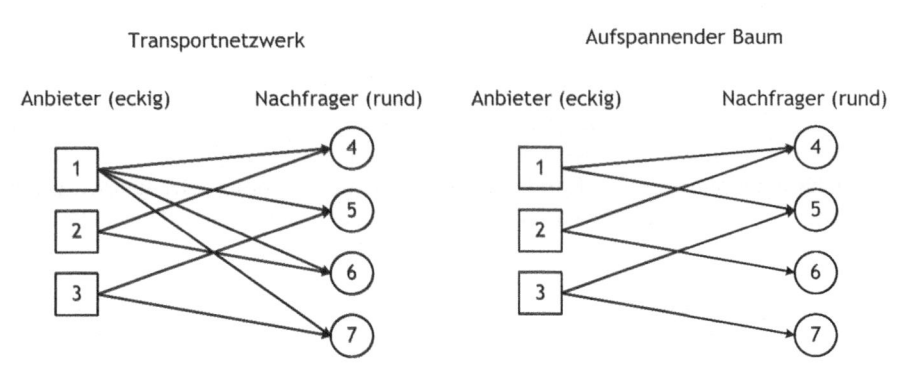

Transportnetzwerk   Aufspannender Baum

Anbieter (eckig)   Nachfrager (rund)   Anbieter (eckig)   Nachfrager (rund)

Wenn wir die Knotenmenge V_1 eckig markieren und die Knotenmenge V_2 rund und den aufspannenden Baum mit Wurzel $r=1$ zum Transport-Netzwerk betrachten, so erkennen wir, dass im Baum jeder Weg von der Wurzel zu einem Blatt abwechselnd zwischen roten und blauen Knoten verläuft. Ferner erkennen wir, dass im Transportnetzwerk alle Kanten, die nicht im Baum sind, ebenfalls zwischen roten und blauen Knoten verlaufen. Diese Eigenschaft können wir nun zum Kriterium dafür machen, dass ein Netzwerk $N = (V,E)$ bipartit ist.

Verfahren 2-2:   Auffinden eines bipartiten Netzwerks

1   Ein Netzwerk $N = (V,E)$ sei gegeben
2   Suche den aufspannenden Baum T mit Wurzel $r=1$. Markiere die Wurzel eckig
3   Für jedes Blatt B von T suche den Weg von r nach B auf und markiere die Knoten dort abwechselnd eckig und rund, so dass die Wurzel eckig markiert bleibt
4   Wenn alle Kanten von N, die nicht im Baum sind, zwischen eckigen und runden Knoten verlaufen, dann ist N bipartit. Die Knotenmenge V_1 ist durch alle eckigen Knoten gegeben, V_2 durch alle runden Knoten.

2.2 Spannende Bäume

2.2.1 Bewertete Bäume

Bewertete Bäume sind Bäume, deren Kanten (i,k) Bewertungen $d_{ik} > 0$ tragen, die als Kosten, Gewichte oder Entfernungen interpretiert werden können. Bäume mit bewerteten Kanten weisen ein interessantes Analogon zur Dreiecksungleichung auf, wie wir sie zur Charakterisierung von Kantenbewertungen in Abschnitt 1.4.1 kennen gelernt haben. Um diese Eigenschaft darzustellen, bezeichnen wir mit $W(i,k)$ den Weg von Knoten i zum Knoten k in einem Baum B und mit $L(i,k)$ dessen Länge.

Aussage 2-2:   *Sei B ein bewerteter, ungerichteter Baum. Dann gilt in B die Dreiecksungleichung, d. h. für drei Knoten i,j,k von B gilt: $L(i,j) \leq L(i,k) + L(k,j)$*

Herleitung: Seien $W(i,j)$ bzw. $W(i,k)$ bzw. $W(k,j)$ der Weg von i nach j bzw. i nach k bzw. k nach j in B. Unterschieden werden 2 Fälle:

1) Der Knoten k liegt im Weg $W(i,j)$. Dann ist $k=p=q$ und $L(i,j) = L(i,k) + L(k,j)$.

2) Der Knoten k liegt nicht im Weg $W(i,j)$, vgl. Abbildung 2-7. Gefragt wird, wieweit der Weg $W(i,k)$ parallel zu $W(i,j)$ und der Weg $W(k,j)$ parallel zu $W(i,j)$ verläuft: Sei p der letzte Knoten auf $W(i,j)$, der mit dem Weg $W(i,k)$ gemeinsam ist. Sei q der erste Knoten auf $W(i,j)$, der mit dem Weg $W(k,j)$ gemeinsam ist. Da im Baum keine Zyklen möglich sind, muss $p = q$ sein. Dann ist $L(i,k) + L(k,j) = L(i,p) + L(p,k) + L(k,q) + L(q,j) \geq L(i,p) + L(q,j) = L(i,p) + L(p,j) = L(i,j)$.

Abbildung 2-7:   *Der Weg von p nach q*

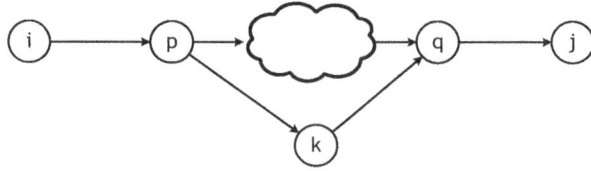

2.2.2 Kürzeste aufspannende Bäume

In bewerteten, ungerichteten Netzwerken soll hier unter der Vielzahl von möglichen aufspannenden Bäumen derjenige aufspannende Baum bestimmt werden, dessen Bewertungssumme minimal ist (Shortest-Spanning-Tree-Problem). Dieser Baum wird als **kürzester aufspannender Baum** (KAB) bezeichnet. Der KAB ist eindeutig, wenn die Kanten von *B* unterschiedliche Bewertungen tragen.

Abbildung 2-8:   Ein bewertetes Netzwerk und ein möglicher aufspannender Baum

---

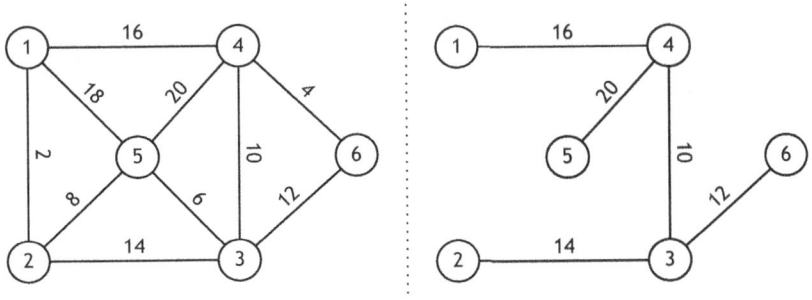

Wir setzen ein zusammenhängendes, ungerichtetes Netzwerk $N = (V,E)$ mit einer Bewertung $d_{ik} > 0$ auf den Kanten voraus. Als Beispiel ziehen wir das Netzwerk aus Abbildung 2-8 heran mit der Knotenmenge $V = \{1,...,6\}$ und der Kantenmenge $E = \{(1,2), (1,4), (1,5), (2,3), (2,5), (3,4), (3,5), (3,6), (4,5), (4,6)\}$. Der aufspannende Baum dieses Netzwerks besitzt das Gewicht 16+20+10+14+12 = 72, siehe Abbildung 2-8.

Tabelle 2-1:   Sortierte Kantenliste zum Netzwerk aus Abbildung 2-8

Kante	Kosten	Kante	Kosten
(1,2)	2	(3,6)	12
(4,6)	4	(2,3)	14
(3,5)	6	(1,4)	16
(2,5)	8	(1,5)	18
(3,4)	10	(4,5)	20

Es wird nun nach dem aufspannenden Baum mit der kleinsten Bewertungssumme gefragt. Zur Beantwortung dieser Frage können wir die Verfahren von Prim (1957) und Kruskal (1956) heranziehen. Sie beginnen mit dem Sortieren der Kanten nach Kosten.

2.2.2.1 Verfahren von Prim

Das Verfahren von Prim baut schrittweise einen Baum auf. Im ersten Iterationsschritt wählt man aus der Liste als Anfangsbaum diejenige Kante (zusammen mit ihren Endknoten) mit den kleinsten Kosten aus (bei mehreren solchen Kanten eine von ihnen). In jedem der folgenden Schritte wählt man aus denjenigen Kanten, von denen genau einer der beiden Endknoten dem bisherigen Teilbaum angehört, diejenige mit den geringsten Kosten aus, und fügt sie dem bisher aufgebauten Teilbaum hinzu. Auf diese Weise ist gewährleistet, dass kein Zyklus entsteht. Das Verfahren bricht bei einer Knotenzahl n von V nach n-1 Schritten ab.

Verfahren 2-3:   *Verfahren von Prim*

Initialisierung

1 Alle Kanten sind frei, d. h. nicht belegt

2 Wähle in der Liste die Kante (i_1, j_1) mit den kleinsten Kosten

3 Setze Teilbaum $T_p = (i_1, j_1)$

4 Markiere die Kante (i_1, j_1) als belegt

Verarbeitung

5 Füge Kante (i,j) an T_p an mit $i \in T_p$ und $j \notin T_p$, wobei die Kante (i,j) die kleinsten Kosten unter den noch freien Kanten aufweist. Markiere die Kante (i,j) als belegt

Terminierung

6 Abbruch, wenn T_p n-1 Kanten enthält, sonst GOTO 5.

Abbildung 2-9:   *Ein minimal aufspannender Baum mit Bewertungssumme 30*

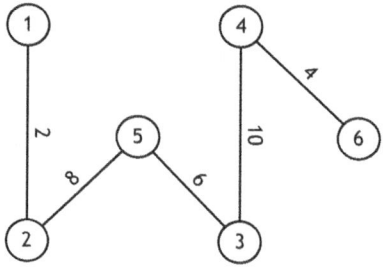

Für das Beispiel aus Abbildung 2-8 nimmt das Verfahren von Prim folgende Kanten nacheinander auf: Kante (1,2), dann (2,5), dann (3,5), dann (3,4), dann (4,6). Das Gewicht ist 2+8+6+10+4=30. Der so entstandene KAB ist in Abbildung 2-9 zu sehen.

2.2.2.2 Verfahren von Kruskal

Das Verfahren von Kruskal geht wie der Prim-Algorithmus von einer aufsteigend sortierten Kantenliste aus. Diese Liste wird von oben nach unten abgearbeitet. Während das Verfahren von Prim also eine Folge von Bäumen konstruiert, bestimmt der Kruskal-Algorithmus eine Folge von Wäldern, wobei der letzte Wald n-1 Kanten besitzt und folglich ein Baum ist.

Verfahren 2-4:   *Verfahren von Kruskal*

Initialisierung

1   Alle Kanten sind frei, d. h. nicht belegt

2   Wähle in der Liste Kante (i_1, j_1) mit den kleinsten Kosten

3   Setze Baum $T_1 = (i_1, j_1)$

4   Markiere die Kante (i_1, j_1) als belegt

Verarbeitung

5   Gehe obige Liste von Kanten von der Spitze durch und nehme nacheinander alle freien Kanten (i,j) in den Wald auf, ohne einen Zyklus zu bilden. Markiere die Kante (i,j) als belegt

Terminierung

6   Abbruch, wenn T_p n-1 Kanten enthält, sonst GOTO 5.

Wenn durch die Aufnahme der jeweiligen Kante in das bisher aufgebaute Netzwerk kein Zyklus entsteht, wird diese Kante dem Netzwerk hinzugefügt, bis das Netzwerk n-1 Kanten enthält. Damit durch die Aufnahme der neuen Kante kein Zyklus entsteht, muss eine der beiden folgenden Bedingungen erfüllt sein:

▪ Mindestens ein Endknoten der Kante gehört dem bisherigen Netzwerk nicht an.

▪ Die Endknoten der Kante liegen in verschiedenen Zusammenhangskomponenten.

Für das obige Beispiel aus Abbildung 2-8 nimmt das Verfahren von Kruskal folgende Kanten nacheinander auf: Kante (1,2), dann (4,6), dann (3,5), dann (2,5), dann (3,4). Das Gewicht ist 2+8+6+10+4=30.

Abbildung 2-10: Die Schritte des Verfahrens von Kruskal

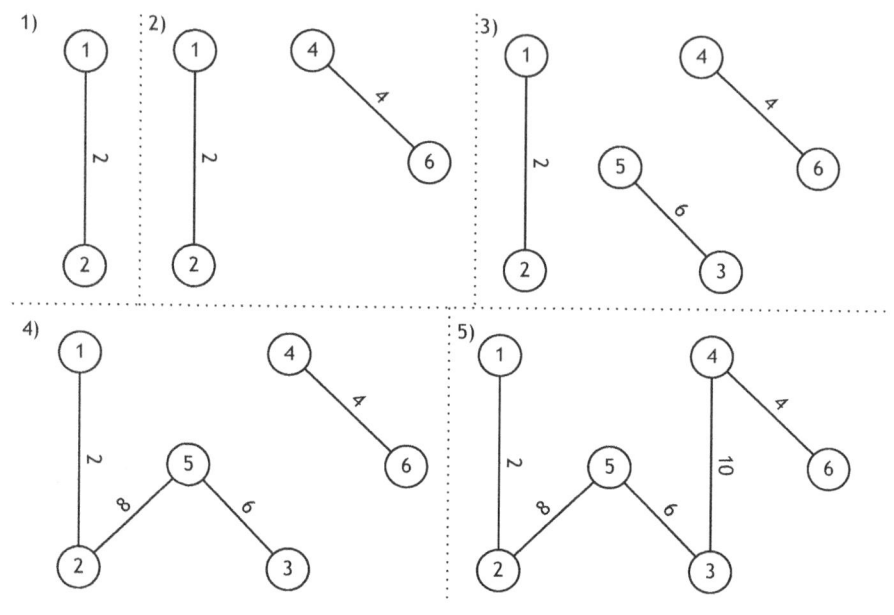

Beide Verfahren setzen eine sortierte Liste der Kanten voraus. Der Sortierschritt bei diesen Verfahren erscheint etwas schematisch, da von den m sortierten Kanten nur $n-1$ wirklich benötigt werden, so dass gerade bei vollständigen Netzwerken zu viele Kanten sortiert werden müssen.

2.2.3 Eigenschaften des kürzesten aufspannenden Baums

Wir zeigen nun einige Eigenschaften des kürzesten aufspannenden Baums KAB für bestimmte Klassen von Daten. Die folgende Aussage 2-3 zeigt, wie im KAB das Entfernen einer Kante den Baum KAB in zwei Teilbäume zerlegt und zwischen diesen einen Mindestabstand definiert.

Aussage 2-3:   *Gegeben sei eine Instanz N = (V,E) mit Daten beliebiger Art. Dann gilt:*
1. Für zwei Knoten $r, s \in V$ sei W_{rs} der Weg in KAB, der r mit s verbindet.
Dann ist $d_{rs} \geq MAX\{d_{ij} : (i,j) \in W_{rs}\}$.
2. Wird im KAB eine Kante (i,k) entfernt, so entstehen zwei Teilbäume T_1 und
T_2. Dann ist $d_{rs} \geq d_{ik}$ für alle $r \in T_1$ und alle $s \in T_2$
3. Wenn für ein Blatt b in KAB gilt, dass es zu Knoten t inzident ist, dann
ist $d_{bt} = MIN\{d_{bk} : (b,k) \in E\}$.

Herleitung:

1. Wäre $d_{rs} \geq MAX\left\{d_{ij} : (i,j) \in W_{rs}\right\}$, dann könnte der Weg W_{rs} mit der Kante (r,s) zu einem Zyklus Z geschlossen werden und aus Z eine Kante mit größerem Gewicht als d_{rs} gestrichen werden. Dies ergäbe einen Baum mit geringerem Gewicht als KAB im Widerspruch zur Optimalität von KAB.

2. Seien $r \in T_1$ und $s \in T_2$ und W ein Weg in KAB von r nach s. Dieser Weg verläuft über die Kante (i,k). Wir haben nach 1.: $d_{rs} \geq MAX\left\{d_{ij} : (i,j) \in W\right\} \geq d_{ik}$.

3. Besäße die Kante (b,t) nicht die minimale Länge, dann könnte b an einen anderen Knoten von KAB mit einer kürzeren Kante angeschlossen werden, im Widerspruch zur Optimalität von KAB.

Die Aussage 2-4 zeigt, dass im KAB die Knoten p mit grad(p) $\geq$ 2 den KAB in Teilbäume zerlegen und zwischen diesen einen Mindestabstand definieren.

Aussage 2-4:   *Gegeben seien eine Instanz N = (V,E) mit Daten beliebiger Art und ein Knoten p mit grad(p) = g $\geq$ 2 in KAB. Zu p seien in KAB die g Knoten $k_1, ..., k_g$*
inzident. Wenn die Kanten $(p, k_1), ..., (p, k_g)$ in KAB aufgetrennt werden,
entstehen g Teilbäume $T_1, ..., T_g$. Dann gilt für zwei Teilbäume T_i und T_j :

$$d_{rs} \geq \max(d_{p,k_i}, d_{p,k_j}) \ \forall \ r \in T_i, \ s \in T_j \ .$$

Herleitung: Sei $M^* = max(d_{p,k_i}, d_{p,k_j})$. Seien $r \in T_i$ und $s \in T_j$ und W ein Weg in KAB von r nach s. Dieser Weg verläuft von Teilbaum T_i über die Knoten k_i, p, k_j zum Teilbaum T_j. Wir ergänzen den Weg durch die Kante (r,s) zu einem Zyklus. Wäre $d_{rs} < M^*$ und $d_{p,k_i} \leq d_{p,k_j}$, so könnte durch Streichen der Kante d_{p,k_j} im Zyklus der Baum KAB verkürzt werden. Das Gleiche gilt für die Kante d_{p,k_i} im Falle

$d_{p,k_i} > d_{p,k_j}$. Also muss $d_{rs} \geq M*$ gelten.

Für Entfernungsdaten auf den Kanten, welche die Dreiecksungleichung erfüllen, ergibt die Länge $L(KAB)$ des kürzesten aufspannenden Baums eine Abschätzung für die Kante mit der größten Entfernung im Netzwerk $N = (V,E)$. Hierzu sei $M = \max(d_{ij})$ die größte Entfernung im Netzwerk N. Dann gilt:

Aussage 2-5:   *Sei $N = (V,E)$ eine Instanz mit Entfernungsdaten auf den Kanten, welche die Dreiecksungleichung erfüllen. Dann ist $M \leq L(KAB)$.*

Herleitung: Die Kante mit der größten Entfernung im Netzwerk N sei (r,s). Im kürzesten aufspannenden Baum KAB verläuft ein Weg W von Knoten r nach Knoten s. Wegen der Gültigkeit der Dreiecksungleichung ist $M \leq$ Länge des Weges $L(W)$. Da der Weg einen Teil von KAB durchläuft, ist $L(W) \leq L(KAB)$.

Für euklidische Daten spannen die Knoten eines Netzwerks $N = (V,E)$ in der euklidischen Ebene eine konvexe Menge $CON(V)$ auf, die Eckpunkte $E_1...E_p$ aufweist.

Abbildung 2-11: Der Durchmesser einer konvexen Punktwolke

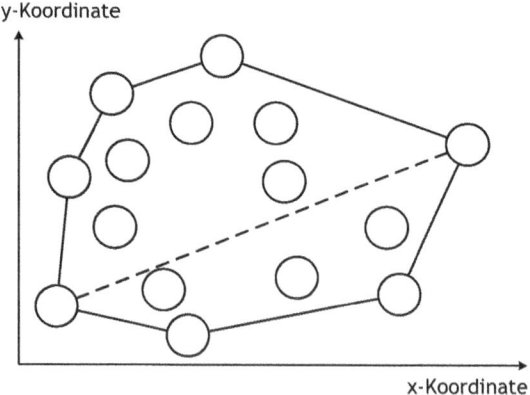

Wegen der Konvexität der Distanzfunktion d_{ij} im euklidischen Fall wird die Kante mit der größten Entfernung M zwischen zwei Eckpunkten angenommen. Diese Entfernung kann auch als der Durchmesser der konvexen Menge $CON(V)$ gedeutet werden. Damit ist $L(KAB)$ eine Abschätzung dieses Durchmessers. Die Abbildung 2-11 zeigt die konvexe Hülle bei euklidischen Daten und gestrichelt die Kante mit der größten Entfernung M.

Abbildung 2-12: Die Länge des KAB als längste Kante im Netzwerk

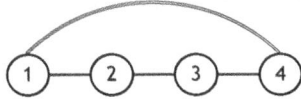

Sind bei euklidischen Daten die Knoten von V auf einer Linie aufgereiht, so gilt $M = L(KAB)$. Daher ist $L(KAB)$ eine scharfe obere Schranke für M. Die Abbildung 2-12 zeigt dazu ein Beispiel für $n = 4$. Die Kante mit der größten Entfernung M verläuft von Knoten 1 nach Knoten 4.

2.3 Weitere Fragestellungen

Eine Vielzahl von Variationen des Minimum-Spanning-Tree-Problems ist untersucht worden. Diese Variationen beziehen sich auf zusätzliche Restriktionen auf den Knoten und den Kanten des zugrunde liegenden Netzwerks. Anwendungen für die genannten Variationen des Minimum-Spanning-Tree Problems liegen vor allen Dingen im Aufbau von Telekommunikations- und Logistiknetzwerken.

2.3.1 Aufspannende Bäume mit Knotengradbeschränkungen

Häufig können bei der Realisierung von Netzwerken an einen Knoten nicht unbeschränkt viele andere Knoten angeschlossen werden, die Anzahl der anzuschließenden Knoten ist also beschränkt. Diese Einschränkung finden wir häufig in Computernetzwerken, etwa bei Ports für die Telekommunikation an Computern. Wenn für jeden Knoten eine obere Grenze für den Knotengrad vorgegeben ist, besteht das Problem darin, einen aufspannenden Baum zu minimalen Kosten zu finden, der die Knotengrad-Restriktion einhält.

Wir können das Verfahren von Prim im Verarbeitungsschritt zu einer Heuristik für aufspannende Bäume mit Knotengradbeschränkungen erweitern, indem neue Kanten in den Baum B nur unter Berücksichtigung der Knotengradrestriktionen aufgenommen werden. Der so entstehende Baum B stellt dann eine erste zulässige Lösung des Kostenminimierungsproblems dar. Anders als für das Problem des kürzesten aufspannenden Baums gezeigt, ergibt sich hier nicht notwendigerweise die optimale Lösung. Abhängig von der Reihenfolge der Integration von Kanten in den Baum kann die Aufnahme von Kanten, die zur optimalen Lösung beitragen, bereits verboten sein.

Daher sollten optional weitere Schritte zur Kostensenkung erfolgen, indem in B systematisch eine Kante entfernt wird und die entstehenden beiden Teilbäume alternativ über andere Kanten verbunden werden. Wird eine kostengünstigere Konfiguration, die die Knotengradrestriktionen erfüllt, gefunden, so kann diese als die derzeit beste Konfiguration gehalten und mit dem gleichen Ansatz weiter verbessert werden. Das Verfahren bricht in einem lokalen Minimum ab, wenn keine weiteren Verbesserungen mehr aufgefunden werden können. Mit der Metaheuristik des Simulated Annealing können die ungünstigen lokalen Minima überwunden und zum globalen Minimum angenähert werden, siehe Abschnitt 3.1.2.

2.3.2 Steiner-Bäume

Die Fragestellung des Steiner-Problems spielt etwa für den Aufbau von Versorgungsnetzen eine Rolle, wo es um die Einbeziehung von zusätzlichen Verteilknoten geht, um die gesamten Installationskosten zu senken. Das Steiner-Problem in einem Netzwerk lässt sich wie folgt beschreiben: In einem Netzwerk (V,E) wird eine Teilmenge V' der Knoten betrachtet. Gesucht wird ein Baum mit minimalem Gewicht, der mindestens alle Knoten der Teilmenge V' umfasst. Ein minimal aufspannender Baum in der Teilmenge V' braucht nicht optimal zu sein, wie das folgende Beispiel zeigt. Da im Prinzip versuchsweise alle Teilmengen der Differenzmenge $V \, / \, V'$ betrachtet werden müssen, um eine optimale Konfiguration für das Steiner-Problem zu finden, ist auch dieses Problem nicht ohne Enumeration lösbar.

Abbildung 2-13: Beispielnetzwerk zum Steiner-Problem

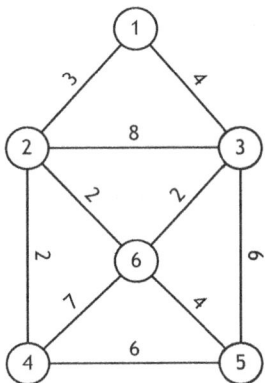

Im Beispiel aus Abbildung 2-13 ist ein bewertetes Netzwerk mit einer Knotenmenge V von 6 Knoten und der Teilmenge $V' = \{4,5,6\}$. Ein KAB in V' besteht aus den Kanten (4,5) und (5,6) mit Gesamtkosten von 10. Bezieht man dagegen in den aufspannenden Baum den Knoten 2 mit ein, so erhalten wir Gesamtkosten von 8 auf den Kanten (2,4), (2,6) und (5,6). Zur Lösung des Steiner-Problems geben wir ein heuristisches Verfahren von Kou und anderen 1978 wieder. Das Verfahren geht wie folgt vor:

Verfahren 2-5:   Heuristik von Kou und anderen zur Lösung des Steiner-Problems

---

1   Konstruiere ein vollständiges Netzwerk N' aus der Knotenmenge V' in der folgenden Weise:

2   Jeder Kante (i,j) in N' ordnen wir die Entfernung als kürzesten Weg zwischen i und j in N zu (vgl. Kürzeste Wege-Verfahren in Kapitel 4).

3   Konstruiere den minimal aufspannenden Baum $T(N')$ in N'.

4   In dem Baum $T(N')$ ersetze jede Kante (i,j) durch den kürzesten Weg zwischen Knoten i und j in N.

5   Das resultierende Netzwerk N'' ist ein Teilnetzwerk von N.

6   Berechne den kürzesten aufspannenden Baum $T(N'')$ in N''.

7   Im Baum $T(N'')$ streichen wir alle Knoten, die in V/V' liegen und einen Grad 1 aufweisen.

8   Der entstehende Baum ist eine Lösung des Steiner-Problems.

Die gewonnene Lösung ist höchstens $(2-1)/m$ - mal vom optimalen Wert entfernt, wenn mit m die Kantenzahl des Netzwerks bezeichnet wird. Typischerweise werden aber weitaus bessere Lösungen generiert. Wir erläutern die Heuristik anhand des Netzwerks in Abbildung 2-13 und der Knoten-Teilmenge $V'=\{4,5,6\}$. Im ersten Schritt erhalten wir dann das vollständige Netzwerk N'. (Der kürzeste Weg von 4 nach 6 führt in N über Knoten 2 und hat die Länge 4.)

Abbildung 2-14: Netzwerk N''

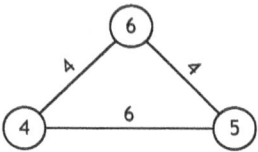

Der kürzeste aufspannende Baum in N' besteht aus den Kanten (4,6) und (5,6) (Schritt 2). Im dritten Schritt ersetzen wir die Kante (4,6) durch den kürzesten Weg in N. Das resultierende Netzwerk N'' zeigt. Abbildung 2-14.

Abbildung 2-15: Steiner-Baum zu Abbildung 2-13

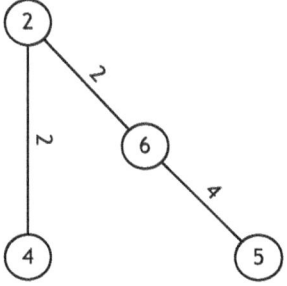

Der kürzeste aufspannende Baum in N'' besteht aus den Kanten (2,4), (2,6) und (5,6). Da es im Baum $T(N'')$ keinen Knoten mit Grad 1 gibt, der in $V \mid V'$ liegt (Schritt 5), ist das Verfahren an dieser Stelle beendet (Einziger Knoten in $V \mid V'$ ist Knoten 2 mit Grad 2).

Weiterführende Literatur

Cieslik, D.: The vertex degrees of minimum spanning trees, in: European Journal of Operational Research, Heft 2/2000, S. 278-282

Voß, S.: Steiner-Probleme in Graphen, Hain-Verlag, Frankfurt am Main 1990

Zachariasen, M.: Local search for the Steiner tree problem in the Euclidean plane, in: European Journal of Operational Research, Heft 2/1999, S. 282-300

3 Algorithmen und Datenstrukturen für Netzwerke

Im vorangegangenen Kapitel haben wir Algorithmen für zunehmend restriktive Problemstellungen formuliert. Haben wir anfangs lediglich einen möglichen aufspannenden Baum in einem Netzwerk generiert, so waren wir im nächsten Schritt bereits am Auffinden des kürzesten aufspannenden Baums interessiert. Zur Lösung dieser Fragestellung war die Sortierung der Kanten des Netzwerks nach ihrer aufsteigenden Bewertung notwendig. Schließlich haben wir die Fragestellung um einen maximal möglichen Knotengrad je Knoten erweitert. Das abgewandelte KAB Verfahren liefert uns lediglich eine Anfangslösung, die wir im Rahmen einer Heuristik in ein lokales Minimum hin verbessern können. Das Auffinden der optimalen Lösung würde eine Enumeration aller möglichen Lösungen voraussetzen.

In diesem Kapitel wollen wir uns mit der Einordnung von Algorithmen hinsichtlich ihrer Leistungsfähigkeit und ihres hierfür notwendigen Zeitbedarfs beschäftigen. Einen wesentlichen Einfluss auf die zur Lösung eines Optimierungsproblems notwendigen Rechenschritte hat die vorliegende Speicherform der Daten. Wir werden unterschiedliche Möglichkeiten zur Repräsentation von Netzwerken kennen lernen. Schließlich wenden wir uns dem generischen Algorithmus der Netzwerksuche zu. Die Netzwerksuche dient uns als Beispiel für die in diesem Kapitel erlernten Zusammenhänge und macht uns darüber hinaus mit den Konzepten der Suchstrategie sowie mit der Markierung von Knoten vertraut.

3.1 Komplexität von Algorithmen

Wenn man verschiedene Algorithmen, die das gleiche Problem lösen, miteinander vergleichen möchte, so stellt sich die Frage nach einem Vergleichsmaßstab. Hier soll die Zeit (Laufzeit) bestimmt werden, die ein Algorithmus zur Lösung eines Problems auf einem Computer benötigt. Diese Laufzeit eines Algorithmus wird in das Verhältnis zur Größe seiner Inputdaten für eine Instanz I gesetzt. Es wird gefragt, in welcher Weise die Laufzeit mit der Größe seiner Inputdaten anwächst. Man spricht von der **Zeitkomplexität** eines Algorithmus, und ein Algorithmus ist um so besser, je langsamer das Wachstum der Laufzeit, d. h. je geringer seine Zeitkomplexität ist.

3.1.1 Laufzeitanalysen

Die Laufzeit wird summarisch abgeschätzt durch die Anzahl der erforderlichen elementaren arithmetischen Operationen wie Addition, Subtraktion, Multiplikation und Division auf einem sequentiell arbeitenden Rechnersystem. Die Größe der Instanz I wird durch Parameter des Netzwerks beschrieben, wie die Knotenzahl n oder die Kantenzahl m. Die Laufzeit eines Algorithmus wird dann als eine Funktion $L(I)$ der Größe I der Inputdaten mit dem Symbol O abgeschätzt. Die Funktion L wird auch als Komplexitätsfunktion bezeichnet.

Ein Algorithmus besitzt die Zeitkomplexität $L(I)$, wenn eine Konstante $c > 0$ existiert, so dass die Laufzeit $\leq c * L(I)$ für alle Instanzen I oberhalb einer Schranke I_o ist. Wir bezeichnen diese Komplexität mit $O(L)$. Wir sagen auch, das Verfahren besitze einen Aufwand von $O(L)$. Die Abschätzung der Zeitkomplexität erfolgt für den schlechtesten Fall (**worst case**), der entsteht, wenn eine Instanz von gegebener Größe gewählt wird, die den höchsten Berechnungsaufwand unter allen anderen Instanzen gleicher Größe erfordert. Die Abschätzung der Zeitkomplexität für den worst case ist häufig deutlich schlechter als für den Mittelwert der Zeitkomplexität über zufällig gezogene gleichverteilte Instanzen.

Wir haben gesehen, dass zur Bestimmung eines KAB ein sortierter Kantenvektor notwendig ist. Ein Sortieralgorithmus kann immer nur zwei Elemente des Vektors miteinander vergleichen und gegebenenfalls in die aufsteigende Reihenfolge tauschen. Wir begreifen einen solchen Tausch als elementare Operation. Für einen aufsteigend sortierten Kantenvektor muss jede der m Kanten mit jeder anderen Kante verglichen werden, was in einer naiven Implementierung des Sortieralgorithmus eine Komplexität von annähernd m^2 mit sich bringt. Die Auswahl der Kanten des KAB selbst geschieht mit linearem Aufwand in Abhängigkeit der n zu verbindenden Knoten. Für große Werte von n und m dominiert der höchste Term eines Polynoms. Deshalb können in der Abschätzung mit dem Symbol O die Terme niedrigerer Ordnung fortgelassen werden: $O(m^2 + n) = O(m^2)$.

Es handelt sich beim obigen Term um ein Polynom ausgedrückt in der Anzahl der Kanten im Netzwerk. Man spricht von einem polynomialen Algorithmus, wenn sich dessen Laufzeitzuwachs mit größer werdendem m durch ein Polynom beschreiben lässt. Die Laufzeit zum Auffinden eines KAB wird durch den Aufwand für die Sortierung der Kanten bestimmt.

Um die Netzwerkgröße C_{max} binär zu verschlüsseln, benötigt man $2^{\log_2 C_{max}}$ Bits, also eine Exponentialfunktion mit dem Argument $\log_2 C_{max}$. Verfahren, die die Parameter des Netzwerks einschließlich der Konstanten C_{max} als ein Polynom in ihrer Komplexitätsfunktion besitzen, sind daher streng genommen nicht mehr ein Polynom in der Größe der Inputdaten. Sie werden aber als pseudopolynomial bezeichnet, so z. B. $O(n C_{max})$. Dies bedeutet, dass für ein festes C_{max} die Laufzeit polynomial ist.

Während polynomiale Verfahren als schnell eingestuft und daher als vorteilhaft angesehen werden, gelten exponentielle Verfahren als langsam. Die in Tabelle 3-1 dokumentierten Laufzeiten von einigen Komplexitätsfunktionen unterstreichen diese Aussage. Man spricht von **exponentieller** Zeitkomplexität, wenn das Verfahren eine exponentielle Komplexitätsfunktion aufweist, so dass der Netzwerkparameter anstatt in der Basis nun im Exponenten steht, z. B. $O(2^n)$ oder $O(3^n)$.

Eine große Klasse von Optimierungsproblemen in Netzwerken weist diese unbefriedigende schlechte oder eine noch schlechtere Zeitkomplexität auf, so z. B. das Travelling Salesman Problem. Man bezeichnet diese Klasse als **NP-hart**. Charakteristisch hierfür ist, dass die Probleme in dieser Klasse untereinander mit lediglich polynominalem Aufwand transformiert werden können. Wenn ein schneller polynominaler Algorithmus für ein Problem dieser Klasse gefunden werden könnte, dann würde zumindest theoretisch für alle diese Probleme ein schneller Algorithmus zur Verfügung stehen. Zwar gibt es keinen endgültigen Beweis dafür, dass kein schneller polynominaler Algorithmus für eines der Probleme aus der Klasse der NP-harten existiert. Da man bisher trotz aller Bemühungen kein derartiges Verfahren gefunden hat, wird die Vermutung sehr stark unterstützt, dass kein polynominales Verfahren gefunden werden kann. Die Tabelle 3-1 gibt nach Gary und Johnson (1979) das Wachstum der Rechenzeiten für polynominal lösbare Probleme im Vergleich zu Verfahren mit exponentiellem Aufwand (2^n und 3^n) an. Der Tabelle liegt die Annahme zugrunde, dass für eine elementare Operation die Zeitdauer von 10^{-6} Sekunden benötigt wird.

Tabelle 3-1:   *Rechenzeiten in Abhängigkeit von der Komplexität eines Algorithmus*

Zeit-Komplexitätsfunktion

	n = 10	n = 20	n = 30	n = 40	n = 50	n = 60
n	.00001 Sekunden	.00002 Sekunden	.00003 Sekunden	.00004 Sekunden	.00005 Sekunden	.00006 Sekunden
n^2	.0001 Sekunden	.0004 Sekunden	.0009 Sekunden	.0016 Sekunden	.0025 Sekunden	.0036 Sekunden
n^3	.001 Sekunden	.008 Sekunden	.027 Sekunden	.064 Sekunden	.125 Sekunden	.216 Sekunden
n^5	.1 Sekunden	3.2 Sekunden	24.3 Sekunden	1.7 Minuten	5.2 Minuten	13.0 Minuten
2^n	.001 Sekunden	1.0 Sekunden	17.9 Minuten	12.7 Tage	35.7 Jahre	386 Jahrhund.
3^n	.059 Sekunden	58 Minuten	6.5 Jahre	3855 Jahrhund.	$2*10^8$ Jahrhund.	$1,3*10^{13}$ Jahrhund.

Man beachte, dass die Rechenzeiten der Verfahren mit exponentiellem Aufwand für ein großes n sehr stark ansteigen und in den Bereich von Jahrhunderten geraten. Hieraus kann gefolgert werden, dass selbst bei einem großen Fortschritt in der Computer-technologie das Berechnungsproblem der Klasse der NP-harten Probleme bestehen bleibt, solange die Algorithmen sequentiell auf einer von-Neumann-Maschine abgearbeitet werden. Bei paralleler Verarbeitung, z. B. auf einem Quantencomputer, können die Bearbeitungszeiten jedoch deutlich schrumpfen. Der in den letzten Dekaden zu beobachtende Fortschritt in der Prozessortechnologie jedenfalls erbringt keinen nennenswerten Beitrag zur Lösung NP-harter Probleme.

3.1.2 Polynomiale Verfahren

In Kapitel 2 haben wir mit der Betrachtung der Generierung eines Baums, des Auffindens eines KAB sowie des Auffindens eines KAB mit gleichzeitiger Knotengradbeschränkung bereits ein typisches Beispiel für die ansteigende Komplexität des Algorithmus mit zunehmend restriktiver Problemstellung kennen gelernt. Wir beobachten häufig, dass reale Problemstellungen die Berücksichtigung von Restriktionen bedingen, die die Lösung des Problems durch einen polynomialen Algorithmus verbieten. Dennoch bieten Standardverfahren wie etwa das Auffinden eines KAB eine wertvolle Hilfestellung zur Lösung realer Probleme. So kann durch eine leichte Modifikation der Algorithmus zum Auffinden des KAB in der restriktiveren Variante mit Knotengradbeschränkung zur Generierung einer (wahrscheinlich guten) Startlösung dienen. Generell zeigen sich folgende Verwendungsmöglichkeiten von polynomialen Verfahren für NP-harte Problemstellungen:

1. Transformation der vorliegenden Problemstellung in ein Problem, für das ein polynomiales Verfahren bekannt ist.

2. Generierung einer Startlösung für eine NP-harte Problemstellung durch ein polynomiales Verfahren.

3. Lösung eines Teilproblems bzw. einer Relaxation eines NP-harten Problems durch das polynomiale Verfahren.

Wir werden für alle drei genannten Nutzungen von polynomialen Verfahren praktische Beispiele in Teil 2 und 3 vorstellen. Die Nutzung einfacher Verfahren zur Lösung komplexer Problemstellungen fassen wir in der Strategie des „teile und herrsche" (divide and conquer) zusammen, der wohl die wesentlichen Fortschritte in der Lösung NP-harter Probleme zuzuschreiben sind.

3.1.3 Heuristische Verfahren

Viele Probleme lassen sich nicht oder nur mit unverhältnismäßig großem Rechenaufwand exakt lösen. Daher werden in der Praxis vielfach polynomiale Verfahren als Näherungsverfahren, so genannte Heuristiken, eingesetzt. Heuristische Verfahren bestehen aus bestimmten Vorgehensregeln zur **Konstruktion** oder **Verbesserung** von

Lösungen, die hinsichtlich des angestrebten Zieles und unter Berücksichtigung der Problemstruktur sinnvoll, zweckmäßig und Erfolg versprechend erscheinen. Heuristische Verfahren garantieren zwar nicht mit Sicherheit das Auffinden einer optimalen Lösung, sie liefern jedoch Lösungen, die relativ zum Lösungsaufwand als zufrieden stellend empfunden werden.

Die mit heuristischen Verfahren erzielbaren Lösungen werden als Suboptima oder suboptimale Lösungen bezeichnet. Heuristiken bieten gegenüber exakten Verfahren den Vorteil, dass sie mit polynomial beschränktem Rechenaufwand auskommen. Nachteilig ist bei diesen Verfahren allerdings die Tatsache, dass nicht ohne weiteres zu erkennen ist, wie gut die jeweils gefundene Lösung ist, also um welchen Betrag sie vom Optimum abweicht. Dieser Bereich der Unkenntnis kann in zwei Fällen stark eingegrenzt werden:

- Wir betrachten den Fall eines Minimierungsproblems. Bezeichnet man für eine Instanz I den Wert des Minimums mit $Opt(I)$ und den mit einer Heuristik gewonnenen Wert mit $H(I)$, so gilt $Opt(I) \leq H(I)$. Findet man andererseits eine untere Schranke $U(I)$ für $Opt(I)$, so lässt sich das Minimum $Opt(I)$ wie folgt eingrenzen: $U(I) \leq Opt(I) \leq H(I)$. Hieraus kann man für eine Instanz I schließen, dass sich der mit der Heuristik gewonnene Wert um höchstens $100 * (H(I) - U(I)) / U(I)$ Prozent vom Optimum $H(I)$ entfernt liegt. **Untere Schranken** werden durch Relaxationen des Originalproblems gewonnen, so etwa beim Travelling Salesman Problem durch das Zuordnungsproblem oder das Eins-Baum-Problem (vgl. Kapitel 9.2).

- Für manche Heuristiken kann man darüber hinaus angegeben, um welchen Faktor sie vom Optimum im schlechtesten Fall höchstens abweichen. Wenn es eine Konstante $C > 1$ gibt, so dass für alle Instanzen I eines Minimierungsproblems $H(I) \leq C*Opt(I)$ gilt, so spricht man davon, dass die Heuristik eine **Performance Garantie** von C besitzt. So besitzt die Heuristik zur Bestimmung eines Steiner-Baums (vgl. Abschnitt 2.3.2) die Performance Garantie von 2, d. h. die von der Heuristik gewonnene Lösung ist höchstens um 100% vom Optimum entfernt. Da wir üblicherweise an einer 100% vom Optimum entfernten Lösung nicht interessiert sind, hat die Performance Garantie oft nur theoretische Relevanz.

Eine Klasse von Heuristiken wird als **Greedy-Verfahren** bezeichnet. „Greedy" bedeutet ein gieriges Lösungsverfahren, in dem in jedem Schritt die nächstliegende Entscheidung gewählt wird, die die größte Kostenreduktion oder den kleinsten Kostenanstieg verspricht. Dieses „kurzsichtige" Vorgehen verfehlt häufig das globale Optimum.

Vielfach hängt die Güte der Ergebnisse einer Heuristik davon ab, in welchem Netzwerkknoten sie gestartet wird. Um das beste Ergebnis zu erzielen, wird die Heuristik nacheinander von allen Knoten gestartet. Man spricht dann von einer **Multistartheuristik**.

Hinsichtlich der klassischen Heuristiken unterscheiden wir deterministische Verfahren zur Konstruktion oder Verbesserung von Lösungen. Neuere **Metaheuristiken** verbinden Konstruktions- und Verbesserungsverfahren mit einer stochastischen Meta-Steuerung. Deren Ziel ist die bei deterministischen Heuristiken (z. B. Greedy-Verfahren) auftretenden lokalen Optima nach Möglichkeit zu vermeiden, indem die Schritte mit einer positiven, aber abnehmenden Wahrscheinlichkeit auch Lösungen zulassen, die vom lokalen Optimum abweichen.

Genetische Algorithmen erzeugen generationsweise eine Vielzahl verschiedener Lösungen und schreiben diese von Generation zu Generation fort. Jede Generation entsteht aus der Vorgängergeneration durch Rekombination und Mutation, aus denen mit einem Selektionsprozess die besten Lösungen an die Folgegeneration weiter gegeben werden. Die **Tabu Suche** lässt kleine Änderungen einer Ausgangslösung in Form einer definierten Nachbarschaftsfunktion zu. Die Meta-Steuerung beider Verfahren erlaubt das Überwinden von lokalen Optima. Bei der Tabu Suche wird eine durchgeführte Änderung für eine Anzahl von Iterationen „tabu" gesetzt. Die Suche darf eine kürzlich erfolgte Änderung nicht rückgängig machen, wodurch die Rückkehr ins (vermeintlich bessere) lokale Optimum vermieden wird. Abschnitt 10.3 präsentiert eine Tabu Suche für das Problem der Tourenplanung.

Heuristiken sind beim Einsatz von **Branch-and-Bound-Verfahren** (vgl. Kapitel 9) unverzichtbar, um etwa bei einem Minimierungsproblem scharfe obere Schranken für das Optimum der Zielfunktion zu gewinnen. Werden dann zusätzlich untere Schranken, etwa mit der Technik der Lagrange-Relaxation, ermittelt, so kann aus der Differenz von oberer und unterer Schranke die Güte der Lösung der Heuristiken abgeschätzt werden. Ein hoher Rechenaufwand für die Gewinnung von Lösungen mit Heuristiken führt zu guten Schranken, die wiederum den Suchbaum im Branch-and-Bound-Verfahren drastisch verkleinern helfen.

3.2 Repräsentation von Netzwerken

In diesem Abschnitt sollen einige grundlegende Zusammenhänge zwischen Datenstrukturen zur Repräsentation von Netzwerken und dem dazu in Beziehung stehenden Aufwand von Algorithmen aufgezeigt werden. Dabei werden zunächst zentrale Konzepte aus dem Gebiet der Datenstrukturen vorgestellt. Netzwerkdaten sollen in einer Weise organisiert werden, dass in Computerprogrammen effizient darauf zugegriffen werden kann. Durch die geschickte Auswahl zu verwendender Datenstrukturen kann die Komplexität von Algorithmen gegebenenfalls positiv beeinflusst werden. Ein Wechsel der Klassen von NP zu P ist dabei nicht möglich.

Bei der Wahl der Datenstrukturen zur Repräsentation von Netzwerken ist ein grundsätzlicher Trade Off zwischen Komplexität der Daten und Komplexität der auf den Daten aufsetzenden Algorithmen zu berücksichtigen. Dieser Zusammenhang kann als ein **grundlegendes Komplexitätsgesetz** angesehen werden, vgl. Abbildung 3-1.

Je weniger strukturiert die Daten vorliegen, desto aufwändiger sind die Algorithmen zu gestalten, um aus diesen Daten die erforderlichen Zielwerte zu berechnen. Die traditionelle Sichtweise im Operations Research legte Wert auf einfache Datenstrukturen, da diese bloß einen geringen des damals äußerst knappen Speicherplatzes erforderten.

Abbildung 3-1: Komplexitäts-Trade Off zwischen Datenstrukturen und Algorithmen

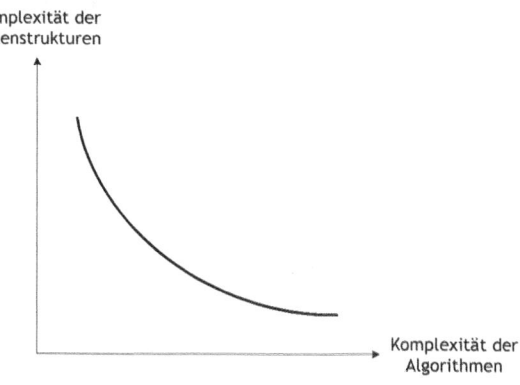

Heute hat sich jedoch die Situation grundlegend gewandelt. Speicherplatz ist in nahezu unbegrenztem Ausmaß verfügbar. Die mit den einfachen Datenstrukturen verbundenen komplexen Algorithmen führen nicht nur zu langen Laufzeiten der Algorithmen, sondern auch zu einem hohen Aufwand bei der Fehlersuche (Debugging). Komplexe Datenstrukturen hingegen führen zu schlanken Algorithmen und damit zu sehr kurzen Laufzeiten. Beispiele für komplexe Datenstrukturen sind einfach verkettete Listen, doppelt verkettete Listen sowie Schlangen und Stapel.

3.2.1 Statische Datenstrukturen

Eine wichtige Datenstruktur ist das **Feld** (engl. Array). Felder werden benötigt, um Daten temporär im Hauptspeicher eines Computers zu speichern, damit man auf diese Daten in einem Algorithmus zugreifen kann. Felder stellen eine statische Datenstruktur mit einer festgelegten Anzahl von Speicherplätzen dar. In einem eindimensionalen Feld werden Daten des gleichen Typs so gespeichert, dass man mit Indexoperationen auf die einzelnen Daten zugreifen kann. Die Abbildung 3-2 gibt ein Beispiel für ein Feld F:

Abbildung 3-2:   Eindimensionales Feld

7	4	2	9

Dieses Feld besitzt vier Plätze, auf denen Daten gelesen oder geschrieben werden können und auf die anhand von Indexoperationen zugegriffen werden kann: $F[1] = 7$, $F[2] = 4$ usw. Felder können auch zweidimensional oder höher dimensional angelegt werden.

Ein Computer kann Netzwerke nicht anschaulich wie ein Mensch erfassen. Daher ist nach der Implementation von Netzwerken zu fragen: Wie soll die Knotenmenge V und die Kanten- oder Pfeilmenge E in einem Computer repräsentiert werden? Gefragt ist nach Datenstrukturen, die für die Implementation von Netzwerk-Algorithmen auf Computern von Bedeutung sind. Welche Art der Beschreibung geeignet ist, hängt vom Kontext und von den Zielen ab, die verfolgt werden:

- Sollen Zusammenhänge didaktisch einfach dargestellt werden?

- Soll Speicherplatz bei sehr großen Netzwerken eingespart werden?

- Soll die Rechenzeit von Algorithmen verkürzt werden?

- Sollen Algorithmen vereinfacht werden?

Zur Beschreibung der Datenstrukturen gehen wir von einer Knotenmenge V und einer bewerteten Kanten- oder Pfeilmenge E des zugrunde liegenden Netzwerks aus. Diese Beschreibungen sollen zusätzlich anhand des Netzwerks von Abbildung 3-3 beispielhaft erläutert werden.

Abbildung 3-3:   Bewertetes Netzwerk im ungerichteten Fall

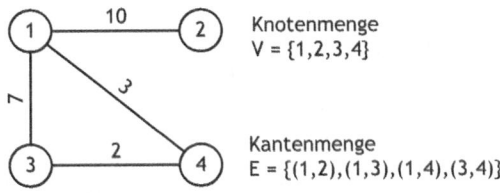

Knotenmenge
$V = \{1,2,3,4\}$

Kantenmenge
$E = \{(1,2),(1,3),(1,4),(3,4)\}$

3.2.1.1   Repräsentation als Knotenfeld und als Kantenfeld

Da ein Netzwerk durch die Angabe der Knotenmenge V und der Kanten- oder Pfeilmenge E in seiner Grundstruktur beschrieben werden kann, reichen für eine Repräsentation der Daten zwei Felder aus: Ein eindimensionales Feld FV für die Knoten und ein zweidimensionales Feld FE für die Kanten. An jeder Indexposition k im Feld FE ist eine Kante (i,j) eingetragen, so dass mit $FE[k,1]$ auf den Kantenanfangsknoten i und mit $FE[k,2]$ auf den Kantenendknoten j zugegriffen werden kann. Im Feld FE können die Kanten nach verschiedenen Kriterien angeordnet werden:

- Die Kanten sind ungeordnet.

- Die Kanten werden geordnet nach aufsteigender Nummer des Kantenanfangsknotens. Bei dieser Anordnung erhält man alle von einem Knoten ausgehenden Kanten hintereinander.

- Die Kanten werden geordnet nach dem Knotengrad des Kantenanfangsknotens.

- Die Kanten werden geordnet nach dem Gewicht der Kanten. Diese Anordnung wird bei den Verfahren zur Bestimmung der kürzesten aufspannenden Bäume benutzt.

Abbildung 3-4: Eindimensionales Knotenfeld FV und zweidimensionales Kantenfeld FE

Wählen wir als Beispiel das in Abbildung 3-3 dargestellte gerichtete Netzwerk. Wir erkennen darin die Knoten 1,2,3 und 4 sowie die Kanten (1,2), (1,3), (1,4) und (3,4). Diese vier Knoten und vier Kanten können wir in einem eindimensionalen Feld FV und einem zweidimensionalen Feld FE wie in Abbildung 3-4 gezeigt darstellen.

Das Feld FE enthält vier Zeilen und zwei Spalten, wobei jede Zeile eine Kante repräsentiert. In Spalte 1 steht der Anfangsknoten einer Kante, in Spalte 2 der Endknoten. Mit einer Indexoperation können wir auf die einzelnen Elemente zugreifen, wobei Zeile und Spalte indiziert werden müssen. So ist der Anfangsknoten 3 der Kante (3,4) wie folgt aus dem Feld ablesbar: $FE[4,1] = 3$.

Ein Vorteil der Darstellungsart als Knotenfeld und als Kantenfeld ist die didaktisch einfache Übertragung des Netzwerkbegriffs auf die Datenstruktur und die Eignung für eine „Quick-and-Easy-Programmierung". Nachteilig ist aber, dass nicht auf alle Nachfolger eines Knoten direkt zugegriffen werden kann, sondern dass diese erst mit linearem Aufwand $O(m)$ gesucht werden müssen. Berücksichtigen wir, dass z. B. in der in Abschnitt 3.3 vorgestellten Suche wieder und wieder auf die Nachfolgermenge

$N(i)$ des Knotens i referenziert wird, so entstehen für große Netzwerke lange Laufzeiten für die Berechnung der Nachfolgermengen.

3.2.1.2 Darstellung als Knoten-Knoten-Adjazenzmatrix

Die dem Netzwerk zugeordnete $(n \times n)$ - Matrix A heißt **Adjazenzmatrix**, wenn für die Elemente a_{ij} gilt:

- ◼ $a_{ij} = 1$, falls $(i, j) \in E$ im ungerichteten Fall bzw. $[i, j] \in E$ im gerichteten Fall und

- ◼ $a_{ij} = 0$, sonst (für alle $i, j = 1, ..., n$).

Das bedeutet, die Adjazenzmatrix enthält in Spalte i / Zeile j eine 1, wenn die Knoten i und j durch eine Kante (im ungerichteten Fall) bzw. einen Pfeil (im gerichteten Fall) verbunden, also adjazent zueinander sind; ansonsten steht dort eine 0. Bei ungerichteten Netzwerken ist A symmetrisch, bei gerichteten Netzwerken asymmetrisch. Die Bewertung der Kanten kann mit einer Adjazenzmatrix nicht dargestellt werden. Diese Darstellung erfordert bei großer Knotenzahl n einen hohen Speicherplatzbedarf von $n^2 - n$ Speicherplätzen, was unwirtschaftlich ist, wenn A viele Nullen und wenig Einsen besitzt, d. h. dünn besetzt ist. Andererseits ist heute Speicherplatz nicht mehr knapp wie in der Frühzeit des Computers, so dass dieses Argument nicht mehr besonders ins Gewicht fällt. Die Darstellung als Adjazenzmatrix ist geeignet für eine didaktisch einfache Präsentation eines Netzwerks. Tabelle 3-2 zeigt die Adjazenzmatrix für das Netzwerk in Abbildung 3-3:

Tabelle 3-2:   Knoten-Knoten-Adjazenzmatrix

von / nach	1	2	3	4
1	0	1	1	1
2	1	0	0	0
3	1	0	0	1
4	1	0	1	0

3.2.1.3 Darstellung als Kostenmatrix

Die Darstellung als Knotenmatrix erfasst zusätzlich zur Adjazenz-Relation die Bewertung des Netzwerks als eine **Kostenmatrix**. Sie ist analog zur Knoten-Knoten-Adjazenzmatrix, nur dass anstelle der Eins die Entfernung eingetragen wird. Nicht erreichbare Knoten werden durch eine sehr große Zahl symbolisiert.

Die Darstellung als Kostenmatrix ist sehr geeignet für eine didaktisch einfache Präsentation eines Netzwerks und liegt deshalb häufig didaktisch einfachen Heuristiken zugrunde. Beispiel der Kostenmatrix für Netzwerk in Abbildung 3-3:

Tabelle 3-3:   *Kostenmatrix*

von / nach	1	2	3	4
1	0	10	7	3
2	10	0	∞	∞
3	7	∞	0	2
4	3	∞	2	0

Die Datenstrukturen der Adjazenzmatrix wie auch der Kostenmatrix erweisen sich hinsichtlich des Laufzeitverhaltens dann als ungünstig, wenn mit dieser Datenstruktur alle Nachfolger eines Knoten i aufgesucht werden sollen. In diesem Fall sind alle n-1 Elemente einer Zeile i auf Nachfolger der zu der Zeile i gehörenden Knoten zu durchsuchen. Selbst wenn nur ein Nachfolger eines Knoten existiert, sind dafür n-1 Suchschritte erforderlich.

Wir haben hier ein schönes Beispiel dafür, wie die einfache Datenstruktur der Kostenmatrix zu langen Laufzeiten führt.

3.2.1.4 Darstellung als Knoten-Kanten-Inzidenzmatrix

In einer Knoten-Kanten-Inzidenzmatrix werden in den Zeilen die Knoten und in den Spalten die Kanten bzw. Pfeile des Netzwerks gegeneinander abgetragen.

Im Falle eines ungerichteten Netzwerks N heißt die $(n \times m)$ – Matrix H **Inzidenzmatrix**, wenn für die Elemente h_{ik} gilt:

- $h_{ik} = 1$, falls e_k inzident mit i und

- $h_{ik} = 0$ sonst (für alle $i = 1,...,n$; $k = 1,...,m$)

Das bedeutet, die Matrix enthält in Zeile i / Spalte j eine 1, wenn die in Spalte j abgetragene Kante zum Knoten i inzident ist und ansonsten eine 0. Im Falle eines gerichteten Netzwerks N gilt für die Elemente h_{ik}:

- $h_{ik} = 1$, falls e_k positiv inzident mit i und

- $h_{ik} = -1$, falls e_k negativ inzident mit i und

- $h_{ik} = 0$ sonst (für alle $i = 1,...,n$; $k = 1,...,m$)

In diesem Fall enthält die Matrix in Zeile i / Spalte j eine 1, wenn die in Spalte j abgetragene Kante zum Knoten i positiv inzident ist. Sie enthält eine -1, wenn sie zum Knoten i negativ inzident ist und ansonsten eine 0. Die Darstellung als Inzidenzmatrix wird vor allem für die einfache Darstellung von Netzwerkflüssen als ein Lineares Programm benötigt. Beispiel der Inzidenzmatrix für das Netzwerk in Abbildung 3-3:

Tabelle 3-4:   Knoten-Kanten-Inzidenzmatrix

Knoten / Kanten	(1,2)	(1,3)	(1,4)	(3,4)
1	1	1	1	0
2	1	0	0	0
3	0	1	0	1
4	0	0	1	1

3.2.1.5   Darstellung der Nachbarn in Feldern

Für viele Verfahren ist das Aufsuchen aller Nachfolger $N(i)$ (im gerichteten Fall) oder aller Nachbarn $N(i)$ (im ungerichteten Fall) eines Knotens i ein wichtiger Bestandteil. Der schnelle Zugriff auf die Nachfolger ist mit einer Kombination zweier Felder möglich: dem Knotenfeld und dem Kantenfeld. Diese Form der Repräsentation wird in der Literatur als Foreward Star bezeichnet und ist sowohl schnell als auch besonders wirtschaftlich hinsichtlich des Speicherplatzbedarfs, wenn es für jeden Knoten nur wenige Nachbarn gibt. Ist das Netzwerk (nahezu) vollständig, so tritt bei n Knoten eine Anzahl von Kanten in der Größenordnung von n^2 auf. Dann besitzt diese Darstellungsform mit zwei Feldern weder einen Speicherplatzvorteil noch einen Laufzeitvorteil gegenüber der Knoten-Knoten-Adjazenzmatrix der Größe $n \times n$. Die folgende Betrachtung ist für gerichtete und ungerichtete Netzwerke gleichermaßen gültig. Die Übertragung auf Vorgängerfelder (Backward Star) im gerichteten Fall ist analog.

Tabelle 3-5:   Nachbarn der Knoten (Netzwerk aus Abbildung 3-3)

Knoten i	N(i)	Anzahl Nachbarn
1	N(1) = {2,3,4}	3
2	N(2) = {1}	1
3	N(3) = {1,4}	2
4	N(4) = {1,3}	2

Im Folgenden wird das Netzwerk aus Abbildung 3-3 in dieser Form dargestellt. Zur Vorbereitung verschaffen wir uns in Tabelle 3-5 eine Übersicht über die Nachbarn im

Netzwerk von Abbildung 3-3. Im Knotenfeld werden für jeden Knoten die Anzahl der Nachbarn sowie eine Sprungstelle in das Nachbarfeld dargestellt. Springt man in die Sprungstelle des Nachbarfeldes, werden dort der Reihe nach die Knotennummern der Nachbarn dargestellt. Wir vereinbaren, um Eindeutigkeit im Verfahren zu erhalten, dass die Nachfolger j aus der Menge $N(i)$ in aufsteigender Reihenfolge im Nachbarfeld dargestellt werden:

Tabelle 3-6: *Knotenfeld und Nachbarfeld*

Knotenfeld			Nachbarfeld	
Knoten i	Anzahl Nachbarn	Sprungstelle	Platz-Nr.	Nachbar
1	3	1	1	2
2	1	4	2	3
3	2	5	3	4
4	2	7	4	1
			5	1
			6	4
			7	1
			8	3

Das **Knotenfeld** ist ein Feld mit 3 Spalten und n Zeilen:

▨ Spalte 1: Knoten-Nr.

▨ Spalte 2: Anzahl Nachbarn

▨ Spalte 3: Index im Nachbarfeld (Sprungstelle)

Das **Nachbarfeld** ist ein Feld mit 2 Spalten und $2*m$ Zeilen im ungerichteten Fall, da jede Kante im ungerichteten Fall doppelt erfasst wird, und m Zeilen im gerichteten Fall:

▨ Spalte 1: Laufender Index der Kante von 1 bis $2*m$ (ungerichteter Fall) oder 1 bis m (gerichteter Fall)

▨ Spalte 2: Knoten-Nr. der Nachbarn

Im Knotenfeld und im Nachbarfeld dient jeweils die erste Spalte nur der Veranschaulichung und kann auch entfallen, sofern die Knoten fortlaufend von 1 bis n nummeriert sind. Im Nachbarfeld können als weitere Spalte die Entfernung als Kantenbewertung aufgenommen werden oder auch weitere Spalten für Informationen über weitere Attribute der Netzwerkobjekte.

Mit der Kombination von Knotenfeld und Nachbarfeld lassen sich in einer FOR-Schleife auf einfache Weise alle Nachbarn $N(i)$ eines Knotens i darstellen:

FOR k := Knotenfeld [3,i] TO Knotenfeld [3,i] + Knotenfeld [2,i] − 1 DO

      Gebe Nachbarfeld [2,k] aus

END FOR

Knotenfeld [3,i] bedeutet dabei Zugriff auf Spalte 3 / Zeile i des Knotenfeldes, Nachbarfeld [2,k] auf Spalte 2 / Zeile k des Nachbarfeldes. Damit ist das Ziel erreicht, schnell und kompakt auf die Informationen zu den Nachbarn eines Knotens zuzugreifen.

3.2.1.6 Repräsentation von Bäumen und Wegen

Wie in Abschnitt 2.1 gezeigt, besitzt in einem Baum mit Wurzel r der Knoten i einen eindeutigen **Vorgänger** $P(i)$. Hierdurch wird ein eindimensionales Vorgängerfeld P definiert. Umgekehrt kann jeder Knoten j auf diesem Weg mehrere **Nachfolger** besitzen. Die Wurzel r besitzt vereinbarungsgemäß den Vorgänger 0. Mithilfe des Vorgängerfeldes P kann der eindeutige Weg vom Knoten i zur Wurzel schrittweise dargestellt werden: $j=P(i)$ ist Vorgänger von i, $k=P(j)$ ist Vorgänger von j usw.

Mit diesen Überlegungen kann sogar der ganze Baum in einfacher Weise im eindimensionalen Datenfeld P repräsentiert werden, indem zu jedem Knoten i der Vorgänger $P(i)$ auf dem Weg von der Wurzel zum Knoten i dargestellt wird. Hierzu wird als Beispiel-Netzwerk der Baum aus Abbildung 2-2 mit 10 Knoten und der Wurzel r=8 gewählt. Um die Wege von der Wurzel hervorzuheben, sind die Kanten gerichtet. Das zugehörige eindimensionale Datenfeld P hat dann die in Tabelle 3-7 gezeigte Gestalt:

Tabelle 3-7:	*Vorgängerfeld zum Baum aus Abbildung 2-2*									
Knoten	1	2	3	4	5	6	7	8	9	10
Vorgänger	6	6	6	7	7	8	8	0	2	2

In diesem Beispiel ist Knoten 7 Vorgänger von Knoten 4. Nachfolger von Knoten 7 sind Knoten 4 und 5. Die gezeigte Darstellung machen wir uns im Folgenden zur Abbildung von Wegen in Netzen zunutze.

Bäume werden über die Vorgänger-Relation hinaus mit zwei weiteren Kennzahlen beschrieben:

- Die **Tiefe** eines Knotens gibt die Zahl der Kanten auf dem Weg von der Wurzel zum Knoten an. So hat im Baum aus Abbildung 2-2 zum Beispiel der Knoten 1 die Knotentiefe 2 und der Knoten 10 die Knotentiefe 3.

■ Der **Fädelindex** eines Knotens i gibt den Knoten an, der mit dem Verfahren der Tiefensuche (vgl. Abschnitt 3.3.2) von der Wurzel ausgehend nach dem Knoten i erreicht wird.

Mit diesen beiden Kennzahlen können die Nachkommen eines Knotens effizient beschrieben werden, ohne explizit alle Wege im Baum zu überprüfen. Dieses Verfahren ist dann von Bedeutung, wenn im Baum eine Kante gestrichen und dafür eine neue Kante aufgenommen wird, wie z. B. beim Netzwerksimplexalgorithmus.

3.2.2 Dynamische Datenstrukturen

Nicht immer genügt die im Rahmen der statischen Datenstrukturen zur Verfügung gestellte Funktionalität. Variiert die Anzahl der zu speichernden Objekte über die Laufzeit des Programms, so kann eine dynamische Datenstruktur in From einer Liste dieser Anforderung Rechnung tragen. Werden Listen in Form eines Stapels oder in Form einer Schlange verwaltet, so lassen sich damit „last in, first out" (LIFO) und „first in, first out" (FIFO) Prioritäten in einfacher Form implementieren. Stapel und Schlangen werden im folgenden Kapitel 3.3 Verwendung finden.

3.2.2.1 Verkettete Listen

Die Datenstruktur der **einfach verketteten Liste** ist dadurch gekennzeichnet, dass in jedem Element der Liste Daten gespeichert werden und zusätzlich zu jedem Element der Liste ein Verweis auf dessen Nachfolger gespeichert wird. Auf die einzelnen Elemente der Liste kann nicht direkt, sondern nur sequentiell zugegriffen werden, indem die Liste von vorn (Anfang) bis zum Ende durchlaufen wird. Daher werden zwei Marken zur Kennzeichnung des Anfangs und des Endes der Liste verwendet. Die Abbildung 3-5 veranschaulicht die Verkettung in einer Liste:

Abbildung 3-5:   *Eine einfach verkettete Liste*

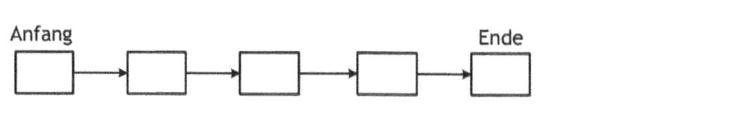

Eine doppelt verkettete Liste verfügt neben der Vorwärtsverkettung der Elemente über Verweise auf das jeweilige Vorgängerelement. Somit kann eine doppelt verkettete Liste auch vom Ende zum Anfang hin durchlaufen werden. Diese erweiterte Funktionalität bringt einen erhöhten Verwaltungsaufwand und Speicherbedarf mit sich, ist hinsichtlich der Verwendung jedoch flexibler. Listen werden häufig in Form von Softwarebibliotheken für Programmiersprachen zur Verfügung gestellt und müssen daher nicht vom Anwender implementiert werden. Meist ist die angebotene Standardform bereits eine doppelt verkettete Liste.

3.2.2.2 Stapel und Schlange

Die Datenstrukturen Stapel und Schlange basieren auf der Datenstruktur der einfach verketteten Liste. Stapel und Schlange verwalten im Kontext der Netzwerkalgorithmen vor allem die Knoten einer sich dynamisch ändernden Knotenmenge.

Diese Datenstrukturen bilden damit temporäre Speicher, mit denen unterschiedliche Prioritäten bei der Abarbeitung von Knoten beim Durchsuchen von Netzwerken dargestellt werden können. Man geht dabei von der Vorstellung aus, dass neue Elemente zur Verarbeitung im Speicher sukzessive eintreffen. Gefragt wird,

- an welcher Stelle des Speichers ein neues Element eingefügt wird und

- welches der vorhandenen Elemente zur Weiterverarbeitung ausgewählt und aus dem Speicher gelöscht wird.

Bei einem **Stapel** (stack, Keller) können lediglich am Anfang der Liste Elemente hinzugefügt oder entfernt werden. Bei einer **Schlange** (queue) werden Elemente nur am Anfang (am Kopf der Schlange) entfernt und nur am Ende eingefügt. Ein Stapel stellt eine **LIFO-Priorität** und eine Schlange eine **FIFO-Priorität** dar. Die grundlegenden Operationen für einen Stapel oder eine Schlange sind:

- Füge einen Knoten zum Stapel (zur Schlange) hinzu,

- Lese und entferne den Knoten vom Stapel (aus der Schlange).

Diese lassen sich als einzelne Prozeduren, die auf der zugrunde liegenden Liste operieren, definieren und in Programmiersprachen in Form von Softwarebibliotheken implementieren. In objektorientierten Programmiersprachen wie Delphi, Java oder C++, können diese Datenstrukturen Stapel und Schlange bequem als eine aus einer verketteten Liste hervorgehende Klasse implementiert werden.

Die genannten Datenstrukturen erweisen sich als effizient, wenn es um die Verwaltung von Knoten im Netzwerk geht, die von Algorithmen markiert werden. Eine Vielzahl von Verfahren in der Netzwerktheorie, z. B. Kürzeste-Wege-Verfahren oder Netzwerk-Fluss-Verfahren, markieren Knoten. Hierbei setzt man temporäre Marken auf die Knoten. Damit können die verschiedenen Zustände der Knoten unterschieden werden.

Verwaltet man die markierten Knoten in einem eindimensionalen Feld, so ist zum Auffinden markierter Knoten ein Durchlauf durch das ganze Feld erforderlich (also insgesamt n Abfragen). Werden die markierten Knoten hingegen in einer Schlange oder einem Stapel verwaltet, so kann direkt auf den nächsten zu verarbeitenden Knoten zugegriffen werden.

3.2.3 Vergleichende Bewertung der Repräsentationen

Die Tabelle 3-8 stellt die einzelnen Möglichkeiten zusammen, ein Netzwerk mit einer geeigneten Datenstruktur zu repräsentieren, und weist deren Vor- und Nachteile auf.

Tabelle 3-8:   *Datenstrukturen zur Repräsentation von Netzwerken im Überblick*

Repräsentation	Einsatzfeld	Vorteil	Nachteil
Knotenfeld und Kantenfeld	Speicherung von Knotenfeld und Kantenfeld als Dateien	Kantenfeld leicht änderbar	Kein direkter Zugriff auf die Nachfolger
Kostenmatrix	Didaktisches Hilfsmittel beim Travelling Salesman Problem	Kompakte Repräsentation bei vollständigen Netzwerken	Kein direkter Zugriff auf die Nachfolger
Knoten-Kanten-Inzidenz-Matrix	Modellierung von Netzwerkflüssen als Lineares Programm	Einfache Darstellung von Netzwerkflüssen	Hoher Speicherplatzbedarf bei großen Netzwerken
Bäume in Vorgängerfeldern	Speicherung von Bäumen und Wegen in Netzen	Geringer Speicherbedarf durch eindimensionales Feld in Länge n	Nur für Bäume und Wege anwendbar
Nachbarn in Feldern	Geeignet für Netzwerkalgorithmen	Geringer Speicherplatzbedarf bei geografischen Netzwerken. Direkter Zugriff auf alle Nachfolger. Leicht erweiterbar für Zusatz-Informationen über die Kante (Kosten, Kapazitäten, Entfernungen, Fahrtzeiten etc.)	Nachfolgerfeld schwer änderbar
Dynamische Nachfolgerliste	Geeignet für Netzwerkalgorithmen	Nachfolgerliste leicht änderbar. Direkter Zugriff auf alle Nachfolger. Leicht erweiterbar für Zusatz-Informationen über die Kante (Kosten, Kapazitäten, Entfernungen, Fahrtzeiten etc.)	Aufwändig im Debugging

3.3 Suchalgorithmen für Netzwerke

Netzwerke können von Algorithmen nicht intuitiv erfasst werden. Fragestellungen nach der Struktur eines Netzwerks, etwa nach der Anzahl der Zusammenhangskomponenten oder nach der Erreichbarkeit eines Knotens müssen durch sukzessiven „Besuch" und Markierung der Knoten des Netzwerks beantwortet werden. Zur Vorbereitung der Verfahren zur Bestimmung von kürzesten Wegen bieten die Suchverfahren einen guten Einstieg, da an ihnen gezeigt werden kann, wie Knoten markiert und überprüft werden. Ferner werden Vorgängermarken gesetzt, zu überprüfende Knoten in Prioritätslisten geführt und Knoten aus diesen Listen ausgewählt.

Der Ablauf des Suchverfahrens ist so konzipiert, dass man von einem Startknoten s ausgeht und versucht, alle Knoten der Zusammenhangskomponente, in der s liegt, nacheinander zu erreichen. Wird ein neuer Knoten i erreicht, so wird dieser Knoten als erreichbar markiert und zusätzlich in eine Liste von noch zu überprüfenden Knoten aufgenommen. Überprüfen meint, dass festzustellen ist, ob vom Knoten i aus ein noch nicht markierter Knoten k über eine Kante (i,k) bzw. $[i,k]$ erreicht werden kann.

Zum Überprüfen des Knotens i sind alle dessen Nachfolger k aus der Nachfolgermenge $N(i)$ aufzusuchen und zu entscheiden, ob k bereits markiert ist oder nicht. Wir vereinbaren, um Eindeutigkeit im Verfahren zu erhalten, dass die Nachfolger k aus der Menge $N(i)$ in aufsteigender Reihenfolge diesem Test unterzogen werden. Eine Kante (i,k) mit i markiert und k nicht markiert heißt in dem Kontext dieses Verfahrens **zulässig**. Existiert keine zulässige Kante mehr, so wird Knoten i aus der Liste der zu überprüfenden Knoten gelöscht. Das Verfahren ist beendet, wenn die Liste von zu überprüfenden Knoten durch das Löschen der Knoten zu einer leeren Liste wird.

Um ex-post den Fortschritt der Suche durch das Netzwerk darstellen zu können, muss an jedem besuchten Knoten i festgehalten werden, über welchen Vorgänger i auf dem Weg von s erreicht wurde und in welcher Reihenfolge dies geschah. Zu diesem Zweck werden Vorgänger- und Reihenfolge-Felder in der Länge der Knoten in N eingeführt. Ferner wird die Laufvariable Zähler benötigt, in der die Reihenfolge der Knotenbesuche dokumentiert wird.

Die Darstellung des Verfahrens berücksichtigt die im Kapitel 3.2 behandelte Speicherung der Objekte stärker als die in späteren Kapiteln folgenden Verfahrensbeschreibungen. So wird angenommen, dass auf die Knoten in N unmittelbar zugegriffen werden kann und ihre Nachfolger in $N(i)$ bereitstehen. Über Knoten $i \in N$ werden die zusätzlich notwendigen Felder *Markiert*, *Vorgänger* und *Reihenfolge* indiziert. Die Liste dient zur temporären Speicherung noch nicht überprüfter Knoten. Für sie sind als Operatoren die Aufnahme eines Knotens „∪", die Löschung eines Knotens „\", die Prüfung auf enthaltende Knoten „∩" sowie die Prüfung auf die leere Menge „∅" definiert.

Verfahren 3-1:   *Such-Algorithmus - Sucht von einem Knoten s aus alle Knoten der Zusammenhangskomponente in N*

Initialisierung

1   Alle Knoten in N sind nicht markiert;

2   *Markiert*[s] := TRUE   //ein Startknoten s wird festgelegt

3   *Vorgänger*[s] := 0   //Startknoten s hat keinen Vorgänger

4   *Zaehler* := 1   //zählt die besuchten Knoten

5   *Reihenfolge*[s] := *Zaehler*   //Reihenfolge der besuchten Knoten

6   Liste := {s}   //Liste der zu überprüfenden Knoten

Verarbeitung

7   WHILE Liste $\neq \emptyset$ DO

8   Wähle einen Knoten i aus Liste

9   WHILE $k \in N(i)$ DO

10   IF NOT *Markiert*[k] THEN

11   *Markiert*[k] := TRUE

12   *Vorgänger*[k] := i

13   *Zaehler* := *Zaehler* + 1

14   *Reihenfolge*[k] := *Zaehler*

15   Liste := Liste $\cup$ {k}

16   ENDIF

17   ENDWHILE

18   IF $N(i) \cap$ Liste $= \emptyset$ Then   //keine zulässige Kante vorhanden

19   Liste := Liste $\setminus$ {i}   //lösche Knoten i aus Liste

20   ENDIF

21   ENDWHILE

Abbruch

22   Liste $= \emptyset$.

Entscheidend für den Ablauf des Suchverfahrens ist, in welcher Weise der Knoten i aus der Liste ausgewählt wird und wie die Liste aufgebaut ist. Die Liste kann als **Schlange** und als **Stapel** organisiert werden. Wird die Liste als Schlange geführt, so wird Knoten i am Schlangenkopf entnommen und Knoten j am Schlangenende angefügt. Wird andererseits die Liste als Stapel geführt, so wird stets am Stapelende entnommen und angefügt. Die sich durch die Verwendung der Schlange ergebende Suchstruktur wird **Breitensuche** genannt.

3.3.1 Breitensuche

In der Breitensuche werden zu einem Knoten i nacheinander alle noch nicht markierten Nachbarn von i besucht. Dabei werden die Nachbarn nacheinander in aufsteigender Knotennummer besucht, um eine Eindeutigkeit des Verfahrens zu gewährleisten. Die Breitensuche erzeugt Wege von s nach i mit einer minimalen Anzahl von Kanten.

Abbildung 3-6:   *Netzwerk mit 6 Knoten*

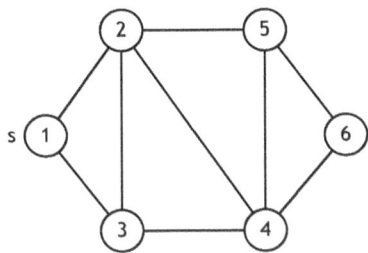

In Beispiel 3-1 demonstrieren wir die Breitensuche in einem Netzwerk mit 6 Knoten. Die Pflege der Felder Vorgänger und Reihenfolge sowie des Zählers sind aus Gründen der Übersichtlichkeit nicht mit ins Beispiel aufgenommen worden. Die Reihenfolge der Knotenbesuche und die sich daraus ergebenden Wege sind im Anschluss an die Verarbeitungsschritte grafisch dokumentiert.

Beispiel 3-1:   *Verlauf der Breitensuche*

Initialisierung

1   Markierte Knoten: keine
2   Knoten 1 wird markiert
3   Liste = {1}

Verarbeitung

<u>1. Durchlauf</u>

4   Liste = {1} ist nicht leer
5   Wähle Knoten 1: $i = 1$
6   Markierte Knoten: 1
7   Es existiert eine zulässige Kante $(1,j)$, zu der Knoten 1 inzident ist: Kante $(1,2)$, da Knoten 1 markiert und Knoten 2 nicht markiert ist: $j = 2$
8   Knoten 2 wird markiert
9   Knoten 2 wird am Ende der Liste eingefügt: Liste = {1,2}

2. Durchlauf

10 Liste = {1,2} ist nicht leer

11 Wähle Knoten 1: $i = 1$

12 Markierte Knoten: 1, 2

13 Es existiert eine zulässige Kante $(1,j)$, zu der Knoten 1 inzident ist: Kante $(1,3)$, da Knoten 1 markiert und Knoten 3 nicht markiert ist: $j = 3$

14 Knoten 3 wird markiert

15 Knoten 3 wird am Ende der Liste eingefügt: Liste = {1,2,3}

3. Durchlauf

16 Liste = {1,2,3} ist nicht leer

17 Wähle Knoten 1: $i = 1$

18 Markierte Knoten: 1, 2, 3

19 Es existiert keine zulässige Kante $(1,j)$, zu der Knoten 1 inzident ist, da alle Nachbarn von 1 markiert sind

20 Knoten 1 wird aus der Liste gelöscht: Liste = {2,3}

4. Durchlauf

21 Liste = {2,3} ist nicht leer

22 Wähle Knoten 2: $i = 2$

23 Markierte Knoten: 1, 2, 3

24 Es existiert eine zulässige Kante $(2,j)$, zu der Knoten 2 inzident ist: Kante $(2,4)$, da Knoten 2 markiert und Knoten 4 nicht markiert ist: $j = 4$

25 Knoten 4 wird markiert

26 Knoten 4 wird am Ende der Liste eingefügt: Liste = {2,3,4}

5. Durchlauf

27 Liste = {2,3,4} ist nicht leer

28 Wähle Knoten 2: i = 2

29 Markierte Knoten: 1, 2, 3, 4

30 Es existiert eine zulässige Kante $(2,j)$, zu der Knoten 2 inzident ist: Kante $(2,5)$, da Knoten 2 markiert und Knoten 5 nicht markiert ist: $j = 5$

31 Knoten 5 wird markiert

32 Knoten 5 wird am Ende der Liste eingefügt: Liste = {2,3,4,5}

6. Durchlauf

33 Liste = {2,3,4,5} ist nicht leer

34 Wähle Knoten 2: $i = 2$

35 Markierte Knoten: 1, 2, 3, 4, 5

36 Es existiert keine zulässige Kante $(2,j)$, zu der Knoten 2 inzident ist, da alle Nachbarn von 2 markiert sind

37 Knoten 2 wird aus der Liste gelöscht: Liste = {3,4,5}

7. Durchlauf

38 Liste = {3,4,5} ist nicht leer

39 Wähle Knoten 3: $i = 3$

40 Markierte Knoten: 1, 2, 3, 4, 5

41 Es existiert keine zulässige Kante $(3,j)$, zu der Knoten 3 inzident ist, da alle Nach-

	barn von 3 markiert sind
42	Knoten 3 wird aus der Liste gelöscht: Liste = {4,5}

8. Durchlauf

43	Liste = {4,5} ist nicht leer
44	Wähle Knoten 4: $i = 4$
45	Markierte Knoten: 1, 2, 3, 4, 5
46	Es existiert eine zulässige Kante (4,j), zu der Knoten 4 inzident ist: Kante (4,6), da Knoten 4 markiert und Knoten 6 nicht markiert ist: $j = 5$
47	Knoten 6 wird markiert
48	Knoten 6 wird am Ende der Liste eingefügt: Liste = {4,5,6}

9. Durchlauf

49	Liste = {4,5,6} ist nicht leer
50	Wähle Knoten 4: $i = 4$
51	Markierte Knoten: 1, 2, 3, 4, 5, 6
52	Es existiert keine zulässige Kante (4,j), zu der Knoten 4 inzident ist, da alle Nachbarn von 4 markiert sind
53	Knoten 4 wird aus der Liste gelöscht: Liste = {5,6}

10. Durchlauf

54	Liste = {5,6} ist nicht leer
55	Wähle Knoten 5: i = 5
56	Markierte Knoten: 1, 2, 3, 4, 5, 6
57	Es existiert keine zulässige Kante (5,j), zu der Knoten 5 inzident ist, da alle Nachbarn von 5 markiert sind
58	Knoten 5 wird aus der Liste gelöscht: Liste = {6}

11. Durchlauf

59	Liste = {6} ist nicht leer
60	Wähle Knoten 6: $i = 6$
61	Markierte Knoten: 1, 2, 3, 4, 5, 6
62	Es existiert keine zulässige Kante (6,j), zu der Knoten 6 inzident ist, da alle Nachbarn von 6 markiert sind
63	Knoten 6 wird aus der Liste gelöscht: Liste ist leer.

Abbruch

64	Grund: Liste ist leer.

Die Abbildung 3-7 zeigt grafisch die Reihenfolge, in der die Knoten bei der Breitensuche aufgesucht werden:

Abbildung 3-7:   Breitensuche im Beispiel

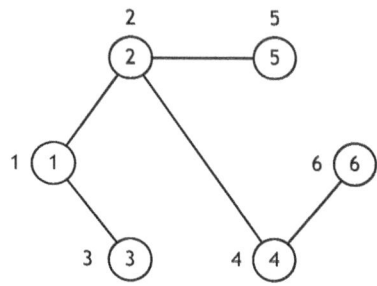

3.3.2   Tiefensuche

Die Verwendung der Datenstruktur *Stapel* in der Netzwerksuche führt zu einer Suchstruktur, die als **Tiefensuche** bezeichnet wird. Sie ist gekennzeichnet durch die Wahl immer des Knotens, der ein Nachbar des zuletzt markierten Knotens ist. Dabei wird der Nachbar mit kleinster Knotennummer besucht, um eine Eindeutigkeit des Verfahrens zu gewährleisten. Da bei der Tiefensuche Wege mit sehr vielen Kanten entstehen können, ist die Bezeichnung Tiefensuche für dieses Suchverfahren angemessen. Wie bereits für die Breitensuche wird die Speicherung der Vorgänger- und Reihenfolgefelder im Beispiel 3-2 nicht dokumentiert.

Beispiel 3-2:   Ablauf der Tiefensuche

Initialisierung
1   Markierte Knoten: keine
2   Knoten 1 wird markiert
3   Liste = {1}

Verarbeitung
<u>1. Durchlauf</u>
4   Liste = {1} ist nicht leer
5   Wähle Knoten 1: $i = 1$
6   Markierte Knoten: 1
7   Es existiert eine zulässige Kante $(1,j)$, zu der Knoten 1 inzident ist: Kante $(1,2)$, da Knoten 1 markiert und Knoten 2 nicht markiert ist: $j = 2$
8   Knoten 2 wird markiert
9   Knoten 2 wird am Anfang der Liste eingefügt: Liste = {2,1}

2. Durchlauf

10 Liste = {2,1} ist nicht leer

11 Wähle Knoten 2: i = 2

12 Markierte Knoten: 1, 2

13 Es existiert eine zulässige Kante (2,j), zu der Knoten 2 inzident ist: Kante (2,3), da Knoten 2 markiert und Knoten 3 nicht markiert ist: j = 3

14 Knoten 3 wird markiert

15 Knoten 3 wird am Anfang der Liste eingefügt: Liste = {3,2,1}

3. Durchlauf

16 Liste = {3,2,1} ist nicht leer

17 Wähle Knoten 3: i = 3

18 Markierte Knoten: 1, 2, 3

19 Es existiert eine zulässige Kante (3,j), zu der Knoten 3 inzident ist: Kante (3,4), da Knoten 3 markiert und Knoten 4 nicht markiert ist: j = 4

20 Knoten 4 wird markiert

21 Knoten 4 wird am Anfang der Liste eingefügt: Liste = {4,3,2,1}

4. Durchlauf

22 Liste = {4,3,2,1} ist nicht leer

23 Wähle Knoten 4: i = 4

24 Markierte Knoten: 1, 2, 3, 4

25 Es existiert eine zulässige Kante (4,j), zu der Knoten 4 inzident ist: Kante (4,5), da Knoten 4 markiert und Knoten 5 nicht markiert ist: j = 5

26 Knoten 5 wird markiert

27 Knoten 5 wird am Anfang der Liste eingefügt: Liste = {5,4,3,2,1}

5. Durchlauf

28 Liste = {5,4,3,2,1} ist nicht leer

29 Wähle Knoten 5: i = 5

30 Markierte Knoten: 1, 2, 3, 4, 5

31 Es existiert eine zulässige Kante (5,j), zu der Knoten 5 inzident ist: Kante (5,6), da Knoten 5 markiert und Knoten 6 nicht markiert ist: j = 6

32 Knoten 6 wird markiert

33 Knoten 6 wird am Anfang der Liste eingefügt: Liste = {6,5,4,3,2,1}

6. Durchlauf

34 Liste = {6,5,4,3,2,1} ist nicht leer

35 Wähle Knoten 6: i = 6

36 Markierte Knoten: 1, 2, 3, 4, 5, 6

37 Es existiert keine zulässige Kante (6,j), zu der Knoten 6 inzident ist, da alle Nachbarn von 6 markiert sind

38 Knoten 6 wird aus der Liste gelöscht: Liste = {5,4,3,2,1}

7. Durchlauf

39 Liste = {5,4,3,2,1} ist nicht leer

40 Wähle Knoten 5: i = 5

41 Markierte Knoten: 1, 2, 3, 4, 5, 6

42   Es existiert keine zulässige Kante $(5,j)$, zu der Knoten 5 inzident ist, da alle Nachbarn von 5 markiert sind

43   Knoten 5 wird aus der Liste gelöscht: Liste = {4,3,2,1}
    <u>8. Durchlauf</u>

44   Liste = {4,3,2,1} ist nicht leer

45   Wähle Knoten 4: $i = 4$

46   Markierte Knoten: 1, 2, 3, 4, 5, 6

47   Es existiert keine zulässige Kante $(4,j)$, zu der Knoten 4 inzident ist, da alle Nachbarn von 4 markiert sind

48   Knoten 4 wird aus der Liste gelöscht: Liste = {3,2,1}
    <u>9. Durchlauf</u>

49   Liste = {3,2,1} ist nicht leer

50   Wähle Knoten 3: $i = 3$

51   Markierte Knoten: 1, 2, 3, 4, 5, 6

52   Es existiert keine zulässige Kante $(3,j)$, zu der Knoten 3 inzident ist, da alle Nachbarn von 3 markiert sind

53   Knoten 3 wird aus der Liste gelöscht: Liste = {2,1}
    <u>10. Durchlauf</u>

54   Liste = {2,1} ist nicht leer

55   Wähle Knoten 2: $i = 2$

56   Markierte Knoten: 1, 2, 3, 4, 5, 6

57   Es existiert keine zulässige Kante $(2,j)$, zu der Knoten 2 inzident ist, da alle Nachbarn von 2 markiert sind

58   Knoten 2 wird aus der Liste gelöscht: Liste = {1}
    <u>11. Durchlauf</u>

59   Liste = {1} ist nicht leer

60   Wähle Knoten 1: $i = 1$

61   Markierte Knoten: 1, 2, 3, 4, 5, 6

62   Es existiert keine zulässige Kante $(1,j)$, zu der Knoten 1 inzident ist, da alle Nachbarn von 1 markiert sind

63   Knoten 1 wird aus der Liste gelöscht: Liste ist leer
    Abbruch

64   Grund: Liste ist leer.

Die Abbildung 3-8 veranschaulicht die Reihenfolge, in der die Knoten bei der Tiefensuche aufgesucht werden:

Abbildung 3-8:   Tiefensuche im Beispiel

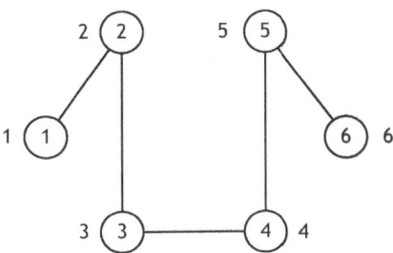

Das vorangegangene Beispiel verdeutlicht die Eigenschaften der Breiten- und Tiefensuche. Die Breitensuche orientiert sich von einem Startknoten des Netzwerks ausgehend „kreisförmig", wobei die gesamte Nachbarschaftsstruktur evaluiert wird. Die Tiefensuche versucht zunächst Knoten zu besuchen, die möglichst „weit" vom Startknoten lokalisiert sind. Die Tiefensuche unternimmt eine Art „Expedition" in andere Bereiche der Zusammenhangskomponente, bevor erst sehr viel später die unmittelbare Nachbarschaft des Startknotens evaluiert wird. Wir werden im Folgenden Verwendung für beide Vorgehensweisen finden. Als den Suchalgorithmen gemeinsames Merkmal soll die Markierung herausgehoben werden, die im Kapitel 4 ihre Anwendung in den Algorithmen zum Auffinden von kürzesten Wegen findet.

Weiterführende Literatur

Bierwirth, C.: Adaptive search and the management of logistics systems, Boston 1999

Gary, M.S. und Johnson, D.S.: Computers and Intractability: A Guide to the theory of NP-completeness, New York 1979

Voß, S. und Woodruff, D.L. (Hrsg.): Optimization software class libraries, Boston 2002

White, C.C.: Multiobjective, preference-based search in acyclic OR-graphs, European Journal of Operational Research, Heft 3/1992, S. 357-363

4 Kürzeste Wege in Netzwerken

In zusammenhängenden bewerteten Netzwerken können im Allgemeinen verschiedene Wege zwischen zwei Knoten durchlaufen werden. Gefragt wird hier nach dem kürzesten dieser Wege. Für Logistiksysteme ist diese Fragestellung besonders relevant, wenn es um die effiziente Auslegung von Distributionssystemen geht und dafür die kürzesten oder die schnellsten Fahrtrouten in Transportsystemen gesucht werden müssen.

Modelle, in denen kürzeste Wege eine Rolle spielen, sind nicht allein die Transportplanung in intuitiven Straßennetzen, sondern auch Probleme, die sich auf die Suche nach kürzesten Wegen in abstrakten Netzwerken reduzieren lassen. Z. B. lässt sich das Auffinden von kostenminimalen Flüssen, das optimale Packen (im Sinne von Maximierung des Inhalts) von Rucksäcken mit begrenzter Kapazität (Knapsack-Problem), die Investitionsplanung sowie die Planung von Produktionsprogrammen und Losgrößen über mehrere Perioden nennen.

4.1 Grundlegende Fragestellungen

Verschiedene Fragestellungen bei der Bestimmung kürzester Wege in Netzwerken treten auf:

1. Die kürzesten Wege zwischen einem Knoten s und allen anderen Knoten i.

2. Der kürzeste Weg zwischen einem Knoten s und einem Knoten t.

3. Die kürzesten Wege zwischen allen Knotenpaaren (i,j).

Fragestellung 3 kann aus Fragestellung 1 hergeleitet werden, indem die Fragestellung 1 nacheinander für alle Knoten $s = i$ gelöst wird, $i = 1,...,n$. Auch kann Fragestellung 2 aus Fragestellung 1 hergeleitet werden, da mit 1 auch der kürzeste Weg von s nach t gegeben ist.

Wir beschäftigen uns zunächst mit Fragestellung 1 und stellen in den Abschnitten 4.2.1 und 4.2.2 zwei Lösungsverfahren vor. In Abschnitt 4.2.3 beschäftigen wir uns mit Fragestellung 2. Zuvor müssen jedoch einige Grundlagen zum Kürzeste-Wege-Verfahren behandelt werden.

In einem Netzwerk ist die **Länge eines Weges** zwischen einem Knoten s und einem Knoten t gegeben als Summe der Bewertungen d_{ij} (Entfernungen) auf den Kanten (i,j)

des Weges: $\sum d_{ij}$. Die Bewertungen sind reellwertig und können positiv, null oder negativ sein. Zumeist sind die Bewertungen der Intuition entsprechend positiv oder nicht negativ, wie bei der Suche nach dem kürzesten Weg in Straßennetzen. Negative Bewertungen spielen in Modellen eine Rolle, wo es um Güterflüsse mit minimalen Kosten geht („Min-Cost-Flow-Probleme"). Wir nehmen in diesem Kapitel ausschließlich gerichtete Netzwerke an.

Abbildung 4-1:   Beispiel eines Netzwerks

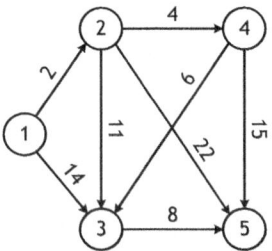

In dem Netzwerk von Abbildung 4-1 gibt es zwischen dem Knoten 1 und dem Knoten 5 folgende Wege mit zugeordneten Weglängen:

Tabelle 4-1:   Wege im Beispielnetzwerk von Abbildung 4-1

Weg	Länge	Weg	Länge
1-2-4-5	21	1-2-4-3-5	20
1-2-5	24	1-3-5	22
1-2-3-5	21		

Unter allen Wegen zwischen einem Knoten s und einem Knoten t gibt es einen Weg mit geringster Länge. Dieser (nicht unbedingt eindeutige) Weg wird als der **kürzeste Weg** von s nach t bezeichnet. Mit $L(t)$ wird dessen Länge bezeichnet. Diese Größe ist eindeutig. Wir nehmen an, dass im Netzwerk keine Zyklen mit negativer Länge vorhanden sind. Andernfalls ist der Begriff des kürzesten Weges nicht mehr sinnvoll definierbar, da sich die Länge des Weges bei jedem Durchlauf durch den Zyklus um die negative Zykluslänge vermindert.

4.2 Baumalgorithmen

In einem Netzwerk bilden die möglichen Wege zwischen einem Knoten s und allen anderen Knoten i einen Baum mit der Wurzel s. Man spricht daher bei den Verfahren von **Baumalgorithmen**. Die folgende Abbildung 4-2 zeigt ein Beispiel des Baums der möglichen Wege von der Wurzel s mit $s = 1$ aus Abbildung 4-1.

Abbildung 4-2: Beispiel für den Baum der kürzesten Wege

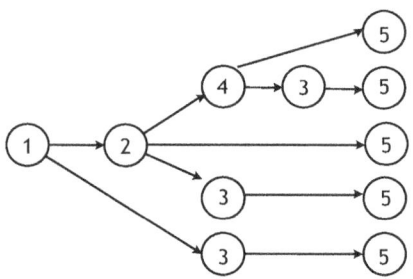

Wir erkennen, dass Knoten 5 auf 4 verschiedenen Wegen zu unterschiedlichen Weglängen erreichbar ist. Da wir lediglich am kürzesten dieser Wege interessiert sind, können wir anstatt des Baums aus Abbildung 4-2 lediglich den Baum der kürzesten Wege betrachten, der sich in diesem Fall durch die Knotenfolge (1,2,4,3,5) ergibt. Der Baum der kürzesten Wege ist vergleichbar mit dem Baum der Erreichbarkeit beim Suchalgorithmus und rührt daher, dass die Länge $L(k)$ eines kürzesten Weges von s nach j eine **rekursive Eigenschaft** aufweist:

Wenn i der unmittelbare Vorgänger von j auf dem kürzesten Weg von s nach k ist, dann ist $L(k)$= Länge des Teilweges von s nach i + d_{ik} . Wäre die Länge des Teilweges von s nach i größer als $L(i)$, dann könnte ein kürzerer Teilweg von s nach i gefunden werden und die Größe $L(k)$ vermindert werden. Damit wäre aber $L(k)$ nicht mehr die Länge eines kürzesten Weges von s nach j. Also ist:

(1) $(k) = L(i) + d_{ik}$

Die Verfahren zur Bestimmung der kürzesten Wege von s nach allen anderen Knoten j setzen „Marken" auf die Knoten des Netzwerks, die schrittweise verändert werden. Die Marken besitzen die **inhaltliche Bedeutung,** dass eine Marke $d(k)$ auf dem Knoten k die geringste bislang bekannte Länge eines Weges von s nach j ausdrückt. Die Marken werden schrittweise von ∞ (oder einer sehr großen Zahl) als Anfangsvermutung auf die Länge $L(k)$ des kürzesten Weges reduziert. Diese Reduktion geschieht durch mehrfaches Anwenden von Gleichung (1) für $d(k)$: Wird festgestellt, dass ein Weg über einen Vorgängerknoten i vorteilhafter ist als die bislang bekannte geringste Länge $d(k)$ zum Knoten k, d. h. $d(k) > d(i) + d_{ik}$, dann wird der Knoten i als Vorgänger gewählt und die Marke $d(k)$ fortgeschrieben auf $d(k) = d(i) + d_{ik}$.

Dabei wird als Vorgänger von k der Knoten i in die Vorgängermarke p eingetragen: $p(k)=i$. Sind keine Änderungen der Marken d mehr möglich, ist das Verfahren beendet. Im folgenden Verfahren werden alle Knoten, deren Marken fortgeschrieben wurden, in einer Liste Q geführt. Wenn Q leer ist, dann sind alle Marken $d(i)$ gleich den Längen $L(i)$ der kürzesten Wege von s nach i.

Verfahren 4-1:   *Baumalgorithmus*

Initialisierung

1     $d(s):= 0; p(s):= 0; Q:=\{s\}$

2     $d(j):= \infty$ für $j:=1,...,n, j \neq s$

Verarbeitung

3   WHILE $Q \neq$ leer DO

4   Wähle ein $i \in Q$ und setze $Q:= Q \setminus \{i\}$

5   Für alle Nachfolger $k \in N(i)$ prüfe, ob $d(k) > d(i) + c_{ik}$

6   Setze in diesem Falle: $d(k):= d(i) + c_{ik}$; $p(k):= i; Q:= Q \cup \{k\}$

7   ENDWHILE

Terminierung

8   Q ist leer.

Anhand der Vorgängermarken $p(i)$ lassen sich von jedem Knoten i die kürzesten Wege zur Wurzel s rekonstruieren. Beim Baumalgorithmus werden die Entfernungsmarken d und Vorgängermarken p beim Update jedes Mal fortgeschrieben.

Im Folgenden wird der Baum der kürzesten Wege mit dem in Kapitel 2.2 bereits diskutierten kürzesten aufspannenden Baum in Beziehung gesetzt. Aussage 4-1 gibt eine Bedingung dafür an, wann beide Bäume übereinstimmen. Wir nehmen zur Eindeutigkeit des KAB an, dass in dem bewerteten Netzwerk $N = (V,E)$ jede Kante eine andere Bewertung trägt.

Aussage 4-1:   *Sei N = (V,E) ein bewertetes, ungerichtetes Netzwerk und KAB der kürzeste aufspannende Baum. Für Knoten i,j ∈ V sei L(i,j) die Länge des Weges zwischen i und j in KAB. Sei B(s) der Baum der kürzesten Wege von einem Startknoten s zu allen übrigen Knoten. Wenn $d_{i,j} \geq L(i,j)$ für alle Kanten (i,j) ∈ E, dann ist für alle s: B(s) = KAB.*

Herleitung: Es gelte $d_{ij} \geq L(i,j)$ für alle Kanten (i,j) ∈ E. Gezeigt wird, dass für einen Weg W in B(s) von s zu einem Knoten k gilt: L(W) = L(s,k).

Sei W ein Weg in B von s zu einem Knoten k. Sei s = $i_1, i_2, ..., i_{p-1}, i_p = k$ die Knotenfolge dieses Weges. Dann ist $L(W) = \sum_{r=1...p-1} d_{i_r,i_{r+1}} \geq \sum_{r=1...p-1} L(i_r, i_{r+1})$, Weg in KAB $\geq$ L(s,k) nach der Dreiecksungleichung für Bäume (vgl. Aussage 2-1).

Wenn L(W) > L(s,k) wäre, stände dies im Widerspruch dazu, dass W der kürzeste Weg ist. Also ist L(W) = L(s,k), womit der Baum KAB auch als der Baum der kürzesten Wege angesehen werden kann.

Abbildung 4-3 zeigt den Fall, dass der KAB nicht der Baum der kürzesten Wege ist:

Abbildung 4-3   *Keine Übereinstimmung des KAB und des Baums der kürzesten Wege*

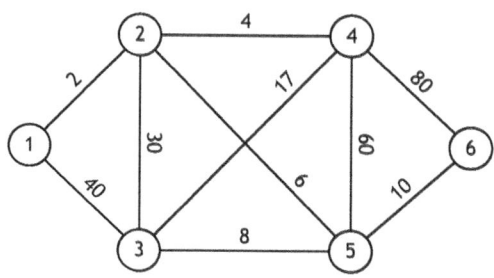

Der Weg L(3,4) von 3 nach 4 im KAB lautet: 3,5,2,4 mit der Länge 18. Wir haben aber d_{34} = 17 < 18. Bei Startknoten s = 4 taucht die Kante (3,4) in B(s) auf, aber nicht in im KAB. Damit ist der Baum KAB nicht der Baum der kürzesten Wege.

Die Baumalgorithmen werden danach unterschieden, wie

▨ die Auswahl von i ∈ Q im Verarbeitungsschritt vorgenommen wird.

▨ die Liste Q organisiert ist.

4.2.1 Der Dijkstra-Algorithmus

Das Label-Setting-Verfahren ist auch als **Dijkstra-Algorithmus** bekannt und besitzt $d_{ik} \geq 0$ für alle Kantenbewertungen als Voraussetzung. Im Label-Setting-Verfahren wird im Verarbeitungsschritt derjenige Knoten $i \in MV$ ausgewählt, der eine minimale Marke $d(i)$ aufweist. Die Minimumbestimmung ist dann besonders effizient, wenn MV als Heap organisiert ist. Das Verfahren heißt Label-Setting, weil die Marke $d(i)$ des ausgewählten Knotens i gleich der Länge des kürzesten Weges ist: $d(i) = L(i)$. Dies bedeutet, dass Knoten i kein zweites Mal in MV aufgenommen wird. Knoten i verlässt endgültig die Menge MV. Die Marke $d(i)$ ist **endgültig gesetzt** (Label-Setting). Wir können diese Eigenschaft betonen, indem wir den Knoten i, der MV verlässt, in eine Menge ME der endgültig markierten Knoten aufnehmen. Die Menge MV repräsentiert dann die **vorläufig markierten** Knoten. Endgültig markierte Knoten j brauchen beim Überprüfen der Nachfolger $N(i)$ beim Verarbeitungsschritt des Baumalgorithmus nicht mehr berücksichtigt zu werden. Die Überprüfung beschränkt sich auf damit auf Nachfolger $k \in N \setminus ME$. Der Dijkstra-Algorithmus hat damit die folgende Gestalt:

Verfahren 4-2:   *Dijkstra-Algorithmus*

Initialisierung
1    $d(s):= 0; p(s):= 0; MV:=\{s\}$; $ME:= \varnothing$
2    $d(j):= \infty$ für $j:=1,...,n$; $j \neq s$

Verarbeitung
3   WHILE $MV \neq$ leer DO
4   Wähle ein $i \in MV$ mit $d(i) = Min\{d(p): p \in MV\}$ und setze $MV:=MV \setminus \{i\}$ und $ME:= ME \cup \{i\}$
5   Für alle Nachfolger $k \in N(i)$ mit $k \in N \setminus ME$ prüfe, ob $d(k) > d(i) + d_{ik}$
6   IF $d(k) > d(i) + d_k$, THEN
7   setze: $d(k):= d(i) + d_{ik}$; $p(k):= i$; $MV:= MV \cup \{k\}$
8   ENDIF
9   ENDWHILE;

Terminierung
10   MV ist leer.

Für das Netzwerk aus Abbildung 4-1 und Startknoten $s = 1$ läuft der Dijkstra-Algorithmus wie in Beispiel 4-1 gezeigt ab:

Beispiel 4-1:   *Verlauf des Dijkstra-Algorithmus*

Initialisierung

1   $d(1) := 0$
2   Vorgänger von 1 ist 0
3   $MV = \{1\}$
4   ME ist leer
5   $d(2 \dots 5) := \infty$

Verarbeitung

1. Durchlauf

6   $MV = \{1\}$ ist nicht leer
7   Wähle Knoten 1: $i = 1$
8   Entferne Knoten 1 aus MV: $MV := \{1\} \setminus \{1\} = \varnothing$
9   Nehme Knoten 1 in ME auf: $ME := \varnothing \cup \{1\} = \{1\}$
10 Nachfolger von 1 sind 2 und 3
11      $k = 2$: $d(2) > d(1) + d_{12}$?
12          $\infty > 0 + 2 = 2$? $\rightarrow$ ja
13          $d(2) := 2$
14   Vorgänger von 2 ist 1
15   Nehme Knoten 2 in MV auf: $MV := \varnothing \cup \{2\} = \{2\}$
16      $k = 3$: $d(3) > d(1) + d_{13}$?
17          $\infty > 0 + 14 = 14$? $\rightarrow$ ja
18          $d(3) := 14$
19   Vorgänger von 3 ist 1
20   Nehme Knoten 3 in MV auf: $MV := \{2\} \cup \{3\} = \{2,3\}$

2. Durchlauf

21 $MV = \{2,3\}$ ist nicht leer
22 Wähle Knoten 2, da $d(2) = 2$, $d(3) = 14$: $i = 2$
23 Entferne Knoten 2 aus MV: $MV := \{2,3\} \setminus \{2\} = \{3\}$
24 Nehme Knoten 2 in ME auf: $ME := \{1\} \cup \{2\} = \{1,2\}$
25 Nachfolger von 2 sind 3, 4 und 5
26      $k = 3$: $d(3) > d(2) + d_{23}$?
27          $14 > 2 + 11 = 13$? $\rightarrow$ ja
28          $d(3) := 13$
29   Vorgänger von 3 ist 2
30   Nehme Knoten 3 in MV auf: $MV := \{3\} \cup \{3\} = \{3\}$
31      $k = 4$: $d(4) > d(2) + d_{24}$?
32          $\infty > 2 + 4 = 6$? $\rightarrow$ ja
33          $d(4) := 6$
34   Vorgänger von 4 ist 2
35   Nehme Knoten 4 in MV auf: $MV := \{3\} \cup \{4\} = \{3,4\}$

36     $k = 5$: $d(5) > d(2) + d_{25}$?

37       $\infty > 2 + 22 = 24$? $\rightarrow$ ja

38       $d(5) := 24$

39   Vorgänger von 5 ist 2

40   Nehme Knoten 5 in MV auf: $MV := \{3,4\} \cup \{5\} = \{3,4,5\}$

3. Durchlauf

41 $MV = \{3,4,5\}$ ist nicht leer

42 Wähle Knoten 4, da $d(3) = 13$, $d(4) = 6$, $d(5) = 24$: $i = 4$

43 Entferne Knoten 4 aus MV: $MV := \{3,4,5\} \setminus \{4\} = \{3,5\}$

44 Nehme Knoten 4 in ME auf: $ME := \{1,2\} \cup \{4\} = \{1,2,4\}$

45 Nachfolger von 4 sind 3 und 5

46     $k = 3$: $d(3) > d(4) + d_{43}$?

47       $13 > 6 + 6 = 12$? $\rightarrow$ ja

48       $d(3) := 12$

49   Vorgänger von 3 ist 4

50   Nehme Knoten 3 in MV auf: $MV := \{3,5\} \cup \{3\} = \{3,5\}$

51     $k = 5$: $d(5) > d(4) + d_{45}$?

52       $24 > 6 + 15 = 21$? $\rightarrow$ ja

53       $d(5) := 21$

54   Vorgänger von 5 ist 4

55   Nehme Knoten 5 in MV auf: $MV := \{3,5\} \cup \{5\} = \{3,5\}$

4. Durchlauf

56 $MV = \{3,5\}$ ist nicht leer

57 Wähle Knoten 3, da $d(3) = 12$, $d(5) = 21$: $i = 3$

58 Entferne Knoten 3 aus MV: $MV := \{3,5\} \setminus \{3\} = \{5\}$

59 Nehme Knoten 3 in ME auf: $ME := \{1,2,4\} \cup \{3\} = \{1,2,3,4\}$

60 Nachfolger von 3 ist 5

61     $k = 5$: $d(5) > d(3) + d_{35}$?

62       $21 > 12 + 8 = 20$? $\rightarrow$ ja

63       $d(5) := 20$

64   Vorgänger von 5 ist 3

65   Nehme Knoten 5 in MV auf: $MV := \{5\} \cup \{5\} = \{5\}$

5. Durchlauf

66 $MV = \{5\}$ ist nicht leer

67 Wähle Knoten 5: $i = 5$

68 Entferne Knoten 5 aus MV: $MV := \{5\} \setminus \{5\} = \varnothing$

69 Nehme Knoten 5 in ME auf: $ME := \{1,2,3,4\} \cup \{5\} = \{1,2,3,4,5\}$

70 5 hat keine Nachfolger

Terminierung

71 MV ist leer.

Tabelle 4-2 fasst die Entwicklung der einzelnen Variablen zusammen. Änderungen sind jeweils fett dargestellt.

Tabelle 4-2:   *Dijkstra-Algorithmus im Beispielnetzwerk*

Iteration		1	2	3	4	5	1	2	3	4	5	MV	ME
				d(·)					P(·)				
Initialisierung		0	∞	∞	∞	∞	0					1	∅
1.	i=1, k=2	0	**2**	∞	∞	∞	0	**1**				2	1
	i=1, k=3	0	2	**14**	∞	∞	0	1	**1**			2,3	1
2.	i=2, k=3	0	2	**13**	∞	∞	0	1	**2**			3	1,2
	i=2, k=4	0	2	13	**6**	∞	0	1	2	**2**		3,4	1,2
	i=2, k=5	0	2	13	6	**24**	0	1	2	2	**2**	3,4,5	1,2
3.	i=4, k=3	0	2	**12**	6	24	0	1	**4**	2	2	3,5	1,2,4
	i=4, k=5	0	2	12	6	**21**	0	1	4	2	**4**	3,5	1,2,4
4.	i=3, k=5	0	2	12	6	**20**	0	1	4	2	**3**	5	1,2,3,4
5.	i=5	0	2	12	6	20	0	1	4	2	3	∅	1,2,3,4,5

Die Abbildung 4-4 veranschaulicht den **Baum der kürzesten Wege** des Beispiels. Auf den Knoten befinden sich die endgültigen Entfernungsmarken. Die Entfernungsmarken $L(k)$ der vorläufig markierten Knoten $k \in MV$ stellen die Länge des kürzesten Weges von s nach k mit der Einschränkung dar, dass auf diesem Weg alle Vorgänger i von k endgültig markiert sind, d. h. in ME liegen. Dieses ist durch Induktion nach der Anzahl der in ME aufgenommenen Knoten wie folgt einzusehen. Nachdem ein Knoten i endgültig markiert worden ist, können die Marken von Knoten $k \in MV$ reduziert werden, wenn i auf dem vorläufigen kürzesten Weg von s nach k liegt. Nach diesem Fortschreiben der Entfernungsmarken ist Knoten i direkter Vorgänger von k. Auf dem Weg von s nach i liegen aber nach Induktionshypothese und wegen $i \in ME$ nur endgültig markierte Knoten.

Das Dijkstra-Verfahren nimmt die endgültig markierten Knoten nach **aufsteigender Länge** $L(i)$ in die Menge ME auf. Es beginnt mit dem Knoten s mit der kleinsten Länge $L(s) = 0$ und sucht dann mit der Minimumsoperation den Knoten, der s am nächsten liegt und so fort. Wir nehmen an, dass bereits p Knoten endgültig markiert sind, d. h. die p Knoten, die s am nächsten liegen, seien bekannt.

Abbildung 4-4: Baum der kürzesten Wege

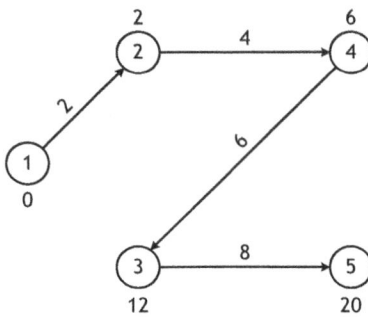

Der an p-ter Stelle endgültig markierte Knoten besitze die Knotennummer i und der Knoten ($p+1$), der endgültig markiert wird, besitze die Knotennummer k. Wegen der Minimumoperation ist $L(i) = d(i) \leq d(k)$. Beim Update der Marken kann $d(k)$ auf $d(k) = d(i) + d_{ik}$ reduziert werden. Aber wegen $d_{ik} \geq 0$ bleibt $d(k) \geq L(i)$ und damit im Schritt ($k+1$): $L(k) = d(k) \geq L(i)$.

Die **Zeitkomplexität** des Dijkstra-Algorithmus ist $O(n^2)$, wobei n die Zahl der Knoten darstellt. Dieses ist wie folgt einzusehen. Bei jedem Durchlauf der Verarbeitungsschleife (2) wird ein Knoten i aus MV entfernt und in ME aufgenommen. Dies bedeutet, dass die Verarbeitungsschleife (2) genau n mal durchlaufen wird. Für jeden ausgewählten Knoten i sind maximal $n-1$ Nachfolger zu überprüfen. Damit ergeben sich $n(n-1)$ Verarbeitungsschritte, also eine Zeitkomplexität von $O(n^2)$.

Will man die kürzesten Wegeverfahren auf ein konkretes Streckennetz in Europa anwenden, so muss man es für die Berechnung einer Verbindung vom Start- zum Zielknoten im schlechtesten Fall insgesamt 11 Millionen Knoten durchrechnen. Um dieses Rechenverfahren abzukürzen, empfiehlt sich ein 2-stufiges Verfahren, bei dem ein Autobahnnetz von einem gewöhnlichen Straßennetz unterschieden wird. Das Autobahnnetz in Europa kann mit ca. 2.500 Knoten dargestellt werden. In diesem reduzierten Netzwerk kann effizient ein kürzestes Wegeverfahren vom nächsten Auffahrtpunkt des Startknotens zum nächsten Abfahrtpunkt des Zielknotens durchgeführt werden.

In Straßennetzen sind neben den Entfernungen auch Fahrtzeiten von Bedeutung. Wir wollen hier diskutieren, wie diese Informationen über Fahrtzeiten zusammen mit den kürzesten Wegen mit dem Dijkstra-Verfahren gemeinsam gewonnen werden können. Die Entfernungsangaben d_{ik} in km auf den Straßen eines Netzwerks lassen sich in Daten über die auf der Straße benötigten **Fahrtzeiten** f_{ik} in Stunden umwandeln, wenn wir für jede Straße eine Annahme über die dort mögliche Durchschnittsgeschwindigkeit s_{ik} in km/h treffen. Wir haben dann die Definitionsgleichung $f_{ik} = d_{ik} / s_{ik}$. Wenn wir mithilfe des Konstrukts der Durchschnittsgeschwindigkeit die Fahrzeiten in Stunden auf einer Straße aus der Entfernung in km herleiten, dann erhalten wir als zusätzliche Information die Fahrzeit auf dem kürzesten Weg. Man kann nun auch umgekehrt das kürzeste Wegeverfahren auf die Fahrzeiten anstelle der Entfernungen anwenden und erhält dann neben der Fahrtzeit auch die Strecke in Kilometern auf dem schnellsten Weg. Die folgenden Fragen können damit beantwortet werden:

- Wie lang ist der schnellste Weg?

- Wie schnell ist der kürzeste Weg?

Die Fahrtzeit auf dem kürzesten Weg kann beim Update des Dijkstra-Verfahrens in einfacher Weise fortgeschrieben werden und ins Verbindungsrecord des Vorgängerfeldes aufgenommen werden. Der Pseudo-Code für den Verarbeitungsschritt des Dijkstra-Verfahrens sieht wie folgt aus, wenn mit $FZ(k)$ die Fahrzeit vom Startknoten s zum Knoten k und mit f_{ik} die Fahrzeit auf der Kante (i,k) bezeichnet werden:

Verfahren 4-3:   *Das Fortschreiben der Fahrzeiten im Dijkstra-Verfahren*

Verarbeitung

1 WHILE $MV \neq$ leer DO
2   Wähle ein $i \in MV$ mit $d(i) = Min\{d(p): p \in MV\}$ und setze $MV := MV \setminus \{i\}$ und $ME :=$ $ME \cup \{i\}$
3   FOR alle Nachfolger $k \in N(i)$ mit $k \in N \setminus ME$ DO
4   ist $d(k) > d(i) + d_{ik}$
5   IF $d(k) > d(i) + d_{ik}$ THEN
6   Setze $d(k) := d(i) + d_{ik}$; $FZ(k) := FZ(k) + f_{ik}$; $p(k) := i$; $MV := MV \cup \{k\}$
7   ENDIF
8   ENDFOR
9 ENDWHILE.

Die Entfernung auf dem schnellsten Weg kann beim Update des Dijkstra-Verfahrens analog fortgeschrieben werden. Tabelle 4-3 fasst die sich ergebenden Möglichkeiten zusammen.

Voraussetzung für den Dijkstra-Algorithmus ist $d_{ik} \geq 0$. Das Beispiel in Abbildung 4-5 zeigt, dass bei negativen Bewertungen der Dijkstra-Algorithmus den kürzesten Weg von $s=1$ nach $t=3$ als Kante $(1,3)$ fehlerhaft bestimmt:

Tabelle 4-3:   Bestimmung des kürzesten und des schnellsten Weges

| | Vorgängerinformationen im Verbindungsrecord | |
	Entfernung	Fahrtzeit
Dijkstra-Verfahren für den kürzesten Weg	Entfernung auf dem kürzesten Weg	Fahrtzeit auf dem kürzesten Weg
Dijkstra-Verfahren für den schnellsten Weg	Entfernung auf dem schnellsten Weg	Fahrtzeit auf dem schnellsten Weg

Zunächst wird Knoten 1 ausgewählt, aus MV entfernt und in ME aufgenommen. Nachfolger von Knoten 1 sind die Knoten 2 und 3. Da die Distanzmarken von 2 und 3 beide mit unendlich initialisiert sind, werden sie auf $d(2) = 4$ und $d(3) = 2$ fortgeschrieben und die Knoten 2 und 3 in MV aufgenommen. Dann wird der Knoten 3 ausgewählt, da $d(3) < d(2)$, aus MV gestrichen und in ME aufgenommen. Da Knoten 3 keine Nachfolger hat, ist der Durchlauf an dieser Stelle beendet. Im dritten Schleifendurchlauf wird Knoten 2 ausgewählt, aus MV gestrichen und in ME aufgenommen. Nachfolger von Knoten 2 ist Knoten 3, aber da Knoten 3 bereits endgültig markiert ist ($3 \in ME$), wird er nicht weiter betrachtet. Wegen $MV = \varnothing$ terminiert der Algorithmus mit dem Ergebnis, dass der kürzeste Weg von $s=1$ nach $t=3$ die Länge $d(3) = 2$ hat, obwohl der Weg über Knoten 2 mit einer Länge von 0 kürzer wäre.

Abbildung 4-5:   Versagen des Dijkstra-Algorithmus bei negativen Kantenbewertungen

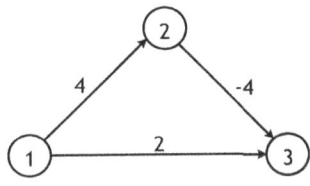

Folgende Variationen des Dijkstra-Verfahrens sind möglich: Wird nur der kürzeste Weg von s zu einem Knoten t gefragt (Fragestellung 2 oben), kann das Dijkstra-Verfahren **abgebrochen** werden, sobald t die Menge MV verlässt und in die Menge ME der endgültig markierten Knoten aufgenommen wird. Dieser frühzeitige Abbruch ist nur beim Dijkstra-Verfahren möglich, nicht aber beim anschließend referierten Label-Correcting-Verfahren.

4.2.2 Das Label-Correcting-Verfahren

Das zweite Verfahren für Baumalgorithmen ist das **Label-Correcting-Verfahren**. Bei diesem Verfahren können Knoten mehrfach in MV aufgenommen werden. Die Marken d sind erst zum Ende des Verfahrens endgültig, da sie während des Verfahrens korrigiert werden können. Deswegen ist kein vorzeitiger Abbruch möglich, wenn nur der kürzeste Weg von s nach t gesucht wird. Die Menge MV ist als **Schlange** organisiert. Entnommen wird $i \in MV$ am Kopf der Schlange. Knoten k werden in MV aufgenommen, indem sie am Ende der Schlange eingefügt werden.

Verfahren 4-4:   Kürzeste Wege 2 (Label-Correcting-Verfahren)

Initialisierung

1   $d(s):= 0$; $p(s):= 0$; $MV:=\{s\}$; organisiere MV als Schlange

2   $d(j):= \infty$ für $j:=1,...,n$; $j \neq s$

Verarbeitung

3   WHILE $MV \neq$ leer DO

4   Wähle den Schlangenkopf $i \in MV$ und setze $MV:= MV \setminus \{i\}$

5   FOR alle Nachfolger $k \in N(i)$ DO

6   ist $d(k) > d(i) + d_{ik}$

7   IF $d(k) > d(i) + d_{ik}$ THEN

8   Setze in diesem Falle $d(k):=d(i) + d_{ik}$; $p(k):= i$; füge k an das Schlangenende ein

9   ENDIF

10   ENDFOR

11   ENDWHILE

Terminierung

12   MV ist leer.

Das Label-Correcting-Verfahren besitzt die **Zeitkomplexität** von $O(nm)$, wenn m die Anzahl der Kanten im Netzwerk ist. In vollständigen Netzwerken mit $m = n^2$ Kanten ergibt sich die Zeitkomplexität von $O(n^3)$, also deutlich schlechter als beim Dijkstra-Algorithmus mit $O(n^2)$. Dafür eignet sich dieses Verfahren auch für Netzwerke, die negative Bewertungen c_{ik} aufweisen, wie sie bei Netzwerkflussproblemen auftreten können. Für das Netzwerk aus Abbildung 4-1 und Startknoten $s=1$ läuft das Label-Correcting-Verfahren wie in Beispiel 4-2 gezeigt ab:

Beispiel 4-2:   *Ablauf des Label-Correcting-Verfahrens*

Initialisierung

1   $d(1) := 0$
2   Vorgänger von 1 ist 0
3   $MV = \{1\}$
4   $d(2 \dots 5) := \infty$

Verarbeitung

<u>1. Durchlauf</u>

5   $MV = \{1\}$ ist nicht leer
6   Wähle Knoten 1 und entferne ihn aus MV: $i = 1$, $MV = \varnothing$
7   Nachfolger von 1 sind 2 und 3
8       $k = 2$: $d(2) > d(1) + d_{12}$?
9           $\infty > 0 + 2 = 2$? $\rightarrow$ ja
10          $d(2) := 2$
11   Vorgänger von 2 ist 1
12   Füge Knoten 2 am Ende von MV ein: $MV = \{2\}$
13      $k = 3$: $d(3) > d(1) + d_{13}$?
14          $\infty > 0 + 14 = 14$? $\rightarrow$ ja
15          $d(3) := 14$
16   Vorgänger von 3 ist 1
17   Füge Knoten 3 am Ende von MV ein: $MV = \{2,3\}$

<u>2. Durchlauf</u>

18 $MV = \{2,3\}$ ist nicht leer
19 Wähle Knoten 2 und entferne ihn aus MV: $i = 2$, $MV = \{3\}$
20 Nachfolger von 2 sind 3, 4 und 5
21      $k = 3$: $d(3) > d(2) + d_{23}$?
22          $14 > 2 + 11 = 13$? $\rightarrow$ ja
23          $d(3) := 13$
24   Vorgänger von 3 ist 2
25   Füge Knoten 3 am Ende von MV ein: $MV = \{3\}$
26      $k = 4$: $d(4) > d(2) + d_{24}$?
27          $\infty > 2 + 4 = 6$? $\rightarrow$ ja
28          $d(4) := 6$
29   Vorgänger von 4 ist 2
30   Füge Knoten 4 am Ende von MV ein: $MV = \{3,4\}$
31      $k = 5$: $d(5) > d(2) + d_{25}$?
32          $\infty > 2 + 22 = 24$? $\rightarrow$ ja
33          $d(5) := 24$
34   Vorgänger von 5 ist 2
35   Füge Knoten 5 am Ende von MV ein: $MV = \{3,4,5\}$

<u>3. Durchlauf</u>

36 $MV = \{3,4,5\}$ ist nicht leer

37 Wähle Knoten 3 und entferne ihn aus MV: $i = 3$, $MV = \{4,5\}$

38 Nachfolger von 3 ist 5

39 $\quad k = 5$: $d(5) > d(3) + d_{35}$?

40 $\quad\quad 24 > 13 + 8 = 21$? $\rightarrow$ ja

41 $\quad\quad d(5) := 21$

42 $\quad\quad$ Vorgänger von 5 ist 3

43 $\quad\quad$ Füge Knoten 5 am Ende von MV ein: $MV = \{4,5\}$

<u>4. Durchlauf</u>

44 $MV = \{4,5\}$ ist nicht leer

45 Wähle Knoten 4 und entferne ihn aus MV: $i = 4$, $MV = \{5\}$

46 Nachfolger von 4 sind 3 und 5

47 $\quad k = 3$: $d(3) > d(4) + d_{43}$?

48 $\quad\quad 13 > 6 + 6 = 12$? $\rightarrow$ ja

49 $\quad\quad d(3) := 12$

50 $\quad\quad$ Vorgänger von 3 ist 4

51 $\quad\quad$ Füge Knoten 3 am Ende von MV ein: $MV = \{5,3\}$

52 $\quad k = 5$: $d(5) > d(4) + d_{45}$?

53 $\quad\quad 21 > 6 + 15 = 21$? $\rightarrow$ nein

<u>5. Durchlauf</u>

54 $MV = \{5,3\}$ ist nicht leer

55 Wähle Knoten 5 und entferne ihn aus MV: $i = 5$, $MV = \{3\}$

56 5 hat keine Nachfolger

<u>6. Durchlauf</u>

57 $MV = \{3\}$ ist nicht leer

58 Wähle Knoten 3 und entferne ihn aus MV: $i = 3$, $MV = \varnothing$

59 Nachfolger von 3 ist 5

60 $\quad k = 5$: $d(5) > d(3) + d_{35}$?

61 $\quad\quad 21 > 12 + 8 = 20$? $\rightarrow$ ja

62 $\quad\quad d(5) := 20$

63 $\quad\quad$ Vorgänger von 5 ist 3

64 $\quad\quad$ Füge Knoten 5 am Ende von MV ein: $MV = \{5\}$

<u>7. Durchlauf</u>

65 $MV = \{5\}$ ist nicht leer

66 Wähle Knoten 5 und entferne ihn aus MV: $i = 5$, $MV = \varnothing$

67 5 hat keine Nachfolger

Terminierung

68 MV ist leer.

Tabelle 4-4 fasst die Entwicklung der einzelnen Variablen zusammen. Änderungen sind jeweils fett dargestellt.

Tabelle 4-4:   Label-Correcting-Verfahren im Beispielnetzwerk

Iteration		$d(\cdot)$					$P(\cdot)$					MV
		1	2	3	4	5	1	2	3	4	5	
Initialisierung		0	∞	∞	∞	∞	0					1
1.	i=1, k=2	0	2	∞	∞	∞	0	1				2
	i=1, k=3	0	2	14	∞	∞	0	1	1			2,3
2.	i=2, k=3	0	2	13	∞	∞	0	1	2			3
	i=2, k=4	0	2	13	6	∞	0	1	2	2		3,4
	i=2, k=5	0	2	13	6	24	0	1	2	2	2	3,4,5
3.	i=3, k=5	0	2	13	6	21	0	1	2	2	3	4,5
4.	i=4, k=3	0	2	12	6	21	0	1	4	2	3	5,3
	i=4, k=5	0	2	12	6	21	0	1	4	2	3	5,3
5.	i=5	0	2	12	6	21	0	1	4	2	3	3
6.	i=3, k=5	0	2	12	6	20	0	1	4	2	3	5
7.	i=5	0	2	12	6	20	0	1	4	2	3	∅

4.2.3   Das zweiseitige Dijkstra-Verfahren

Will man einen kürzesten Weg zwischen einem Startknoten s und einem Zielknoten z bestimmen, dann kann der Dijkstra-Algorithmus womöglich zahlreiche Knoten als endgültig markieren, ehe er den Zielknoten z erreicht. Diese Eigenschaft ist besonders in großen Straßennetzen mit mehreren 10.000 Knoten nachteilig und rührt daher, dass der Dijkstra-Algorithmus anschaulich gesprochen in einer Art Breitensuche die Markierungen vornimmt. Die Menge der endgültig markierten Knoten breitet sich „kreisförmig" um den Startknoten aus, bis der Zielknoten erreicht ist.

Der kürzeste Weg wird dagegen schneller aufgebaut, wenn sowohl vom Startknoten als auch vom Zielknoten aus parallel die jeweiligen Mengen der endgültig markierten Knoten kreisförmig aufgebaut werden. Dieses ist der Ansatz des **zweiseitigen Dijkstra-Algorithmus**, der sich zur Bestimmung eines kürzesten Weges vom Startknoten s zu einem Zielknoten z in großen Netzwerken eignet.

Der Markierungsprozess setzt zwei Marken auf die Knoten i mit den vorläufig und endgültig bekannten Entfernungen des kürzesten Weges von s nach i bzw. von i nach z. Dabei arbeitet er sich **abwechselnd** von Start s zum Ziel z vor (Vorwärts-Dijkstra-Schritt) und dann vom Ziel z zum Start s (Rückwärts-Dijkstra-Schritt).

Abbildung 4-6:   Einseitiger und zweiseitiger Dijkstra-Algorithmus

---

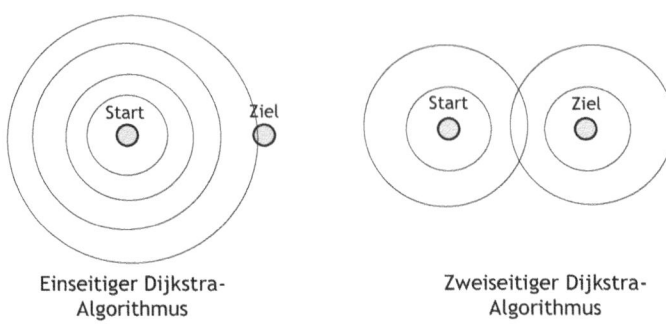

Einseitiger Dijkstra-   Zweiseitiger Dijkstra-
Algorithmus   Algorithmus

Der Rückwärts-Dijkstra-Schritt ist spiegelbildlich zum Vorwärts-Dijkstra-Schritt auf-gebaut: Anstatt alle Nachfolger eines Knotens zu überprüfen, werden alle Vorgänger überprüft und die Update-Formel von $d(j) = d(i) + d_{ij}$ auf $d'(j) = d_{ij} + d'(i)$ geändert.

Die Beschreibung des zweiseitigen Dijkstra-Algorithmus erfordert für den Vorwärts-Dijkstra-Schritt und den Rückwärts-Dijkstra-Schritt eine Verdoppelung der Marken und Symbole für die Notation.

Verfahren 4-5:   Zweiseitiger Dijkstra-Algorithmus

Notation:

s	//Startnoten
z	//Zielknoten
d_{ij}	//Kantenbewertung auf Kante (i,j) (Entfernung)
$d(i)$	//vorläufig bekannte Entfernungen kürzester Weg von s nach i
$d'(j)$	//vorläufig bekannte Entfernungen kürzester Weg von j nach z
$P(i)$	//kürzester Weg von s nach i als Vorgänger-Feld
$L(P(i))$	//Länge des kürzesten Wegs von s nach i
$P'(j)$	//kürzester Weg von j nach z als Nachfolger-Feld
$L(P'(j))$	//Länge des kürzesten Wegs von j nach z
$ME\text{-}V$	//Menge der endgültig markierten Knoten beim Vorwärts-Dijkstra
$MV\text{-}V$	//Menge der vorläufig markierten Knoten beim Vorwärts-Dijkstra
$ME\text{-}R$	//Menge der endgültig markierten Knoten beim Rückwärts-Dijkstra
$MV\text{-}R$	//Menge der vorläufig markierten Knoten beim Rückwärts-Dijkstra
$VG(i)$	//Vorgänger des Knotens i auf dem kürzesten Weg von s nach i
$NF(j)$	//Nachfolger des Knotens j auf dem kürzesten Weg von j nach z

Berechnungsart $\in$ { vorwärts, rückwärts }

Initialisierung

1   $ME\text{-}V = \varnothing, \qquad MV\text{-}V = \{s\}$

2   $ME\text{-}R = \varnothing, \qquad MV\text{-}R = \{z\}$

3   $d(s) = 0$, $d(j) = \infty$ für alle Knoten $j \neq s$, $VG(s) = 0$

4   $d'(z) = 0$, $d'(j) = \infty$ für alle Knoten $j \neq z$, $NF(z) = 0$

5   Berechnungsart = vorwärts

Verarbeitung und Terminierung

6   IF Berechnungsart = vorwärts THEN   //Vorwärts-Dijkstra-Schritt

7   Wähle ein $i \in MV\text{-}V$ mit $d(i) = MIN \{d(k): k \in MV\text{-}V \}$

8       $ME\text{-}V = ME\text{-}V \cup \{ i \}$

9       $MV\text{-}V = MV\text{-}V \setminus \{ i \}$

10   IF $i \in ME\text{-}R$ THEN Abbruch

11   FOR alle Nachfolger j von i mit $j \notin ME\text{-}V$ DO

12   IF $d(j) > d(i) + d_{ij}$ THEN

13   Setze $d(j) = d(i) + d_{ij}$

14              $VG(j) = i$

15              $MV\text{-}V = MV\text{-}V \cup \{ j \}$

16   ENDIF

17   ENDFOR

18   Berechnungsart = rückwärts

19   GOTO 6

20   ENDIF

21   IF Berechnungsart = Rückwärts THEN   //Rückwärts-Dijkstra-Schritt

22   Wähle ein $i \in MV\text{-}R$ mit $d'(i) = MIN \{d'(k): k \in MV\text{-}R \}$

23       $ME\text{-}R = ME\text{-}R \cup \{ i \}$

24       $MV\text{-}R = MV\text{-}R \setminus \{ i \}$

25   IF $i \in ME\text{-}V$ THEN Abbruch

26   FOR alle Vorgänger j von i mit $j \notin ME\text{-}R$ Do

27   IF $d'(j) > d_{ji} + d'(i)$ THEN

28   Setze $d'(j) = d_{ji} + d'(i)$

29               $NF(j) = i$

30   MV-R = MV-R $\cup \{ j \}$

31   ENDIF

32   ENDFOR

33   Berechnungsart = vorwärts

34   GOTO 6

35   ENDIF.

Der zweiseitige Dijkstra-Algorithmus terminiert, sobald ein Knoten k als endgültig in beiden Knotenmengen $ME\text{-}V$ und $ME\text{-}R$ markiert worden ist. Ein kürzester Weg lässt sich aber noch nicht so einfach bestimmen wie im Fall des einseitigen Dijkstra-Algorithmus, da der kürzeste Weg nicht notwendigerweise über den gemeinsam markierten Knoten k verlaufen muss, wie das Beispiel im Anschluss zeigt. Zumindest lässt sich so viel sagen, dass ein kürzester Weg aufgefunden werden kann, der vollständig in den Knotenmengen $ME\text{-}V$ und $ME\text{-}R$ der endgültig markierten Knoten verläuft.

Wenn die beiden Mengen $ME\text{-}V$ und $ME\text{-}R$ der endgültig markierten Knoten mit dem zweiseitigen Dijkstra-Algorithmus konstruiert sind, lässt sich mit den in $ME\text{-}V$ bzw. in $ME\text{-}R$ verlaufenden bekannten kürzesten Wegen $P(i)$ und $P'(j)$ ein gemeinsamer kürzester Weg von s nach z durch die kürzeste Verbindung beider Teilwege $P(i)$ und $P'(j)$ herstellen. Die Länge des kürzesten Wegs von s nach z bestimmt sich dann durch die Minimumoperation:

(2) $\min \{ L(P(i)) + d_{ij} + L(P'(j)) : i \in ME\text{-}V, j \in ME\text{-}R \}$

Die beiden kürzesten Teilwege $P(i)$ und $P'(j)$, die das Minimum bestimmen, konstituieren den kürzesten Weg von s nach z und können aus dem Vorgängerfeld VG und dem Nachfolgerfeld NF konstruiert werden. Je nachdem, ob das Minimum für $i=j$ angenommen wird oder nicht, verläuft der kürzeste Weg über den in beiden Mengen $ME\text{-}V$ und $ME\text{-}R$ gemeinsam als endgültig markierten Knoten oder nicht.

Um zu zeigen, dass sich die Länge des kürzesten Wegs von s nach z über die Minimumbildung (2) bestimmt, wird gezeigt, dass die Länge des Weges von s nach z sich aus den kürzesten Teilwegen $P(k)$ und $P'(k)$ über den gemeinsam als endgültig markierten Knoten k zusammensetzt. Die Länge stellt eine untere Schranke für alle Wege von s nach z dar, die mindestens einen Knoten q außerhalb der Mengen $ME\text{-}V$ und $ME\text{-}R$ der endgültig markierten Knoten aufweisen (vgl. Abbildung 4-6). Die Länge eines Weges über q ist nach den vorläufigen Marken gleich $d(q) + d'(q) \geq d_e(q) + d'_e(q)$, wenn mit d_e die endgültigen Marken bezeichnet werden, die entstehen, wenn der Vorwärts-Dijkstra und der Rückwärts-Dijkstra ausgeführt werden, bis alle Knoten endgültig markiert sind.

Der Knoten k ist beim Abbruch des zweiseitigen Dijkstra-Algorithmus als letzter Knoten endgültig in beiden Mengen $ME\text{-}V$ und $ME\text{-}R$ markiert worden und besitzt daher nicht größere Marken als Knoten, die später endgültig markiert würden. Daher ist $d_e(q) \geq d(k)$ und $d'_e(q) \geq d'(k)$, also $d_e(q) + d'_e(q) \geq d(k) + d'(k)$. Damit ist die Länge des Weges über k eine untere Schranke für die Länge aller Wege über q. Daher muss ein kürzester Weg vollständig in beiden Mengen $ME\text{-}V$ und $ME\text{-}R$ verlaufen und darf keine Knoten q außerhalb durchlaufen. Die Länge des kürzesten Weges ist dann $\leq$ $d(k)+d'(k)$ und durch das Minimum aus (2) gegeben.

Abbildung 4-7:   *Zusammenhang der Knoten, die am zweiseitigen Dijkstra beteiligt sind*

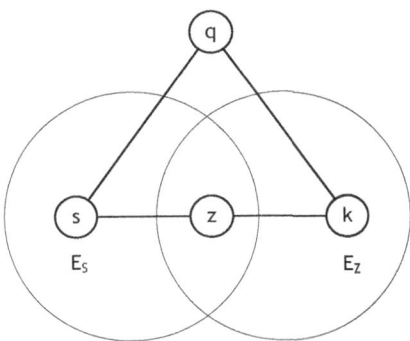

Der kürzeste Weg verläuft nicht unbedingt über den gemeinsam als endgültig markierten Knoten *k*, wie das folgende Beispiel in Abbildung 4-8 zeigt. Der zweiseitige Dijkstra-Algorithmus terminiert dann, wenn der Knoten 3 als endgültig in beiden Knotenmengen *ME-V* und *ME-R* markiert worden ist. Der kürzeste Weg verläuft jedoch nicht über Knoten 3, sondern über die Knoten 1 und 2:

Abbildung 4-8:   *Beispiel zum zweiseitigen Dijkstra-Algorithmus*

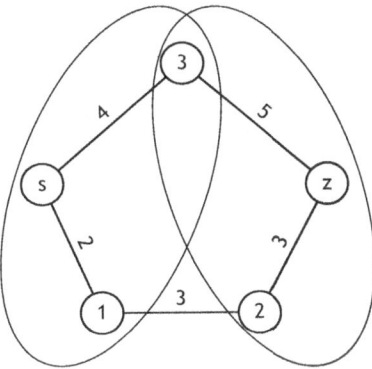

Abschließend wird der zweiseitige Dijkstra-Algorithmus in Beispiel 4-3 auf das Beispielnetzwerk aus Abbildung 4-1 angewendet. Wählt man Knoten 1 als Startknoten ($s=1$) und Knoten 5 als Zielknoten ($z=5$), ergibt sich folgender Ablauf:

Beispiel 4-3:   *Ablauf des zweiseitigen Dijkstra-Verfahrens*

Initialisierung

1   $ME\text{-}V = \varnothing,\ ME\text{-}R = \varnothing$

2   $MV\text{-}V = \{1\},\ MV\text{-}R = \{5\}$

3   $d(1) = 0,\ d(2..5) = \infty$

4   $d'(5) = 0,\ d'(1..4) = \infty$

5   $VG(1) = 0,\ NF(5) = 0$

Verarbeitung und Terminierung

1. Vorwärts-Schritt

6   Wähle aus $MV\text{-}V = \{1\}$ Knoten 1: $i = 1$

7   $ME\text{-}V := \varnothing \cup \{1\} = \{1\},\ MV\text{-}V := \{1\} \backslash \{1\} = \varnothing$

8   $1 \notin ME\text{-}R$, Nachfolger von 1 sind 2 und 3; $2,3 \notin ME\text{-}V$

9       $j = 2:\ d\,(2) > d\,(1) + d_{12}\,?$

10          $\infty > 0 + 2 = 2\,? \rightarrow$ ja

11          $d(2) := 2$

12          $VG(2) = 1$

13          $MV\text{-}V := \varnothing \cup \{2\} = \{2\}$

14       $j = 3:\ d(3) > d(1) + d_{13}\,?$

15          $\infty > 0 + 14 = 14\,? \rightarrow$ ja

16          $d(3) := 14$

17          $VG(3) = 1$

18          $MV\text{-}V := \{2\} \cup \{3\} = \{2,3\}$

1. Rückwärts-Schritt

19   Wähle aus $MV\text{-}R = \{5\}$ Knoten 5: $i = 5$

20   $ME\text{-}R := \varnothing \cup \{5\} = \{5\},\ MV\text{-}R := \{5\} \backslash \{5\} = \varnothing$

21   $5 \notin ME\text{-}V$, Vorgänger von 5 sind 2, 3 und 4; $2,3,4 \notin ME\text{-}R$

22       $j = 2:\ d'(2) > d'(5) + d_{25}\,?$

23          $\infty > 0 + 22 = 22\,? \rightarrow$ ja

24          $d'(2) := 22$

25          $NF(2) = 5$

26          $MV\text{-}R := \varnothing \cup \{2\} = \{2\}$

27       $j = 3:\ d'(3) > d'(5) + d_{35}\,?$

28          $\infty > 0 + 8 = 8\,? \rightarrow$ ja

29          $d'(3) := 8$

30          $NF(3) = 5$

31          $MV\text{-}R := \{2\} \cup \{3\} = \{2,3\}$

32       $j = 4:\ d'(4) > d'(5) + d_{45}\,?$

33          $\infty > 0 + 15 = 15\,? \rightarrow$ ja

34          $d'(4) := 15$

35          $NF\,(4) = 5$

36	$MV\text{-}R := \{2,3\} \cup \{4\} = \{2,3,4\}$

2. Vorwärts-Schritt

37	Wähle aus $MV\text{-}V = \{2,3\}$ Knoten 2, da $d(2) = 2$, $d(3) = 14$: $i = 2$
38	$ME\text{-}V := \{1\} \cup \{2\} = \{1,2\}$, $MV\text{-}V := \{2,3\} \setminus \{2\} = \{3\}$
39	$2 \notin ME\text{-}R$, Nachfolger von 2 sind 3, 4 und 5; $3,4,5 \notin ME\text{-}V$
40	$j = 3: d(3) > d(2) + d_{23}$?
41	$14 > 2 + 11 = 13$? $\rightarrow$ ja
42	$d(3) := 13$
43	$VG(3) = 2$
44	$MV\text{-}V := \{3\} \cup \{3\} = \{3\}$
45	$j = 4: d(4) > d(2) + d_{24}$?
46	$\infty > 2 + 4 = 6?$ $\rightarrow$ ja
47	$d(4) := 6$
48	$VG(4) = 2$
49	$MV\text{-}V := \{3\} \cup \{4\} = \{3,4\}$
50	$j = 5: d(5) > d(2) + d_{25}$?
51	$\infty > 2 + 22 = 24?$ $\rightarrow$ ja
52	$d(5) := 24$
53	$VG(5) = 2$
54	$MV\text{-}V := \{3,4\} \cup \{5\} = \{3,4,5\}$

2. Rückwärts-Schritt

55	Wähle aus $MV\text{-}R = \{2,3,4\}$ Knoten 3, da $d'(2) = 22$, $d'(3) = 8$, $d'(4) = 15$: $i = 3$
56	$ME\text{-}R := \{5\} \cup \{3\} = \{3,5\}$, $MV\text{-}R := \{2,3,4\} \setminus \{3\} = \{2,4\}$
57	$3 \notin ME\text{-}V$, Vorgänger von 3 sind 1, 2 und 4; $1,2,4 \notin ME\text{-}R$
58	$j = 1: d'(1) > d'(3) + d_{13}$?
59	$\infty > 8 + 14 = 22$? $\rightarrow$ ja
60	$d'(1) := 22$
61	$NF(1) = 3$
62	$MV\text{-}R := \{2,4\} \cup \{1\} = \{1,2,4\}$
63	$j = 2: d'(2) > d'(3) + d_{23}$?
64	$22 > 8 + 11 = 19$? $\rightarrow$ ja
65	$d'(2) := 19$
66	$NF(2) = 3$
67	$MV\text{-}R := \{1,2,4\} \cup \{2\} = \{1,2,4\}$
68	$j = 4: d'(4) > d'(3) + d_{24}$?
69	$15 > 8 + 6 = 14$? $\rightarrow$ ja
70	$d'(4) := 14$
71	$NF(4) = 3$
72	$MV\text{-}R := \{1,2,4\} \cup \{4\} = \{1,2,4\}$

3. Vorwärts-Schritt

73	Wähle aus $MV\text{-}V = \{3,4,5\}$ Knoten 4, da $d(3) = 13$, $d(4) = 6$, $d(5) = 24$: $i = 4$
74	$ME\text{-}V := \{1,2\} \cup \{4\} = \{1,2,4\}$, $MV\text{-}V := \{3,4,5\} \setminus \{4\} = \{3,5\}$

75	$4 \notin ME\text{-}R$, Nachfolger von 4 sind 3 und 5; $3,5 \notin ME\text{-}V$
76	$j = 3$: $d(3) > d(4) + d_{34}$?
77	$13 > 6 + 6 = 12? \rightarrow$ ja
78	$d(3) := 12$
79	$VG(3) = 4$
80	$MV\text{-}V := \{3,5\} \cup \{3\} = \{3,5\}$
81	$j = 5$: $d(5) > d(4) + d_{45}$?
82	$24 > 6 + 15 = 21$? $\rightarrow$ ja
83	$d(5) := 21$
84	$VG(5) = 4$
85	$MV\text{-}V := \{3,5\} \cup \{5\} = \{3,5\}$
	3. Rückwärts-Schritt
86	Wähle aus $MV\text{-}R = \{1,2,4\}$ Knoten 4, da $d'(1) = 22$, $d'(2) = 19$, $d'(4) = 15$: $i = 4$
87	$ME\text{-}R := \{3,5\} \cup \{4\} = \{3,4,5\}$, $MV\text{-}R := \{1,2,4\} \setminus \{4\} = \{1,2\}$
88	$4 \in ME\text{-}V \rightarrow$ Abbruch.

Die Tabelle 4-5 (Vorwärts-Schritte) und Tabelle 4-6 (Rückwärts-Schritte) fassen die Entwicklung der einzelnen Variablen über die Iterationen des Algorithmus hinweg zusammen. Änderungen sind jeweils fett dargestellt.

Tabelle 4-5:   *Zweiseitiger Dijkstra-Algorithmus im Beispielnetzwerk (Vorwärts-Schritte)*

Iteration		D(•)					VG(•)					MV-V	ME-V
		1	2	3	4	5	1	2	3	4	5		
Initialisierung		0	∞	∞	∞	∞	0					1	∅
1.	i=1, j=2	0	**2**	∞	∞	∞	0	**1**				2	1
	i=1, j=3	0	2	14	∞	∞	0	1	**1**			2,3	1
2.	i=2, j=3	0	2	13	∞	∞	0	1	**2**			3	1,2
	i=2, j=4	0	2	13	**6**	∞	0	1	2	**2**		3,4	1,2
	i=2, j=5	0	2	13	6	**24**	0	1	2	2	**2**	3,4,5	1,2
3.	i=4, j=3	0	2	**12**	6	24	0	1	**4**	2	2	3,5	1,2,4
	i=4, j=5	0	2	12	6	**21**	0	1	4	2	**4**	3,5	1,2,4

Damit ist der in der Menge E_s verlaufende kürzeste Teilweg durch den Weg 1-2-4 mit der Länge 6 und der in der Menge E_z verlaufende kürzeste Teilweg durch den Weg 3-5 mit der Länge 8 gegeben. Der kürzeste Weg von 3 nach 4 ist der Weg 3-4 mit der Länge 6. Damit ergibt sich als kürzester Weg von 1 nach 5 der Weg 1-2-4-3-5 mit einer Gesamtlänge von 20.

Tabelle 4-6: *Zweiseitiger Dijkstra-Algorithmus im Beispielnetzwerk (Rückwärts-Schritte)*

Durchlauf		d(·) 1	2	3	4	5	NF(·) 1	2	3	4	5	MV-R	ME-R
Initialisierung		∞	∞	∞	∞	0					0	5	∅
1.	i=5, j=2	∞	**22**	∞	∞	0		5			0	2	5
	i=5, j=3	∞	22	**8**	∞	0		5	5		0	2,3	5
	i=5, j=4	∞	22	8	**15**	0		5	5	5	0	2,3,4	5
2.	i=3, j=1	**22**	22	8	15	0	3	5	5	5	0	1,2,4	3,5
	i=3, j=2	22	**19**	8	15	0	3	3	5	5	0	1,2,4	3,5
	i=3, j=4	22	19	8	14	0	3	3	5	3	0	1,2,4	3,5
3.	i=4	22	19	8	15	0	3	3	5	5	0	1,2	3,4,5

Weiterführende Literatur

Bérubé, J.-F.; Potvin, J.-Y.; Vaucher, J.: Finding the first *K* shortest paths in a time-window network, in: Computers & Operations Research, Bd. 31, Heft 4, 2004, S. 499-513

Bang-Jensen, J. und Gutin, G.: Digraphs – Theory, Algorithm and Applications, London 2002

Pretolani, D.: A directed hypergraph model for random time dependent shortest paths, in: European Journal of Operational Research, Heft 2/2000, S. 315-324

Teil II

Standorte

5 Modelle und Standortwahl

Für die Planung von Distributionssystemen werden die Produktionsstandorte und Nachschublager mit der Kundennachfrage zu koordiniert und so die Warenströme effizient zu den Kunden zu leiten. Die von der Wettbewerbslage bestimmte Geschwindigkeit der Kundenbelieferung und die regionale Verteilung

- der Kundennachfrage,

- der Produktionsstandorte und Nachschublager sowie

- der Vertriebspunkte der Wettbewerber

im geographischen Raum geben damit die Struktur von Distributionssystemen vor. Der Planung für Distributionssysteme liegt ein geographischer Raum zugrunde, der mit einem Logistik-Netzwerk wie folgt modelliert werden kann:

- Die ganze Welt. Ein globales Distributionscenter ist zumeist am weltweit einzigen Produktionswerk angesiedelt und dient der Versorgung der Kunden weltweit.

- Einen Großraum, wie Asien, Europa, Amerika. Großraum-Distributionscenter dienen der zentralen Lagerung der Waren für den Großraum und versorgen die nationalen Distributionscentern mit Nachschub oder

- Einzelne Länder, wie Deutschland (nationale Distributionscenter).

Die Abbildung 5-1 zeigt den prinzipiellen Aufbau von Distributionssystemen (DC = Distributionscenter).

Abbildung 5-1:   Struktur von Distributionssystemen

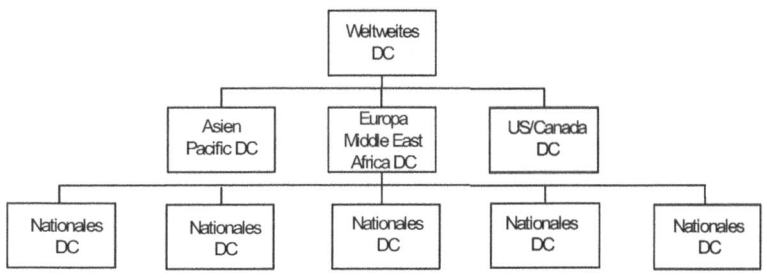

Die Fragen nach Standorten zur Ansiedlung von Produktionswerken und Distributionslagern werden auf verschiedenen Ebenen der Planung gestellt, und die Beantwortung dieser Frage hängt von einer Vielzahl von Faktoren ab, so dass das Problem der Standortwahl zu einem komplexen Entscheidungsproblem werden kann. Standorte werden gesucht:

▓ Weltweit: in Ländern, Freihandelszonen und Kontinenten,

▓ Landesweit: in Städten und Regionen,

▓ Regional: in sogenannten Mikrostandorten.

Faktoren, welche zur Beantwortung von Standortfragen berücksichtigt werden, sind vielfältig und werden nach „harten" und „weichen" Faktoren unterschieden. Beispiele sind:

▓ Politische Stabilität des betrachteten Landes,

▓ Wechselkursrisiken,

▓ Zugang zu einem Netzwerk von Forschungs- und Entwicklungsaktivitäten,

▓ Erschließung eines Marktzugangs,

▓ Stellung der Wettbewerber,

▓ Größe des Inlandsmarktes,

▓ Verfügbarkeit von Rohstoffen,

▓ Klimatische Bedingungen,

▓ Verfügbarkeit von Arbeitskräften, insbesondere von speziellem Know-how,

▓ Lohnniveau,

▓ Verfügbarkeit von Grundstücken und Gebäuden,

▓ Verkehrsinfrastruktur,

▓ Wirtschaftsfreundliche Gesetzgebung und Verwaltungen,

▓ Subventionen,

▓ Lagegunst hinsichtlich Betriebskosten, Transportkosten und Serviceniveau.

Diese Vielzahl von Faktoren kann hier nicht näher diskutiert werden. Wir wollen uns vielmehr auf den letzten Faktor der Lagegunst hinsichtlich Betriebskosten, Transportkosten und Serviceniveau von Standorten in Netzwerken konzentrieren. Neben der statischen Fragestellung der Auswahl eines Standortes können darüber hinaus die räumliche Struktur des Wettbewerbs unter verschiedenen Anbietern im Markt und Trade-Off-Beziehungen zwischen Raumstruktur und Preiswettbewerb untersucht werden (Ghosh et al. 1995, Clark 2003).

Die Frage nach Standorten in Netzwerken wurde zunächst im Kontext der Konsumgüterdistribution gesehen und ist in den 60er Jahren des 20. Jahrhunderts mit dem Aufkommen von Outlet-Ketten im Einzelhandel entstanden. Gefragt wird nach Standorten von Produktionswerken, Zentrallagern und Regionallagern, welche die Summe der gesamten Lager- und Transportkosten zu den Outlets minimieren. Ferner wird nach Standorten von Outlets in Wohnbezirken gefragt, welche die Nachfragepotentiale der Bevölkerung ausschöpfen und vorgegebene Entfernungen zu den Kunden nicht überschreiten. Bei Standortfragen in Siedlungsgebieten ist aber auch über die Konsumgüterdistribution hinaus an kommunale Dienstleistungen zu denken, wie weit

- **Servicepunkte**, z. B. Briefkästen, Postämter und Bankfilialen,

- **kommunale Einrichtungen**, z. B. Schulen und Kindergärten,

- **Notfalleinrichtungen**, z. B. Feuerwehren, Polizeistationen und Krankenhäuser

von den Wohnhäusern der Bevölkerung entfernt liegen (vergl. Werners u. a. 2001). Die Standortprobleme im öffentlichen Sektor diskutieren Marianov und Serra (2004).

Die Liberalisierung auf den Transportmärkten von LKW- und Flugzeug-Verkehren in den vergangenen 20 Jahren hat zudem die **Hub-Konfiguration** von Netzwerken für den Paketversand, Stückgüter und Flugpassagiere als neuere Fragestellungen entstehen lassen (vgl. Kapitel 7). In der Diskussion um Supply Chain Management spielt die **Konfiguration von Netzwerken** eine besondere Rolle, womit gemeint ist, die Standorte von Produktionswerken, Zulieferern und Lagerhäusern für Distributionssysteme festzulegen. Diese Funktionen der Konfiguration werden von allen gängigen Software-Tools zur Unterstützung von Supply Chain Management angeboten.

Als Modellierungsmöglichkeiten der Standorttheorie unterscheidet man:

- **Diskrete Modelle**, die durch ein Netzwerk mit Entfernungsdaten repräsentiert werden wobei ausschließlich in den Knoten des Netzwerks Standorte zugelassen sind.

- **Kontinuierliche Modelle**, die von der euklidischen Ebene ausgehen und dort in beliebigen Punkten Standorte festgelegt werden können, wie z. B. in dem berühmten Standortmodell von Alfred Weber.

- **Semidiskrete Modelle** sind Netzwerke mit euklidischen Daten, wo Standorte in den Knoten des Netzwerks, aber auch auf beliebigen Punkten der Kanten angesiedelt werden können.

Die Fragestellungen der Standorttheorie sollen hier in diskreten Modellen von ungerichteten Netzwerken behandelt werden, wie diese durch die Verkehrssysteme, die Siedlungsstruktur und die Art der Industrieansiedlung vorgegeben sind, während die kontinuierlichen Modelle davon absehen und deswegen sehr abstrakt erscheinen. Semidiskrete Modelle sollen hier ebenfalls nicht weiter verfolgt werden, da sie von diskreten Modellen mit einer entsprechend engen Packung von Knoten beliebig genau angenähert werden können.

Die Standortmodelle werden weiter nach den Begriffspaaren

- statisch – dynamisch

- deterministisch – stochastisch

unterschieden. Die statischen Ansätze sind dadurch gekennzeichnet, dass sie keine Zeitdimension explizit aufnehmen. Die dynamischen Modelle betrachten mehrere Zeitperioden, in denen die Variablen verschiedene Ausprägungen annehmen. Z. B. können Lagerhäuser nur in gewissen Perioden eröffnet werden, in anderen wieder geschlossen werden, wie das zum Beispiel bei der Verteilung der Telefonbücher in den USA für eine kampagnenartige Distributionsweise der Fall ist. Ferner lassen sich die genannten Modellansätze dahingehend erweitern, dass stochastische Elemente eingeführt werden. So kann zum Beispiel eine Service-Einrichtung nur mit einer gewissen Wahrscheinlichkeit p verfügbar sein. Auch können sich vor den Service-Einrichtungen Warteschlangen aufbauen, so dass Elemente der Warteschlangentheorie in die Standortheorie einbezogen werden. Berman und Krass (2004) haben diese Erweiterungen diskutiert.

In diesem Kapitel gehen wir von statischen und deterministischen Modellen aus und nehmen dazu ungerichtete Netzwerke mit einer Knotenmenge $V = \{1,2,...,n\}$ mit n Knoten an. Wir legen fest, dass Outlets, Werke, Lagerhäuser und Wohnhäuser von den Knoten des Netzwerks repräsentiert werden. Standorte können hier in allen Knoten des Netzwerks eingerichtet werden, während manche Modellformulierungen bloß eine eingeschränkte Knotenmenge als Standorte zulassen. Auf den Kanten (i,k) des Netzwerks seien Entfernungsdaten d_{ik} gegeben. Indem auf das Netzwerk ein Kürzeste-Wege-Verfahren angewendet wird, erhält man die kürzesten Wege vom Knoten i zu allen anderen Knoten k, deren Länge im folgenden mit $d(i,k)$ bezeichnet wird.

In der Diskussion um Standorte geht es nicht allein um die Lokalisierung der Standorte im Netzwerk (Location), sondern zugleich ist die Zuordnung der Kunden zu den Service-Zentren zu beachten (Allocation). Man spricht daher auch von einem **Location-Allocation-Problem**. Eine einfache Allocation-Regel besagt, dass jeder Kunde dem am nächsten gelegenen Servicezentrum zugeordnet ist. Bei derartigen eindeutigen Zuordnungen von Kunden zu Servicezentren spricht man auch von **Single-Allocation**. Bei der Zuordnung von Kunden zu Hubs und von Outlets zu Nachschublagern kann jedoch auch der Fall eintreten, dass ein Kunde mehreren Servicezentren zugleich zugeordnet ist. Man spricht in diesem Fall von **Multiple-Allocation.**

Wesentliche Fragestellungen der Standorttheorie unterscheidet man wie folgt (vergl. auch Werners 2006):

- Centerprobleme,

- Coveringprobleme,

■ Medianprobleme.

Verwandte Fragestellungen, die über die Wahl von Standorten hinaus die Warenströme zwischen möglichen Standorten berücksichtigen, werden in späteren Kapiteln behandelt:

■ Warehouse Location Probleme (siehe Kapitel 6),

■ Hub-Locationprobleme (siehe Kapitel 7).

In diesem Kapitel werden die ersten drei Fragestellungen in ihren jeweiligen Grundmodellen diskutiert. Diese sind dadurch gekennzeichnet, dass sie die Zeitdimension explizit vernachlässigen und damit statische Modelle charakterisiert werden. Ihre Variablen sind deterministisch angelegt. Software zur Lösung von Standortproblemen wird etwa bei Bender et al. (2004) diskutiert.

Die Fragen der Konfiguration von hierarchischen Distributionssystemen werden bei Vahrenkamp (2005) behandelt. So treten bei der Konfiguration von europaweiten hierarchischen Distributionssystemen für Konsumgüter die Fragen auf, wo ein Zentrallager anzusiedeln ist und ferner, wo und wie viele regionale Lager einzurichten sind, um die gesamten Distributionskosten zu minimieren. Diese Fragen können mit dem am Lehrstuhl entwickelten Decision Support Tool Euronetz beantwortet werden (vergl. unten Abschnitt 5.2.2). Als Sonderfall der Konsumgüterdistribution gilt die Distribution von neuen und von gebrauchten Automobilen. Mattfeld (2006) hat dazu die verschiedenen Strategien und Methoden zusammengestellt.

5.1 Das Centerproblem

5.1.1 Das 1-Center-Problem

Die Fragestellungen des Centerproblems sollen hier an dem Beispiel-Netzwerk von Abbildung 1-1 erläutert werden. Beim Centerproblem geht es darum, im Netzwerk zu jedem Knoten j die maximale Entfernung $D_{max}(j)$ zu den übrigen Knoten zu bestimmen, d. h. $D_{max}(j) = \max\{d_{jk} : k \in V\}$ und dann in einem zweiten Schritt den Knoten j_0 als **Center** aufzufinden, der dadurch definiert ist, dass dessen maximale Entfernung $D_{max}(j_0)$ unter allen Knoten $j = 1,..,n$ minimal ist. Von Bedeutung ist diese Fragestellung bei kommunalen Dienstleistungen, etwa für Sicherheits- und Notfalleinrichtungen (Feuerwehr, Krankenhäuser etc.), die dort im Netzwerk anzusiedeln sind, von wo aus sie von allen Knoten aus am schnellsten erreicht werden können. Ferner gibt es für Dienstleistungen, die an Konsumenten gerichtet sind, eine Maximalentfernung, jenseits derer die Nachfrage auf nahezu null fällt: Banken, Tankstellen, Cafes, Kinos und Schnellrestaurants. Daher ist für diese Wirtschaftszweige die Frage, wo Outlets anzusiedeln sind und wie weit die maximale Entfernung zu den Kunden ist, von Bedeutung.

Am Beispiel von Abbildung 1-1 können wir die Fragestellung des Centerproblems erläutern. Wenn eine Notfalleinrichtung an den extremen Positionen des Netzwerks läge, wie z. B. Köln, wäre die Entfernung zu Dresden mit 700 km sehr hoch. Sinnvoller ist eine Ansiedlung in der „Mitte" des Netzwerks, also z. B. in Kassel oder in Hannover.

Bei einer Ansiedlung in Kassel ergeben sich folgende Entfernungen zu den Städten am Rande: Berlin 465 km, Dresden 390 km, Köln 260 km, das Maximum ist also 465 km. Bei einer Ansiedlung in Hannover ergeben sich folgende Entfernungen zu den Städten am Rande: Berlin 299 km, Dresden 390 km, Köln 310 km, Frankfurt 361 km, das Maximum ist also 390 km. Damit ist die maximale Entfernung im Netzwerk vom Standort Hannover aus am kleinsten, und Hannover ist das Center im Netzwerk.

Für die Bestimmung eines Centers in einem Netzwerk berechnet man mit einem Kürzeste-Wege-Verfahren für jeden Knoten j die kürzesten Wege zu allen anderen Knoten und kalkuliert so den längsten aller kürzesten Wege von j aus, also das Maximum $D_{max}(j)$. Anschließend wird über alle so bestimmten $D_{max}(j)$ das Minimum gesucht und so das Center als derjenige Knoten j_0 mit minimalem $D_{max}(j_0)$ festgelegt. Wegen dieser Vorgehensweise wird die Fragestellung des Centers auch als ein **Minimax-Problem** bezeichnet. Wird als kürzeste Wege-Verfahren das Dijkstra-Verfahren mit der Komplexität O(n^2) angewandt, so erhält man mit der Minimumsoperation über alle Knoten eine Komplexität von O(n^3) zur Bestimmung des Centers.

5.1.2 Das p-Center-Problem

Eine Erweiterung des Centerproblems stellt das **p-Center-Problem** für $1 \leq p < n$ dar, wobei das Centerproblem dann als p-Center-Problem für den Spezialfall $p = 1$ auftritt. Beim p-Center-Problem geht es darum, in einem Netzwerk p verschiedene Knoten auszuwählen, um dort Center als Servicestellen, z. B. Feuerwehren, einzurichten, so dass die maximale Entfernung von Kunden in einem beliebigen Knoten zu einer Servicestation minimal wird. Im Netzwerk von Abbildung 1-1 minimieren für $p = 2$ z. B. die Standorte Dortmund und Leipzig die maximale Entfernung der Knoten zu den Servicestationen. Der Knoten, der Dortmund nach dem Kriterium der kürzesten Entfernung zugeordnet ist und den maximalen Abstand zu Dortmund besitzt, ist Frankfurt mit 226 km. Zum Servicezentrum Leipzig ist dann Berlin maximal entfernt mit 187 km.

Im allgemeinen Fall lässt sich das p-Center-Problem als folgendes Integer Programming Problem formulieren. Wenn wir die Allocation-Variablen x_{ki} einführen, die anzeigen, ob Kunde i an Servicestation k angeschlossen ist ($x_{ki} = 1$) oder nicht ($x_{ki} = 0$), dann sieht die Zielfunktion als Integer Programming Ansatz wie folgt aus:

$$\min\left\{\max_{i=1\ldots n} \; d_{ki}x_{ki}\right\}$$

Um die optimale Anordnung der p Center zu bestimmen, ist die Zielfunktion unter den folgenden Nebenbedingungen zu minimieren:

(1) $\quad \sum_{k=1}^{n} y_k = p$

(2) $\quad \sum_{k=1}^{n} x_{ki} = 1, \; i = 1,\ldots,n$

(3) $\quad y_k \geq x_{ki}, \; i,k = 1,\ldots,n$

(4) $\quad y_k \in \{0,1\}, \quad k = 1,\ldots,n$

(5) $\quad x_{ki} \in \{0,1\}, \; i,k = 1,\ldots,n$

Die Größen y_k sind Location-Variable, die anzeigen, ob am Standort k eine Servicestation eingerichtet wird ($y_k = 1$) oder nicht ($y_k = 0$).

Die Nebenbedingung (1) drückt aus, dass genau p Standorte für Servicestationen gewählt werden müssen. Mit den Nebenbedingungen (2) wird sichergestellt, dass jeder Kunde an genau eine Servicestation angeschlossen wird. Die Nebenbedingungen (3) sagen aus, dass die Kunden i nicht an die Servicestation k angeschlossen werden können ($x_{ki} = 0$), wenn diese Servicestation nicht eingerichtet wird, d. h. $y_k = 0$. Die Nebenbedingungen (4) und (5) beschreiben die Binärvariablen y_k und x_{ki}.

Die Zielfunktion $x \rightarrow \max\{d_{ki}\,x_{ki}\}$ des p-Center-Problems ist nicht-linear. Daher sind die Standard-Techniken des Integer Programming, wie die LP-Relaxation oder die Lagrange-Relaxation, nicht anwendbar. Gelöst werden kann das p-Center-Problem für große Knotenzahlen n und für $p > 3$ nur mit Branch-and-Bound-Verfahren oder mit heuristischen Verfahren. Für eine kleine Knotenzahl bis zu $n = 100$ kann das p-Center-Problem für $p = 2$ oder $p = 3$ durch Inspektion oder explizite Berechnung über alle zwei- bzw. dreielementigen Teilmengen der Knotenmenge $V = \{1,2,\ldots,n\}$ bestimmt werden. Aber es kann auch als ein leichter lösbares Coverage-Location Problem umformuliert werden und für verschiedene Radien der Erreichbarkeit gelöst werden (siehe unten). Aus den Lösungen kann dann eine für die angestrebte Anzahl von p Service-Zentren ausgewählt werden.

Im Folgenden wird die **Gitternetz-Heuristik** für das p-Center-Problem vorgestellt. Dieser Ansatz geht von euklidischen Daten aus, die mit einem Gitternetz approximiert werden können. Werden p Center gesucht, dann wird über die Knoten des Netzwerkes ein Gitternetz von p gleich großen Rechtecken mit den Seiten a und b gezogen und als Center vorläufig die Mittelpunkte der Rechtecke gewählt. Als Center im Netzwerk werden dann die den Mittelpunkten am nächsten gelegenen Knoten eines jeden Rechtecks bestimmt, sofern das Rechteck überhaupt einen Knoten enthält. Die Abbildung 5-2 stellt ein Beispiel für $p = 6$ dar. Das Netzwerk ist grau unterlegt, über das 6 Rechtecke mit den Seiten a und b gelegt werden.

Abbildung 5-2:　　*Gitternetz-Heuristik*

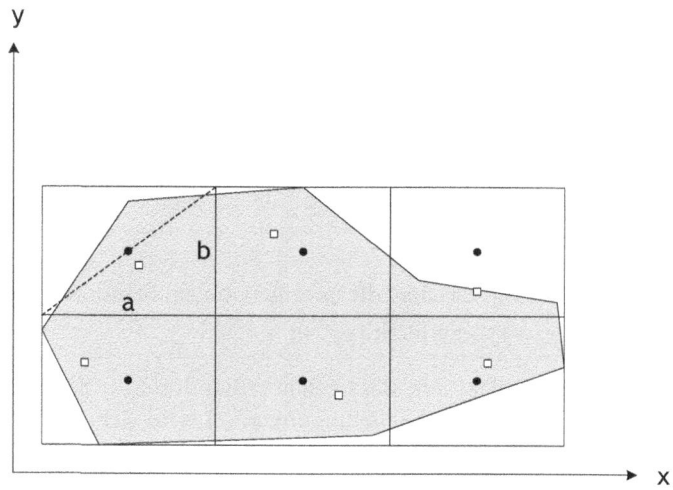

Die Rechteckmittelpunkte sind als schwarze Kreise gekennzeichnet, die am nächsten gelegenen Knoten als weiße Quadrate. Ein Knoten in einem Rechteck hat dann zu seinem Center die maximale Entfernung der Länge der Rechteckdiagonale, die gleich $(a^2 + b^2)^{1/2}$ ist. Für Center von zwei nebeneinander liegenden Rechtecken lässt sich deren maximal mögliche Entfernung abschätzen als $(4a^2 + b^2)^{1/2}$ und für zwei untereinander liegende Rechtecke als $(a^2 + 4b^2)^{1/2}$.

Verfahren 5-1:   Heuristik SWAP-Center

Initialisierung

1   Gegeben ist eine Instanz eines p-Center-Problems mit n Knoten, einer Lösung von
2   p Standorten in einem Array S und einer Maximalentfernung der Lösung M.
3   Eine boolesche Variable „geändert" kontrolliert, ob eine Senkung der Maxima-
4   lentfernung eingetreten ist. In einem Array Z werden temporäre Standortkonfi-
    gurationen gespeichert.

Verarbeitung

5   REPEAT
6   geändert := False
7   FOR i:=1 To p DO
8   Z:=S
9   Streiche in Z den Standort i
10   Knoten i wird Nicht-Standort
11   FOR k:=1 To n DO
12   IF k ist nicht Standort THEN
13   Mache k zum Standort und nehme k in Z auf
14   Berechne die Maximalentfernung M' der Konfiguration Z
15   IF $M' < M$ THEN
16                      $M := M'$
17   S:=Z
18   geändert := True
19   Verlasse die FOR-Schleifen k und i
20   ENDIF
21   Streiche in Z den Standort k
22   Knoten k wird Nicht-Standort
23   ENDIF
24   ENDFOR
25   ENDFOR
26 UNTIL NOT geändert

Liegen die Center von zwei benachbarten Rechtecken nahe beieinander und gilt für die Knoten aus beiden Rechtecken, dass deren Maximalentfernung untereinander nicht die Länge der Rechteckdiagonale gleich $(a^2 + b^2)^{1/2}$ überschreitet, so kann ein Center von den beiden geschlossen werden.

Während die Gitternetz-Heuristik eine Lösung erzeugt, so steht die **Heuristik SWAP-Center** (Verfahren 5-1) zur Verfügung, um bestehende Lösungen zu verbessern. Dieses geschieht durch ein systematisches Ersetzen eines Centerstandortes durch einen Nicht-Centerstandort und eine Kontrolle darüber, ob damit die Maximalentfernungen sinken. Ist dieses der Fall, wird die neue Konfiguration als die bessere Lösung beibehalten. Der Austauschprozess wird mit der besseren Lösung solange neu gestartet, bis keine Verbesserung mehr eintritt. In dieser Heuristik wird jede Verbesserung sofort fortgeschrieben. Man kann auch überprüfen, welcher Standortaustausch die größte Verbesserung erzielt und diese dann fortschreiben.

5.2 Covering-Probleme

Covering-Probleme sind mit dem p-Center-Problem verwandt, zielen jedoch stärker auf die Einhaltung eines vorgegebenen Service-Niveaus bei der Ansiedlung von Servicezentren bzw. Outlets ab. Dabei wird angenommen, dass die Kunden in den Knoten i des Netzwerkes angesiedelt sind und dass auch nur dort Servicezentren bzw. Outlets aufzubauen sind. Das Ziel besteht in der Versorgung („Covering") der Kunden mit einer minimalen Anzahl von Servicezentren bzw. Outlets, wobei jeder Kunde i in einer gegebenen **Maximalentfernung** (bzw. maximalen Fahrtzeit) S_i vom nächsten Servicezentrum bzw. Outlet entfernt sein soll. Im Folgenden sollen zwei Arten von Covering-Problemen behandelt werden:

- Covering Location Probleme und

- Maximal Covering Location Probleme.

5.2.1 Das Covering Location Problem

Das Covering Location Problem beantwortet die Frage, in welchen Orten in einem Siedlungsgebiet Outlets einer Retail-Kette zu eröffnen sind, damit die Kunden i nicht mehr als eine vorgegebene Maximalentfernung S_i zum Outlet zurückzulegen haben und zugleich die Gesamtzahl der Outlets minimiert wird.

Mit dem gleichen Modellansatz kann man von einer gegebenen Verteilung von Outlets in einem Liefergebiet ausgehen und fragen, wie die Outlets von **Regionallagern** beliefert werden können. Die Radien der Erreichbarkeit S_i stellen ein Maß dafür dar, mit welchem Servicegrad das Outlet i von einem Regionallager aus versorgt zu werden wünscht. Gefragt wird, in welchen Knoten Regionallager anzusiedeln sind, damit die Fahrtstrecke (bzw. Fahrtzeit) zu jedem Outlet i den Radius der Erreichbarkeit S_i nicht übersteigt und die Zahl der erforderlichen Regionallager-Standorte minimiert wird.

Diese Fragestellung kann als ein Integer Programming Problem formuliert und zumeist auch einfach gelöst werden. Dazu werden folgende Vereinbarungen getroffen: Vorab werden mit einem Kürzeste-Wege-Verfahren im Netzwerk die Entfernungen d_{ij} zwischen Knoten i und j auf den kürzesten Wegen von i nach j bestimmt. Für jeden

Knoten i seien die Radien der Erreichbarkeit $S_i > 0$ gegeben. Für jeden Knoten i sei U_i die Menge der Standorte j, von denen aus ein Regionallager das Outlet im Knoten i in der von S_i begrenzten Entfernung erreichen kann. Dann ist

$$U_i = \{k \in V: {}^{d_{ki}} \le S_i\}, \, i=1,...,n.$$

Man spricht auch davon, dass ein Knoten $k \in U_i$ den Knoten i **überdeckt**, d. h. versorgt. Die Überdeckungsmengen U_i definieren dann die 0-1-Matrix $A=(a_{ij})$ durch

$$a_{ij} = 1, \text{wenn } j \in U_i \text{ und } a_{ij} = 0 \text{ sonst, } i,j=1,...,n$$

Inhaltlich bedeutet $a_{ij} = 1$, dass der Knoten j den Knoten i überdeckt. Wenn alle Radien S_i gleich sind, ist die Matrix A symmetrisch, da wir ungerichtete Netzwerke zugrundelegen. Für ungerichtete Netzwerke ist auch $d_{ij} = d_{ji}$ und damit im Falle, dass alle Radien S_i gleich sind, auch $j \in U_i \Leftrightarrow i \in U_j$. Die Definition der Matrix A formuliert das Covering Problem als ein Set Covering Problem.

Mit den Location-Variablen x_j, die anzeigen, ob im Standort j ein Regionallager eröffnet wird ($x_j = 1$) oder nicht ($x_j = 0$), kann dann das Covering Location Problem wie folgt als ein Integer Programming Problem formuliert werden:

(CLP) $\quad \min z = \sum_{j=1}^{n} x_j$

unter den Restriktionen

(1) $\qquad \sum_{j=1}^{n} a_{ij} x_j \ge 1, \, i=1,...,n$

(2) $\qquad x_j \in \{0,1\}$

Die Zielfunktion minimiert die Summe der erforderlichen Lagerstandorte, während die Restriktionen besagen, dass jedes Outlet i von mindestens einem Regionallager versorgt („überdeckt") werden muss. In dieser Formulierung ist das Covering Location Problem ein Spezialfall des allgemeineren Set Covering Problems.

Die Nebenbedingung (1) fordert, dass jedes Outlet i von mindestens einem Regionallager versorgt wird und gibt auf ihrer linken Seite die Anzahl der Regionallager an, die das Outlet i versorgen können. Daher kann (1) auch wie folgt mit den Überdeckungsmengen U_i geschrieben werden:

(1a) $\qquad \sum_{j \in U_i} x_j \ge 1, \, i=1,...,n$

Die Zahl der Lagerhausstandorte alleine zu betrachten ist dann sinnvoll, wenn die monatlichen Betriebskosten an den Standorten in etwa gleich sind. Sind diese jedoch stark unterschiedlich, so ordnet man jedem potentiellen Lagerhaus im Knoten i die monatlichen Betriebskosten als **Fixkosten** F_i zu, und man kann anstelle der Anzahl der Lagerhäuser dann besser die Summe der monatlichen Fixkosten als Zielfunktion minimieren. Die Zielfunktion hat dann die Gestalt:

$$\min z = \sum_{j=1}^{n} F_j x_j$$

Wir geben folgendes Beispiel 5-1, an dem die Herleitung der Binärmatrix A studiert werden kann und mit dem gezeigt wird, wie die Matrix A reduziert werden kann, bevor sie in die Optimierung von (CLP) eingesetzt wird.

Beispiel 5-1

Die Commerciale Transport GmbH beliefert Outlets in 8 benachbarten Städten, die in folgendem Netzwerk von Abbildung 5-3 dargestellt sind und das die Fahrtzeiten in Stunden zwischen den Städten enthält. Die Outlets in den Städten 1,2,6,7 wollen in 5 Stunden beliefert werden, die Outlets in den Städten 3,4,5,8 in 10 Stunden. Gefragt ist, in welchen Städten Regionallager angesiedelt werden sollen, sodass die Gesamtzahl der Lager minimiert wird.

Abbildung 5-3:   Beispiel 5-1 zum Covering-Location-Problem

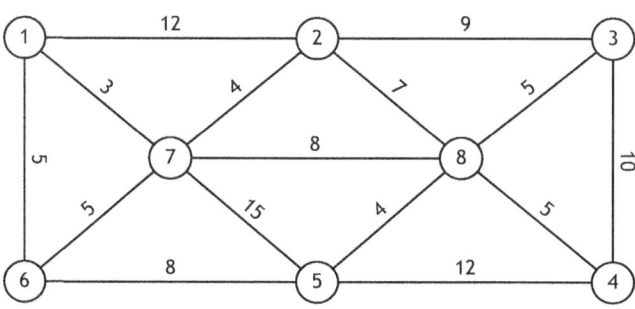

Wir erhalten auf Grund der Daten folgende Überdeckungsmengen U_i:

1. Standorte, die Kunden i (Outlets) in maximal 5 Stunden erreichen:

i=1: U_1 = { 1,6,7 }

i=2: U_2 = { 2,7 }

i=6: U_6 = { 1,6,7 }

i=7: U_7 = { 1,2,6,7 }

2. Standorte, die Kunden i (Outlets) in maximal 10 Stunden erreichen:

i=3: U_3 = { 2,3,4,5,8 }

i=4: U_4 = { 3,4,5,8 }

i=5: U_5 = { 3,4,5,6,8 }

i=8: U_8 = { 2,3,4,5,7,8 }

Daraus ergibt sich die 0-1-Matrix A:

Tabelle 5-1:   0-1-Matrix A des Covering Location Problems im Beispiel 5-1

Outlet i / Lager j	1	2	3	4	5	6	7	8
1	1	0	0	0	0	1	1	0
2	0	1	0	0	0	0	1	0
3	0	1	1	1	1	0	0	1
4	0	0	1	1	1	0	0	1
5	0	0	1	1	1	1	0	1
6	1	0	0	0	0	1	1	0
7	1	1	0	0	0	1	1	0
8	0	1	1	1	1	0	1	1

Outlet i kann von den Standorten j versorgt werden, in deren Spalten der Zeile i Einsen stehen, d. h. $i \in U_j$. Damit wird eine Zeile i von der Menge U_j repräsentiert. Dagegen lassen die Spalten j erkennen, welche Outlets von einem Lagerstandort j versorgt werden können.

Reduktionstechniken: Bevor die Integer Programming Problem Formulierung des Covering Location Problems mit der Matrix A gelöst wird, kann durch logische Ausschließungsüberlegungen und Dominanztests geprüft werden, ob in der 0-1-Matrix A Zeilen oder Spalten gestrichen werden und so a priori Werte für die binären Entscheidungsvariablen x_j festgelegt werden können. Man spricht auch von einer Reduktion der Matrix A. Erfahrungsgemäß kann man mit der Reduktion die Dimension des Problems erheblich verkleinern. Um die Reduktionstechniken durchzuführen, bezeichnen wir mit L_j die Menge der Outlets, die vom Lagerstandort j aus versorgt werden können, d. h.

L_j = { $k \in$ V: $d_{jk} \leq S_k$ } , j=1,...,n .

Die Mengen L_j repräsentieren die Spalten der 0-1-Matrix A mit den Zeileneintragungen eins. So ist zum Beispiel L_3 = { 3,4,5,8 }. Dieses sind die Positionen der Eins in der

Spalte 3 von A. Zu beachten ist, dass Knoten 2 nicht zu L_3 gehört, da ein Outlet am Standort 2 einen Liefer-Service von 5 Stunden erfordert, der vom Lagerstandort in 3 nicht eingehalten werden kann. Sind alle Serviceradien gleich, $S = S_k$, $k=1,...,n$, und sind die Distanzen d_{jk} symmetrisch, so ist die Matrix A symmetrisch, d. h. $L_i = U_i$, $i=1,...,n$.

Test auf unzulässige Zeilen: Wenn für eine Zeile s gilt, dass $U_s = \varnothing$, dann gibt es keine zulässige Lösung für CLP.

Test auf zulässige Zeilen: Wenn für eine Zeile s und eine Spalte t gilt, dass $U_s = \{t\}$, dann ist $x_t = 1$ erforderlich für eine zulässige Lösung von CLP. Zeilen $i \in L_t$ von A können gestrichen werden.

Test auf Zeilendominanz: Wenn in A zwei Zeilen s und t vorliegen mit $U_s \subseteq U_t$, dann kann Zeile t gestrichen werden. Wenn $U_s = U_t$, dann wird eine der beiden Zeilen s oder t gestrichen. Das lässt sich so interpretieren, dass jedes Lager, das Knoten s versorgt, auch Knoten t versorgt. Daher kann die zum Knoten t gehörige Restriktion im Modellansatz (CLP) gestrichen werden, da sie bereits von jeder Lösung befriedigt wird, welche die Restriktion zu Knoten s erfüllt.

Test auf Spaltendominanz: Wenn in A zwei Spalten s und t vorliegen mit $L_t \subseteq L_s$, dann gibt es eine optimale Lösung mit $x_t = 0$. Die Spalte t kann gestrichen werden. Wenn $L_t = L_s$, dann wird eine der beiden Spalten s oder t gestrichen. Das kann folgendermaßen interpretiert werden: Wenn der Lagerstandort am Knoten s alle Kunden abdeckt, die bereits von einem Lagerstandort in Knoten t beliefert werden können, so kann der Knoten t als Lagerstandort entfallen.

Wenn wir die Reduktionstechniken auf die Matrix A von Beispiel 5-1 anwenden, erhalten wir folgende Schritte:

1. Test auf zulässige Zeilen: Keine Menge U_i mit einem Element liegt vor.

2. Test auf Zeilendominanz: Wir erkennen $U_1 \subseteq U_6 \subseteq U_7$, $U_2 \subseteq U_7$, $U_2 \subseteq U_8$, $U_4 \subseteq U_3 \subseteq U_8$, $U_4 \subseteq U_5$. Damit streichen wir die Zeilen 3,5,6,7,8 und erhalten die reduzierte Matrix A (Tabelle 5-2)

3. Test auf Spaltendominanz: Wir erkennen $L_1 \subseteq L_6 \subseteq L_7$, $L_2 \subseteq L_7$, $L_3 \subseteq L_4 \subseteq L_5 \subseteq L_8$ und streichen die Spalten 1,2,3,4,5,6, setzen x_1, x_2, x_3, x_4, x_5, x_6 gleich Null und erhalten die neue reduzierte Matrix A (Tabelle 5-3).

Tabelle 5-2:   *0-1-Matrix A des Covering Location Problems nach Zeilenreduktion*

Outlet i / Lager j	1	2	3	4	5	6	7	8
1	1	0	0	0	0	1	1	0
2	0	1	0	0	0	0	1	0
4	0	0	1	1	1	0	0	1

Tabelle 5-3:   *0-1-Matrix A des Covering Location Problems nach Spaltenreduktion*

Outlet i/Lager j	7	8
1	1	0
2	1	0
4	0	1

Mit der Reduktionstechnik ist die Dimension des Problems erheblich verkleinert worden. Das reduzierte Problem lässt erkennen, dass nur noch die drei Standorte 6,7,8 als Lagerstandorte in Frage kommen. Wählt man Standort 6, so müssen zusätzliche Lager an den Standorten 7 und 8 eingerichtet werden, um alle verbliebenen Outlets 1,2,4,5 zu versorgen. Damit wären drei Lager erforderlich. Die Lösung mit zwei Standorten 7 und 8 ist dagegen besser, da hier nur zwei Standorte erforderlich sind. Diese Lösung ist optimal, da keine Lösung mit nur einem Standort möglich ist, wie man aus der reduzierten Matrix in Tabelle 5-3 ablesen kann.

Das Covering Location Problem weist die Besonderheit auf, dass es als Integer Programming Problem Formulierung zumeist in einfacher Weise zu lösen ist. Die Integer Programming Problem Formulierung des Covering Location Problems (CLP) wird zunächst als eine **Relaxation** gelöst, indem anstelle der Binärvariablen stetige Variable $0 \le x_j \le 1$ zugelassen werden. Diese Relaxation wird als (CLPR) bezeichnet:

(CLPR) $\min y = \sum_{j=1}^{n} x_j$

unter den Restriktionen

(1) $\sum_{j=1}^{n} a_{ij} x_j \ge 1, i = 1,...,n$

(2) $0 \le x_j \le 1, j = 1,...,n$

Das Problem CLPR ist eine Relaxation von CLP, da jede zulässige Lösung von CLP auch eine zulässige Lösung von CLPR ist. Daher ist $y^* \leq z^*$, wenn man mit y^* und z^* die Minimalwerte von CLPR und von CLP bezeichnet. Wenn die optimale Lösung y^* von CLPR binär ist, so ist damit ebenfalls die optimale Lösung für CLP gegeben.

Zwar tritt dieser Fall häufig ein, jedoch ist im Allgemeinen die optimale Lösung y^* von CLPR nicht ganzzahlig. Dann werden in CLPR in folgender Weise Schnitt-Ungleichungen als zusätzliche Restriktionen solange schrittweise aufgenommen, bis die Ganzzahligkeit der optimalen Lösung erreicht ist:

Bezeichnet man mit $\lceil y^* \rceil$ die kleinste ganze Zahl oberhalb von y^*, so folgt aus der Ganzzahligkeit der Lösung von CLP und aus der Relation $y^* \leq z^*$, dass $\lceil y^* \rceil \leq z^*$ zu gelten hat. Wenn also die Schnitt-Ungleichung

$$\sum_{j=1}^{n} x_j \geq \lceil y^* \rceil$$

zusätzlich in die Restriktionen von CLPR aufgenommen wird, dann ist dafür gesorgt, dass der Zielfunktionswert einer jeden zulässigen Lösung von CLPR oberhalb von $\lceil y^* \rceil$ liegt.

Anzumerken ist, dass die einfache Lösbarkeit des Covering Location Problems durch Einfügen von Schnitt-Ungleichungen einen **Sonderfall** darstellt, da es ein Set Covering Problem darstellt, dem eine Netzwerkstruktur zu Grunde liegt. Dagegen sind das allgemeine Set Covering Problem ohne zu Grunde liegende Netzwerkstruktur im Allgemeinen nicht mit dieser Technik lösbar.

Das folgende Beispiel 5-2 illustriert die Lösungstechnik für ein Problem mit 6 Standorten auf und zeigt, dass in diesem Fall die Reduktionstechniken nur zum Streichen einer Spalte und Zeile der Matrix A führen.

Beispiel 5-2

Die Speedway Transport GmbH möchte Outlets in 6 benachbarten Städten beliefern, die in folgendem Netzwerk von Abbildung 5-4 dargestellt sind und das die Fahrtzeiten in Stunden zwischen den Städten enthält. Die Outlets in den Städten sollen in maximal 12 Stunden von einem Regionallager beliefert werden. Die Speedway Transport GmbH möchte ein Distributionssystem aufbauen und fragt, in welchen Städten sie Regionallager ansiedeln soll, um die Gesamtzahl der Lager zu minimieren.

Abbildung 5-4: Beispiel 5-2 zum Covering Location Problem

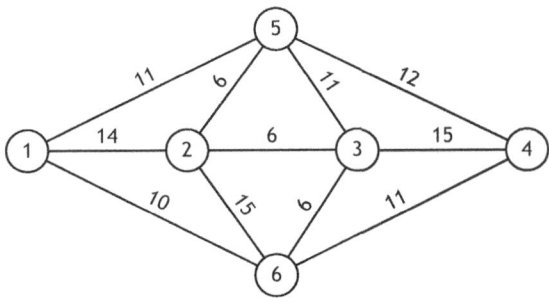

Aus den angegebenen Daten können wir folgende Mengen U_i herleiten:

i=1: U_1 = { 1,5,6 } i=4: U_4 = { 4,5,6 }

i=2: U_2 = { 2,3,5,6 } i=5: U_5 = { 1,2,3,4,5 }

i=3: U_3 = { 2,3,5,6 } i=6: U_6 = { 1,2,3,4,6 }

Die Mengen U_i definieren die Matrix A in Tabelle 5-4:

Tabelle 5-4: 0-1-Matrix A des Covering Location Problems im Beispiel 5-2

Outlet i/Lager j	1	2	3	4	5	6
1	1	0	0	0	1	1
2	0	1	1	0	1	1
3	0	1	1	0	1	1
4	0	0	0	1	1	1
5	1	1	1	1	1	0
6	1	1	1	1	0	1

Die Reduktion zeigt, dass $U_2 = U_3$. Damit kann Zeile 2 gestrichen werden. Da alle Erreichbarkeitsradien gleich sind und die Distanzen $d(k,j)$ symmetrisch sind, ist die Matrix A symmetrisch, d. h. $L_i = U_i$, i=1...n. Dann ist $L_2 = L_3$, und Spalte 3 kann nach den Reduktionsregeln gestrichen werden. Als Optimierungsproblem (CLPR) bleiben dann 5 Variable x_j mit 5 Nebenbedingungen:

$$\min y = \sum x_j$$

Unter den Bedingungen:

$$x_1 + x_5 + x_6 \geq 1$$

$$x_2 + x_5 + x_6 \geq 1$$

$$x_4 + x_5 + x_6 \geq 1$$

$$x_1 + x_2 + x_4 + x_5 \geq 1$$

$$x_1 + x_2 + x_4 + x_6 \geq 1$$

Als Lösung dieses Problems ergibt sich unter Einsatz der Optimierungssoftware Lindo, dass $y^* = 1.4$ mit $x_1 = 0.2, x_2 = 0.2, x_4 = 0.2, x_5 = 0.4, x_6 = 0.4$. Die ganzzahlige Lösung von (CLP) muss also oberhalb von $\lceil 1.4 \rceil = 2$ liegen. Wenn wir die Schnittungleichung $x_1 + x_2 + x_4 + x_5 + x_6 \geq 2$ in die Nebenbedingungen einfügen und das Problem erneut lösen, erhalten wir $y^* = 2.0$ mit $x_1 = 0.5, x_2 = 0.5, x_4 = 0.5, x_5 = 0, x_6 = 0.5$, und damit noch keine Lösung mit Binärvariablen. Die Stadt 1 besitzt eine große Entfernung zu ihren Nachbarn und kommt daher kaum als Standort in Frage. Setzen wir daher probeweise zusätzlich $x_1 = 0$, so erhalten wir die ganzzahlig $x_1 = 0, x_2 = 0, x_4 = 1, x_5 = 1, x_6 = 0$. Damit sind Regionallager in den Standorten 4 und 5 einzurichten. Alternativ zu Standort 5 kann auch in Standort 6 ein Regionallager eingerichtet werden.

5.2.2 Das Maximal Covering Location Problem

Betrachtet man das Covering Location Problem im Kontext der Ansiedlung von Outlets in einem Siedlungsgebiet, so wird deutlich, dass das Kriterium der maximalen Entfernung bei der Ansiedlung von Outlets nicht die Kaufkraft einer Region berücksichtigt, so dass eventuell dort ein Outlet angesiedelt werden könnte, wo nur geringe Umsätze erzielt werden. Umsatzschwache Regionen mit einem Outlet zu versorgen („abzudecken"), ist jedoch betriebswirtschaftlich nicht unbedingt sinnvoll; vielmehr ist ein Ausgleich zwischen den zusätzlichen Kosten zur Einrichtung eines Outlets und den erwarteten Umsätzen zu suchen. Anstatt die Investitionen an Outlets mit wenig Umsatz zu binden, kann das eingesetzte Kapital dazu dienen, in umsatzstarken Outlets den Service zu verbessern, indem etwa mehr Personal eingestellt wird oder die Öffnungszeiten ausgedehnt werden. Dieses zur Ansiedlung von Outlets abgewandelte Covering-Problem hat das Ziel, mit einer vorgegebenen Anzahl von Outlets und vorgegebenen Service-Niveaus S_i das Marktpotential so weit wie möglich auszuschöpfen. Man spricht dann vom „**Maximal Covering Location Problem**", das von Church und ReVelle (1974) formuliert worden ist. Während das Covering Location Problem als Zielfunktion die Anzahl der einzurichtenden Outlets minimiert, wird beim Maximal Covering Location Problem das Ziel verfolgt, mit einer vorgegebenen Anzahl p von Outlets die räumlich verteilte Nachfrage so weit wie möglich auszuschöpfen. Das

Maximal Covering Location Problem wird daher als ein Maximierungsproblem formuliert.

Das Maximal Covering Location Problem soll in folgender Variante für Kunden- und Outletstandorte formuliert werden. Die Knotenmenge V zerfalle disjunkt in eine Menge I der Kundenstandorte und in eine Menge Q der potentiellen Outletstandorte: $V = I \cup Q$. Das Netzwerk (V,E) ist damit bipartit. Ferner soll für Kunden $i \in I$ ein Entfernungsradius S_i festgelegt werden, welcher das Service-Niveau der Erreichbarkeit eines Outlets durch die Kunden determiniert. Wir bestimmen – wie beim Covering Location Problem – für jeden Knoten $i \in I$ die Überdeckungsmenge U_i der von Knoten i aus im Radius S_i erreichbaren Outlets $k \in Q$:

$$U_i = \{ k \in Q \colon {}^{d_{ki}} \leq S_i \}, i \in I.$$

U_i ist die Menge der Outlets, die den Kunden i versorgen können. Dabei wird implizit angenommen, dass die Nachfrage D_i der Kunden i nach Produkten eines Outlets einer Kette eine fallende Funktion der Weglänge ist, die der Kunde zum Outlet zurücklegen muss. Daher gibt es eine Maximalentfernung, jenseits derer die Nachfrage auf null fällt. Dieses trifft auch für Dienstleistungen zu, die an Konsumenten gerichtet sind: Banken, Tankstellen, Cafes, Kinos und Schnellrestaurants. Jeder Kunde i erzeuge eine Nachfrage D_i. Wir setzen – wie beim Covering Location Problem – in der Formulierung als Set Covering Problem die Matrix $A = (a_{ik})_{ik}$:

$$a_{ik} = 1, \text{ wenn } k \in U_i \text{ und } a_{ik} = 0 \text{ sonst, } i \in I, k \in Q$$

Gefragt wird danach, wo Outlets anzusiedeln sind, wenn die maximale Anzahl p der Outlets fest vorgegeben ist, $1 \leq p < n$, und das Ziel darin besteht, die Nachfrage soweit wie möglich auszuschöpfen. Das **Maximal Covering Location Problem** kann dann wie folgt als Integer Programming Problem formuliert werden mit der Zielfunktion (vergl. Daskin 1995, S. 110):

$$\max \sum_{i \in I} x_i D_i$$

mit Binärvariablen x_i mit $x_i = 0$, wenn $U_i = \varnothing$ und $x_i = 1$ sonst. Der Fall $U_i = \varnothing$ zeigt an, dass der Kunde i nicht mit der Maximalentfernung S_i ein Outlet erreichen kann. Für die Nebenbedingungen werden Location-Variable y_k eingeführt, die anzeigen, ob am Standort k ein Outlet eingerichtet wird ($y_k = 1$) oder nicht ($y_k = 0$). Um die optimale Anordnung der p Outlets zu bestimmen, ist die Zielfunktion unter den folgenden Nebenbedingungen zu maximieren:

(1) $\qquad \sum_{k \in Q} y_k \leq p$

(2) $x_i \leq \sum_{k \in Q} a_{ik} y_k \, , i \in I$

Die Zielfunktion summiert die auf die Outlets bezogene Nachfrage: Wenn $x_i = 0$, dann werden Nachfragen D_i in der Zielfunktion nicht summiert. Die Nebenbedingung (1) besagt, dass höchstens p Outlets eingerichtet werden sollen, die Nebenbedingung (2), dass $\sum_{k \in Q} a_{ik} y_k = 0$, wenn Kunde i nicht versorgt werden kann. Dann ist $x_i = 0$, und die Nachfrage D_i wird in der Zielfunktion nicht gezählt. Mit den Überdeckungsmengen U_i der von Kunden i aus im Radius S_i erreichbaren Outlets $k \in Q$,

$$U_i = \{\, k \in Q : {}^{d_{ki}} \leq S_i \,\}, i \in I,$$

kann die Nebenbedingung (2) auch formuliert werden als:

(2A) $x_i \leq \sum_{k \in U_i} y_k \quad , i \in I$

Wie beim Covering Location Problem kann zur Vereinfachung der Problemstellung die Spaltenreduktion der Binärmatrix A angewendet werden, nicht aber die Zeilenreduktion. Das Maximal Covering Location Problem kann für große n und für $p > 3$ nur mit Branch and Bound Verfahren oder mit heuristischen Verfahren gelöst werden. Im Folgenden wird eine Heuristik vorgestellt, die von identischen Radien S der Erreichbarkeit ausgeht und die schrittweise die Nachfragegebiete von noch nicht versorgten Kunden bestimmt und dann jeweils das Nachfragegebiet mit der größten Nachfrage mit einem Outlet versieht.

Das Verfahren Maximal Covering Location ist ein Greedy-Verfahren, das unter den ausstehenden Liefergebieten jeweils dasjenige mit der größten aggregierten Liefermenge auswählt. Für diese Heuristik setzen wir $Q=I$, d. h. Standorte von Outlets können nur in den Knoten der Kunden eingerichtet werden. Indem die Zahl der Liefergebiete auf p begrenzt wird, erreicht man, dass nur die Regionen mit der größten Kaufkraft versorgt werden. Die übrigen Kunden müssen dann längere Wege zurücklegen. Da die ausgewählten Liefergebiete bei jedem Durchlauf der Schleife (2) eine kleinere aggregierte Nachfragemenge aufweisen, kann man diesen Abnahmeeffekt dadurch kompensieren, dass bei jedem Durchlauf der While-Schleife der Radius der Erreichbarkeit um etwa 10% vergrößert wird.

Verfahren 5.2:   Maximal Covering Location Problem

Initialisierung

1   Lege p und S fest. Jeder Knoten hat den Status „nicht versorgt".

2   Setze Zähler $k = 0$ (zählt die vergebenen Outlets).

Verarbeitung

3   WHILE k < p And nicht alle Knoten sind versorgt DO

4   Berechne für jeden nicht versorgten Knoten i die Nachfragegebiete
         $L_i = \{k \in V : d(i,k) \leq S, k \text{ ist nicht versorgt }\}$

5   Wähle den Knoten i mit dem Nachfragegebiet L_i aus, das die größte Nach-
         frage $\sum\{D_j : j \in L_i\}$ repräsentiert.

6   Richte in Knoten i ein Outlet ein.

7   Setze den Status der Knoten $j \in L_i$ auf versorgt.

8   Zähle k fort: $k=k+1$.

9   ENDWHILE

Terminierung

10    $k=p$ oder alle Knoten sind versorgt.

Wenn man die Lösungsergebnisse der Prozedur „Maximal Covering Location Problem" betrachtet, so fällt eine starke Trennung der einzelnen Nachfragegebiete auf, die zuweilen recht schematisch erscheint. Um weichere Übergänge zwischen den einzelnen Liefergebieten zuzulassen, ist für die Definition der Liefergebiete L_i im Schritt 4 der Prozedur eine Überschneidung zwischen 5% und 20% mit Kunden vorzusehen, die bereits versorgt sind. Die Basis für die Prozentangaben ist die aggregierte Nachfragemenge des zuletzt erzeugten Liefergebietes. Ein Teil der Kunden besitzt dann die Wahl zwischen zwei oder mehr Outlets innerhalb des Erreichbarkeitsradius S. Ferner ist zu beachten, dass Liefergebiete ausgewiesen werden, ohne auf den Standort des Outlets relativ zu seiner Position im Liefergebiet Rücksicht zu nehmen. Randlagen sind jedoch in Hinsicht auf die aufzuwendende Transportleistung ungünstig. Daher ist eine Nachoptimierung vorzunehmen, welche innerhalb der ermittelten Liefergebiete den Standort des Outlets als Median zentralisiert.

Wenn man die Zahl p der Outlets als eine Variable auffaßt, so sind wegen der Greedy-Struktur der Prozedur „Maximal Covering Location Problem" die Lösungsergebnisse für eine Zahl p zugleich Lösungsergebnisse für die Zahlen p-1, p-2, p-3,...,1.

Beispiel 5-3

Gegeben ist die Bundesrepublik Deutschland als Liefergebiet, das als ein Netzwerk bestehend aus 69 Großstädten und den sie verbindenden Autobahnen repräsentiert wird. Die Nachfrage der Großstädte wird in der Tabelle 5-5 in Tonnen dargestellt.

Tabelle 5-5:   *69 Großstädte mit Nachfragemengen (Mengen in Tonnen)*

Stadt	Menge	Stadt	Menge	Stadt	Menge
Aachen	40	Halle	465	Münster	45
Augsburg	50	Hamburg-S	220	Nürnberg	754
Berlin-S	245	Hamm	46	Oberhausen	550
Bielefeld	23	Hannover-S	203	Offenbach	77
Bochum	523	Heilbronn	456	Oldenburg	255
Bonn	255	Herford	55	Osnabrück	24
Braunschweig	57	Kaiserslautern	230	Pforzheim	57
Bremen	764	Karlsruhe	453	Potsdam	421
Bremerhaven	433	Kassel	46	Recklinghausen	57
Chemnitz	25	Kiel	342	Regensburg	57
Darmstadt	57	Koblenz	46	Remscheid	424
Dortmund	626	Köln-S	110	Rostock	300
Dresden	34	Leipzig	432	Saarbrücken	574
Duisburg	626	Leverkusen	256	Schwerin	45
Düsseldorf	56	Lindau	189	Sindelfingen	105
Erfurt	562	Ludwigshafen	743	Solingen	67
Essen	262	Magdeburg	57	Stuttgart	457
Frankfurt/Oder	200	Mainz	335	Trier	90
Frankfurt-W	123	Mannheim	34	Ulm	43
Freiburg	45	Memmingen	56	Wiesbaden	46
Fulda	79	Mönchengladbach	135	Wolfsburg	357
Göttingen	45	Mühlheim/ Ruhr	18	Wuppertal	442
Hagen	456	München-S	250	Würzburg	572

Gefragt wird, wie die Nachfrage mit $p = 9$ Standorten von Regionallagern am weitesten ausgeschöpft werden kann. Zur Beantwortung dieser Frage wird das am Lehrstuhl Vahrenkamp entwickelte Softwaretool **Euronetz** eingesetzt (die Software kann von der Web-Seite des Buches heruntergeladen werden). Ein Radius der Erreichbarkeit S von 120 Minuten Fahrtzeit wird angenommen, wobei auf den Autobahnen eine Durchschnittsgeschwindigkeit von 80km/h unterstellt wird. Die errechneten Standorte werden von Tabelle 5-6 dargestellt. Man erkennt sehr gut, wie die aggregierten Mengen, die von einem Standort verteilt werden, am ersten Standort Bochum am größten sind, und dann schrittweise abnehmen. Insgesamt können 95% der Gesamtnachfrage mit den 9 Regionallagern mit einem Service-Niveau von 120 Minuten Erreichbarkeit abgedeckt werden.

Tabelle 5-6:   *Neun Standorte für Regionallager*

Stadt	Lager	Menge (t)	Menge (Anteil)
Bochum	R1	5.096	31%
Ludwigshafen	R2	3.883	23%
Leipzig	R3	1.939	12%
Bremen	R4	1.452	9%
Nürnberg	R5	1.433	9%
Wolfsburg	R6	719	4%
Kiel	R7	562	3%
Rostock	R8	300	2%
Lindau	R9	288	2%
Gesamt		15.672	95%

Die einzelnen Zuordnungen der Großstädte zu den Regionallagern werden in Tabelle 5-7 ausgewiesen. Dort wird auch deutlich, dass sieben Städte mit einer Gesamtnachfrage von 910 Tonnen wegen Überschreitung des Fahrtzeitradius von $S=120$ Minuten nicht zugeordnet werden konnten. Diese Städte sind dann nachträglich an das jeweils nächste Regionallager anzuschließen.

Tabelle 5-7:   *Die Zuordnung der Städte zu den 9 Regionallagern*

Stadt	Menge (t)	Fahrtzeit in Minuten	Stadt	Menge (t)	Fahrtzeit in Minuten
R1 – Bochum			**R3 – Leipzig**		
Bochum	523	0	Leipzig	432	0
Aachen	40	99	Chemnitz	25	44
Bielefeld	23	84	Dresden	34	99
Bonn	255	76	Erfurt	562	61
Dortmund	626	10	Halle	465	16
Duisburg	626	35	Potsdam	421	104
Düsseldorf	56	41	Summe	1.939	
Essen	262	21	**R4 – Bremen**		
Hagen	456	21	Bremen	764	0
Hamm	46	39	Bremerhaven	433	80
Herford	55	98	Oldenburg	255	24
Köln-S	110	62	Summe	1.452	
Leverkusen	256	45	**R5 – Nürnberg**		
Mönchengladbach	135	64	Nürnberg	754	0
Mülheim/Ruhr	18	31	Augsburg	50	105
Münster	45	57	Regensburg	57	72
Oberhausen	550	29	Würzburg	572	105
Osnabrück	24	94	Summe	1.433	

Stadt	Menge (t)	Fahrzeit in Minuten	Stadt	Menge (t)	Fahrzeit in Minuten
Recklinghausen	57	13	**R6 – Wolfsburg**		
Remscheid	424	27	Wolfsburg	357	0
Solingen	67	24	Braunschweig	57	30
Wuppertal	442	14	Göttingen	45	105
Summe	5.096		Hannover-S	203	61
R2 – Ludwigshafen			Magdeburg	57	61
Ludwigshafen	743	0	Summe	719	
Darmstadt	57	51	**R7 – Kiel**		
Frankfurt-W	123	75	Kiel	342	0
Koblenz	46	104	Hamburg-S	220	75
Heilbronn	456	64	Summe	562	
Kaiserslautern	230	39	**R8 – Rostock**		
Karlsruhe	453	52	Rostock	300	0
Mainz	335	53	Summe	300	
Mannheim	34	19	**R9 – Lindau**		
Offenbach	77	74	Lindau	189	0
Pforzheim	57	73	Memmingen	56	57
Saarbrücken	574	88	Ulm	43	99
Sindelfingen	105	98	Summe	288	
Stuttgart	457	92	**Nicht zugeordnet**		
Trier	90	117	Berlin-S	245	129
Wiesbaden	46	65	Frankfurt/Oder	200	173
Summe	3.883		Freiburg	45	143
			Fulda	79	149
			Kassel	46	154
			München-S	250	122
			Schwerin	45	155
			Summe	910	

5.3 Das Median-Problem

Das **Median-Problem** bildet modellhaft die Ansiedlung eines Zentral-Lagers zur Versorgung von Outlets in einer Region mit Konsumgütern ab. Während es bei der Ansiedlung von Service-Centern und Outlets um die Begrenzung der maximalen Entfernung ging, die ein Kunde zurückzulegen hat, geht es bei dieser Problemstellung um die kleinste Summe der **gewichteten Entfernungen** des Zentral-Lagerstandorts zu den Outlets in der Region. Ordnet man jedem Outlet im Knoten i eine Nachfrage nach Konsumgütern der Größe D_i zu, so spielt bei der Ansiedlung eines Zentral-Lagerstandorts die **Transportleistung** eine Rolle, die für die Versorgung der Outlets aufzuwenden ist und die als Entfernung multipliziert mit der Menge definiert ist, also als $d_{ki} \cdot D_i$, wenn Outlet i vom Lagerstandort k versorgt wird. Das Kriterium der Transportleistung wird gewählt, weil angenommen wird, dass die Transportkosten eine ansteigende Funktion der Transportleistung darstellen. Die Transportleistung zu minimieren heißt dann, zugleich die Transportkosten zu minimieren. Der Standort für ein Zentrallager mit der geringsten Transportleistung kann in einfacher Weise durch Bestimmung der Transportleistung über alle Standorte k ermittelt werden und stellt den **Median** im Netzwerk dar.

5.3.1 Das Problem der Konsumgüter-Distribution

Beim p-Median-Problem sind p Standorte für Regionallager zur Versorgung von Outlets in einem Gebiet so auszuwählen, dass die Summe der Transportleistungen von den Regionallagern zu den Outlets minimiert wird. Es gilt $1 \leq p < n$, wobei das Median-Problem dann als p-Median-Problem für den Spezialfall $p = 1$ auftritt. Wir betrachten daher im Folgenden nur $p > 1$. Man nimmt eine durch p beschränkte Anzahl von Lagerhäusern an, um die Kosten für den Aufbau und den Betrieb der Lagerhäuser in Grenzen zu halten. Die Kostenverläufe von Transportkosten und Betriebskosten sind eine gegenläufige Funktion von p und daher auszugleichen. Bei der Einrichtung eines zusätzlichen Lagerstandorts verringert sich die mittlere Entfernung zu den Outlets. Daher nehmen die gesamte Transportleistung und damit die Transportkosten mit jedem neu errichteten Lagerhaus ab, während die Summe der Betriebskosten ansteigt. Vom Gesichtspunkt des Marketings her ist allerdings eine große Zahl von Lagerhäusern gefordert, um nahe den Outlets zu sein und diese schnell im Sinne von Quick Response, Just-In-Time und Efficient Consumer Response versorgen zu können. Indem für verschiedene Zahlen p das p-Median-Problem gelöst wird, kann die Summe von Transport- und Betriebskosten für verschiedene Werte von p bestimmt und so das Kostenminimum ermittelt werden.

Varianten des p-Median-Problems bestehen in der Einbeziehung von Wettbewerbsaspekten bei der Ansiedlung von Outlets von Ketten (vergl. Abschnitt 5.3.2) und des unkapazitierten Warehouse-Location Problems (siehe Abschnitt 6.3).

Beim p-Median-Problem wird sowohl die Auswahl der p Standorte (Location) für die Lager als auch die Zuordnung der Outlets (Kunden) zu den Lagern (Allocation) simultan vorgenommen. Solange nicht die Kosten für den Lagerdurchsatz, die Lagerkapazität und den Betrieb der Lager mit in der Optimierung berücksichtigt werden, gilt als einfache **Allocation-Regel**, dass Outlets an das jeweils nächste Lager angeschlossen und von dort versorgt werden.

Wir formulieren das p-Median-Problem zunächst ohne monatliche Betriebskosten für die Lagerhäuser (Fixkosten), indem wir die Transportleistung minimieren (**Transportleistungsmodell** (TL(p)).

Wenn wir Allocation-Variablen x_{ki} einführen, die anzeigen, ob Outlet i an Lager k angeschlossen ist ($x_{ki} = 1$), oder nicht ($x_{ki} = 0$), dann sieht die Zielfunktion als Integer Programming Ansatz wie folgt aus:

$$\text{TL}(p) \quad \min \sum_{k=1}^{n} \sum_{i=1}^{n} d_{ki} D_i x_{ki}$$

In der Zielfunktion werden die Entfernungen vom Lager k zum Outlet i mit der Höhe der Nachfrage D_i gewichtet. Daher werden bei der Optimierung große Nachfragen vorrangig auf kurze Entfernungen gelegt und so die Transportkosten minimiert. Um die optimale Anordnung der p Lager zu bestimmen, ist die Zielfunktion unter den folgenden Nebenbedingungen zu minimieren:

(1) $\qquad \sum_{k=1}^{n} y_k \leq p$

(2) $\qquad \sum_{k=1}^{n} x_{ki} = 1, \ i = 1,...,n$

(3) $\qquad y_k \geq x_{ki}, \ i,k = 1,...,n$

(4) $\qquad y_k \in \{0,1\}, \ k = 1,...,n$

(5) $\qquad x_{ki} \in \{0,1\}, \ i,k = 1,...,n$

(5A) $\qquad x_{ki} \geq 0, \ k,i = 1,...,n$

Die Größen y_k sind Location-Variable, die anzeigen, ob am Standort k ein Lager eingerichtet wird ($y_k = 1$) oder nicht ($y_k = 0$). Die Nebenbedingung (1) drückt aus, dass höchstens p Standorte für Lager gewählt werden müssen. Mit den Nebenbedingungen (2) wird sichergestellt, dass jedes Outlet an genau ein Lager angeschlossen wird. Hierdurch wird auch sichergestellt, dass mindestens ein Lagerstandort gewählt wird und das triviale Kostenminimum null ausgeschlossen wird, das eintritt, wenn überhaupt keine Lagerstandorte eröffnet werden. Will man Lösungen anstreben mit genau p Lagerstandorten, dann ist die Nebenbedingung (1) auf "= p" zu ändern. Die Nebenbedingungen (3) sagen aus, dass die Outlets i nicht an das Lager k angeschlossen werden können ($x_{ki} = 0$), wenn dieses Lager nicht eingerichtet wird, d. h. $y_k = 0$. Die Nebenbedingungen (4) und (5) beschreiben die Binärvariablen y_k und x_{ki}. Durch die Zuordnungsrestriktion (2) ist allerdings sichergestellt, dass die Variablen x_{ki} nur die Werte 0 oder 1 annehmen, so dass die Nebenbedingung (5) zu (5A) relaxiert werden kann.

Die Formulierung des p-Median-Problems besitzt die gleichen Nebenbedingungen wie das p-Center-Problem. Beide unterscheiden sich nur in der Zielfunktion. Während es sich beim p-Center-Problem um die Minimierung einer nicht-linearen Max-Funktion handelt („Min-Max-Problem"), stellt die Zielfunktion des p-Median-Problems die Minimierung einer linearen Summen-Funktion dar („Min-Sum-Problem") und kann daher mit den Standardverfahren des Integer Programming behandelt werden.

Wird das p-Median-Problem als ein **Gesamtkosten-Modell** (GK(p)) formuliert, so sind die gewichteten Transportleistungen $d_{ki} \cdot D_i$, in Kostensätze c_{ki} umzuformulieren, die angeben, wie viel der Transport der Mengen D_i von Lagerhaus k zu Outlet i kostet. Ferner sind Fixkosten F_k für den Betrieb der Lagerhäuser einzuführen, die als monatliche Betriebskosten interpretiert werden können. Die Zielfunktion für das Gesamtkostenmodell sieht als Summe von variablen und fixen Kosten wie folgt aus:

GK(p) $\quad \min_{x,y} \sum_{k,i} c_{ki} x_{ki} + \sum_k F_k y_k$

Die Nebenbedingungen sind die gleichen wie beim Transportleistungsmodell.

An diesem Ausdruck wird erkennbar, dass diese Formulierung des p-Median-Problems das **unkapazitierte Warehouse-Location Problem** für den Spezialfall $p=n$ enthält, für dass dann die Nebenbedingung (1) entfallen kann, da sie für $p=n$ sowieso erfüllt ist. Beim Warehouse Location Problem geht es um die Ansiedlung von Lagerhäusern in den Knoten des Netzwerkes, um Outlets (oder allgemeiner Nachfrager) zu versorgen. Wenn die mit den variablen und fixen Kosten gegebenen Kostenstrukturen vorliegen, wird gefragt, an welchen Standorten Lagerhäuser einzurichten sind, um die Gesamtkosten der Versorgung zu minimieren. Unkapazitiert wird das Problem genannt, da den Lagerhäusern keine Kapazitätsschranken mitgegeben werden. Das **kapazitierte** Warehouse-Location Problem wird in Abschnitt 6.3 behandelt.

Die für beide Probleme, für das p-Median-Problem und für das unkapazitierte Warehouse-Location Problem, entwickelten Lösungsmethoden sind ähnlich, indem sie auf dem schrittweisen Aufbau von Fixkosten basieren, denen Einsparungen an variablen Kosten gegenübergestellt werden. Dieses ist für die Heuristik von Kuehn und Hamburger (siehe unten) der Fall wie auch für die Lagrange-Relaxation von GK(p) (siehe unten). Lösungsmethoden werden hier für das Gesamtkosten-Modell vorgestellt. Diese können auch auf das Transportleistungsmodell angewendet werden, indem alle Fixkosten = 0 gesetzt und die Kostensätze c_{ki} als $d_{ki} \cdot D_i$ interpretiert werden.

Das p-Median-Problem und das unkapazitierte Warehouse-Location Problem können als ganzzahliges Optimierungsproblem aufgefasst werden. Zu dessen Lösung bietet sich ein Branch-and-Bound-Ansatz an, siehe Abschnitt 9.4.1. Der Branch-and-Bound-Ansatz ist so gestaltet, dass einer Heuristik obere Schranken $\bar{z}$ für die optimale Lösung hergeleitet werden. Zunächst wird als Einführung die Heuristik von Kuehn und Hamburger erläutert, bevor eine systematische Darstellung der Heuristiken für das p-Median-Problem erfolgt. Für die Bestimmung der unteren Schranken $\underline{z}$ wird nachfolgend ein auf der Lagrange-Relaxation basierender Ansatz gezeigt.

In der Literatur finden sich darüber hinaus Metaheuristiken. Einen genetischen Algorithmus zur Lösung des p-Median-Problems haben Bozkaya u. a. (2004) entwickelt.

5.3.1.1 Die Heuristik von Kuehn und Hamburger für das p-Median-Problem mit Fixkosten

Der Ansatz von Kuehn und Hamburger besitzt einen didaktischen Wert, indem er die schrittweise Substitution von variablen Kosten durch Fixkosten in einem Modell aufzeigt – ein Ansatz, der von den Heuristiken Add und Drop, von der Lagrange-Relaxation von GK(p) und vom klassischen Warehouse-Location-Ansatz verfolgt wird. Wir erläutern zunächst die einzelnen Schritte und zeigen diese dann an einem Beispiel auf. Wir gehen von einer Instanz des p-Median-Problems mit n Knoten, Fixkosten F_k und variablen Kosten c_{ki} aus ($i, k = 1,...,n$).

1. Schritt: Die Versorgung aller Absatzgebiete erfolgt zentral von einem Standort. Hierzu soll unter den möglichen Lagerstandorten ein zentraler Ort (mit Index z) ausgewählt werden, dessen Summe von fixen und variablen Kosten minimal ist. Hierzu betrachten wir die Summen an den Standorten s:

$$F_s + \sum_{i=1}^{n} c_{si} \, , s = 1,...,n.$$

2. Schritt: Die zentrale Lösung wird verbessert, indem versuchsweise ein zweiter Lagerstandort mit Index s eingeführt wird. Der zweite Standort verursacht variable Kosten c_{si} für das Absatzgebiet i, d. h. wenn das Absatzgebiet i vollständig von s aus versorgt würde anstelle von z, so betragen die variablen Kosten dieser Versorgung c_{si} anstelle von c_{zi} bei der zentralen Lösung. Dann beläuft sich die Kostenänderung auf $c_{si} - c_{zi}$. Eine Versorgung von Absatzgebiet i durch Lager s wird aber nur dann vorgemerkt, wenn die Kostenänderung negativ ist. Andererseits bringt der neue Standort s Fixkosten in Höhe von F_s mit. Ein Vergleich mit der Einsparung bei den variablen Kosten zeigt, dass ein zweiter Standort nur dann vorteilhaft ist, wenn die Summe der negativen Kostenänderungen bei den variablen Kosten die entstehenden Fixkosten F_s am Standort s überkompensiert:

$$F_S + \sum_i \min(0, c_{si} - c_{zi}) < 0$$

In der Summe stellt der Ausdruck $\min(0, c_{si} - c_{zi})$ sicher, dass nur über negative Summanden summiert wird, die bedeuten, dass die Versorgung vom Standort s kostengünstiger ist als die vom Zentrallager z. Der ganze Ausdruck

$$F_S + \sum_i \min(0, c_{si} - c_{zi})$$

bedeutet die Kostensenkung bei Einrichtung des zusätzlichen Standortes s.

Im Umkehrschluss können alle potentiellen Standorte s für die weitere Analyse ausgeschlossen werden, die nicht vorteilhaft sind:

$$F_s + \sum_i \min(0, c_{si} - c_{zi}) > 0$$

Nun wählen wir den zweiten Lagerstandort s dort, an dem die Summe der negativen Kostenänderungen plus Fixkosten am kleinsten wird, d. h. wo die höchste Einsparung an Gesamtkosten erzielt wird:

$$\min_s (F_s + \sum_i \min(0, c_{si} - c_{zi}))$$

3. Schritt: Ist der zweite Standort gefunden, so wird gefragt, ob ein dritter Standort vorteilhaft ist usw. Die Standortwahl wird so lange erweitert, bis keine Verbesserung der Gesamtkosten möglich ist. Mit jedem Schritt wird ein Standort dem System hinzugefügt. Daher rührt die Bezeichnung Add-Algorithmus für dieses Verfahren.

Beispiel 5-4

Als Beispiel erörtern wir folgende Tabelle 5-8 mit fünf Standorten für das Lager ("von") und für Abnehmer ("nach"). Dort sind die variablen und fixen Kosten der Lagerstandorte in GE dargestellt:

Tabelle 5-8:   *Kostenstruktur des Standortbeispiels*

	Variable Kosten c_{ki}					Summe der var. Kosten	Fixe Kosten F_k	Gesamt-kosten
von/nach	1	2	3	4	5			
1	0	50	110	40	30	230	20	250
2	70	0	40	90	70	270	70	340
3	10	80	0	10	50	150	110	260
4	90	80	110	0	20	290	90	380
5	60	130	10	30	0	230	50	280

Wir wählen den Standort 1 mit minimalen totalen Kosten von 250 GE. Es ergibt sich im ersten Ansatz eine Versorgung der 5 Abnehmerstandorte durch das Zentrallager 1 (Abbildung 5-5).

Abbildung 5-5:   Die Wahl des ersten kostenminimalen Standorts

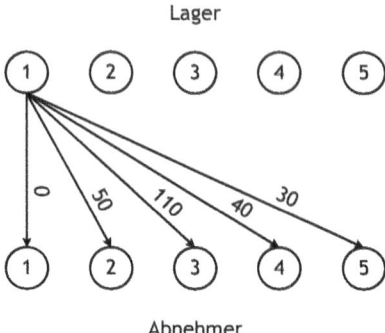

In der Abbildung tragen die Versorgungspfeile die variablen Kosten der Versorgung durch Standort 1. Unter den restlichen Standorten besitzt Standort 5 die größte Einsparung von 90 GE, wenn Abnehmer 3, 4 und 5 von Lager 5 aus versorgt werden. Die Einsparung von 90 GE kommt zustande durch eine Einsparung von 140 GE an variablen Kosten und durch den Ansatz von 50 GE Fixkosten für den Betrieb von Lager 5. Die Tabelle 5-9 zeigt die Einsparungen bei der alternativen Versorgung durch andere Standorte. Die Versorgung von Abnehmern 3, 4 und 5 durch Lager 5 zeigt die Abbildung 5-6. Man erkennt, dass die ursprüngliche Verbindung von 1 nach 3 mit den hohen variablen Kosten von 110 GE in dieser neuen Struktur zugunsten von Lager 5 aufgegeben wurde. Der Versuch einer weiteren Verfeinerung scheitert. Für die folgende Analyse wird Lager 4 ausgeschlossen, da dieser Standort in Tabelle 5-9 negative Einsparungen aufweist. Zusätzliche Einsparungen an variablen Kosten durch Aufnahme von den Standorten 2 oder 3 sind nicht mehr möglich. Damit ist der Add-Algorithmus beendet.

Tabelle 5-9:   Einsparung an Kosten bei alternativer Versorgung

Lager/Abnehmer	Einsparung von var. Kosten gegenüber Standort 1					Summe	Zusätzliche Fixkosten	Einsparung insgesamt
	1	2	3	4	5			
2	0	-50	-70	0	0	-120	70	-50
3	0	0	-110	-30	0	-140	110	-30
4	0	0	-10	-40	-10	-60	90	30
5	0	0	-100	-10	-30	-140	50	-90

Abbildung 5-6:   *Aufnahme eines zweiten Standorts*

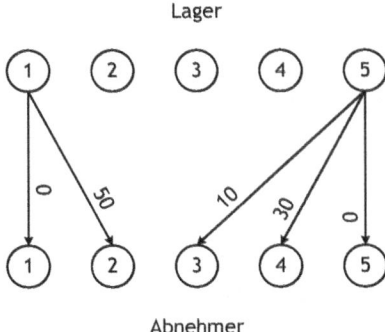

In ihrem Artikel zur Standortwahl geben Kuehn und Hamburger folgende Daten für ein Distributionssystem in den USA an. Dabei werden 6 verschiedene Standorte mit jeweils gleichen Fixkosten behandelt. Wir stellen den Fall für 17.500 $ an (historischen) Fixkosten pro Lagerhaus dar. Die zentrale Lösung ist in Indianapolis angesiedelt mit Kosten von 1.248.688 $. Mit Aufnahme jedes zusätzlichen Lagerhauses in bestimmten Städten sinken die gesamten Kosten des Distributionssystems wie folgt:

Tabelle 5-10:   *Gesamtkosten des Distributionssystems*

Städte	Gesamtkosten in $
Philadelphia	1.085.120
Los Angeles	930.514
Seattle	906.429
San Francisco	901.967
Houston	900.645
Chicago	899.853

5.3.1.2   Heuristiken zur Lösung des p-Median-Problems

Nach dem einführenden Beispiel der Heuristik von Kuehn und Hamburger sollen an dieser Stelle die Heuristiken für das p-Median-Problem systematisch behandelt werden. Für eine kleine Knotenzahl bis zu *n* = 100 kann das p-Median-Problem für *p*=2 oder *p*=3 durch Inspektion oder durch explizite Berechnung über alle zwei- bzw. drei-elementigen Teilmengen der Knotenmenge $V = \{1,2,...,n\}$ bestimmt werden. Für große Knotenzahlen *n* und für *p* > 3 kann das p-Median-Problem nur mit Branch-and-Bound-

Verfahren oder mit heuristischen Verfahren gelöst werden. Als Heuristiken haben sich in der Standorttheorie die **Add-Ansätze,** die **Drop-Ansätze** und die Austausch-Heuristik etabliert. Diese sollen im Folgenden am Beispiel des p-Median-Problems erläutert werden.

Verfahren 5-3:   *Add-Heuristik für das p-Median-Problem*

Initialisierung

1   Lege p fest, $1 < p < n$. Setze Zähler k=1 (zählt die vergebenen Lagerstandorte).

2   Bestimme den Standort i_1, der die Summe von Fixkosten und variablen Kosten zu allen Outlets minimiert und ordne alle Outlets dem Standort i_1 zu.

3   **Verarbeitung**

4   WHILE $k < p$ DO

5   Berechne die Summe die Summe von Fixkosten und variablen Kosten über alle k Lagerstandorte.

6   FOR jeden Knoten i, der nicht Lagerstandort ist DO

7   Richte einen $(k+1)$-ten Lagerstandort im Knoten i ein.

8   Ordne alle Outlets den Lagerstandorten nach dem Kriterium der niedrigsten variablen Kosten zu und bestimme die Summe von Fixkosten und variablen Kosten über alle $k+1$ Lagerstandorte.

9   Bestimme die Abnahme der Kosten gegenüber Schritt 4.

10   ENDFOR

11   Streiche den $(k+1)$-ten Lagerstandort im Knoten i und ordne alle Outlets den

12   Lagerstandorten nach dem Kriterium der niedrigsten variablen Kosten zu.

Wähle den Knoten i_k aus, der in 7 die höchste Abnahme der Summe von Fixkosten und variablen Kosten gegenüber der Lösung mit k Standorten auf-

13   weist.

Richte in diesem Knoten einen Lagerstandort ein und ordne alle Outlets den

14   jeweils nächsten Lagerstandorten zu.

15   Setze k=k+1.

ENDWHILE

16   **Terminierung**

17   IF in 7 keine Abnahme der Kosten mehr erreicht werden kann THEN

18   Breche ab.

19   ENDIF

Die **Add-Heuristik** geht zunächst von einem Zentrallagerstandort aus und fügt dann schrittweise Standorte hinzu („Add"), bis p Standorte erreicht sind, oder bricht ab, bevor p Standorte erricht sind, wenn keine Abnahme der Gesamtkosten (=Summe von Fixkosten und variablen Kosten) durch Einrichten eines neuen Standorts erreicht werden kann. Bei der Einrichtung eines zusätzlichen Lagerstandorts verringert sich die mittlere Entfernung zu den Outlets. Daher nehmen die variablen Kosten (die gesamte Transportleistung) mit jedem Schritt ab. Dieser Abnahme der variablen Kosten steht aber ein Aufbau von Fixkosten gegenüber, die bei Einrichtung eines neuen Standorts anfallen. Das Kriterium für die Einrichtung eines zusätzlichen Lagerstandorts in einem Knoten ist die **größte Abnahme** der Summe von Fixkosten und variablen Kosten unter allen zur Auswahl stehenden Knoten. Wenn keine Fixkosten vorliegen, d. h. $F_i = 0$, $i=1,...,n$, dann nehmen die Gesamtkosten bei der Einrichtung eines neuen Standorts jedes Mal ab. Wir geben in Verfahren 5-3 den Pseudocode für das klassische ADD-Verfahren an.

Die klassische Add-Heuristik startet mit dem Knoten i_1 als erstem Standort, der die Gesamtkosten der Versorgung aller Outlets minimiert. Dieser Ansatz erweist sich dann als reichlich schematisch, sobald mehrere Standorte für $p > 1$ gesucht werden und die Nachfrage in der Fläche nicht gleichverteilt ist. Vielmehr sollte man dann die Add-Heuristik mit jedem Knoten starten und dann die beste Lösung auswählen. Diesen Ansatz kann man auch dahingehend erweitern, mit 2 oder 3 geschachtelten FOR-TO-DO-Schleifen die ersten beiden Knoten $i,k = 1,...,n$ oder die ersten drei Knoten $i,k,m = 1,...,n$ systematisch als Startset vorzugeben und dann mit dem Add-Ansatz fortzufahren, bis p Standorte erreicht sind. Dieses Vorgehen steigert die Komplexität des Verfahrens. Besitzt das klassische Add-Verfahren eine Komplexität von $O(n^2)$, da für n Knoten jeweils die größte Abnahme der Kosten über alle freien Standorte gesucht werden muss, so steigt die Komplexität auf $O(n^3)$ bei Vorgabe aller Startknoten und bei Vorgabe von 2 oder 3 Startknoten auf $O(n^4)$ bzw. $O(n^5)$. Für praktische Anwendungen ist diese hohe Komplexität jedoch wenig hinderlich, wenn die Zahl n der zu untersuchenden Standorte weniger als 50 beträgt – was in der Praxis zumeist der Fall ist.

Beispiel 5-5

Wir geben folgendes Beispiel für $n = 10$ Knoten, die in der Tabelle 5-11 dargestellt sind:

Tabelle 5-11:   Beispiel zur Add-Heuristik

Knoten	1	2	3	4	5	6	7	8	9	10
x	81	77	60	67	90	2	79	5	69	70
y	96	99	81	100	100	37	27	90	38	35
Fixkosten	1.115	1.497	1.922	1.769	1.732	1.319	1.855	1.924	1.422	1.629
Nachfrage	29	12	56	74	80	16	92	53	77	55

Hieraus bestimmen sich die folgenden gewichteten Distanzen $d_{ki} \cdot D_i$, $k,i = 1,...,10$ (ganzzahlig gerundet):

Tabelle 5-12:   *Variable Kosten*

von / nach	1	2	3	4	5	6	7	8	9	10
1	0	60	1.445	1.077	788	1.578	6.351	4.041	4.561	3.409
2	145	0	1.386	744	1.043	1.557	6.627	3.846	4.737	3.541
3	748	297	0	1.498	2.841	1.165	5.267	2.954	3.383	2.589
4	422	121	1.134	0	1.840	1.448	6.806	3.328	4.776	3.579
5	286	156	1.989	1.702	0	1.732	6.792	4.536	5.040	3.740
6	2.859	1.168	4.077	6.699	8.658	0	7.143	2.813	5.160	3.742
7	2.002	864	3.206	5.474	5.906	1.242	0	5.151	1.145	662
8	2.211	871	3.121	4.647	6.847	849	8.941	0	6.350	4.683
9	1.718	738	2.460	4.590	5.237	1.072	1.368	4.370	0	174
10	1.798	773	2.636	4.815	5.441	1.088	1.108	4.513	243	0

Die Lösung mit dem klassischen Add-Verfahren ergibt für $p = 6$ ein Kostenminimum bereits nach 4 Schritten, so dass nur 4 Standorte eingerichtet werden:

Tabelle 5-13:   *Add-Heuristik*

Knoten-Nr. wird versorgt von Standort	1	2	3	4	5	6	7	8	9	10	Gesamt-kosten	Abnahme (%)
Schritt 1 Aufnahme Standort 3	3	3	3	3	3	3	3	3	3	3	22.664	–
Schritt 2 Aufnahme Standort 9	3	3	3	3	3	9	9	3	9	9	14.296	36,9
Schritt 3 Aufnahme Standort 1	1	1	3	1	1	9	9	3	9	9	11.952	16,4
Schritt 4 Aufnahme Standort 8	1	1	3	1	1	8	9	8	9	9	10.699	10,5

Die Gesamtkosten von 22.664 GE in Schritt 1 bei Einrichtung des Standortes 3 stellen das Kostenminimum über alle Startknoten dar und ergeben sich durch die Fixkosten von 1.922 GE für Standort 3 sowie die variablen Kosten der Versorgung aller Nachfrager von Standort 3 aus von 20.742 GE, was der Zeilensumme von Zeile 2 Tabelle 5-12 entspricht. Im 2. Schritt wird Standort 9 eingerichtet, von dem aus die Nachfrager 6, 7, 9 und 10 aus versorgt werden. Die Gesamtkosten sinken um 36,9% auf 14.296 GE.

In Schritt 3 wird der Standort 1 aufgenommen, von dem aus die Nachfrager 1, 2, 4 und 5 versorgt werden. Die Gesamtkosten sinken um 16,4% auf 11.952 GE. Im letzten Schritt wird der Standort 8 aufgenommen, von dem aus die Nachfrager 6 und 8 versorgt werden. Die Gesamtkosten sinken um 10,5% auf 10.699 GE. Die Aufnahme eines weiteren Standorts ließe die Gesamtkosten wieder ansteigen, so dass das Verfahren beendet wird.

Wendet man das Add-Verfahren über alle Startknoten an, so ergibt sich die folgende, in Tabelle 5-14 dokumentierte Lösung:

Tabelle 5-14:   Add-Heuristik über alle Startknoten

Knoten-Nr. wird versorgt von Standort	1	2	3	4	5	6	7	8	9	10	Gesamt-kosten	Abnahme (%)
Schritt 1 Aufnahme Standort 1	1	1	1	1	1	1	1	1	1	1	24.425	–
Schritt 2 Aufnahme Standort 9	1	1	1	1	1	9	9	1	9	9	12.562	48,6
Schritt 3 Aufnahme Standort 8	1	1	1	1	1	8	9	8	9	9	10.222	18,6

Bemerkenswert dabei ist, dass hier zunächst von einer Startlösung mit Standort 1 ausgegangen wird, die mit 24.425 GE höhere Kosten aufweist als das klassische Add-Verfahren, dann aber niedrigere Gesamtkosten von 10.222 GE erreicht werden, und dies bei Eröffnung von nur 3 Standorten, während das klassische Add-Verfahren 4 Standorte ausweist.

Die in Verfahren 5-4 gezeigte **Drop-Heuristik** verfährt umgekehrt wie die Add-Heuristik. Sie geht zunächst davon aus, dass in jedem der n Knoten ein Lagerstandort eingerichtet ist und baut dann schrittweise Standorte ab, bis p Standorte erreicht sind. Die Bewegung der gesamten Transportleistung ist gerade umgekehrt zur Add-Heuristik: Bei der Streichung eines Lagerstandorts vergrößert sich die mittlere Entfernung zu den Outlets. Daher steigt die gesamte Transportleistung mit jedem Schritt. Andererseits sinken die Fixkosten, da ein Standort aufgegeben wird. Das Kriterium für die Streichung eines Lagerstandorts ist die **höchste Abnahme** der Summe von variablen Kosten und Fixkosten.

Wendet man die Drop-Heuristik auf die Daten des obigen Beispiels von Tabelle 5-11 für p=1 an, so ergeben sich die in der Tabelle 5-15 dokumentierten Schritte, bis nur noch ein Standort 9 offen ist.

Verfahren 5-4:   Drop-Heuristik für das p-Median-Problem

Initialisierung

1   Lege p fest, $1 \leq p < n$.

2   Richte in jedem Knoten einen Lagerstandort ein.

3   Setze Zähler $k=n$ (zählt die vergebenen Lagerstandorte).

Verarbeitung

4   WHILE $k > p$ DO

5   Berechne die Summe von Fixkosten und variablen Kosten über alle k Lagerstandorte.

6   FOR jeden Knoten i, der Lagerstandort ist DO

7   Streiche den k-ten Lagerstandort im Knoten i.

8   Ordne alle Outlets den Lagerstandorten nach dem Kriterium der niedrigsten variablen Kosten zu und bestimme die Summe von Fixkosten und variablen Kosten über alle verbleibenden k-1 Lagerstandorte.

9   Richte den k-ten Lagerstandort im Knoten i wieder ein und ordne alle Outlets den Lagerstandorten nach dem Kriterium der niedrigsten variablen Kosten zu.

10   ENDFOR

11   Wähle den Knoten i_k aus, der in (8) die höchste Abnahme an Kosten gegenüber der Lösung mit k Standorten aufweist. Streiche in diesem Knoten den Lagerstandort und ordne alle Outlets den Lagerstandorten nach dem Kriterium der niedrigsten variablen Kosten zu. Setze $k=k$-1.

12 ENDWHILE

Terminierung

13 Wenn kein Knoten i_k in (8) eine Abnahme an Kosten gegenüber der Lösung mit k Standorten aufweist, dann breche ab.

14 Die Lösung mit k Standorten ist kosten-minimal.

Die Tabelle zeigt die Zuordnung der einzelnen Knoten zu Lagerstandorten in jedem Schritt auf und weist die aufgegebenen Standorte und die resultierenden Gesamtkosten in jedem Schritt aus.

Man erkennt das Kostenminimum von 10.222 GE in Schritt 7. Wir erhalten dort die gleiche Lösung wie mit dem Add-Verfahren über alle Startknoten. Während die Heuristiken Add und Drop Lösungen erzeugen, so steht die in Verfahren 5-5 gezeigte Swap-Median Heuristik zur Verfügung, um bestehende Lösungen zu verbessern. Dieses geschieht durch ein systematisches Ersetzen eines Lagerstandortes durch einen Nicht-Lagerstandort und eine Kontrolle darüber, ob damit die Gesamtkosten sinken.

Verfahren 5-5:   *Swap-Median*

Initialisierung

1   Gegeben ist eine Instanz eines p-Median-Problems mit n Knoten, einer Lösung von p Standorten in einem Array S und Gesamtkosten der Lösung G.

2   Eine boole'sche Variable „geändert" kontrolliert, ob eine Senkung der Gesamtkosten eingetreten ist. In einem Array Z werden temporäre Standortkonfigurationen gespeichert.

Verarbeitung

3   REPEAT
4   Geändert := False
5   FOR I:=1 To p DO
6   Z:=S
7   Streiche in Z den Standort i
8   Knoten i wird Nicht-Standort
9   FOR k:=1 To n DO
10   IF k ist nicht Standort THEN
11   Mache k zum Standort und nehme k in Z auf
12   Ordne alle Nichtstandorte den Standorten Z nach dem Kriterium der niedrigsten variablen Kosten zu
13   Berechne die Gesamtkosten G' der Konfiguration Z
14   IF $G' < G$ THEN
15   G:=G'
16   S:=Z
17   Geändert = True
18   Verlasse die FOR-Schleifen k und i
19   ENDIF
20   Streiche in Z den Standort k
21   Knoten k wird Nicht-Standort
22   ENDIF
23   ENDFOR
24   ENDFOR
25 UNTIL Not geändert.

Ist dieses der Fall, wird die neue Konfiguration als die bessere Lösung beibehalten. Der Austauschprozess wird mit der besseren Lösung solange neu gestartet, bis keine Verbesserung mehr eintritt. Die Heuristik Swap-Median ist analog zur Heuristik Swap-Center aufgebaut, vgl. Verfahren 5-1. Die Daten der bestehenden Lösung werden in einem Array S gehalten, das anzeigt, an welchen Standort k ein Outlet i angeschlossen ist, i=1...n. In dieser Heuristik wird jede Verbesserung sofort fortgeschrieben.

Tabelle 5-15:   *Drop-Heuristik*

Knoten Schritte	1	2	3	4	5	6	7	8	9	10	Aufgegebener Standort	Gesamt-kosten
0	1	2	3	4	5	6	7	8	9	10		16.184
1	1	2	3	4	5	6	7	8	9	9	10	14.729
2	1	1	3	4	5	6	7	8	9	9	2	13.292
3	1	1	3	4	1	6	7	8	9	9	5	12.348
4	1	1	4	4	1	6	7	8	9	9	3	11.560
5	1	1	4	4	1	6	9	8	9	9	7	11.073
6	1	1	4	4	1	8	9	8	9	9	6	10.603
7	1	1	1	1	1	8	9	8	9	9	4	10.222
8	1	1	1	1	1	9	9	1	9	9	8	12.562
9	9	9	9	9	9	9	9	9	9	9	1	23.149

5.3.1.3   Ein Branch-and-Bound-Verfahren für das p-Median-Problem

An dieser Stelle soll ein Branch-and-Bound-Verfahren für das p-Median-Problem und das unkapazitierte Warehouse-Location Problem vorgestellt werden, mit dem die optimale Lösung nach wenigen Verzweigungen des Verzweigungsbaums bzw. zumeist sogar an dessen Wurzelknoten aufgefunden werden kann, siehe Abschnitt 9.4.1 sowie insbesondere Abbildung 9-18.

Diese angenehme Eigenschaft des Branch-and-Bound-Verfahrens wird allerdings erkauft mit einer ungünstigen Verzweigungs-Regel, die pro Verzweigungsknoten einen Standort sperren und einen Nicht-Standort als Standort aufnehmen muss und so eine Vielzahl von Nachkommen im Baum erzeugt. Solange mehr als ein Standort bestimmt ist, ist zusätzlich als Verzweigung ein weiterer Knoten vorzusehen, indem zwar ein Standort gesperrt ist, aber kein neuer Standort aufgenommen wird. Gesperrt wird ein Standort k, indem in der Matrix der variablen Kosten zu den Elementen in der Zeile k ein hoher Strafwert addiert wird. Dadurch werden die Verbindungskosten zum Standort k so hoch, dass er nicht mehr in Betracht kommt. Da das Optimum nahe dem Wurzelknoten aufgefunden werden kann, soll das Branch-and-Bound-Verfahren mit der Selektions-Regel der Breitensuche erfolgen.

Während eine Startlösung und die oberen Schranken mit den oben vorgestellten Heuristiken bestimmt werden können, soll hier gezeigt werden, wie mit der Technik der **Lagrange-Relaxation** die untere Schranke ermittelt werden kann. In der gemischt-ganzzahligen Programming Formulierung des p-Median-Problems wird die Funktion

$$(x,y) \rightarrow \sum_{k,i} c_{ki} x_{ki} + \sum_{k} F_k y_k$$

minimiert:

$$GK(p) \quad \min_{x,y} \sum_{k,i} c_{ki} x_{ki} + \sum_k F_k y_k$$

unter den Bedingungen

(1) $\quad \sum_{k=1}^{n} y_k \leq p$

(2) $\quad \sum_{k=1}^{n} x_{ki} = 1, \ i = 1,...,n$

(3) $\quad y_k \geq x_k, \ k = 1,...,n$

(4) $\quad y_k \in \{0,1\}, \ k = 1,...,n$

(5A) $\quad x_{ki} \geq 0, \ k,i = 1,...,n$

Bei der der Lagrange-Relaxation wird die Zuordnungsbedingung (2) aus den Nebenbedingungen entfernt und stattdessen mit reellwertigen Gewichten u_i versehen und in die Zielfunktion aufgenommen. Die Gewichte werden auch als Lagrange-Multiplier bezeichnet und besitzen einen besonderen betriebswirtschaftlichen Inhalt. Das Optimierungsproblem GK(p) verwandelt sich dann in die **Lagrange-Relaxation**:

$$GK\text{-}LA(p) \quad \min_{x,y} \sum_{k,i} c_{ki} x_{ki} + \sum_k F_k y_k + \sum_i u_i (1 - \sum_k x_{ki})$$

unter den Bedingungen

(1) $\quad \sum_{k=1}^{n} y_k \leq p$

(3) $\quad y_k \geq x_k, \ k = 1,...,n$

(4) $\quad y_k \in \{0,1\}, \ k,=,1,...,n$

(5A) $\quad x_{k,i} \geq 0, \ k,i,=,1,...,n$

Die Funktion

$$(u,x,y) \rightarrow \sum_{k,j} c_{ki} x_{ki} + \sum_k F_k y_k + \sum_i u_i (1 - \sum_k x_{ki})$$

bezeichnet man auch als Lagrange-Funktion L(u,x,y). Ein Vergleich mit GK(p) zeigt, dass jede zulässige Lösung (x,y) von GK(p) mit dem Zielfunktionswert z auch eine zulässige Lösung von GK-LA(p) ist mit dem Zielfunktionswert L(u,x,y) = z, da der Term

$$\sum_i u_i (1 - \sum_k x_{ki})$$

in der Zielfunktion $L(u,x,y)$ wegen der Nebenbedingung (2) verschwindet. Diese Eigenschaft ist unabhängig von der konkreten Wahl der Multiplier $u = (u_1,...,u_n)$. Da bei der Lagrange-Relaxation die Nebenbedingungen (2) für die Variablen x entfallen, erstreckt sich die Minimierung

$$\min_{x,y} L(u,x,y)$$

über einen größeren Wertebereich als bei der Zielfunktion von GK(p). Damit ist für eine konkrete Wahl der Multiplier u

$$\min_{x,y} L(u,x,y) \leq z^*,$$

wenn man mit z^* den Wert der optimalen Lösung von GK(p) bezeichnet. Dies bedeutet, dass

$$\min_{x,y} L(u,x,y)$$

eine untere Schranke für GK(p) darstellt. Wenn man mit $L(u)$ den Wert

$$\min_{x,y} L(u,x,y)$$

bezeichnet, dann ist also $L(u) \leq z^*$, und Werte der Multiplier u sind zu suchen, welche die untere Schranke $L(u)$ möglichst groß machen, um im Branch-and-Bound-Verfahren viele Zweige möglichst früh abschneiden zu können. Das Problem

$$\max_{u} L(u)$$

wird auch als **Lagrange Dual** bezeichnet. Wir setzen

$$L^* = \max_{u} L(u).$$

Im Folgenden wird ein einfaches heuristisches Lösungsverfahren für GK-LA(p) vorgestellt und damit verbunden ein Subgradienten-Verfahren, welches $L(u)$ maximiert. Zunächst wird die Zielfunktion

$$\min_{x,y} L(u,x,y)$$

von GK-LA(p) in zwei Schritten drastisch vereinfacht. Dies geschieht durch Umstellung der Terme wie folgt:

GK-LA2(p) $\qquad \min_{x,y} \sum_i u_i + \sum_k \left[F_k y_k + \sum_i (c_{ki} - u_i) x_{ki} \right]$

Zur weiteren Diskussion wird der Term in der eckigen Klammer betrachtet. Den Multiplier u_i interpretieren wir hier als die laufenden Kosten der Versorgung von Outlet i.

Wir betrachten wie im einleitenden Beispiel 5-4 zu Kuehn und Hamburger die Änderung Δ der Kosten am Outlet i, die eintritt, wenn Standort k aufgenommen würde:

$$\Delta(k,u) = F_k + \sum_i (c_{ki} - u_i) x_{ki}$$

Verbindungen $x_{ki} = 1$ von Outlet i zum Standort k werden aber nur für $c_{ki} < u_i$ eingerichtet, um die Zielfunktion von GK-LA2(p) minimieren zu können. Daher kann man $\Delta(k,u)$ auch unabhängig von x_{ki} schreiben als

$$\Delta(k,u) = F_k + \sum_i \min(0, c_{ki} - u_i) \ .$$

Die Zielfunktion von GK-LA2(p) formt sich dann um in die Zielfunktion

$$y \rightarrow L_3(u,y) = \sum_i u_i + \sum_k \Delta(k,u) y_k$$

und das Optimierungsproblem GK-LA2(p) in das Problem

GK-LA3(p) $\qquad \min_y L_3(u,y)$.

Die Funktion

$$(u,y) \rightarrow \sum_i u_i + \sum_k \Delta(k,u) y_k$$

ist für ein gegebenes u mit folgender Zuordnungsheuristik einfach zu minimieren:

Verfahren 5-6: *Zuordnungsheuristik*

---

1   Alle y_k werden gleich eins gesetzt für $\Delta(k,u) < 0$. Für alle übrigen Variablen wird $y_k = 0$ gesetzt. Eine Zuordnung der Outlets i zu den Lagerhausstandorten k ist gegeben mit $x_{ki} = 1$, wenn $y_k = 1$ und $c_{ki} < u_i$, $x_{ki} = 0$ sonst, $k,i=1...n$.

Wegen dieser einfachen Lösungsmöglichkeit ist der Ansatz der Lagrange-Relaxation besonders ertragreich. Dieser Ansatz, nur negative Kostenänderungen Δ für die Lösung von GK-LA3(p) zuzulassen, rechtfertigt die oben vorgestellte Heuristik von Kuehn und Hamburger.

Zu beachten ist aber, dass eine Lösung (x,y) von GK-LA3(p) keine zulässige Lösung von GK(p) zu sein braucht, da ein Outlet i mehreren Lagerhausstandorten k oder gar keinem zugeordnet sein kann. Umgekehrt ist wegen $L(u) \leq z^*$ eine Lösung (x,y) von GK-LA3(p) eine **optimale Lösung** von GK(p), sobald die Lösung (x,y) eine zulässige Lösung von GK(p) ist. Denn sei z der Wert der Zielfunktion von GK(p) unter der Lösung (x,y). Dann ist

139

$$L(u) \leq L^* \leq z^* \leq z = \min_y L_3(u,y) = L(u), \text{ also } z = z^*.$$

Das Subgradienten-Verfahren startet mit einer Lösung (x_0, y_0), die mit einer Heuristik gewonnen wird und eine obere Schranke $\bar{z}$ ergibt. Der Wurzel-Knoten des Branch-and-Bound-Baums ist dann durch (x_0, y_0) gegeben. Eine untere Schranke $\underline{z}$ für diesen Knoten wird mit der Lagrange-Relaxation

$$\min_y L_3(u^0, y)$$

ermittelt. Dazu ist mit einer Vorschalt-Heuristik ein sinnvoller Wert für u^0 zu ermitteln.

Verfahren 5-7:   Vorschalt-Heuristik

---

1   Sei TVOR die Zahl der Durchläufe, $\bar{C}$ der Mittelwert der variablen Kosten c_{ki}, $k,i=1...n$.

2   Für die Kosten u der Versorgung der Outlets beginnt man mit einem Wert u^1, indem man aus der Tabelle der variablen Kosten jedem Outlet i die höchsten Kosten zuordnet: $u_i^1 = \max_k \{c_{ki}\}$

Für diese Multiplier u^1 sucht man den Standort k_1, der die Funktion $k \to \Delta(k, u^1) = F_k + \sum_i \min(0, c_{ki} - u_i^1)$ minimiert. Dies ist der Standort mit der kleinsten Summe von fixen und variablen Kosten. Die Multiplier u^1 werden wie folgt zu u^2 fortgeschrieben: $u_i^2 = \min(u_i^1, c_{ki})$ für $k = k_1$. Mit dieser Formel sucht man eine kostengünstigere Versorgung vom Standort k_1 aus.

3   In einer Wiederhohlungsschleife nimmt man solange neue Standorte k_2, k_3 usw. auf, wie die Funktionen $k \to \Delta(k, u^2)$, $k \to \Delta(k, u^3)$ usw. für Nicht-Standorte k noch negative Werte annehmen und sucht als neuen Standort den Ort mit der kleinsten Summe von fixen und variablen Kosten. Die Multiplier u werden für den neuen Standort k_2, k_3 usw. mit obiger Formel fortgeschrieben zu u^3, u^4 usw. Wenn das Verfahren mit u^t abbricht, setzt man $u^* = u^t$.

4   Indem man TVOR Versuche macht und zu u_i^* eine Zufallszahl aus dem Bereich $[0,...,1/4\bar{C}]$ addiert, $i=1...n$, werden durch Random Search Werte für u^* gesucht, die den Wert von $L(u^*)$ erhöhen. Der beste Wert von u^* wird gleich u^0 gesetzt.

Da diese Schranke zumeist nicht besonders gut ist und bloß im Bereich von 40% bis 60% von $\bar{z}$ liegt, wird mit Hilfe des jetzt beschriebenen Subgradientenverfahrens die Funktion $u \to L(u)$ maximiert.

Das Subgradientenverfahren für

$$\max_u \mathrm{L}(u)$$

startet mit einem Wert u^0, der mit **Vorschalt-Heuristik** (Verfahren 5-7) gewonnen wird.

Ein Vergleich von L(u*) mit $\bar{z}$ zeigt, dass die Schranke L(u*) im Bereich von 40% bis 60% von $\bar{z}$ liegt und damit relativ schlecht ist. Daher empfiehlt sich, die Schranke L(u*) durch eine Zufallssuche (random-search) zu erhöhen. Mit diesem Ansatz kann man L(u^0) in Einzelfällen auf über 90% von $\bar{z}$ erhöhen.

Das Subgradientenverfahren für $\max_u L(u)$ sieht wie folgt aus. Das Verfahren erzeugt eine Folge von Multipliern $u^0, u^1, u^2, \ldots$ Der Multiplier u^k wird aus dem Multiplier u^{k-1} und L(u^{k-1}) wie folgt berechnet: Zu gegebenen Multipliern u^{k-1} wird mit der Zuordnungsheuristik eine Lösung (x,y) bestimmt. Für Outlets i, die in dieser Lösung keinem Standort k zugeordnet sind, werden die Multiplier erhöht. Und für Outlets i, die in dieser Lösung mehreren Standorten zugeordnet sind, werden die Multiplier reduziert. Diese Abweichungen geben die „Richtung" an, in welcher das Maximum von L gesucht wird. Zwar ist die Funktion $u \to L(u)$ nicht differenzierbar. Man geht aber in Analogie zu differenzierbaren Funktionen f($x_1, \ldots, x_n$) vor, bei denen der Anstieg auf den Hügel durch die Gradienten ∇f gegeben wird: Ein Vektor r ist eine Richtungsableitung von f, wenn das Skalarprodukt $\nabla f_r > 0$ ist. Analog dazu ist ein Vektor s **Subgradient** der Funktion L, wenn $s(u^1 - u^2) \geq L(u^1) - L(u^2)$ für eng benachbarte Gewichte u^1 und u^2 aus einer ε-Umgebung gilt. Werden als Vektor s die Abweichungen der Anschlusszahlen der Outlets an Lagerhäuser vom gewünschten Wert 1 gewählt, d. h. $s_i = \sum_k x_{ki} - 1$, dann folgt aus der Form der Funktion L(x,y,u) von GP-LA(p), dass $s(u^1 - u^2) = L(u^1) - L(u^2)$ ist, also s ein Subgradient. Für das Subgradienten-Verfahren bedeutet dies, dass schrittweise die Multiplier u_i vergrößert werden, die zu Outlets i gehören, die an kein Lagerhaus angeschlossen sind, und umgekehrt solche vermindert werden, die zu Outlets i gehören, die an mehrere Lagerhäuser angeschlossen sind.

Für den Wert von λ ist der Bereich von 0.99 bis 0.999 zu empfehlen. Für die anfängliche Schrittweite t^1 ist ein Wert zwischen 0.5 und 1.0 zu wählen. Für die Anzahl der Iterationen T sind Werte zwischen 100 und 1000 anzuwenden und für δ ein Wert zwischen $0.001\,\bar{C}$ und $0.005\,\bar{C}$. Die richtige Wahl der Parameter für den Einzelfall kann nur experimentell gefunden werden.

Verfahren 5-8:   p-Median Lagrange Dual

Initialisierung

1   Bestimme mit der Vorschalt-Heuristik einen Startwert für u^0

2   Sei t_1 die anfängliche Schrittweite, λ ein Verkleinerungsfaktor für die Schrittwei-
     te, T die Anzahl der Iterationen und δ eine Veränderungsgröße.

3   Setze $u^1 = u^0, d^1 = u^1$ *und* $k = 1$

Verarbeitung

4   WHILE $k \leq T$ DO

5   Berechne eine Lösung für $L(u^k)$ mit Standorten y_k und Zuordnungen x_{ki} mit
         der Zuordnungsheuristik.

6   Speichere die Lösung $L(u^k)$ mit dem höchsten Wert temporär.

7   Prüfe, ob die Zuordnungen x_{ki} eine zulässige Lösung für $GK(p)$ sind.

8   IF ja THEN breche ab. Eine optimale Lösung für $GK(p)$ ist gefunden.

9   IF die Zuordnungen x_{ki} nicht zulässig sind THEN

10   IF ein Outlet i mehrfach zugeordnet ist

11   definiere den Vektor d^k mit $d_i^k = u^k - \delta$

12   ENDIF

13   IF ein Outlet i nicht einem Standort zugeordnet wurde THEN

14   definiere den Vektor d^k mit $d_i^k = u^k + \delta$

15   ENDIF

16   ENDIF

17   FOR jeden Knoten i DO

18   IF k>1 $u_i^{k+1} = u_i^k + t^k(0{,}7d_i^k + 0{,}3d_i^{k-1})$

19   IF k=1: $u_i^2 = (1 + t^1)d_i^1$

20   ENDFOR

21   Setze $t^{k+1} = \lambda\, t^k$ und $k = k$+1.

22   ENDWHILE

Terminierung

23   Das Verfahren terminiert, wenn $k > T$ ist.

24   Das Gewicht der temporär gespeicherten Lösung ist die beste aufgefundene
     Schranke.

Für das Beispiel 5-5 oben des p-Median-Problems läuft das Branch-and-Bound-Verfahren wie folgt ab: Mit Hilfe des Add-Verfahrens über alle Startknoten ermitteln wir drei Standorte 1,8,9 mit den Gesamtkosten von $\bar{z}$ =10.222 GE (vgl. Tabelle 5-14 oben). Mit der Vorschalt-Heuristik kommen wir zu einem Wert u* mit L(u*) = 6.240 und einem Startwert u^0 mit $\underline{z} = L(u^0) = 7.306$ nach TVOR = 4.000 Versuchen.

Nach 143 Iterationen mit λ = 0.99, t^1 = 1 und δ = 0.005 $\bar{C}$ wird die optimale Lösung von 10.222 GE vom Subgradienten-Verfahren erreicht, damit die Standorte 1,8,9 als optimal bestätigt, und das Branch-and-Bound-Verfahren terminiert direkt beim Wurzelknoten des Entscheidungsbaums. Das folgende Diagramm zeigt den Verlauf der unteren Schranke L(u) über 300 Durchläufe der Iteration. Bemerkenswert sind die starken Schwankungen der unteren Schranke, die sich auch nach Erreichen des Optimums nach 143 Iterationen fortsetzen, aber in der Intensität abnehmen.

Abbildung 5-7:   *Schwankungen der unteren Schranke beim p-Median Lagrange Dual Verfahren*

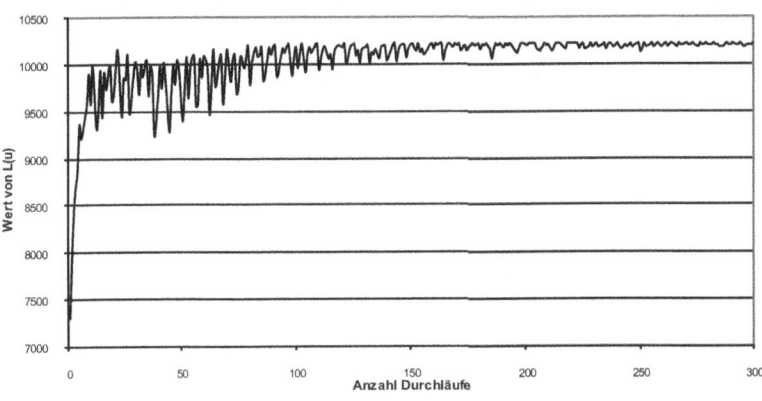

Einen anderen Ansatz zur Lösung des unkapazitierten Warehouse-Location Problems verfolgt Erlenkotter (1978). Er relaxiert GK(p) zu einem Linearen Optimierungsansatz, indem er stetige Variable zulässt, und bildet dazu das Dualproblem, das er mit der Dual Ascent Heuristik mit ähnlichen Argumenten löst, mit denen oben eine Lösung für GK-LA3(p) hergeleitet wurde. Mit der Dual Adjustment Heuristik kann er primal zulässige Lösungen für GK(p) bestimmen. Sein Branch-and-Bound-Ansatz ist sehr leistungsfähig, da er häufig direkt am Wurzelknoten terminiert. Wenn das Verfahren auf Hub-Location-Probleme angewendet wird, ist diese rasche Abarbeitung des Branch-and-Bound-Baumes nicht mehr gegeben.

5.3.2 Die Ansiedlung von Retail-Ketten

Das p-Median-Problem kann auch herangezogen werden, um die Ansiedlung von Retail-Ketten-Outlets unter Wettbewerbsbedingungen mit anderen Ketten zu modellieren. Hierzu wird zunächst das p-Median-Problem wie folgt im Kontext von Retail-Ketten neu interpretiert und dazu die Erweiterungen des p-Median-Modells nach Ghosh u. a. (1995) referiert. Im Unterschied zu den vorhergehenden Ausführungen werden die Knoten der Kunden und der Outlets getrennt.

Die Knotenmenge V zerfalle disjunkt in Kundenstandorte I und potentielle Standorte für neue Outlets K. Jedem Kunden i wird eine Nachfragegröße D_i zugeordnet. Sie beziehe sich nur auf die Nachfrage der Kunden in den Standorten I. Das p-Median-Problem zielt hier auf den Aspekt der möglichst geringen Distanz der Kunden zum nächsten Outlet. Dabei besteht das Ziel, die Erreichbarkeit der Outlets für die Kunden zu maximieren; die Entfernung zum nächsten Outlet wird in der Zielfunktion mit der Höhe der Nachfrage gewichtet.

Gefragt wird: Wo sind p Outlets einzurichten, um mit einer vorgegebenen Zahl p von Outlets die Erreichbarkeit der Outlets für die Kunden zu maximieren? Als einfache Allokationsregel wird angewendet, die Nachfrage der Kunden zu dem nächst gelegenen Outlet zu lenken. Wegen dieser vereinfachten Annahme kann das p-Median-Modell gut angewendet werden, ohne detaillierte Informationen über das Einkaufsverhalten der Konsumenten zu sammeln.

Die Zielfunktion des p-Median-Problems im Kontext von Retail-Ketten lautet:

$$\min \sum_{i \in I} \sum_{k \in K} x_{ki}\, D_i\, d_{ki}$$

In der Zielfunktion ist die Entfernung d_{ki} vom Kunden i zum Outlet k mit der Nachfrage D_i gewichtet. Daher werden in der Optimierung große Nachfragen vorrangig auf kurze Entfernungen gelegt. Die Binärvariablen x_{ki} operationalisieren die Zuordnung des Kunden i zum nächsten Outletstandort k und sind mit Hilfe der Location Variablen y_k wie folgt definiert:

$x_{ki} = 1$, wenn $d_{ki} = \min\{d_{ri} : r \in K$ mit $y_r = 1\}$ und $x_{ki} = 0$ sonst.

In der Zielfunktion werden mit den Variablen x_{ki} nur die Verbindungen zu Outlet-Standorten aufgenommen, die für die Kunden am nächsten sind. Ansonsten ist $x_{ki} = 0$. Die Zielfunktion wird unter den folgenden drei Nebenbedingungen minimiert. Hierzu werden Location-Variablen y_k eingeführt, die anzeigen, ob im potentiellen Outletstandort k ein Outlet eingerichtet wird ($y_k = 1$) oder nicht ($y_k = 0$). Eine vorgegebene Anzahl p von Outletstandorten wird festgelegt: $1 < p < n_k$, wenn n_k die Anzahl der potentiellen Outletstandorte von K darstellt.

(1) $\qquad \sum_{k \in K} y_k = p$

(2) $\qquad y_k \geq x_{ki}$, $i \in I$, $k \in K$

(3) $\qquad \sum_{k \in K} x_{ki} = 1$, $i \in I$

(1) erzwingt, dass nur p Standorte ausgesucht werden, durch (2) wird kein Konsument zu einem Standort zugeordnet wird (x_{ki} = 1), der kein Outlet (y_k = 0) besitzt und (3) erzwingt dass jeder Konsument i zu genau einem Outlet zugeordnet wird.

Eine Erweiterung des p-Median-Problems auf den Fall der Ansiedlung von Outlets in einem Markt, in dem zwei Retail-Ketten miteinander konkurrieren, wurde von Goodchild (1984) vorgenommen. Hier wird zunächst der Fall formuliert, dass eine Kette das bestehende Netz seiner Outlets um neue Standorte erweitern möchte, um die Erreichbarkeit für die Kunden zu verbessern. Dieses geschieht zunächst unter der Nichtbeachtung von Standorten einer im Wettbewerb stehenden zweiten Kette. Man nennt dieses Modell daher auch das Wettbewerb ignorierende Modell (WIM). Dieses Modell geht von der Annahme aus, dass die Konsumenten eng an eine besondere Retail-Kette gebunden sind und daher es vorziehen, zum nächst gelegenen Outlet dieser Kette zu gehen anstelle einen näher gelegenen Wettbewerber aufzusuchen. Das WIM basiert ferner auf der Annahme, dass die Konsumenten um so eher einen Outlet der Kette wählen, desto dichter das Netz der Outlets geknüpft ist. Daher repräsentiert das WIM eine aggressive Strategie der Marktdurchdringung.

Um das WIM zu formulieren, sei K die Menge der bestehenden Standorte der Retail-Kette, und Q die Menge der Standorte, an denen neue Outlets geplant werden können. Im Netzwerk zerfalle die Knotenmenge V disjunkt in die drei Teilmengen I, K, Q. Das p-Median-Problem wird wie folgt abgeändert: die Nebenbedingungen können übernommen werden, jedoch werden die Zielfunktion und die Definition der Allocation-Variablen x_{ki} folgendermaßen geändert:

$$\min \sum_{i \in I} \sum_{k \in K \cup Q} x_{ki} \, D_i \, d_{ki}$$

mit der Allokationsregel:

x_{ki} = 1, wenn d_{ki} = min$\{ d_{ri} : r \in K \cup Q$ mit $y_r = 1\}$ und x_{ki} = 0 sonst.

Der im WIM mangelnde Einbezug der Standorte von im Wettbewerb stehenden Outlets kann dann problematisch sein, wenn die im Wettbewerb stehenden Ketten sich nur wenig im Artikel-Angebot und in den Preisen unterscheiden. Dann wird die Bindung der Kunden an eine der Ketten gering sein, und er wird das nächste Outlet einer Kette aufsuchen, unabhängig davon, welcher Kette es angehört. Um in einem solchen Markt neue Standorte für eine Kette zu identifizieren, müssen Marktnischen in der räumlichen Struktur des Wettbewerbes identifiziert werden (Marktnischen-Modell).

Hier werden Standorte gesucht, die möglichst entfernt von den Standorten der Mitbewerber liegen. Um diese Standorte in der Modellformulierung zu berücksichtigen, sei C die Knotenmenge der Standorte der Mitbewerber, und die Knotenmengen I, K, Q werden wie oben definiert. Die Knotenmenge V zerfalle disjunkt in die Mengen I, K, Q, C. Die Definition der Allokationsregel x_{ki} für das Marktnischen-Modell ist dann gegenüber dem WIM wie folgt abzuändern:

$$x_{ki} = 1, \text{ wenn } d_{ki} = \min\{ d_{ri} : r \in K \cup Q \cup C \text{ mit } y_r = 1\} \text{ und } x_{ki} = 0 \text{ sonst.}$$

Für das Marktnischen-Modell bleiben die Zielfunktion und die Nebenbedingungen die gleichen wie bei dem WIM-Modell.

Weiterführende Literatur

Canós M.J.; Ivorra C.; Liern V.: The fuzzy p-median problem: A global analysis of the solutions, in: European Journal of Operational Research, Heft 2/2001, S. 430-436

Domschke, W.: Logistik: 3. Standorte, 4. Auflage, Oldenbourg, München Wien 1996

Drezner, Z. (Ed.): Facility Location: A Survey of Applications and Methods, Springer Verlag, Berlin, 1995

Francis, R. L.; McGinnis, L. F.; White, J. A.: Facility Layout and Location, Prentice Hall, Englewood Cliffs, NJ., 2. Auflage 1992

Galvão, R.D.; Gonzalo, A.E.L.; Boffey, B.: A comparison of Lagrangean and surrogate relaxations for the maximal covering location problem, in: European Journal of Operational Research, Heft 2/2000, S. 377-389

Goldberg, J.; Dietrich, R.; Chen, J.M.; Mitwasi, M.G.: Validating and applying a model for locating emergency medical vehicles in Tucson, AZ, in: European Journal of Operational Research, Heft 3/1990, S. 308-324

Schilling, D.A.; Rosing, K.E.; ReVelle, C.S.: Network distance characteristics that affect computational effort in p-median location problems, in: European Journal of Operational Research, Heft 3/2000, S. 525-536

Vaithyanathan, S.; Burke, L.I.; Magent, M.A.: Massively parallel analog tabu search using neural networks applied to simple plant location problems, in: European Journal of Operational Research, Heft 2/1996, S. 317-330

6 Transport- und Zuordnungsmodelle

Das in Kapitel 5.3 beschriebene Medianproblem minimiert die mit der Transportmenge gewichteten Distanzen zwischen dem Zentrallager und den gegebenen Kundenstandorten. Werden nun mehrere Lager berücksichtigt, so stellt sich ggf. die Frage nach der anteiligen Belieferung eines Kunden aus mehr als einem Lager. Mit dem Transportmodell werden Güterströme modelliert, die von verschiedenen Anbietern zu verschiedenen Nachfragern führen können. Die Standorte von Anbietern und Nachfragern werden in diesem Fall als gegeben angenommen.

Das Transportmodell lässt sich in einem bipartiten Netzwerk (vgl. Abschnitt 2.1.3) abbilden und in einer Tabelle, in der sich Anbieter und Nachfrager gegenüberstehen, anschaulich lösen. Das Modell arbeitet mit spezifischen Kostensätzen je transportierter Mengeneinheit. Das Ziel des Modells besteht darin, die Mengenströme zwischen Anbietern und Nachfragern so zu verteilen, dass die Gesamtkosten des Transportes minimal werden. Das Transportmodell erweist sich als ausgesprochen flexibel, da es auch verschiedene Lagerstufen aufnehmen kann. So kann die Situation modelliert werden, dass alle Anbieter zunächst an ein Zentrallager liefern und von diesem aus die Nachfrager beliefert werden. Ebenso ist der Fall von mehreren Zwischenlagern modellierbar.

Man erkennt, dass dieses Modell ein wichtiges Einsatzfeld in der Konfiguration von Supply Chains besitzt, wie sie etwa in dem Modul APO (Advanced Planner and Optimizer) von SAP SCM Software vorgenommen werden kann. Weiter tritt das Transportmodell häufig als ein Teilproblem einer komplexeren Problemstellung wie etwa dem Zuordnungsproblem auf. Im Warehouse Location Modell wird ausgehend vom Transportmodell zusätzlich über die Standorte von Lagern entschieden. Der Abschnitt 6.1 beschreibt zunächst das Transportmodell, Abschnitt 6.2 ist dem Zuordnungsproblem gewidmet, Abschnitt 6.3 setzt sich schließlich mit dem Warehouse Location Problem auseinander.

6.1 Das Transportmodell

Das Transportproblem wird in einem bipartiten Netzwerk modelliert mit Teilmengen der Knoten $S = \{1,2,...,n_S\}$, welche die Anbieter repräsentieren, und $T = \{n_S + 1, n_S + 2,...,n_S + n_T\}$ für die Darstellung der Nachfrager, vergl. Abbildung 6-1. Im Netzwerk bestehe für jedes Knotenpaar k,i mit $k \in S$, $i \in T$ die Kante (k,i). Die folgende

Abbildung gibt ein Beispiel für ein Transportnetzwerk mit drei Anbietern (*S*) und vier Nachfragern (*T*), in dem Kanten nur von *S* nach *T* verlaufen.

Abbildung 6-1:   Ein Transportnetzwerk

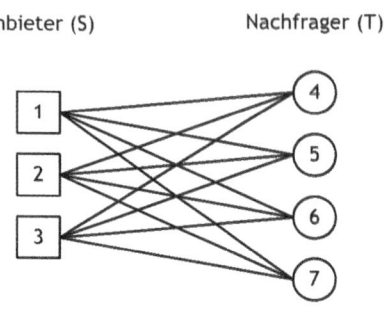

Mit x_{ki} wird die Menge bezeichnet, die von Anbieter *k* zum Nachfrager *i* transportiert wird. Pro Mengeneinheit fallen für diesen Transport Kosten von c_{ki} an. Bei den Anbietern bestehen Kapazitätsbeschränkungen für das Angebot. Maximal a_k Mengeneinheiten kann Anbieter *k* versenden, und Nachfrager *i* fragt die Menge b_i nach, $a_k > 0$, $b_i > 0$. Damit Nachfrage und Angebot ausgeglichen sind, wird $\sum a_k = \sum b_i$ gefordert. Im Falle des Ungleichgewichts $\sum a_k \neq \sum b_i$ kann durch Einfügen eines zusätzlichen, künstlichen Anbieters oder Nachfragers, der die Differenz aufnimmt und zu Kostensätzen 0 die Transporte abwickelt, das Gleichgewicht wieder hergestellt werden, ohne die Kosten der Lösung zu ändern. Wir nehmen $c_{ki} \geq 0$ für alle Kostensätze an. Das Transportproblem kann als folgendes Lineares Programm formuliert werden, bei dem die Zielfunktion die Summe der Transportkosten minimiert:

(TP) $\min \sum\limits_{k \in S, i \in T} c_{ki} x_{ki}$

Die Zielfunktion wird unter folgenden Restriktionen minimiert:

(1) $\sum\limits_{i \in T} x_{ki} = a_k, k \in S$

(2) $\sum\limits_{k \in S} x_{ki} = b_i, i \in T$

(3) $x_{ki} \geq 0, k \in S, i \in T$

Gefragt wird nach der Verteilung der Mengenströme x_{ki}, welche die Summe der Transportkosten minimieren. Als Lösungsverfahren hat sich eine zweistufige Vorgehensweise herausgebildet, bestehend aus der Bestimmung einer Startlösung und einem Verfahren zur Verbesserung der Lösung und der Bestimmung des Optimums.

6.1.1 Das einstufige Transportmodell

6.1.1.1 Verfahren zur Bestimmung einer Startlösung

Die Verfahren zur Bestimmung einer Startlösung werden hier im Kontext des Simplexalgorithmus diskutiert, da die Startlösung zugleich eine zulässige Basislösung darstellen soll. Die zulässige Basislösung lässt sich für das Transportmodell (und für Netzwerkflussprobleme allgemein) als Baum veranschaulichen. Infolge dieser Baumstruktur der Basis gestaltet sich der Simplexalgorithmus für das Transportmodell besonders einfach, da bloß Additionen und Subtraktionen vorgenommen werden müssen, aber Divisionen zur Tableau-Umformung entfallen. Man spricht auch vom Netzwerk-Simplexalgorithmus. Wir geben ein generisches Verfahren 6-1 zur Gewinnung einer zulässigen Basislösung an und spezialisieren es dann in zwei Varianten:

▨ der Methode der aufsteigenden Kosten,

▨ der Methode des größten Bedauerns (Vogel'sche Approximationsmethode).

Auf die Darstellung der in der Literatur zuweilen behandelten Methode der Nord-West-Ecken-Regel soll hier verzichtet werden, da diese Regel keine Kosteninformationen berücksichtigt.

Das Verfahren 6-1 (Zulässige Basislösung) geht von dem Vektor der Angebotsmengen $a = (a_k)$ und dem Vektor der Nachfragemengen $b = (b_i)$ aus und verteilt schrittweise die Transportmengen x_{ki} auf die Kanten im Netzwerk. Dabei werden noch freie Angebote und unbefriedigte Nachfragemengen fortgeschrieben. Wenn Angebote ausgeschöpft oder Nachfragen befriedigt sind, dann werden die Anbieter oder Nachfrager für die nachfolgenden Operationen als gesperrt markiert. Zu beachten ist, dass auch Variable x_{ki} mit $x_{ki} = 0$ in die Basis aufgenommen werden können. Da mit jedem Zuordnungsschritt ein Anbieter bzw. Nachfrager als saturiert gesperrt wird, bricht das Verfahren nach $n_S + n_T - 1$ Schritten ab. Die Basislösungen sind ganzzahlig, wenn die Angebots- und Nachfragemengen ganzzahlig sind.

Interpretation des Verfahrens 6-1: Die Basisvariable x_{ki} in Schritt 4 ist wegen $a_k > 0$ und $b_i > 0$ nicht negativ und kann den Wert 0 annehmen, wird aber weiterhin als Basisvariable behandelt. Das Verfahren ist beendet, wenn Fall 12 eintritt. In jedem Durchlauf 3 wird eine Basisvariable identifiziert, solange der Schritt nicht mit 18 endet. Daraus folgt, dass die Zahl der Basisvariablen $n_S + n_T - 1$ beträgt. Da der Anbieter k oder Nachfrager i, dem in Schritt 4 eine Basisvariable zugeordnet wird, in den Schritten 6 bis 14 gesperrt wird, kann in späteren Schritten diesem Anbieter k oder Nachfrager i

keine Basisvariable mehr zugeordnet werden. Damit ist in den Basisvariablen kein Zyklus möglich.

Verfahren 6-1:   *Zulässige Basislösung*

Initialisierung

1   Kein Anbieter oder Nachfrager ist gesperrt.

2   Alle $x_{ki} = 0$. Keine Variable ist in der Basis.

Verarbeitung und Terminierung

3   Wähle nach einem Kriterium einen nicht gesperrten Anbieter k und einen nicht gesperrten Nachfrager i.

4   Nehme x_{ki} in die Basis auf und setze $x_{ki} = \min(a_k, b_i)$.

5   Schreibe die freien Angebote und die unbefriedigte Nachfrage fort und unterscheide dabei 5 Fälle:

6   IF $a_k < b_i$ THEN

7   sperre Anbieter k, setze $a_k = 0$ und setze $b_i = b_i - a_k$.

8   GOTO 3

9   ENDIF

10   IF $a_k > b_i$, THEN

11   sperre Nachfrager i, setze $b_i = 0$ und setze $a_k = a_k - b_i$.

12   GOTO 3

13   ENDIF

14   IF $a_k = b_i$ und 2 oder mehr Anbieter sind nicht gesperrt, THEN

11   sperre Anbieter k, setze $a_k = 0$ und setze $b_i = 0$.

12   GOTO 3

13   ENDIF

14   IF $a_k = b_i$ und nur ein Anbieter ist nicht gesperrt, aber 2 oder mehr Nachfrager sind nicht gesperrt, THEN

15   sperre Nachfrager i, setze $b_i = 0$ und setze $a_k = 0$.

16   GOTO 3

17   ENDIF

18   IF $a_k = b_i$ und nur ein Anbieter ist nicht gesperrt und nur ein Nachfrager ist nicht gesperrt, THEN

19   Stop.

Die Zyklusfreiheit und die Zahl von $n_S + n_T - 1$ Kanten in dem von den Basisvariablen gebildeten Teilnetzwerk beschreiben nach den Ergebnissen von Kapitel 3 eine Baumstruktur der Basisvariablen, wie unten in Beispiel 6-1 im bipartiten Netzwerk gezeigt wird. Die Fallunterscheidung in Schritt 5 gewährleistet eine Baumstruktur der Basislösung.

Das Verfahren 6-1 kann weiter spezifiziert werden, indem in Schritt 3 das Auswahlkriterium genauer beschrieben wird. Naheliegend ist es, das Auswahlkriterium mit den Kostengrößen c_{ki} zu verbinden und Basisvariable x_{ki} auf Zellen (k,i) der Kostenmatrix mit den niedrigsten Kosten zu legen, was wir im folgenden mit zwei Kriterien anhand der Methode der aufsteigenden Kosten und der Methode des größten Bedauerns darstellen werden:

Verfahren 6-1a: *Methode der aufsteigenden Kosten*

Wende das Verfahren 6-1 an, wobei in Schritt 3 Anbieter k und Nachfrager i so ausgesucht werden, dass die Kosten c_{ki} minimal sind unter allen nicht gesperrten Anbietern und nicht gesperrten Nachfragern. Tritt das Kostenminimum mehrfach auf, wähle aus den in Frage kommenden Anbieter-/ Nachfragerkombinationen diejenige mit dem niedrigsten Indexwert k und dem niedrigsten Indexwert i aus.

Beispiel 6-1

Gegeben sind vier Anbieter und vier Nachfrager mit den Kostendaten der Tabelle 6-1.

Tabelle 6-1:   *Beispiel zum Transportmodell*

Anbieter/Nachfrager	[5] München	[6] Hannover	[7] Frankfurt	[8] Köln	Angebot
[1] Berlin	20	26	17	22	900
[2] Nürnberg	40	27	25	35	1.700
[3] Kassel	32	10	15	45	600
[4] Hamburg	70	29	37	30	1.100
Nachfrage	1.300	1.000	800	1.200	4.300

Die Methode der aufsteigenden Kosten ergibt die in der Tabelle 6-2 dargestellten Schritte zur Bestimmung einer Basislösung: Kritik an der von der Methode der aufsteigenden Kosten aufgefundenen Lösung: Im vorletzten Schritt 6 wird die größte Menge von 1.200 auf die teuerste Zelle mit 40 GE gelegt. Wir erkennen hier die Kurzsichtigkeit des Greedy-Verfahrens der Methode der aufsteigenden Kosten. Auch ist an dieser Lösung unbefriedigend, dass in Schritt 3 lediglich 100 Mengeneinheiten auf die Zelle mit den drittkleinsten Kosten von 20 gelegt werden. Die Abbildung 6-2 veranschaulicht die aufgefundene Basislösung als einen Baum.

Tabelle 6-2:   *Methode der aufsteigenden Kosten*

Schritt	c_{ki}	k nach i	Basis x_{ki}	sperren	Kosten $c_{ki} * x_{ki}$	Fortschreibung von a_k	b_i
1	10	3 nach 6	600	Zeile 3	6.000	0	400
2	17	1 nach 7	800	Spalte 7	13.600	100	0
3	20	1 nach 5	100	Zeile 1	2.000	0	1.200
4	27	2 nach 6	400	Spalte 6	10.800	1.300	0
5	30	4 nach 8	1.100	Zeile 4	33.000	0	100
6	35	2 nach 8	100	Spalte 8	3.500	1.200	0
7	40	2 nach 5	1.200	Stop	48.000	0	0
Summe			4.300		116.900		

Die an der Methode der aufsteigenden Kosten aufgewiesene Kurzsichtigkeit vermeidet die Methode des größten Bedauerns. Sie kombiniert das Kriterium des Kostenminimums mit dem Kriterium des größten Bedauerns. Als Bedauern eines Anbieters (Nachfragers) ist die Differenz zwischen dem zweitkleinsten Kostenwert Min2 in einer Zeile (Spalte) und dem kleinsten Kostenwert Min1 der Zeile (Spalte) in der Kostenmatrix C=(c_{ki}) für jeden nicht gesperrten Anbieter (Nachfrager) gemeint. Die Tabelle 6-3 zeigt die Berechnung des Bedauerns für die Wahl der ersten Basisvariablen für das Beispiel Beispiel 6-1 auf.

Abbildung 6-2:   *Baum der Basislösung mit den Mengenströmen*
    von Anbietern zu Nachfragern nach der Methode der aufsteigenden Kosten

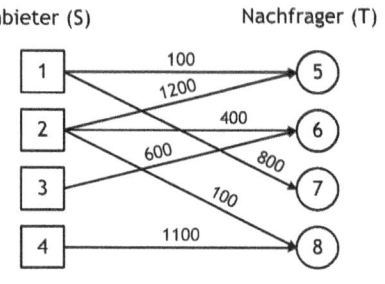

Tabelle 6-3:   *Berechnung des Bedauerns für die Wahl der ersten Basisvariable*

Nachfrager Anbieter	[5] München	[6]Hannover	[7] Frankfurt	[8] Köln	Angebot	Min1	Min2	Bedauern (Min1-Min2)
[1] Berlin	20	26	17	22	900	17	20	3
[2] Nürnberg	40	27	25	35	1.700	25	27	2
[3] Kassel	32	10	15	45	600	10	15	5
[4] Hamburg	70	29	37	30	1.100	29	30	1
Nachfrage	1.300	1.000	800	1.200	4.300			
Min1	20	10	15	22				
Min2	32	26	17	30				
Bedauern (Min2-Min1)	12	16	2	8				

Wir erkennen das größte Bedauern von 16 Einheiten in Spalte 2 (Hannover[6]). Das Kostenminimum von 10 tritt hier bei Anbieter 3 auf. In diese Zelle wird dann die Basisvariable gelegt, d. h. x_{36} = min(600, 1000) = 600 gesetzt. Der Sinn dieser Auswahlregel liegt darin, dass für Hannover[6] jede andere Belegung der Basis als mit Lieferant 3 die Kosten pro Mengeneinheit um mindestens 16 GE ansteigen ließe. Würde also Zelle (3,6) verfehlt, so entständen die als Bedauern bezeichneten Zusatzkosten (Opportunitätskosten). Im Prinzip entstehen bei jedem Kostenminimum Zusatzkosten bei alternativer Wahl. Man wählt doch das Kostenminimum mit dem größten Bedauern aus, um die höchsten Zusatzkosten für die Lösung auszuschließen. Nach der Auswahl der Basisvariablen sind die Werte für das Bedauern neu zu berechnen, da durch die Einrichtung einer Basisvariablen ein Anbieter oder Nachfrager gesperrt wird.

Verfahren 6-1b: *Methode des größten Bedauerns*

Verfahren zulässige Basislösung an mit folgender Spezifizierung von Schritt 3:

1   Berechne das Bedauern für jeden nicht gesperrten Anbieter und jeden nicht gesperrten Nachfrager.

2   Suche den Anbieter k oder den Nachfrager i mit dem größten Bedauern aus. Tritt das größte Bedauern mehrfach auf, wähle den Anbieter bzw. Nachfrager mit dem kleinsten Index. In der entsprechenden Zeile k oder Spalte i der Kostenmatrix wird das Kostenminimum c_{ki} unter allen nicht gesperrten Anbietern und nicht gesperrten Nachfragern aufgesucht.

Tabelle 6-4:   *Methode des größten Bedauerns*

Schritt	c_{ki}	k nach i	Basis x_{ki}	sperren	Kosten $c_{ki} * x_{ki}$	Fortschreibung von a_k	b_i
1	10	3 nach 6	600	Zeile 3	6.000	0	400
2	20	1 nach 5	900	Zeile 1	18.000	0	400
3	40	2 nach 5	400	Spalte 5	16.000	1.300	0
4	25	2 nach 7	800	Spalte 7	20.000	500	0
5	27	2 nach 6	400	Spalte 6	10.800	100	0
6	30	4 nach 8	1.100	Zeile 4	33.000	0	100
7	35	2 nach 8	100	Stop	3.500	0	0
Summe			4.300		107.300		

Wenn man die Methode des größten Bedauerns auf das Beispiel 6-1 anwendet, so erhalten wir die in der Tabelle 6-4 dokumentierten Schritte. Die Abbildung 6-3 zeigt die Basislösung als einen Baum.

Abbildung 6-3:   *Baum der Basislösung nach der Methode des größten Bedauerns*

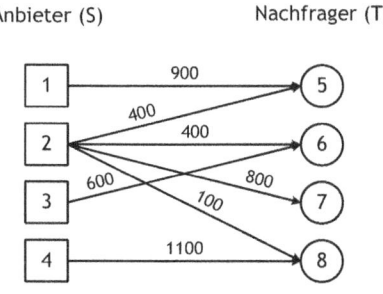

Vergleich beider Methoden – Diskussion

Wir erkennen, dass wir mit der Methode des größten Bedauerns eine um 9600 GE verbesserte Basislösung erhalten gegenüber der Methode der aufsteigenden Kosten. Während bei der Methode der aufsteigenden Kosten bei jedem Schritt die Kostensätze ansteigen, ist dieser Anstieg bei der Methode des größten Bedauerns nicht zu beobachten. In Schritt 3 wird der größte in die Basis aufgenommene Kostensatz von 40 belegt, aber im Unterschied zur Methode der aufsteigenden Kosten bloß mit 400 Mengeneinheiten. Auch wird bei der Methode des größten Bedauerns der Kostensatz von 20 mit 900 Mengeneinheiten belegt anstelle von bloß 100 Mengeneinheiten bei der Methode der aufsteigenden Kosten. Zwar führt die Methode des größten Bedauerns in vielen Fällen zu besseren Ergebnissen als die Methode der aufsteigenden Kosten. Zu beachten ist aber, dass auch Datenkonstellationen vorliegen können, in denen die Methode der aufsteigenden Kosten überlegen ist. Die folgenden Tabellen (Tabelle 6-5, Tabelle 6-6 sowie Tabelle 6-7) geben hierfür ein Beispiel:

Beispiel 6-2

Gegeben sei folgendes Transportproblem:

Tabelle 6-5:   *Daten für ein Transportproblem*

Anbieter/Nachfrager	4	5	6	7	8	9	Angebot
1	6	57	11	8	91	63	5.000
2	23	66	84	57	68	40	10.000
3	65	57	21	7	91	74	3.000
Nachfrage	1.000	6.000	2.100	2.900	3.000	3.000	18.000

Die zwei Tabellen unten dokumentieren die Schritte bei beiden vorgestellten Methoden. Wir erkennen an der Lösung der Methode des größten Bedauerns die um 8.000 GE höheren Gesamtkosten von 759.400 GE gegenüber 751.400 GE bei der Methode der aufsteigenden Kosten.

Tabelle 6-6:   *Methode der aufsteigenden Kosten in Beispiel 6-2*

Schritt	c_{ki}	k nach i	Basis x_{ki}	sperren	Kosten $c_{ki} * x_{ki}$	Fortschreibung von a_k	b_i
1	6	1 nach 4	1.000	Spalte 4	6.000	4.000	0
2	7	3 nach 7	2.900	Spalte 7	20.300	100	0
3	11	1 nach 6	2.100	Spalte 6	23.100	1.900	0
4	40	2 nach 9	3.000	Spalte 9	120.000	7.000	0
5	57	1 nach 5	1.900	Zeile 1	108.300	0	4.100
6	57	3 nach 5	100	Zeile 3	5.700	0	4.000
7	66	2 nach 5	4.000	Spalte 5	264.000	3.000	0
8	68	2 nach 8	3.000	Stop	204.000	0	0
Summe			18.000		751.400		

Tabelle 6-7:   *Methode des größten Bedauerns in Beispiel 6-2*

Schritt	c_{ki}	k nach i	Basis x_{ki}	sperren	Kosten $c_{ki} * x_{ki}$	Fortschreibung von a_k	Fortschreibung von b_i
1	68	2 nach 8	3.000	Spalte 8	204.000	7.000	0
2	40	2 nach 9	3.000	Spalte 9	120.000	4.000	0
3	23	2 nach 4	1.000	Spalte 4	23.000	3.000	0
4	7	3 nach 7	2.900	Spalte 7	20.300	100	0
5	11	1 nach 6	2.100	Spalte 6	23.100	2.900	0
6	57	1 nach 5	2.900	Zeile 1	165.300	0	3.100
7	57	3 nach 5	100	Zeile 3	5.700	0	3.000
8	66	2 nach 5	3.000	Stop	198.000	0	0
Summe			18.000		759.400		

6.1.1.2   Die Modi-Methode zur Lösung des Transportmodells

Zur optimalen Lösung des Transportmodells wurde die als Modi-Methode bekannte, speziell angepasste Version des Simplex-Algorithmus entwickelt. Das Lösungsverfahren für das Transportmodell geht so vor, dass zum Primalproblem zusätzlich ein zugehöriges Dualproblem formuliert wird und aus den Informationen der Dualvariablen der Simplex-Austauschschritt gesteuert wird. Wenn wir im Linearen Programm (TP) des Transportproblems die Nebenbedingung (1) den Dualvariablen u_k und die Nebenbedingungen (2) den Dualvariablen v_i zuordnen, sieht das Dualprogramm wie folgt aus:

(DTM) $\max \sum_{k \in S} a_k u_k + \sum_{i \in T} b_i v_i$

unter den Restriktionen:

(1) $u_k + v_i \leq c_{ki}$, $k \in S, i \in T$

(2) u_k, v_i reellwertig, $k \in S, i \in T$

Interessant ist die Formulierung des Dualprogramms, weil man aus den Dualvariablen auf einfache Weise Informationen über den Basisaustauschschritt des Primalprogramms gewinnen kann. Dieses wird im Folgenden gezeigt. Aus der Dualitätstheorie ist bekannt, dass eine zulässige Lösung x des Primalprogramms und eine zulässige Lösung (u, v) des Dualprogramms dann optimal sind, wenn folgende Bedingungen des **komplementären Schlupfs** (KS) gelten:

(KS1)   Wenn $x_{ki} > 0$, dann ist $u_k + v_i = c_{ki}$, $k \in S, i \in T$

(KS2)   Wenn $u_k + v_i < c_{ki}$, dann ist $x_{ki} = 0$, $k \in S, i \in T$

Die Erfüllung von (KS1) wird herbeigeführt, indem zu einer zulässigen Basislösung x die Dualvariablen (u,v) berechnet werden, welche den Bedingungen (KS1) genügen. Infolge der Baumstruktur der Basis lässt sich zu einer gegeben zulässigen Basislösung x leicht eine derartige Duallösung (u,v) bestimmen. Diese Duallösung ist jedoch solange nicht zulässig, wie x nicht optimal ist. Die Differenz $c_{ki} - u_k - v_i$ stellt die reduzierten Kosten dar und gibt die Gewinnänderung an, die bei Aufnahme von x_{ki} in die Basis pro auf der Kante (k,i) transportierter Mengeneinheit entsteht.

Das Modi-Verfahren erzeugt, beginnend mit einer Startlösung, eine Folge von Basislösungen $x^1, x^2, \ldots$ und eine Folge von zugehörigen Dualvariablen $(u,v)^1, (u,v)^2, \ldots$ bis das Optimum erreicht ist. Die Dualvariablen (u,v) werden so konstruiert, dass für die zu einer Basislösung gehörigen Dualvariablen gilt: Wenn x_{rs} in der Basis ist, dann gilt $u_r + v_s = c_{rs}$. Wenn die zu einer Basislösung gehörigen Dualvariablen nicht zulässig sind, also $u_k + v_i \leq c_{ki}$, $k \in S$, $i \in T$ nicht zutrifft, gibt es ein Indexpaar (r,s) mit $u_r + v_s > c_{rs}$. Da nicht $u_r + v_s = c_{rs}$ gilt, ist x_{rs} nicht in der Basis. In einem Basisaustauschschritt wird x_{rs} in die Basis aufgenommen und die zur neuen Basis gehörigen Dualvariablen berechnet. Wenn (u,v) zulässig wird, dann ist auch (KS2) erfüllt, da nach der Konstruktion der Duallösung für Indexpaare (k,i) mit $u_k + v_i < c_{ki}$ gilt, dass x_{ki} nicht in der Basis ist, also $x_{ki} = 0$.

Zur Bestimmung einer zur zulässigen Basislösung x gehörigen Duallösung (u,v) gehen wir wie folgt vor: Wir setzen $u_1 = 0$. Für jedes Blatt des Baumes betrachten wir dann den Weg, der vom Blatt zum Knoten 1 führt und lösen auf diesem Weg schrittweise das Gleichungssystem $u_k + v_i = c_{ki}$, beginnend mit dem Vorgänger von 1 auf dem Weg. Da die Basis als Baumstruktur vorliegt, ist das Gleichungssystem mit der Vorgabe $u_1 = 0$ eindeutig lösbar. Daher ist nach Konstruktion: Wenn x_{rs} in der Basis ist, dann gilt $u_r + v_s = c_{rs}$.

Beispiel 6-3: Beispiel zur Gewinnung der Dualvariablen

Wir betrachten die nach der Methode der aufsteigenden Kosten gewonnene Basislösung aus Beispiel 6-1. Die Abbildung 6-4 zeigt den Baum der Basis mit den Transportkosten c_{ki} auf den Basiskanten auf:

Abbildung 6-4:   Basislösung mit Kosten auf den Kanten

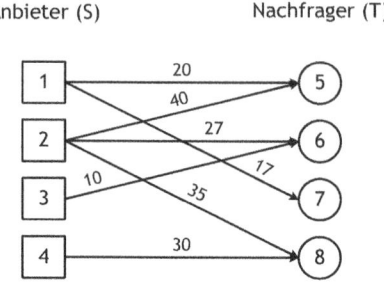

Der Baum hat drei Blätter: Knoten 3, 4 und 7.

1. $u_1 = 0$

2. Blatt 3, Weg von 3 nach 1: 3,6,2,5,1:

    2.1. $u_1 = 0$

    2.2. Basis $x_{15}, u_1 + v_5 = c_{15} = 20$, also $v_5 = 20$

    2.3. Basis $x_{25}, u_2 + v_5 = c_{25} = 40$, also $u_2 = 20$

    2.4. Basis $x_{26}, u_2 + v_6 = c_{26} = 27$, also $v_6 = 7$

    2.5. Basis $x_{36}, u_3 + v_6 = c_{36} = 10$, also $u_3 = 3$

3. Blatt 7, Weg von 7 nach 1: 7,1:

    3.1 Basis $x_{17}, u_1 + v_7 = c_{17} = 17$, also $v_7 = 17$

4. Blatt 4, Weg von 4 nach 1: 4,8,2,5,1. Nur noch die Knoten 8 und 4 sind zu berechnen:

    4.1. Basis $x_{28}, u_2 + v_8 = c_{28} = 35$, also $v_8 = 15$

    4.2. Basis $x_{48}, u_4 + v_8 = c_{48} = 30$, also $u_4 = 15$

Die Basislösung wäre optimal, wenn (u,v) zulässig wäre, d. h. $u_k + v_i \leq c_{ki}$, $k \in S$, $i \in T$ gelten würde. Wir sehen aber, dass $u_2 + v_7 = 20 + 17 = 37 > 25 = c_{27}$ ist (vgl. Tabelle 6-1). Im Modi-Verfahren wird eine dieser Kanten (r,s) mit $u_r + v_s > c_{rs}$ in die Basis aufgenommen, um die Lösung zu verbessern. Wenn wir (2,7) in die Basis aufnehmen, so erhalten wir folgende Darstellung der Basisvariablen im Netzwerk, in dem die Mengenangaben an den Kanten abgetragen sind:

Abbildung 6-5:   Basis-Zyklus bei Aufnahme der neuen Kante (2,7) in die Basis.

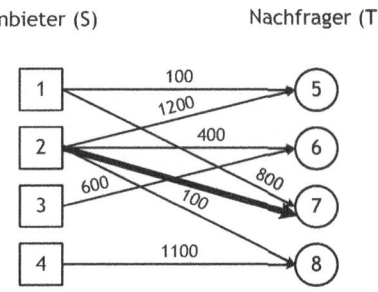

Durch das Einfügen der Kante x_{27} ist in dem Baum der Zyklus 2,7,1,5,2 entstanden. Werden in diesem Zyklus Mengen in der im Folgenden dargestellten Weise verschoben, so sinken die gesamten Transportkosten. Auf den Vorwärtspfeilen im Zyklus wird die Transportmenge um eine Einheit erhöht, auf den Rückwärtspfeilen um eine Einheit vermindert. Die Änderung der Transportkosten bei Änderung der Transportmengen im Zyklus wird in Tabelle 6-8 zusammengefasst:

Tabelle 6-8:   Änderung der Transportkosten bei Änderung der Transportmengen im Zyklus um eine Einheit

Von	Nach	Änderung der Transportmenge	Änderung der Transportkosten
2	5	1	$c_{27} = 25$
1	7	-1	$-c_{17} = -17$
1	5	1	$c_{15} = 20$
2	7	-1	$-c_{25} = -40$

Der Nettoeffekt dieser Transportmengenänderung beträgt 25-17+20-40 = -12 GE pro Änderung einer Mengeneinheit im Zyklus. Um 12 Geldeinheiten sinken damit die Transportkosten, wenn x_{27} in die Basis mit $x_{27} = 1$ aufgenommen wird und die Mengen auf den anderen Pfeilen wie angegeben geändert werden. Die Verminderung der Transportmenge auf den Rückwärtspfeilen kann aber nur so weit gehen, wie die Zulässigkeit der Lösung erhalten bleibt.

In der Basis sind die beiden Zyklus-Rückwärtspfeile $x_{17} = 800$ und $x_{25} = 1.200$. Wir können damit um maximal 800 ME im Zyklus Mengen verschieben. Werden 800 ME gewählt, so wird $x_{17} = 0$. Die Basisvariablen im Zyklus erhalten bei Verschiebung von

800 ME die Werte: $x_{27} = 800, x_{15} = 900, x_{25} = 400, x_{17} = 0$ und verlässt die Basis. Alle übrigen Basisvariablen bleiben unverändert. Die Gesamtkosten von 116.900 GE der alten Basislösung sinken um $800 * 12 = 9.600$ GE auf 107.300 GE für die neue Basislösung. Wir erkennen, dass die neue Basis die gleiche Lösung darstellt, wie sie mit dem Verfahren des größten Bedauerns oben im Beispiel 1 erzielt wurde (vgl. Abbildung 6-3). Die Berechnung der Dualvariablen zur neuen Basis ergibt u = (0,20,3,15) und v = (20,7,5,15). (u,v) sind zulässig, und damit ist die aufgefundene Lösung optimal. Zur Implementierung des Zyklus siehe die Ausführungen von Ahuja et al. (1992, S. 420).

Das Verfahren Basistausch beschreibt die allgemeine Vorgehensweise des Basistausches im Modi-Verfahren:

Verfahren 6-2:   *Basistausch*

---

1   Identifiziere eine Kante (r,s) mit $u_r + v_s > c_{rs}$.

2   x_{rs} wird als Vorwärtspfeil in die Basis aufgenommen und der entstehende Zyklus identifiziert.

3   Bestimme Min_Z = Minimum aller Basisvariablen auf den Zyklus-Rückwärtspfeilen.

4   Die Werte für die Basisvariablen im Zyklus werden wie folgt festgesetzt:
      Für Vorwärtspfeile x_{ki} wird $x_{ki} = x_{ki} + Min\_Z$ gesetzt.
      Für Rückwärtspfeile x_{ki} wird $x_{ki} = x_{ki} - Min\_Z$ gesetzt.

5   Eine Basisvariable mit dem Rückwärtspfeil $x_{ki} = 0$ verlässt die Basis.

6   Alle anderen Basisvariablen bleiben ungeändert.

Im Schritt 1 des Verfahrens Basistausch wird eine Kante (r,s) ausgewählt, die in die Basis aufgenommen werden soll. Hier können die im Simplex-Verfahren üblichen Auswahlkriterien angewandt werden: Die Kante mit den größten reduzierten Kosten, die Kanten mit den niedrigsten Indexwerten (r,s), eine zufällige Wahl, etc. Mit dem Modi-Verfahren wird das Lösungsverfahren für das Transportmodell zusammengefasst:

Verfahren 6-3:   Modi-Verfahren

Initialisierung

1   Bestimme eine zulässige Basislösung x und berechne die zugehörigen Dualvariablen (u,v).

Verarbeitung und Terminierung

2   Wenn die Dualvariablen zulässig sind, dann Stop. x ist optimal.

3   Wenn die Dualvariablen nicht zulässig sind, dann bestimme mit dem Verfahren Basistausch eine neue Basis x.

4   Berechne die zu x gehörigen Dualvariablen. GOTO 2

Beispiel 6-4: Software Transportmodell

Die Software „Transportmodell" löst kleinere Beispiele des Transportmodells mit dem Modi-Verfahren und kann von der Web-Seite dieses Buches heruntergeladen werden. Nach Eingabe der Mengen- und Kostendaten in dem Feld „Ausgangsdaten" kann mit dem Knopf „Startlösung" eine Startlösung ermittelt werden, deren Basis in dem Feld „Basis" ausgegeben wird (vergl. Abbildung 6-6). Man kann die beiden Verfahren „Aufsteigende Kosten" oder „Größtes Bedauern" für die Startlösung auswählen. Die Transportkosten der Startlösung werden im entsprechenden Feld ausgegeben. Die beiden Startlösungen „Aufsteigende Kosten" und „Größtes Bedauern" können so hinsichtlich der Transportkosten vergleichen werden. Dann können mit dem Knopf „Dual Variable" die Dual-Variablen u und v bestimmt werden, die in den zugehörigen Feldern ausgegeben werden. In dem Feld „Basis-Baum: Wurzel bei", wird die Wurzel des Basisbaums angegeben, auf die sich die Berechnung der Dual-Variablen bezieht, so daß die Berechnung der Dualvariablen nachvollzogen werden kann. Ein Stern in der Basistabelle deutet auf das Feld, dass eine Senkung der Transportkosten ermöglicht. Mit dem Knopf „Basistausch" wird dieses Feld belegt und die Kostensenkung der neuen Lösung gegenüber der alten Lösung dargestellt. Das Wechselspiel Dual-Variable und Basistausch kann fortgesetzt werden bis keine Kostensenkung mehr möglich ist. Der Knopf „Beispiel" lädt eine Instanz des Transportmodells mit sechs Nachfragern und drei Anbietern. Gegenüber der fest einprogrammierten Beispielsinstanz können auch zufällige Instanzen erzeugt werden.

Abbildung 6-6:   Maske der Software Transportmodell

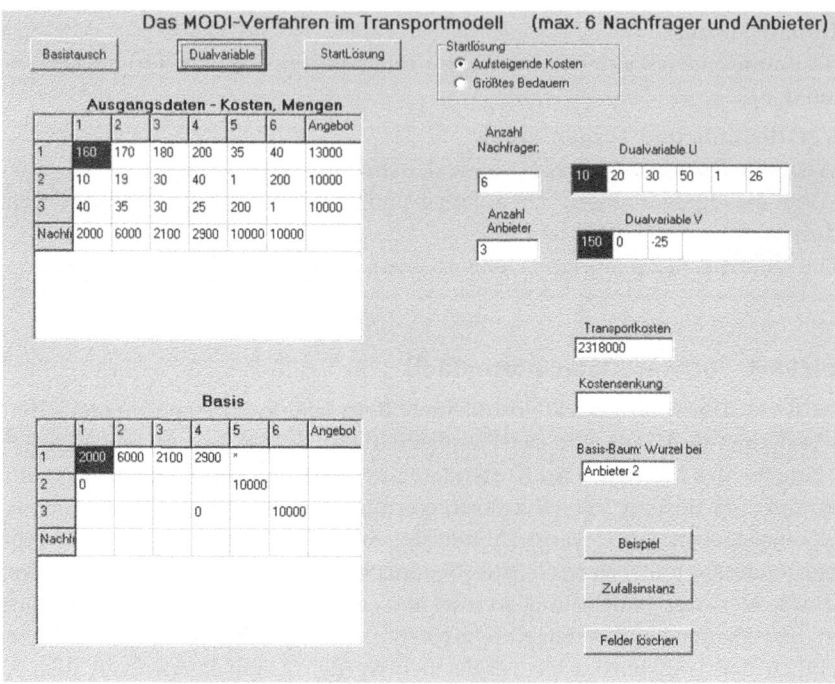

6.1.2   Mehrstufige Transportmodelle

Das Transportmodell in seiner Standardform von Abschnitt 6.1 lässt sich auf verschiedene Fälle der Konfiguration von Supply Chains erweitern. Ein oder mehrere Zentrallager können in die Lieferkette zwischen Anbietern und Nachfragern eingeschaltet werden. Des Weiteren können unterhalb der Zentrallagerstufe verschiedene Regionallager eingerichtet werden. Damit ist es möglich, die für die Konsumgüterverteilung typischen, hierarchischen Distributionssysteme mit dem Transportmodell abzubilden. Entscheidend dabei ist, dass die gleichen Methoden zur Bestimmung der kostenminimalen Güterflüsse im erweiterten Modell eingesetzt werden können. Diese Übertragung der Methoden vom Transportmodell in seiner Standardform auf das erweiterte Modell soll hier vorgestellt werden.

Wir betrachten zunächst die Einführung der Zentrallagerstufe und richten zwei Zentrallager Z_1 und Z_2 ein. Die gesamten Güterströme der Anbieter laufen zunächst in die Zentrallager. Dort werden die Waren zwischengelagert und nach Bedarf von den

Nachfragern abgerufen. Damit besitzen die Zentrallager eine Doppelfunktion als Nachfrager und als Anbieter. Die Abbildung 6-7 zeigt diesen Fall.

Abbildung 6-7:   Einführung von zwei Zentrallagern im Transportmodell

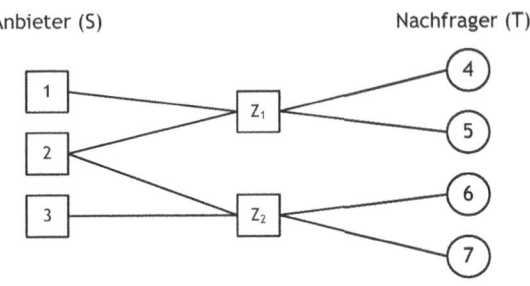

Um die Aufnahme der Zentrallagerstufe in das Transportmodell zu ermöglichen, werden die Zentrallager Z_1 und Z_2 in ihrer Doppelfunktion einmal als Nachfrager und einmal als Anbieter im Transportmodell geführt mit einer Nachfrage- und Anbietermenge $c_1 > 0$ bzw. $c_2 > 0$ (beachte: c hier einfach injiziert). Damit die Zentrallager das gesamte Angebot der Anbieter aufnehmen können, ist $c_1 + c_2 = \sum a_i$ zu setzen. Die Größen c_1 und c_2 können als Kapazität des jeweiligen Lagers verstanden werden. Wie die Kapazitäten gewählt werden sollen, wird unten erläutert. Die Kostensätze für die Lieferungen zum und vom Zentrallager sind festzulegen. Als Kostensätze c_{ki} für theoretisch mögliche Lieferungen zwischen Zentrallagern werden zunächst $c_{ki} = 0$ festgesetzt (beachte: c hier zweifach injiziert). Um direkte Lieferungen zwischen Anbietern zu Nachfragern unter Umgehung der Zentrallagerstufe auszuschließen, werden die Kostensätze auf den Relationen $k \rightarrow i$, $k \in S$, $i \in T$, mit hohen Zusatz-Strafkosten versehen, indem auf alle Originalkostensätze c_{ki} der direkten Relationen eine hinreichend große Konstante C addiert wird, etwa $C = 100 \cdot \max\{c_{ki}\}$. Die Addition dieser Konstante lässt die Rangreihe der Kostensätze der direkten Relationen unverändert, was für die nachfolgenden Argumentationen von Bedeutung ist. Der Aufbau der Kostenmatrix bei Einführung von zwei Zentrallagern sieht dann wie folgt aus:

Abbildung 6-8:   Struktur der Kostenmatrix bei zwei Zentrallagern

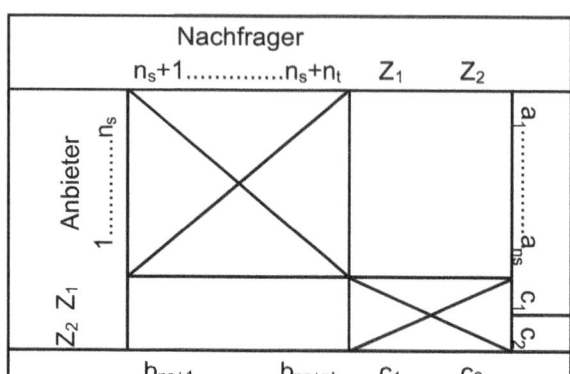

In der Kostenmatrix wird mit den gekreuzten Bereichen der Aufschlag der Strafkosten C auf die Original-Kostensätze c_{ki} dargestellt. Insbesondere werden Lieferungen innerhalb der Zentrallagerstufe bestraft und damit zunächst ausgeschlossen. Auf die hier dargestellte Kostenmatrix lassen sich alle oben entwickelten Methoden zur Lösung des Transportproblems anwenden.

Für die Wahl der Kapazitäten c_1 und c_2 der Zentrallager ist das Ziel entscheidend, das mit der Konfiguration von Supply Chains verfolgt wird:

1. Für eine erste Analyse der Lenkungswirkung der Transportkosten sollten $c_1 = \sum a_i$ und $c_2 = \sum a_i$ gesetzt werden. Dann gehen von den Zentrallagerstufen keine Kapazitätsengpässe aus. Bei der Anwendung der Methoden zur Lösung des Transportproblems sollen hier Lieferungen zwischen den Zentrallagern zugelassen werden. Als Ergebnis der Optimierung erhält man Mengenströme über die Zentrallagerstufen, die alleine von den Kostensätzen der Relationen **zu den** Zentrallagern und **von den** Zentrallagern bestimmt werden. Damit ist auch die Möglichkeit eingeschlossen, dass alle Lieferungen nur über ein Zentrallager laufen, während das zweite Zentrallager keinen Umschlag erhält. Wenn in der Lösung Lieferungen zwischen den Zentrallagern auftreten, so ist zu prüfen, ob diese erwünscht sind oder durch Lieferungen von den Anbietern zu ersetzen sind.

2. Wenn die Wirkung von begrenzten Kapazitäten auf der Zentrallagerstufe studiert werden soll, kann zunächst ein Zentrallager, etwa Z_1, die maximale Kapazität $c_1 = \sum a_i$ zugewiesen bekommen, während Z_2 eine kleinere Kapazität $c_2 < \sum a_i$ erhält. An dieser Konfiguration kann nun nach der Optimierung die Verteilung der

Mengenströme auf die Zentrallager abgelesen und aufgewiesen werden, ob Z_2 überhaupt bis zur Kapazität c_2 ausgelastet wird.

3. Der Fall, dass beide Zentrallager mit ihren Kapazitäten unterhalb der Angebotsmenge liegen, $c_1 < \sum a_i, c_2 < \sum a_i$, aber die Summe $c_1 + c_2 \geq \sum a_i$ erfüllt, bedeutet, dass die Zentrallagerstufe eine ausreichende Kapazität in der Summe besitzt, um alle Lieferungen von den Anbietern zu den Nachfragern über die Zentrallagerstufe abzuwickeln. Wegen der hohen Strafkosten sind Direktlieferungen unwirtschaftlich.

4. Für den Fall, dass nur ein Teil der Lieferungen über die Zentrallager abgewickelt werden soll, die restlichen Lieferungen aber direkt zu den Nachfragern gelangen sollen, kann die Kapazität der Zentrallager entsprechend herabgesetzt werden, d. h. $c_1 + c_2 < \sum a_i$ (vgl. Beispiel 6-5 unten). Als Lösung ergibt sich die kostengünstigste Verteilung aller Transporte über die Zentrallagerstufe, bis deren Kapazität erschöpft ist, und aller Direktbelieferungen der übrigen Nachfrager. Da die Bestrafung der Kostensätze mit der Konstanten C nicht deren Rangreihe ändert, werden die kostenminimalen Direktrelationen ausgewählt. Um schließlich die Kosten der Lösung zu ermitteln, müssen die Direkttransporte zwischen Anbietern und Nachfragern aber mit den Originalkostensätzen c_{ki} bewertet werden.

5. Auch der Fall **eines einzigen Zentrallagers** mit der Kapazität c kann modelliert werden. Wenn $c = \sum a_i$, ergibt sich kein Optimierungsproblem, da alle Mengenströme von den Anbietern über das Zentrallager zu den Nachfragern fließen. Anders ist der Fall $c < \sum a_i$. Hier ergibt sich, ähnlich wie im Fall 4 oben, als Lösung die kostengünstigste Verteilung aller Transporte über das Zentrallager, bis dessen Kapazität erschöpft ist, und aller Direktbelieferungen der übrigen Nachfrager. Wie im Fall 4 müssen die Direkttransporte zwischen Anbietern und Nachfragern aber mit den Originalkostensätzen c_{ki} bewertet werden, um schließlich die Kosten der Lösung zu ermitteln.

Wir behandeln nun den Fall, dass zusätzlich zur Zentrallagerstufe noch eine Ebene für Regionallager in das Transportmodell eingebracht wird. Die Abbildung 6-9 zeigt die Konfiguration mit zwei Zentrallagern und vier Regionallagern. Um diese Art von Konfigurationen im Transportmodell abzubilden, sind sowohl die Zentrallager als auch die Regionallager zugleich als Anbieter und als Nachfrager in die Kostenmatrix einzufügen. Hierzu sind die Lagerkapazitäten c_q für das Zentrallager und die Lagerkapazitäten d_p für die Regionallager gemäß der Diskussion oben zu bestimmen, $q = 1,2$ und $p = 1,..,4$. Sie können zunächst auf $\sum c_q = \sum a_i$ und $\sum d_p = \sum a_i$ festgesetzt werden. Als Kosten für theoretisch mögliche Lieferungen unter den Zentrallagern bzw. unter den Regionallagern sind zunächst $c_{ki} = 0$ festzusetzen. Die Abbildung 6-10 zeigt die Struktur der Kostenmatrix auf für die in Abbildung 6-9 dargestellte Konfiguration

---

Abbildung 6-9:   Ein Distributionssystem mit zwei Zentrallagern und vier Regionallagern

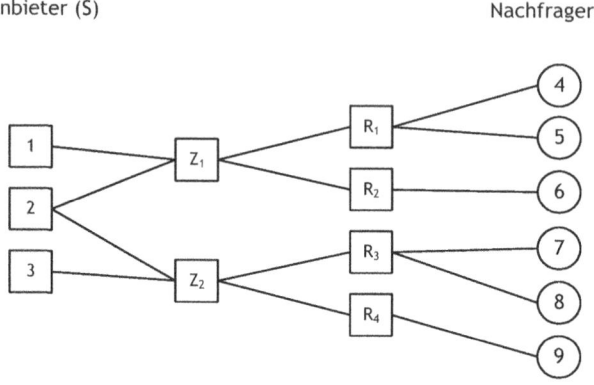

---

mit zwei Zentral- und vier Regionallagern. In den gekreuzten Bereichen werden Austauschbeziehungen durch hohe Zusatz-Strafkosten C unterbunden. Der Fall, dass auf einer Lagerstufe (zentral oder regional) die Summe der Kapazitäten unter $\sum a_i$ sinkt, wird analog zum oben dargestellten Diskussion ohne Regionallager behandelt.

Abbildung 6-10: Struktur der Kostenmatrix bei zwei Zentrallagern und vier Regionallagern

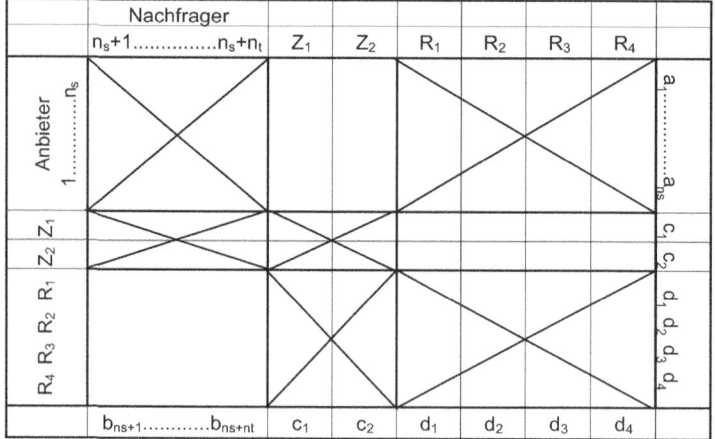

Tabelle 6-9:   Daten für ein Transportproblem mit zwei Zentrallagern

Nachfrager Anbieter	4	5	6	Z_1	Z_2	Angebot
1	1.013	1.008	1.027	12	11	600
2	1.010	1.018	1.017	6	2	400
3	1.005	1.009	1.024	5	17	1.000
Z_1	15	10	8	1.000	1.000	500
Z_2	4	13	7	1.000	1.000	1.000
Nachfrage	800	900	300	500	1.000	

Beispiel 6-5

Zur Verdeutlichung der oben dargestellten Zusammenhänge betrachten wir folgendes Beispiel mit drei Anbietern, drei Nachfragern und zwei Zentrallagern. Die Zentrallagerkapazitäten (500 bei Z_1 und 1.000 bei Z_2) reichen nicht aus, um das gesamte Angebot aufzunehmen und die gesamte Nachfrage zu befriedigen, so dass zusätzlich Direkttransporte notwendig werden.

Tabelle 6-10:   Lösung des Transportproblems nach der Methode der aufsteigenden Kosten

Schritt	c_{ki}	von k nach i	Basis x_{ki}	sperren		Kosten	Fortschreibung	
							a_k	b_i
1	2	2 nach Z_2	400	Zeile	2	800	0	600
2	4	Z_2 nach 4	800	Spalte	4	3.200	200	0
3	5	3 nach Z_1	500	Spalte	Z_1	2.500	500	0
4	7	Z_2 nach 6	200	Zeile	Z_2	1.400	0	100
5	8	Z_1 nach 6	100	Spalte	6	800	400	0
6	10	Z_1 nach 5	400	Zeile	Z_1	4.000	0	500
7	11	1 nach Z_2	600	Zeile	1	6.600	0	0
8	17	3 nach Z_2	0	Spalte	Z_2	0	500	0
9	1.009	3 nach 5	500	Zeile Spalte	3 5	4.500	0	0
Summe						23.800		

Tabelle 6-9 zeigt die Ausgangsdaten, wobei die Kostensätze c_{ki} , k=1..3, i=4..6, der direkten Relationen mit Zusatz-Strafkosten in Höhe von C=1.000 versehen wurden. Tabelle 6-10 und Abbildung 6-11 zeigen die Lösung nach der Methode der aufsteigenden Kosten.

Abbildung 6-11: Basis-Lösung des Transportproblems mit zwei Zentrallagern und Direktbelieferungen nach der Methode der aufsteigenden Kosten

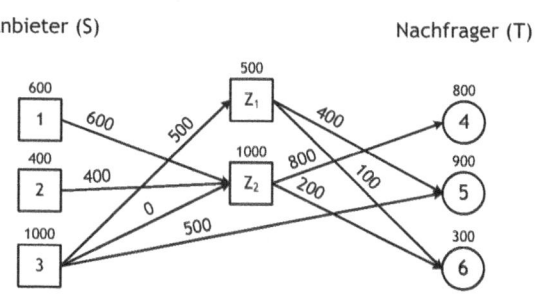

6.2   Das Zuordnungsproblem

Beim Zuordnungsproblem geht es um das Auffinden von kostenminimalen Zuordnungen in einem bipartiten Netzwerk. Diese Problemstellung tritt häufig bei der Fahrzeugumlaufplanung und der Crew-Einsatzplanung in Verkehrssystemen, wie etwa Bus- und Bahnsystemen oder in Flugzeugnetzwerken auf (vergl. Daduna 2004). Bei den Flugzeugnetzwerken ist die Problemstellung, den weltweit umlaufenden Flugzeugen die Besatzungen kostenminimal zuzuordnen und dabei auch die gesetzlichen (Dienstzeitverordnung) und tarifvertraglich festgelegten Ruhe- und Erholungszeiten für die Besatzung einzuhalten.

Steht eine Besatzung nach der Beendigung einer Ruhe- und Erholungszeit für einen neuen Flug bereit, so ist die Mannschaft einer Flugverbindung zuzuordnen, welche die Zuordnungskosten minimiert. Unter Zuordnungskosten kann man sich den Transport der Besatzung vom Hotel zum Abflughafen des Flugzeuges vorstellen, der auch unter Umständen in einer anderen Stadt als das Hotel liegen kann, so dass erhebliche Transportkosten zusätzlich entstehen. Ferner drücken sich Zuordnungskosten darin aus, wenn die Besatzung in dem Hotel einen oder mehrere Wartetage verbringen muss, bevor sie einem Flug zugeordnet werden kann. Die Dimension der Problemstellung läßt sich daran ermessen, dass in den Zuordnungsmodellen der Airlines für die Crew-Einsatzplanung Tabellen mit mehreren Millionen Spalten verarbeitet werden (Barnhart 2003, Galia, R. und C. Hjorring 2004).

Abbildung 6-12: Crew-Einsatzplanung im Raum-Zeit-Diagramm

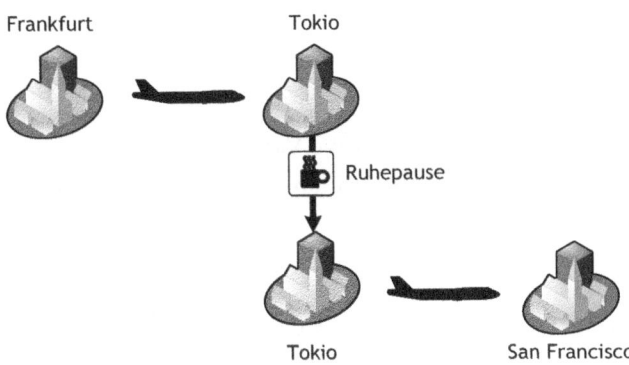

Das Zuordnungsproblem dient nicht allein der Modellierung der Crew-Einsatzplanung in Logistik-Netzwerken, sondern tritt z. B. auch als eine mit dem Aufwand von $O(n^3)$ schnell berechenbare Subroutine bei der Bestimmung von unteren Schranken für das Travelling Salesman Problem auf (vgl. Kapitel 9).

Das Zuordnungsproblem lässt sich am Beispiel der Crew-Einsatzplanung formal wie folgt beschreiben: Wir führen Binärvariable x_{ki} ein, die gleich 1 sind, wenn Crew k dem Flug i zugeordnet wird. Die Kosten der Zuordnung von k nach i betragen c_{ki}. Das Zuordnungsproblem wird wie das Transportproblem in einem bipartiten Netzwerk modelliert mit Teilmengen der Knoten $S = \{1,2,...,n_s\}$, welche die Crews repräsentieren, und $T = \{n_s+1, n_s+2,...,n_S+n_T\}$ für die Darstellung der Flüge. Im Netzwerk bestehe für jedes Knotenpaar k,i mit $k \in S$, $i \in T$ die Kante (k,i). Für das Zuordnungsproblem wird gefordert, dass sich gleich viele Crews wie Flüge gegenüberstehen, also $n = n_S = n_T$. Sofern die Kostenmatrix $C = (c_{ki})$ nicht quadratisch ist, werden die Zuordnungskosten c_{ki} der fehlenden Spalten bzw. Zeilen mit einer großen Konstanten c_{max} zu einer quadratischen Matrix aufgefüllt und diese Relationen in der sich ergebenden Optimallösung nicht mehr berücksichtigt. Das Zuordnungsproblem hat als Integer-Programming–Ansatz folgende Gestalt:

(Z) $\quad \min \sum_{k \in S, i \in T} c_{ki} x_{ki}$

unter den Bedingungen:

(1) $\quad \sum_{k \in S} x_{ki} = 1, i \in T$

(2) $\quad \sum_{i \in T} x_{ki} = 1, k \in S$

(3) $x_{ki} \in \{0,1\}$, $k \in S, i \in T$

(3a) $x_{ki} \geq 0$, $k \in S, i \in T$

Die Zielfunktion drückt die Minimierung der Zuordnungskosten aus. Die Bedingungen (1) stellen sicher, dass jeder Flug i genau eine Crew zugeordnet erhält, wie auch umgekehrt die Bedingungen (2) besagen, dass jede Crew k genau einem Flug zugeordnet wird. Die Bedingungen (3), dass die Variablen x_{ki} 0-1-Variablen sind, können zu (3a) relaxiert werden, da das relaxierte Problem stets optimale Lösungen mit Werten von 0 oder 1 für x_{ki} annimmt. Wir nehmen für die Kostengrößen $c_{ki} \geq 0$ an.

6.2.1   Heuristiken zur Lösung des Zuordnungsproblems

Vergleicht man das Zuordnungsproblem mit dem Transportproblem, so erscheint das Zuordnungsproblem als ein Spezialfall des Transportproblems mit a_k =1 und b_i =1. Die oben zur Lösung des Transportmodells entwickelten Heuristiken können daher unmittelbar auf das Zuordnungsproblem übertragen werden, siehe Verfahren 6-4 und Verfahren 6-5.

Verfahren 6-4:   *Methode der aufsteigenden Kosten für das Zuordnungsproblem*

Initialisierung

1   Keine Crew und kein Flug ist gesperrt. Alle $x_{ki} = 0$

Verarbeitung

2   Suche Crew k und Flug i, so dass die Kosten c_{ki} minimal sind unter allen nicht gesperrten Crews und nicht gesperrten Flügen.

3   Nehme x_{ki} in die Lösung auf und setze $x_{ki} = 1$. Sperre Crew k und Flug i.

4   Wenn alle Crews gesperrt sind, dann Stop, andernfalls GOTO 2

Die Anwendung ist hier einfacher, weil pro Schritt eine Spalte und eine Zeile der Kostenmatrix zugleich gesperrt werden. In der quadratischen (n x n)-Kostenmatrix C= (c_{ki}) suchen die Heuristiken genau n Kostenelemente, so dass in jeder Zeile und in jeder Spalte der Kostenmatrix genau ein Element steht.

Verfahren 6-5:   *Methode des größten Bedauerns für das Zuordnungsproblem*

Initialisierung

1   Keine Crew und kein Flug ist gesperrt. Alle $x_{ki} = 0$.

Verarbeitung und Terminierung

2 Berechne das Bedauern für jede nicht gesperrte Crew und jeden nicht gesperrten Flug.

3 Suche die Crew k oder den Flug i aus mit dem größten Bedauern. In der entsprechenden Zeile k oder Spalte i der Kostenmatrix wird das Kostenminimum c_{ki} unter allen nicht gesperrten Crews und nicht gesperrten Flügen aufgesucht.

4 Nehme x_{ki} in die Lösung auf und setze $x_{ki} = 1$. Sperre Crew k und Flug i.

5 Wenn alle Crews gesperrt sind, dann Stop, andernfalls GOTO 2

Beispiel 6-6

Gegeben sei folgende Kostenmatrix:

Tabelle 6-11:   Daten für ein Zuordnungsproblem

von $k \downarrow$ nach $i \rightarrow$	5	6	7	8	a_k
1	1	1	15	7	1
2	9	7	3	9	1
3	11	21	9	17	1
4	7	5	3	1	1
b_i	1	1	1	1	

Nach der Methode der aufsteigenden Kosten ergibt sich dann die in Tabelle 6-12 dargestellte Lösung, und in Tabelle 6-13 wird die nach der Methode des größten Bedauerns entstehende Lösung betrachtet.

Tabelle 6-12:   Methode der aufsteigenden Kosten

Schritt	c_{ki}	von k nach i	Basis x_{ki}	sperren	Kosten $c_{ki} * x_{ki}$
1	1	1 nach 5	1	Zeile 1/Spalte 5	1
2	1	4 nach 8	1	Zeile 4/Spalte 8	1
3	3	2 nach 7	1	Zeile 2/Spalte 7	3
4	21	3 nach 6	1	Stop	21
Summe					26

Für die Methode des größten Bedauerns ergibt sich:

Tabelle 6-13:   *Methode des größten Bedauerns*

Schritt	c_{ki}	von k nach i	Basis x_{ki}	sperren	Kosten $c_{ki} * x_{ki}$
1	1	1 nach 5	1	Zeile 1/Spalte 5	1
2	9	3 nach 7	1	Zeile 3/Spalte 7	9
3	1	4 nach 8	1	Zeile 4/Spalte 8	1
4	7	2 nach 6	1	Stop	7
Summe					18

6.2.2 Der klassische ungarische Algorithmus

Da das Zuordnungsproblem noch stärker als das Transportproblem degeneriert ist, kann es mit der Modi-Methode nur schwer gelöst werden. Aus diesem Grunde ist ein spezieller, auf das Zuordnungsproblem angepaßter Algorithmus entwickelt worden, der von Kuhn (1955) als **ungarischer Algorithmus** bezeichnet wurde (vergl. Carpaneto, 1988).

Für das Zuordnungsproblem sind eine ganze Reihe von unterschiedlichen Verfahren entwickelt worden: Netzwerkflussverfahren, Verfahren der kürzesten Wege, das maximale Summenmatching (vergl. Vahrenkamp 2003) und der klassische ungarische Algorithmus, den wir hier darstellen wollen. Der Ungarische Algorithmus ist ein primal-duales Verfahren. Er erzeugt eine Folge von Primal-Lösungen für das oben dargestellte Optimierungsproblem (Z) mit zugehörigen Lösungen für das Dualproblem (DZ):

$$\text{(DZ)} \qquad \max \sum_{k \in S} u_k + \sum_{i \in T} v_i$$

unter den Restriktionen:

(1) $u_k + v_i \leq c_{ki}$, $k \in S, i \in T$

(2) u_k reellwertig, $k \in S$

(3) v_i reellwertig, $i \in T$

Nach dem Satz vom komplementären Schlupf ist eine Primallösung x optimal, wenn für die zugehörige Duallösung (u,v) gilt:

(B1)   Wenn $x_{ki} > 0$, dann ist $u_k + v_i = c_{ki}$, $k \in S, i \in T$

(B2)   Wenn $u_k + v_i < c_{ki}$, dann ist $x_{ki} = 0$, $k \in S, i \in T$.

Obwohl das Zuordnungsproblem ähnlich wie das Transportproblem aufgebaut ist, wird es doch mit einem anderen Ansatz, dem Ungarischen Algorithmus, gelöst. Beiden gemeinsam ist der primal-duale Ansatz. Während beim Transportproblem bei jedem Verfahrensschritt eine primal zulässige Basislösung bestimmt werden kann und die Dualvariablen schrittweise in den Bereich der Zulässigkeit geführt werden, geht der Ungarische Algorithmus anders vor. Hier wird bei jedem Verfahrensschritt eine zulässige Duallösung (u,v) ermittelt und die Primallösung nur als eine partielle Zuordnung aufgebaut, die schrittweise zu einer vollständigen Zuordnung erweitert wird.

Die folgende Tabelle stellt beide Verfahren gegenüber.

Tabelle 6-14:   *Vergleich der beiden Verfahren: Transportproblem*
                  und Ungarischer Algorithmus

	Primallösung	Duallösung
Transportproblem	stets zulässig	Unzulässigkeit wird schrittweise abgebaut
Ungarischer Algorithmus	wird schrittweise erweitert	stets zulässig

Als Einstieg in die Vorgehensweise des Ungarischen Algorithmus' soll hier ein einfaches Beispiel für die Zuordnungskosten mit der in Tabelle 6-15 hinterlegten Kostenmatrix C gegeben werden.

Tabelle 6-15:   *Kosten eines Zuordnungsproblems*

Crew/Flug	6	7	8	9	10
1	4	9	13	**2**	27
2	18	**3**	23	19	8
3	24	19	**6**	14	38
4	**5**	16	29	35	14
5	32	21	15	17	**9**

Wir erkennen an der Tabelle, dass die fett hervorgehobenen Zeilenminima so verteilt sind, dass sie in jeder Spalte genau einmal auftreten. In diesem Fall ist die Lösung des Zuordnungsproblems einfach zu ermitteln. Wir setzen $x_{ki} = 1$ auf den Zuordnungen, die auf ein Zeilenminimum fallen und $x_{ki} = 0$ sonst. Dann sind die fünf kleinsten Werte in der Tabelle zugeordnet worden und so das Kostenminimum erreicht. Zur Vorbereitung auf den Ungarischen Algorithmus transformieren wir die Kostenmatrix C in die reduzierte Matrix R (siehe Tabelle 6-16), indem wir die Zeilenminima u_k von jeder Zeile k abziehen und anschließend die Spaltenminima v_i der so entstandenen Matrix $(c_{ki} - u_k)_{ki}$ von jeder Spalte abziehen: $R = (r_{ki})_{ki} = (c_{ki} - u_k - v_i)_{ki}$:

Tabelle 6-16:   *Reduzierte Matrix R*

Crew/Flug	6	7	8	9	10	u_k
1	2	7	11	**0**	25	2
2	15	**0**	20	16	5	3
3	18	13	**0**	8	32	6
4	**0**	11	24	30	9	5
5	23	12	6	8	**0**	9

Wir erhalten die fett hervorgehobenen Werte null an den Zuordnungen, wo die Zeilenminima von C liegen. Wir haben $v_k = 0$, $k \in S$, und haben einen Satz von Dualvariablen (u,v) gefunden, der $u_k + v_i \le c_{ki}$, $k \in S$, $i \in T$ erfüllt. Da $u_k + v_i = c_{ki}$ für Zuordnungen mit $x_{ki} = 1$, sind die Bedingungen (B1) und (B2) des Satzes vom komplementären Schlupf erfüllt, und so ist die Primallösung optimal. Die Zuordnungskosten betragen $\sum v_k + \sum u_i = 25$.

Allerdings kann man nicht davon ausgehen, dass im Allgemeinen die Zeilenminima so günstig in der Kostenmatrix verteilt sind. Wir geben in Tabelle 6-17 ein Beispiel für eine ungünstige Verteilung:

Tabelle 6-17   *Beispiel für ungünstige Verteilung der Minima*

Crew/Flug	6	7	8	9	10
1	1	2	2	2	2
2	1	5	5	5	5
3	1	5	5	5	5
4	1	5	5	5	5
5	1	5	5	5	5

Die Zeilenminima $u_k = 1$ treten stets in der Spalte 1 (6) auf. Als Spaltenminima der Matrix $(c_{ki} - u_k)_{ki}$ erhalten wir $v_6 = 0$ und $v_7,...,v_{10} = 1$, die stets in Zeile 1 auftreten. Die reduzierte Matrix $R = (r_{ki})_{ki} = (c_{ki} - u_k - v_i)_{ki}$ besitzt die in Tabelle 6-18 gezeigte Gestalt:

Tabelle 6-18:   *Reduzierte Matrix R*

Crew/Flug	6	7	8	9	10
1	0	0	0	0	0
2	0	3	3	3	3
3	0	3	3	3	3
4	0	3	3	3	3
5	0	3	3	3	3

Eine Zuordnung heißt **partiell**, wenn in der von den Binärvariablen x_{ki} gebildeten Matrix $X = (x_{ki})_{ki}$ nur p Elemente $x_{ki} = 1$ sind, $1 \leq p \leq n$, und in jeder Spalte und in jeder Zeile von X höchstens ein Element $x_{ki} = 1$ ist. Die Zellenkoordinaten (k,i) mit $x_{ki} = 1$ einer partiellen Zuordnung werden in der **Menge** Z verwaltet. Man spricht dann von Z ebenfalls als von einer partiellen Zuordnung. Wenn in einer partiellen Zuordnung $p = n$ Elemente $x_{ki} = 1$ sind, dann heißt die Zuordnung **vollständig**. Der Ungarische Algorithmus beginnt mit einer partiellen Zuordnung als Startlösung, die er aus der reduzierten Matrix R mit einem einfachen Greedy-Verfahren gewinnt: In der reduzierten Matrix legt man eine Zuordnung $x_{ki} = 1$ auf die Zelle, für die gilt $r_{ki} = 0$, wobei beachtet wird, dass nicht zwei Zuordnungen in eine Zeile bzw. Spalten fallen (vergl. Verfahren 6-6).

Um nicht neben der reduzierten Matrix R die Matrix X der Zuordnungen x_{ki} explizit zu verwalten, werden in der reduzierten Matrix die Nullelemente, auf denen Zuordnungen liegen, mit einem Stern versehen: 0*.

Verfahren 6-6:   *Generieren einer Startlösung*

1	Alle Spalten von R sind nicht belegt.
2	FOR jede Zeile $k = 1,...,n$ von R DO
3	Suche in der Zeile ein Element $r_{ki} = 0$ in einer Spalte i, die nicht belegt ist.
4	IF dieses Element gefunden werden kann, THEN
5	markiere in R das Element $r_{ki} = 0$ mit einem Stern und
	markiere die Spalte i als belegt.
6	ENDIF
7	Ergebnis: Eine partielle Zuordnung

Eine reduzierte Matrix heißt **maximal belegt**, wenn in jeder Zeile ohne eine gesternte Null die Nullen in Spalten stehen, die in anderen Zeilen eine gesternte Null aufweisen. Mit dem Verfahren Startlösung wird in der reduzierten Matrix R maximal belegt.

Die zur Startlösung gehörenden Dualvariablen (u,v) werden mit den Zeilen- und Spaltenminima, die zur Bildung der reduzierten Matrix notwendig sind, gewonnen: u_k = Zeilenminimum von Zeile k in C, v_i = Spaltenminima der Matrix $(c_{ki} - u_k)_{ki}$.

Das Verfahren Startlösung findet im Allgemeinen nur partielle Zuordnungen Z mit $p < n$ Elementen $x_{ki} = 1$. Nur wenn die Kostenminima, wie in Tabelle 6-14 günstig verteilt sind, wird bereits eine vollständige Zuordnung erzielt. Bei den Kostendaten von Tabelle 6-17 ermittelt das Verfahren Startlösung dagegen nur eine Zuordnung $x_{16} = 1$, wenn es mit Zeile 1 startet:

Tabelle 6-19:   *Startlösung in der reduzierten Matrix R*

Crew/Flug	6	7	8	9	10
1	0*	0	0	0	0
2	0	3	3	3	3
3	0	3	3	3	3
4	0	3	3	3	3
5	0	3	3	3	3

Man erkennt leicht, dass diese Startlösung um eine Zuordnung erweitert und $p = 2$ erreicht werden kann, wenn anstelle von $x_{16} = 1$ die Zuordnungen $x_{26} = 1$ und $x_{17} = 1$ gewählt würden. Man kann diese Beobachtung dahin gehend systematisieren, dass eine partielle Zuordnung erweitert werden kann,

- wenn eine gesternte 0 in einer Zeile mit einer ungesternten 0 liegt, die in einer Spalte liegt, die keine Zuordnung enthält.

- wenn die gesternte 0 in einer Spalte mit einer ungesternten 0 liegt, die in einer Zeile liegt, die keine Zuordnung enthält.

Die alternierende Kette $0 - 0^* - 0$ kann man dann in die Kette $0^* - 0 - 0^*$ umwandeln, und man erhält eine Zuordnung $x_{ki} = 1$ mehr. In diesem Fall spricht man von einem „Durchbruch". Das folgende Markierungsverfahren nach Domschke und Drexl (2011) untersucht systematische die reduzierte Matrix, ob derartige Ketten identifiziert werden können, um eine partielle Zuordnung Z erweitern zu können.

Verfahren 6-7:   *Markierungsverfahren*

Initialisierung
1    $K = \varnothing$; verwaltet Zeilenindices
2    $I = \varnothing$; verwaltet Spaltenindices

3	Durchbruch = false
4	Zuordnung Z sei partiell
5	Die reduzierte Matrix R sei maximal belegt.
6	Alle Zeilen und Spalten von R sind unmarkiert und nicht überprüft.

Verarbeitung

7	FOR jede Zeile DO
8	IF die Zeile k keine gesternte 0 enthält THEN
9	markiere die Zeile mit (0) und
10	setze $K = K \cup \{k\}$.
11	ENDIF
12	ENDFOR
13	IF jede markierte Zeile überprüft ist THEN GOTO 31
14	FOR jede markierte und nicht überprüfte Zeile k DO
15	FOR jede Null in der Zeile k DO
16	IF die Null in einer unmarkierten Spalte i steht THEN
17	IF die Spalte i eine gesternte 0 enthält THEN
18	markiere Spalte i mit der Marke (0, (k,i))
19	$I = I \cup \{i\}$
20	EndIF
21	ENDIF
22	IF die Spalte i keine gesternte 0 enthält THEN
23	markiere Spalte i mit der Marke (0, (k,i))
24	Endmarke = (0, (k,i))
25	GOTO 40
26	ENDIF
27	ENDFOR
28	Setze die Zeile k auf den Status überprüft.
29	ENDFOR
30	ENDIF
31	IF jede markierte Spalte überprüft ist THEN GOTO 40
32	FOR jede markierte und nicht überprüfte Spalte i DO
33	Wähle die Zeile k, in der die gesternte 0 von Spalte i steht
34	Markiere Zeile k mit der Marke (0*, (k,i))
35	$K = K \cup \{k\}$
36	Setze die Spalte i auf den Status überprüft.
37	ENDFOR
38	GOTO 40
39	ENDIF
40	Durchbruch = true

Terminierung

Interpretation: Da wir von partiellen Zuordnungen ausgehen, wird in Schritt 7 mindestens eine Zeile k mit (0) markiert. Jede Null in dieser Zeile k steht in einer Spalte i, die eine gesternte Null besitzt, da die reduzierte Matrix maximal belegt ist. Nach Schritt 7 werden die in 7 markierten Zeilen in Schritt 13 überprüft und für jede dieser Zeilen Spalten i aufgefunden mit einer gesternten Null. Diese Spalten werden dann mit $(0,(k,i))$ markiert. In Schritt 31 werden die in Schritt 13 markierten Spalten überprüft und die Zeilen mit der gesternten Null markiert. Dann erfolgt der Rücksprung zu Schritt 13, wo erstmals ein Durchbruch auftreten kann, d. h. eine alternierende Kette $0 - 0^* - 0$ gefunden werden kann. Ist dies nicht der Fall, dann springt das Verfahren weiter zu 31 und dann wieder zurück zu 13, wo dann ebenfalls ein Durchbruch auftreten kann, d. h. eine alternierende Kette mit fünf Gliedern $0 - 0^* - 0 - 0^* - 0$ gefunden werden kann. Diese Kette kann dann in eine erweiterte Zuordnung $0^* - 0 - 0^* - 0 - 0^*$ umgewandelt werden, u.s.w. Wenn ein Durchbruch gefunden wird, bricht das Verfahren ab und die Variable Durchbruch erhält den Wert true. Andernfalls bricht das Verfahren ab, ohne einen Durchbruch zu finden.

Das Beispiel in Tabelle 6-20 zeigt die Vorgehensweise des Markierungsverfahrens mit $Z = \{(1,6)\}$ auf. Der Durchbruch wird in Schritt 10 mit der Endmarke = $(0,(1,7))$ erzielt. Aus dem Wert der Endmarke läßt sich nun rekusiv die alternierende Kette der gesternten und ungesternten Nullen aufbauen: Die Endmarke steht in Spalte 7. Sie verweist auf Zeile 1 mit der Marke $(0^*,(1,6))$, die auf Spalte 6 verweist. Spalte 6 besitzt die Marke $(0,(2,6))$, die auf Zeile 2 verweist mit der Marke (0). Damit ist in Spalte 6 das Ende der alternierenden Kette erreicht: $(0,(1,7)) - (0^*,(1,6)) - (0,(2,6))$. Diese Kette wird so interpretiert, dass die Zuordnung (1,6) aus Z gestrichen und die Zuordnungen (1,7) und (2,6) in Z aufgenommen werden. Damit ist die Zahl der Zuordnungen in der partiellen Zuordnung Z um eins gestiegen: $Z = \{(1,7), (2,6)\}$. Die Verteilung der gesternten Nullen in R wird gemäß der neuen Zuordnung geändert.

Tabelle 6-20: *Beispiel des Markierungsverfahrens*

Crew/Flug	6	7	8	9	10	Schritt	Marke
1	0^*	0	0	0	0	10	$(0^*,(1,6))$
2	0	3	3	3	3	1,5	(0)
3	0	3	3	3	3	2,6	(0)
4	0	3	3	3	3	3,7	(0)
5	0	3	3	3	3	4,8	(0)
Schritt	9						
Marke	$(0,(2,6))$	$(0,(1,7))$ Durchbruch					

Dass die Voraussetzung einer nicht maximal belegten reduzierten Matrix R für das Verfahren notwendig ist, zeigt das Beispiel der Tabelle 6-21. R ist nicht maximal belegt, da in Zeile 2 die Null in Spalte 6 auftritt, die keine gesternte Null aufweist. Das Verfahren, angewendet auf R, bricht ab mit dem fälschlichen „Durchbruch" 0 – 0*.

Tabelle 6-21: *Beispiel einer nicht maximal belegten reduzierten Matrix*

Crew/Flug	6	7	8	9	10
1	0	0*	0	0	0
2	0	3	3	3	3
3	0	3	3	3	3
4	0	3	3	3	3
5	0	3	3	3	3

Wenn mit dem Markierungsverfahren kein Durchbruch erzielt wird, dann werden die Dualvariablen mit Hilfe der Indexmengen I und K des Markierungsverfahrens wie folgt korrigiert, um eine zusätzliche Null in R zu erzeugen:

Verfahren 6-8: *Korrektur der Dualvariablen*

1 Setze $\delta = \min \{ r_{ki} : k \in K, i \notin I \}$.

2 Setze $u_k = u_k + \delta$ für $k \in K$ und $u_k = u_k$ sonst

3 $v_i = v_i - \delta$ für $i \in I$ und $v_i = v_i$ sonst

Nach dem Markierungsverfahren sind die Elemente r_{ki} der reduzierten Matrix auf dem Indexfeld $k \in K$, $i \notin I$ positiv, da das Markierungsverfahren in Schritt 13 in allen Zeilen $k \in K$ Nullen in den Spalten $i \in I$ auffindet. Damit ist $\delta > 0$. Man kann diese Wahl von δ dahingehend interpretieren, dass mit den **geringsten Zusatzkosten** in R eine neue Null im Indexfeld $k \in K$, $i \notin I$ erzeugt wird. Denn mit der Änderung der Dualvariablen ändern sich nach der Definition von R mit $r_{ki} = c_{ki} - u_k - v_i$ die Werte der reduzierten Matrix wie folgt:

- $r_{ki} = r_{ki} - \delta$, wenn $k \in K$, $i \notin I$

- $r_{ki} = r_{ki} + \delta$, wenn $k \notin K$, $i \in I$

- $r_{ki} = r_{ki}$, sonst.

Wir fassen die verschiedenen Verfahren nun zu dem Verfahren Ungarischer Algorithmus zusammen:

Verfahren 6-9:   Ungarischer Algorithmus

Initialisierung

1   Gegeben ist eine Kostenmatrix C mit n Zeilen.

2   Bestimme die reduzierte Matrix R und die Dualvariablen (u,v)

3   Mit dem Verfahren Startlösung bestimme eine Startlösung Z.

Verarbeitung

4   WHILE Z weniger als n Zuordnungen enthält DO

5   Markierungsverfahren

6   IF Durchbruch = true THEN

7   erweitere Z mit einer alternierenden Kette
            und ändere R.

8   ENDIF

9   IF Durchbruch = false THEN

10   Verfahren Korrektur der Dualvariablen.

11   ENDIF

12 EndWHILE

Abbruch

Das Ergebnis dieses Verfahrens ist eine kostenminimale Zuordnung Z. Die Kosten K der Zuordnung betragen, mit den ermittelten Dualvariablen ausgedrückt: $K = \sum v_k + \sum u_i$, oder mit den Primalvariablen x_{ki} ausgedrückt: $K = \sum_{k,i \in Z} c_{ki} x_{ki}$.

Die Komplexität des Ungarischer Algorithmus' beträgt $O(n^3)$. Für jede Zeile müssen Minimum oder die Lage der Nullen ermittelt werden. Dieses hat den Aufwand von $O(n^2)$. Im ungünstigsten Fall ist $(n-1)$-mal das Markierungsverfahren zu starten. Zusammen ergibt dies einen Aufwand von $O(n^3)$.

Beispiel 6-7

Geben sei die folgende Kostenmatrix:

Tabelle 6-22:   *Beispiel einer Kostenmatrix*

Crew/Flug	7	8	9	10	11	12
1	7	7	19	5	4	4
2	16	7	7	7	11	11
3	3	10	3	3	15	7
4	19	5	7	10	18	18
5	23	5	2	11	13	13
6	1	20	24	3	21	16

Nach Abziehen der Zeilen- und Spaltenminima ergeben sich die reduzierte Matrix R mit den Dualvariablen (u,v) und einer Startlösung (fett) wie folgt:

Tabelle 6-23:   *Reduzierte Matrix*

Crew/Flug	7	8	9	10	11	12	u_k
1	3	3	15	1	**0***	0	4
2	9	0	0	**0***	4	4	7
3	**0***	7	0	0	12	4	3
4	14	**0***	2	5	13	13	5
5	21	3	**0***	9	11	11	2
6	0	19	23	2	20	15	1
v_i	0	0	0	0	0	0	

Die partielle Zuordnung der Startlösung ist $Z = \{(1,11), (2,10), (3,7), (4,8), (5,9)\}$. Das Markierungsverfahren bricht nach 10 Schritten ab, und die Marken sind wie folgt auf den Spalten und Zeilen:

Tabelle 6-24:   *Schritte des Markierungsverfahrens*

Crew/Flug	7	8	9	10	11	12	Schritt	Marke
1	3	3	15	1	0*	0		
2	9	0	0	0*	4	4	7	(0*,(2,10))
3	0*	7	0	0	12	4	4	(0*,(3,7))
4	14	0*	2	5	13	13	10	(0*,(4,8))
5	21	3	0*	9	11	11	8	(0*,(5,9))
6	0	19	23	2	20	15	1,2	0
Schritt	3	9	5	6				
Marke	(0,(6,7))	(0,(2,8))	(0,(3,9))	(0,(3,10))				

Es zeigt sich, dass kein Durchbruch gefunden wurde, sondern die Dualvariablen geändert werden müssen. Die Indexmenge der markierten Zeilen ist $K = \{2,3,4,5,6\}$ und der markierten Spalten $I = \{7,8,9,10\}$. Dass Minimum δ der Werte in R auf dem Indexfeld $K \times I^c$ ist 4.

Die neue reduzierte Matrix R mit den Dualvariablen (u,v) und einer Startlösung (fett) ergibt sich wie folgt:

Tabelle 6-25:   *Änderung der reduzierten Matrix*

Crew/Flug	7	8	9	10	11	12	u_k
1	7	7	19	5	0*	0	4
2	9	0*	0	0	0	0	11
3	0*	7	0	0	8	0	7
4	14	0	2	5	9	9	9
5	21	3	0*	9	7	7	6
6	0	19	23	2	16	11	5
v_i	-4	-4	-4	-4	0	0	

Die partielle Zuordnung der Startlösung ist $Z = \{ (1,11), (2,8), (3,7), (5,9) \}$. Nach Ablauf des Markierungsverfahrens ergibt sich in 7 Schritten ein Durchbruch:

Tabelle 6-26:   *Schritte des Markierungsverfahrens*

Crew/Flug	7	8	9	10	11	12	Schritt	Marke
1	7	7	19	5	0*	0		
2	9	0*	0	0	0	0	7	(0*,(2,8))
3	0*	7	0	0	8	0		(0*,(3,7))
4	14	0	2	5	9	9	1,3	0
5	21	3	0*	9	7	7		
6	0	19	23	2	16	11	2,4	0
Schritt	5	6						
Marke	(0,(6,7))	(0,(4,8))	(0,(2,9))	(0,(2,10)) Durch- bruch				

Wir erhalten die alternierende Kette: $(0,(2,10)) - (0^*,(2,8)) - (0,(4,8))$. und erhalten eine neue Verteilung von gesternten Nullen in R und eine neue Zuordnung $Z = \{ (1,11), (2,10), (3,7), (4,8), (5,9) \}$:

Tabelle 6-27:   *Neue Zuordnung*

Crew/Flug	7	8	9	10	11	12
1	7	7	19	5	0*	0
2	9	0	0	0*	0	0
3	0*	7	0	0	8	0
4	14	0*	2	5	9	9
5	21	3	0*	9	7	7
6	0	19	23	2	16	11

In einem weiteren Markierungsverfahren ergibt sich in 4 Schritten erneut ein Durchbruch:

Tabelle 6-28:   *Schritte des Markierungsverfahrens*

Crew/Flüge	7	8	9	10	11	12	Schritt	Marke
1	7	7	19	5	0*	0		
2	9	0	0	0*	0	0		(0*,(2,10))
3	0*	7	0	0	8	0	4	(0*,(3,7))
4	14	0*	2	5	9	9		
5	21	3	0*	9	7	7		(0*,(5,9))
6	0	19	23	2	16	11	1,2	0
Schritt	3							
Marke	(0,(6,7))		(0,(3,9))	(0,(3,10))		(0,(3,12)) Durch- bruch		

Wir erhalten die alternierende Kette: $(0,(3,12)) - (0^*,(3,7)) - (0,(6,7))$, eine neue Verteilung von gesternten Nullen in R und eine neue Zuordnung $Z = \{(1,11), (2,10), (3,12), (4,8), (5,9), (6,7)\}$:

Tabelle 6-29:   *Die optimale Zuordnung*

Crew/Flug	7	8	9	10	11	12
1	7	7	19	5	0*	0
2	9	0	0	0*	0	0
3	0	7	0	0	8	0*
4	14	0*	2	5	9	9
5	21	3	0*	9	7	7
6	0*	19	23	2	16	11

Die Zuordnung Z ist optimal, da in jeder Zeile und Spalte eine gesternte Null aufgefunden werden konnte und die Bedingungen (B1) und (B2) des komplementären Schlupfes gelten. Die Kosten der optimalen Zuordnung betragen $K = \sum v_k + \sum u_i = 26$.
Das Beispiel ist insofern bemerkenswert, als nach der Änderung der reduzierten Matrix durch den ersten Einsatz des Markierungsverahrens die zuerst aufgefundene partielle Zuordnung von Z = { (1,11), (2,10), (3,7), (4,8), (5,9) } mit 5 Elementen $x_{ki} = 1$ auf Z = { (1,11), (2,8), (3,7), (5,9) } geändert wird mit bloß noch 4 Elementen $x_{ki} = 1$, obwohl die neue reduzierte Matrix durch Abzug von $\delta = 4$ drei Nullen mehr aufweist.

Die Bezeichnung „Ungarischer Algorithmus" geht zurück auf den Satz der beiden ungarischen Mathematiker König und Egervary, dass in einer quadratischen Matrix die maximale Anzahl der gesternten Nullen gleich der minimalen Anzahl von Überdeckungslinien ist, mit denen alle Nullen in der Matrix „überdeckt" werden können.

Um diese Aussage zu veranschaulichen, nehmen wir die obige

Tabelle 6-27 mit 5 gesternten Nullen:

Tabelle 6-30:   *Überdeckung von Nullen*

Crew/Flug	7	8	9	10	11	12
1	3	3	15	1	0*	0
2	9	0	0	0*	4	4
3	0*	7	0	0	12	4
4	14	0*	2	5	13	1
5	21	3	0*	9	11	11
6	0	19	23	2	20	15

Mehr als 5 gesternte Nullen weist die Matrix Tabelle 6-30 nicht auf, da das obige Markierungsverfahren keinen Durchbruch auffindet. Alle Nullen dieser Matrix können durch Decklinien auf den Spalten 7,8,9,10 und einer Decklinie auf Zeile 1 überdeckt werden. Aus dem Satz von König und Egervary wurde von Kuhn (1955) der Ungarische Algorithmus entwickelt.

6.3 Das kapazitierte Warehouse Location Problem

An diesem Punkt stellen wir in einem Transportmodell n_1 Anbieter S und n_2 Abnehmer T in einem bipartiten Netzwerk gegenüber und fragen, an welchen Standorten der Anbieter Werke oder Lagerhäuser einzurichten sind, um die Abnehmer kostenminimal zu versorgen, $S = \{1,2,..., n_1\}$, $T = \{1',2',..., n_2'\}$. Die Modellformulierung bezieht sich nicht alleine auf die Minimierung der variablen Transportkosten wie im Transportmodell, sondern fügt zusätzlich noch die entstehenden monatlichen **Fixkosten** F_k in das Modell ein, die bei der Eröffnung eines Anbieterstandortes entstehen. Gefragt wird bei diesem Modellansatz nach der Summe von fixen und variablen Kosten zur Versorgung von bestimmten Absatzgebieten. Vorgegeben sind ferner die Höchstmengen b_i der Nachfragen der Abnehmer, $i = 1,..., n_2$, und der Angebotsmengen a_k der Anbieter, $k = 1,..., n_1$. Damit liegen Kapazitätsbeschränkungen der Anbieter vor. Man spricht daher auch vom **kapazitierten Warehouse Location Problem**. Während man im klassischen Transportmodell von einem Ausgleich von Angebot und Nachfrage in der Summe ausgeht, d. h. $\sum_k a_k = \sum_i b_i$, wird hier angenommen, dass das aggregierte Angebot deutlich über der aggregierten Nachfrage liegt, $\sum_k a_k >> \sum_i b_i$, da es um eine Auswahl von Lieferstandorten geht. Mit c_{ki} bezeichnen wir die Kosten, die entstehen, wenn eine Mengeneinheit von Anbieter k zum Nachfrager i transportiert wird, und mit x_{ki} die Menge, die von Anbieter k zum Nachfrager i transportiert wird[1]. Das kapazitierte Warehouse Location Problem lässt sich als ein gemischt ganzzahliges Optimierungsproblem formulieren, indem der Einbezug von Fixkosten mit Binärvariablen formalisiert wird. Die Location-Variable y_k ist gleich 1, wenn Standort k als Lagerstandort aufgenommen wird und sonst gleich 0.

Wir erhalten dann die Formulierung als Minimierung der Gesamtkosten (= Summe von variablen Kosten und von Fixkosten):

$$\min \sum_{k,i} c_{ki} x_{ki} + \sum_k F_k y_k$$

unter den fünf Restriktionsklassen:

---

[1] Die Definition der Größen c_{ki} und x_{ki} weicht hier von der beim p-Median-Problem ab.

(1) $\quad \sum_{k} x_{ki} = b_i$, $i = 1, ..., n_2$ $\qquad$ (Erfüllen der Nachfrage)

(2) $\quad \sum_{i} x_{ki} \leq a_k$, $k = 1, ..., n_1$ $\qquad$ (begrenztes Angebot)

(3) $\quad x_{ki} \leq \min(a_k, b_i) y_k$, $k = 1, ..., n_1, i = 1, ..., n_2$

(4) $\quad x_{ki} \geq 0$, $k = 1, ..., n_1$, $i = 1, ..., n_2$

(5) $\quad y_k \in \{0,1\}$, $k = 1, ..., n_1$

Die Restriktion (1) drückt aus, dass jeder Nachfrager befriedigt wird. In der Restriktion (2) wird sichergestellt, dass die Lieferungen nicht das Angebot des Standortes k übersteigen. Mit der Restriktion (3) wird erreicht, dass Lieferungen vom Standort k Null sind, wenn der Standort nicht eröffnet wird.

Zur Lösung des kapazitierten Warehouse Location Problems geben wir hier eine einfache Greedy Heuristik (Verfahren 6-10) an und behandeln später die Lösung mit Standard-Software. Die Greedy Heuristik geht so vor, dass für jeden Standort k die Kostensätze c_{ki} der variablen Kosten aufsteigend sortiert werden und in dieser Reihenfolge die Nachfrager vom Standort k versorgt werden, bis die Kapazität von k erschöpft ist. Der Standort k_0 mit den niedrigsten Kosten pro gelieferter Menge wird endgültig ausgewählt und in die Menge K^* der endgültig ausgewählten Standorte aufgenommen. Die Nachfrager i, die von endgültig ausgewählten Standorten k_0 aus versorgt werden, werden in die Menge I^* aufgenommen, und für diese $x_{ki} = b_i$ gesetzt. Um das Verfahren zu vereinfachen, wird angenommen, dass die Nachfrage b_i von jedem Anbieter befriedigt werden kann:

$$b_i \leq a_k , k = 1, ..., n_1, i = 1, ..., n_2$$

Dieses Verfahren wird unter Berücksichtigung der bereits endgültig ausgewählten Standorte K^* und der versorgten Nachfrager I^* solange neu gestartet, bis alle Nachfrager versorgt oder die Angebote erschöpft sind.

Wir betrachten die aufsteigend sortierten Kostensätze c_{ki} des Standorts k für die Permutation $i \rightarrow p(k,i)$, so dass $c_{kp(k,i)} \leq c_{kp(k,i+1)}$, $i = 1, ..., n_2 - 1$. Mit End(k, I^*) bezeichnen wir die Zahl der Nachfrager, die bei aufsteigender Kostensortierung und der bereits versorgten Nachfragern I^* vom Standort k aus versorgt werden können:

$$\text{End}(k, I^*) = \max \{s: \sum_{\substack{i=1 \\ p(k,i) \notin I^*}}^{s} b_{p(k,i)} \leq a_k, s \leq n_2\}, k = 1...n_1 .$$

Verfahren 6-10:   Heuristik kapazitiertes Warehouse Location Problem

---

Initialisierung

1    $I^* = \varnothing$, $K^* = \varnothing$.

2   Berechne Kost(k) und Mengen(k) für $k = 1,..., n_1$.

Verarbeitung

3   WHILE ($|K^*| < n_1$) AND ($|I^*| < n_2$) DO

4   Bestimme Index k_0 mit Kost(k_0)/Menge(k_0) = min {Kost(k)/Menge(k) : k=1,..., n_1 ,$k \notin K^*$}

5   Setze $K^* = K^* \cup \{ k_0 \}$

6   Schließe Nachfrager $p(k_0,i)$ mit $p(k_0,i) \notin I^*$ an Standort k_0 an:

$x_{k_0 p(k_0,i)} = b_{p(k_0,i)}, i = 1...End(k_0,I^*)$

7   Setze $I^* = I^* \cup \{ p(k_0,i): i \le End(k_0, I^*)$ und $p(k_0,i) \notin I^* \}$

8   Berechne Kost(k) für $k = 1,..., n_1, k \notin K^*$

9   ENDWHILE

Die Gesamtkosten, die bei Versorgung der End(k,I^*) kostengünstigsten Nachfrager vom Standort k aus auftreten, sind gegeben durch:

$$\text{Kost}(k) = F_k + \sum_{\substack{i=1 \\ p(k,i)\notin I^*}}^{End(k,I^*)} c_{kp(k,i)}\, b_{p(k,i)} , k = 1,...,n_1 .$$

Die vom Standort k aus gelieferte Menge bestimmt sich als

$$\text{Menge}(k) = \sum_{\substack{i=1 \\ p(k,i)\notin I^*}}^{End(k,I^*)} b_{p(k,i)} , k = 1,...,n_1 .$$

Beispiel 6-8

Die Tabelle 6-31 enthält in der letzten Zeile die Nachfrage der Absatzgebiete, in der vorletzten Spalte die Angebote der Herstellungsorte und im Zentralbereich die Kosten pro transportierter Einheit. In der letzten Spalte sind die mit dem Betrieb eines Standortes verbundenen Fixkosten abgetragen.

Tabelle 6-31:   *Transportkosten und Fixkosten im Netzwerk*

Absatzorte Herstellungsorte	[1] München	[2] Hannover	[3] Frankfurt	[4] Köln	[5] Dresden	Angebot	Fix- kosten
[1] Berlin	20	10	20	50	20	1.800	80.000
[2] Nürnberg	15	20	25	30	20	2.400	60.000
[3] Kassel	40	10	15	30	40	3.200	90.000
[4] Hamburg	70	20	25	30	50	1.200	50.000
Nachfrage	600	750	800	900	700		

Wenn wir die Kostensätze in den Zeilen aufsteigend sortieren, erhalten wir folgende Permutationen:

$p(1,\cdot) = (2,1,3,5,4)$, $p(2,\cdot) = (1,2,5,3,4)$, $p(3,\cdot) = (2,3,4,1,5)$, $p(4,\cdot) = (2,3,4,5,1)$.

Wir initialisieren $I^* = \varnothing$, $K^* = \varnothing$.

Im ersten Durchlauf der While-Schleife ermitteln wir: End$(1,I^*) = 2$, End$(2,I^*) = 3$, End$(3,I^*) = 4$, End$(4,I^*) = 1$. Daraus ergeben sich Kost$(1) = 750{*}10 + 600{*}20 + 80.000 = 99.500$. Die übrigen Werte sind Kost$(2) = 98.000$, Kost$(3) = 160.500$, Kost$(4) = 65.000$. Menge$(1) = 1350$, Menge$(2) = 2050$, Menge$(3) = 3050$, Menge$(4) = 750$.

Das Kostenminimum wird an Standort 2 mit 47,80 GE pro gelieferter Mengeneinheit (= 98.000 GE / 2.050 ME) angenommen. Damit wird Standort 2 (Nürnberg) in K^* aufgenommen. Versorgt werden Nachfrager München, Hannover und Dresden. $K^*=\{2\}$, $I^* = \{1,2,5\}$.

Im zweiten Durchlauf der while-Schleife ermitteln wir: End$(1,I^*) = 2$, End$(3,I^*) = 2$, End$(4,I^*) = 1$. Und damit Kost$(1) = 141.000$, Kost$(3) = 129.000$, Kost$(4) = 70.000$, Menge$(1) = 1700$, Menge$(3) = 1700$, Menge$(4) = 800$.

Das Kostenminimum wird an Standort 3 mit 75,88 GE pro gelieferter Mengeneinheit (=129.000 GE/1.700 ME) angenommen. Damit wird Standort 3 (Kassel) in K^* aufgenommen. $K^*=\{2,3\}$. Versorgt vom Standort 3 werden Nachfrager 3 und 4, $I^* = \{1, 2, 3, 4, 5\}$. Damit sind alle Nachfrager versorgt. Die Gesamtkosten belaufen sich auf 98.000 + 129.000 = 227.000 GE.

Zur Lösung des kapazitierten Warehouse Location Problems gibt es eine breite Auswahl an **Standardsoftware**. Eine Übersicht über Software zum Themenkreis Standortoptimierung geben Geoffrion et al. (1995) und Bender et al. (2004). Wenn wir das Die Gesamtkosten, die bei Versorgung der End(k,I^*) kostengünstigsten Nachfrager vom Standort k aus auftreten, sind gegeben durch:

$$\text{Kost}(k) = F_k + \sum_{\substack{i=1 \\ p(k,i)\in I^*}}^{End(k,I^*)} c_{kp(k,i)}\, b_{p(k,i)} \, , k = 1,...,n_1 \, .$$

Die vom Standort k aus gelieferte Menge bestimmt sich als

$$\text{Menge}(k) = \sum_{\substack{i=1 \\ p(k,i) \in I^*}}^{End(k,I^*)} b_{p(k,i)} \, , k = 1, \ldots, n_1 \, .$$

Beispiel 6-8 mit Standardsoftware lösen, die mit einem Brand and Bound Verfahren das Optimum sucht, erhalten wir die in Tabelle 6-32 angegebenen Ergebnisse. Auch diese Lösung wurde mit Hilfe der Software "What's Best" ermittelt. Danach werden die Fabrikationsstandorte Berlin und Nürnberg eröffnet, und es fallen Fixkosten von 140.000 GE pro Monat an. An den vorgesehenen Standorten Kassel und Hamburg werden dagegen keine Werke errichtet. Die Nachfrager Hannover und Frankfurt werden von Berlin aus beliefert, während die übrigen Nachfrager von Nürnberg beliefert werden.

Tabelle 6-32:   *Lösung des Standortproblems*

Nachfrageorte Herstellungsorte	[1] München	[2] Hannover	[3] Frankfurt	[4] Köln	[5] Dresden	Summe
[1] Berlin	0	750	800	0	0	
[2] Nürnberg	600	0	0	900	700	
[3] Kassel	0	0	0	0	0	
[4] Hamburg	0	0	0	0	0	
Transportkosten	9.000	7.500	16.000	27.000	14.000	73.500
Fixkosten						140.000
Gesamtkosten						213.500

Wir erkennen, dass die Gesamtkosten des Optimums bei 213.500 GE liegen, und damit um 13.500 GE unter der Lösung von 227.000 GE, die mit der Heuristik erzielt wurde. Damit liegt die Branch-and-Bound-Lösung der Standardsoftware um 5,9% unter der Lösung der Heuristik, was die Leistungsfähigkeit der Branch-and-Bound Verfahrens für kapazitierte Warehouse Location Probleme unterstreicht.

Weiterführende Literatur

Chang G. J., Ho P.-H.: The β-assignment problems, in: European Journal of Operational Research, Heft 3/1998, S. 593-600

Pilot C., Pilot S.: A model for allocated versus actual costs in assignment and transportation problems, in: European Journal of Operational Research, Heft 3/1999, S. 570-581

Vidal C. J., Goetschalckx M.: A global supply chain model with transfer pricing and transportation cost allocation, in: European Journal of Operational Research, Heft 1/2001, S. 134-158

Yan S, Chang J.-C.: Airline cockpit crew scheduling, in: European Journal lf Operational Research, Heft 3/2002, S. 501-511

7 Hub-Konfigurationen in Paket- und Airline-Netzen

Die Diskussion um die Konfiguration von Transportnetzen war in der Vergangenheit sehr stark von dem hierarchischen Ansatz geprägt, der seit den 60er Jahren entwickelt wurde und die Versorgung von Handelsketten-Outlets über ein- oder mehrstufige Systeme von regional angesiedelten Lagerhäusern zum Ausgangspunkt hatte. In der Location Theory ging es daher darum, ausgehend von der räumlichen Verteilung der Nachfrage der Outlets, Anzahl und Verteilung von Zentral- und Regionallagern zu planen (vgl. Kapitel 5). Ausschlaggebend waren dafür die Zielgrößen der Kostenminimierung und der Marktabdeckung. Bei letzterem Ziel wurden auch die Standorte neu zu errichtender Outlets einbezogen. Mit dem Aufkommen von Paket- und Expressdiensten sowie der Deregulierung der Luftverkehrsmärkte in den USA entstand jedoch ein neuer Typ von Transportnetzen. Ging es bei der Konsumgüterdistribution um bodengebundene Verkehre und um die Verteilung von wenigen Werken zu vielen Outlets (wenige-zu-viele), so erfordern die auf dem Luftverkehr basierenden Transportnetze für Paketdienste und Passagiertransport die Verbindung von vielen Quellgebieten zu vielen Zielgebieten (viele-zu-viele Transportnetze). Während in den klassischen Netzen für die Konsumgüterdistribution die Lagerhäuser eine hervorgehobene Funktion spielen, treten in den **Nabe-Speiche-Transportnetzen** diese gar nicht in Erscheinung, sondern werden durch zentrale Umschlagspunkte (Hubs) charakterisiert. Die Hubs dienen als Orte der Konzentration (bzw. der Verteilung) von Sendungen oder von Passagieren in derartigen Transportsystemen. Als ein weiterer Unterschied zu den bodengebundenen Verkehren von LKW und Bahnen ist anzumerken, dass die Transportwege im Luftverkehr nicht physisch vorgegeben sind, sondern erst durch den Flug konstituiert werden.

Auf dem Sektor des Passagiertransports haben sich in den Vereinigten Staaten seit der Deregulierung des Luftverkehrs im Jahre 1978 Zubringersysteme herausgebildet, welche die Passagiere zu den großen Hubs transportieren. Die eigentliche Fernverbindung wird für die Passagiere zwischen je zwei Hubs vorgenommen, und im Hub des Zielgebietes werden die Passagiere dann feinverteilt. Das bedeutet für den Passagiertransport, maximal zweimal auf Hubs umzusteigen. Für die Fluglinien ergibt sich durch Nabe-Speiche-Transportsysteme der Vorteil, dass auf den Langstreckenverbindungen Großraumflugzeuge eingesetzt werden können, die einen günstigen Kostensatz pro verkauftem Sitzkilometer aufweisen. Zubringerdienste und Feinverteilung im Zielgebiet werden dagegen mit vergleichsweise teuren, kleineren Fluggeräten bedient. Vergleichbare Netzwerke werden auch im Frachtbereich aufgebaut, hier vornehmlich bei den Paketdiensten. Besonders bekannt geworden ist der zentrale Umschlag von

Federal Express in Memphis. Hier werden die Pakete am späten Abend eingeflogen, am Boden umsortiert auf Zielgebiete und dann in den frühen Morgenstunden in die Zielgebiete weiter transportiert (siehe unten).

Im vergangenen Jahrhundert ist in den Standardwerken zur Location Theory relativ wenig Notiz zu Nabe-Speiche-Transportnetzen genommen worden (vgl. z. B. Drezner 1995, Francis u. a. 1992, Mirchandani und Francis 1990). Zumeist dominieren die klassischen Ansätze der Location Theory, wie das Auffinden von Centern und von Medianen im stetigen Fall der Ebene oder im diskreten Fall in Netzwerken. In der US-Literatur zu Transportnetzen spielt das Thema Hubs erst Ende der 80er Jahre eine stärkere Rolle. So weist der Übersichtsartikel von Magnanti aus dem Jahre 1984 zum Netzwerkdesign und Transportation Planning noch keinen Bezug zu Nabe-Speiche-Transportsysteme auf. Kanafani 1981 zeichnet die Entwicklung der regionalen Luftverkehrsnetze seit den 60er Jahren bis zur Deregulierung im Jahre 1978 nach und analysiert, wie die Größen Flugzeugtechnologie und Auslastung die Netzstruktur bestimmen und zur Bildung von Hubs für den Passagiertransport führen. Die Diskussion um die Lokalisierung von Hubs wurde mit dem Papier von O'Kelly 1987 begonnen.

Der von Hubs bestimmte Typ von Netzwerken wird für die zukünftigen europäischen Transportnetze eine große Rolle spielen, wenn man die Evolution von Nabe-Speiche-Transportsystemen in den USA seit der Deregulierung des Luftverkehrs betrachtet (vergl. Vahrenkamp 2005). Betrachtet man die Transportmärkte in Europa, so fällt auf, dass trotz der Deregulierung seit dem Jahre 1997 sowohl die bodengebundenen Verkehre (Bahn, LKW) wie auch die Luftverkehre noch größtenteils national organisiert sind. Übergreifende europaweite Optimierungen der Transportnetze liegen weder im Passagierbereich noch im Frachtbereich vor. Zieht man jedoch die Erfahrungen in den USA der vergangenen 20 Jahre heran, so gelangt man zu der **Prognose**, dass innerhalb kurzer Zeit großflächige europaweite Transportnetze entstehen werden. Haben in Europa bisher Hub orientierte Transportnetze in den nationalen Paketdiensten und nationalen Systemverkehren für Stückgut als bodengebundene LKW-Verkehre eine große Rolle gespielt, zumindest in Deutschland, so ist davon auszugehen, dass für europaweit optimierte Netze der Flugverkehr dominieren wird, wie dies auch in den USA zu beobachten ist. Da bisher eine kontinentale Optimierung von Transportnetzen nur in den USA vor sich gegangen ist, Europa jedoch noch auf diese Aufgabe wartet, liegen Veröffentlichungen zu Nabe-Speiche-Transportsystemen fast ausschließlich aus den USA vor. Im Folgenden soll gezeigt werden, in welcher Weise diese Transportnetze überhaupt zu konfigurieren sind und welche Möglichkeiten der Optimierung für Nabe-Speiche-Transportsysteme überhaupt existieren.

7.1 Vorteilhaftigkeit von Hub-Konfigurationen

Wir wollen im Folgenden einige grundlegende Begriffe für die Analyse von Hub orientierten Transportnetzen geben und deren Vorteilhaftigkeit diskutieren, bevor wir in
Abschnitt 3 die Gestaltungsfragen näher analysieren. Zwei grundlegende Eigenschaften von Hub-Netzwerken sind die Multiplikatorwirkung und die Konzentration von
Verkehren. Wir machen das durch folgende Abbildung deutlich:

Abbildung 7-1: Multiplikatorwirkung und Konzentrationswirkung von einem Hub H

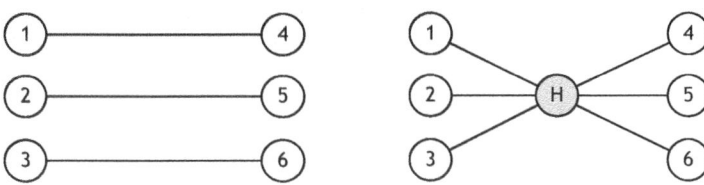

Wenn eine Airline unter 6 Städten drei Verbindungen unter drei Städtepaaren ermöglicht und dafür 3 Flugzeuge einsetzt (Abbildung 7-1, links), und so unter Einrechnung
von Rückflügen insgesamt 6 Relationen bedient, so kann sie durch Einführung eines
Hubs *H*, wo Passagiere umsteigen oder Fracht umgeladen wird, mit 6 Flugzeugen 30
Städtepaare verbinden: Stadt *i* mit allen Städten *j* für *i≠j*, also je Stadt *i* 5 Relationen,
d. h. insgesamt 6*5=30 Relationen. Wenn der Hub in einer weiteren Stadt 7 liegt, was
häufig der Fall ist, kommen noch 12 weitere Relationen hinzu. Die Relation Stadt *i*
zum Hub *H* wird auch als Speiche bezeichnet und der Hub *H* als Nabe. Man spricht
dann von Nabe-Speiche-Systemen (hub and spoke system).

Um eine Hub-Konfiguration von Abbildung 7-1 (rechts) aufzubauen und Umsteigen
und Umladen am Hub zu ermöglichen, ist eine zeitliche Abstimmung der Flüge erforderlich. Die Abflugzeiten in den Städten 1,...,6 sind so zu staffeln, dass die Flugzeuge
gleichzeitig im Hub eintreffen, so z. B. um 10:00 Uhr. Wenn man für Umsteigen und
Umladen am Hub eine Stunde kalkuliert, so können die Flugzeuge ab 11.00 Uhr zu
den Städten 1,...,6 zurückfliegen. Auf diese Weise können mit 6 Flugzeugen 30 Relationen bedient werden.

Ein Hub ermöglicht damit eine wesentlich größere Zahl von Relationen als im Direktverkehr herzustellen, ohne dass die Zahl der eingesetzten Flugzeuge genauso stark
steigt. Man spricht von der **Multiplikatorwirkung** von Hubsystemen. Ein weiterer
Aspekt ist die **Konzentration** von Verkehren. Während bei Direktverkehren von *i* nach
j nur das Aufkommen auf dieser Relation geflogen werden kann, so konzentriert ein

Abbildung 7-2: Netzlayout mit zwei Hubs

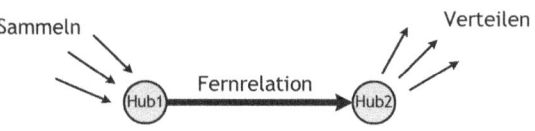

Flug von Stadt *i* zum Hub alle Passagiere (oder Frachtmengen), die von *i* nach *j* wollen, $i \neq j$. Die Konzentration von Verkehren wird auch als Economies of Densities bezeichnet. Die Konzentration wird vor allem bei transkontinentalen Fernverkehren deutlich, die zwischen zwei Hubs, etwa Frankfurt und Hongkong, vor sich gehen. Liegt diese Konfiguration von zwei Hubs vor, so wird der Teil der Sendungen, die ins Zielgebiet eines anderen Hubs gebracht werden sollen, zusammengefasst, über eine Fernrelation zu diesem Hub gebracht und dort distribuiert (vgl. Abbildung 7-2).

Abbildung 7-3: Luftverkehrs-Netzwerk mit zwei Hubs der Lufthansa

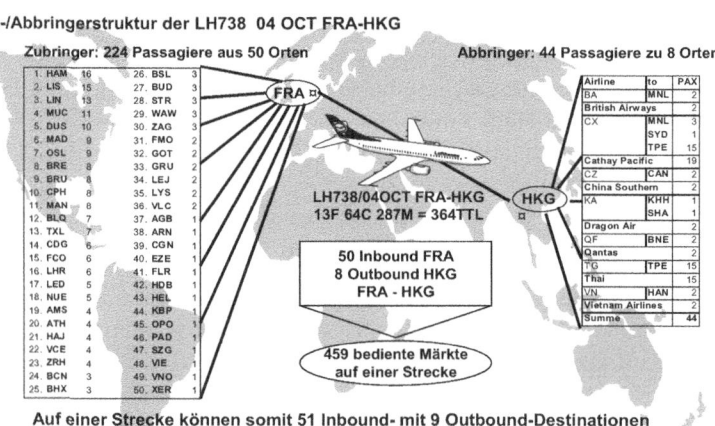

Hub Systeme werden von einzelnen Carriern für ihre Relationen an bestimmten Flughäfen aufgebaut. So besitzen die nationalen Carrier in Europa ihre Hubs in den Hauptstädten oder in Ballungsräumen mit hoher Bevölkerungszahl: Air France in Paris, Lufthansa in Frankfurt und München. Abbildung 7-3 zeigt dafür das Beispiel der Lufthansa (Mayrhuber 2002).

Da die nationalen Carrier vor der Deregulierung des Luftverkehrs an ihren Hubs eine Vielzahl von Sonderrechten eingeräumt bekamen, wie günstige Lande- und Abflugzeiten (Slots), eigene Abfertigungssysteme, Wartungskapazitäten und Stellflächen, ist der Wettbewerb an den Hubs stark eingeschränkt. Von Mayer (2001) werden die betriebswirtschaftlichen Vorteile von Hub-Systemen wie folgt systematisiert:

Tabelle 7-1:   *Vorteile von Hub-Systemen (Quelle: Mayer 2001)*

Eigenschaft	Wirkung
Multiplikatoreffekte	Mit n Verbindungen zum Hub können n(n+1)/2 Städtepaare verbunden werden
Economies of Densities	Kostendegression aufgrund der Verkehrsverdichtung auf den Speichen und auf den Fernrelationen (höherer Sitzladefaktor bei Passagiertransport)
Economies of Scope	Kostendegression aufgrund von Verbundproduktion
Economies of Scale	Kostendegression durch Einsatz großer Flugzeuge auf den Speichen und auf den Fernrelationen
Online-Verbindungen	Kundenbindung an einen Carrier durch kürzere Reisezeit
Höhere Flugfrequenzen	Steigerung der Nachfrage
Hub- und Routendominanz	Wettbewerbsvorteile durch Markteintrittsbarrien
Hub-Prämie	Durchsetzung von höheren Preisen

Interpretation: Mit Online-Verbindungen ist gemeint, dass der Fluggast am Hub in ein Flugzeug des gleichen Carriers umsteigen kann. Da die Carrier ihre Hub-Systeme zeitlich optimieren, führt ein Wechsel des Carriers am Hub zu längeren Reisezeiten. Eine höhere Flugfrequenz erschließt ein größeres Kundenpotential, da der Verkehr von alternativen Beförderungsarten abgezogen wird. Die Hub- und Routendominanz ist Ausdruck der starken Stellung der nationalen Carrier an „ihren" Hubs und wirkt als eine Markteintrittsbarriere. Infolge der Vielzahl der angebotenen Relationen am Hub steigt dessen Attraktivität für Reisende, wodurch höhere Preise durchsetzbar werden.

Zur weiteren Diskussion wollen wir zwei mögliche Ausprägungen des Layouts von Netzen in reiner Form gegenüberstellen: das Netzwerk-Layout und das 1-Hub. Das Netzwerk-Layout zeichnet sich dadurch aus, dass jedes Quellgebiet mit jedem Zielgebiet direkt verbunden ist und keine Hubs und Zwischenstops zugelassen sind (vgl. Abbildung 7-4). Hingegen wird im 1-Hub angenommen, dass das Aufkommen im Umkreis eines Hubs im Hub gesammelt, dort konzentriert und im gleichen Gebiet wieder verteilt wird. Zwischenstops sind nicht zugelassen.

Abbildung 7-4: Netzwerk-Layout

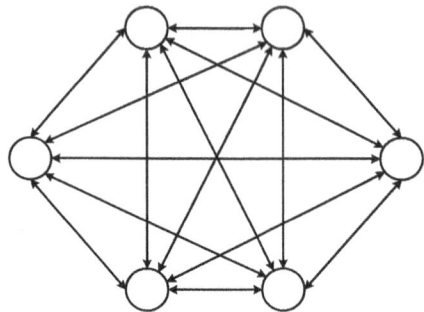

Man unterscheidet zwei Typen von 1-Hubs: Den Sanduhr-Hub und den Hinterland-Hub (vgl. Abbildung 7-5). Während der Sanduhr-Hub den Verkehr aus einer Region sammelt und in eine andere weiterleitet, sammelt und verteilt der Hinterland-Hub im gleichen Gebiet. Ein Beispiel für einen Sanduhr-Hub ist der Flughafen Mallorca, der die Passagiere aus Nord-Ost-Europa aufnimmt und dann auf die spanischen Flughäfen verteilt.

Abbildung 7-5: Sanduhr-Hub (links) und Hinterland-Hub (rechts)

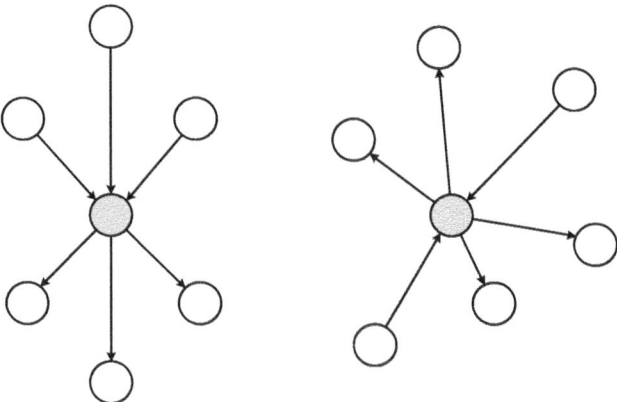

Die Konfiguration von Netzwerken des Güter- und Personentransportes als direkter Linienverkehr, Netzwerk-Layout oder als Layout eines 1-Hub, besitzt verschiedene betriebswirtschaftliche Vorteile, die im jeweiligen Kontext genutzt werden können und die bereits vielfach diskutiert worden sind (Vahrenkamp 1999). Wir heben hier lediglich drei Punkte hervor:

1. Die unterschiedliche Nutzungsintensität der Barcode-gesteuerten Sortiermaschinen bei Paketdienstnetzen in Abhängigkeit vom Layout der Netzwerke.

2. Das höhere Maß an Pünktlichkeit beim Passagiertransport in sternförmigen Netzen gegenüber von Liniensystemen mit Zwischenstops.

3. Der Trade Off zwischen Kapitalinvestitionen in Transportgerät einerseits und Nutzungsintensität der eingesetzten Transportgeräte andererseits in Abhängigkeit vom Layout des Transportsystems.

Der letzte Punkt soll an dieser Stelle mit einer modelltheoretischen Analyse, mittels einer Gegenüberstellung des Netzwerk-Layouts mit dem 1-Hub, erläutert werden. Hierzu nehmen wir 16 Kundenknoten an, die kreisförmig um einen zentralen Hub mit einem Radius von 1000 km gleichmäßig angeordnet sind. Das Sendungsaufkommen von Kundengebieten i nach j betrage jeweils 30 Tonnen. Als Transportmittel werden Flugzeuge mit 20 Tonnen Nutzlast eingesetzt. Werden die Transporte im Netzwerk-Layout ausgeführt, so ergeben sich nach Vahrenkamp (1999) folgende Größen im Vergleich zur Transportabwicklung über den 1-Hub:

Tabelle 7-2:   *Vergleich Netzwerk-Layout und 1-Hub*

Parameter	Netzwerk-Layout	1-Hub
Anzahl der benötigten Flugzeuge	480	368
Flugleistung insgesamt in tkm	20*361.920	20*720.000
Flugleistung pro Flugzeug in tkm	15.080	39.130

An diesen Daten wird deutlich, dass Netzwerke des Gütertransportes einer Hub-Konfiguration weniger Flugzeuge einsetzen, und zwar in diesem Modellfall um 23% weniger, diese aber, gemessen an der Flugleistung, intensiver nutzen und zwar in diesem Modellfall um den Faktor 8/3. Das folgende Portfolio in Abbildung 7-6 veranschaulicht den Trade Off zwischen Kapitalinvestition und Nutzungsintensität:

Abbildung 7-6: Trade Off zwischen Kapitalinvestition und Nutzungsintensität

Nutzung der Flugzeuge	Hoch	1-Hub	
	Niedrig		Netzwerk-Layout
		Niedrig	Hoch

Investition in Flugzeuge

7.2 Möglichkeiten der Netz-Konfiguration

Wir bringen im Folgenden eine Übersicht über die Literatur zum Layout von Transportnetzen. Wir unterscheiden in Abschnitt 7.3 die einfachen statischen Kostenminimierungsmodelle des p-Hub-Median-Problems, die keine Modellierung von Zeitstrukturen und keine Routenbildung zulassen, von denen in Abschnitt 7.4, in denen Zeitfenster, Zeitstrukturen und Routenplanung für die Flugzeuge eine Rolle spielen.

Die Modelle in der Literatur zum Layout von Transportnetzen gehen von N Quell- bzw. Zielgebieten aus, die entweder als Knoten in einem Graphen (diskrete Netzwerkansätze) oder als Punkte in der 2-dimensionalen Ebene (kontinuierliche Ansätze) repräsentiert werden und die als Kundenknoten bezeichnet werden. Jeder dieser Punkte ist eine Quelle Q von Verkehrsaufkommen, etwa in Form von Passagieren oder von Gütersendungen, wie z. B. Paketen, mit dem Ziel Z in einem der übrigen N-1 Zielgebiete. Betrachtet werden daher (Q-Z)-Paare (i,j) an Quell- und Zielgebieten, für die jeweils ein Mengenaufkommen W_{ij} definiert ist, $i{\neq}j$. Gefragt wird, ob die (Q-Z)-Paare mit einer direkten Transportrelation verbunden oder über Hubs konzentriert werden sollen. Man spricht in diesem Zusammenhang auch vom Routing der Passagiere bzw. der Sendungen.

Wird nach der Lokalisierung von Hubs im Netz gefragt, so müssen zunächst die potentiellen Standorte von Hubs definiert werden. Diese können einerseits in den Kundenknoten liegen und andererseits außerhalb dieser Kundenknoten. Kundenknoten, in welchen keine Hubs liegen, werden auch als Nicht-Hub-Knoten bezeichnet. Wenn eine direkte (Q-Z) Verbindung möglich ist, so nennt man diese Verbindung einen **Non-Stop-Service**. Sind keine direkten (Q-Z) Verbindungen möglich, so spricht man von einer **strikten Hubbing Politik**. In diesem Falle ist auf jedem Weg zwischen Quell- und Zielgebiet mindestens ein Hub eingeschlossen. Sind für ein (Q-Z)-Paar sowohl ein Non-Stop-Service als auch ein Weg über ein oder mehrere Hubs möglich, so spricht man von einer **nicht strikten Hubbing Politik**. Gefragt wird ferner, welche Quell- bzw. Zielgebiete welchen Hubs zugeordnet werden sollen (Allokationsproblem). Wir nehmen an, dass es für jeden Hub mindestens ein (Q-Z)-Paar gibt, dessen Verbindung über diesen Hub geroutet wird, wobei Q ein Nicht-Hub-Knoten ist. Damit werden Hubs ausgeschlossen, über die keine Sendungen anderer Kundenknoten geführt werden. Je nach Allokationsregel unterscheidet man die single Allocation von der multiplen Allocation. Bei der **single Allocation** wird jedes Quellgebiet unabhängig von dem speziellen Zielgebiet stets an den gleichen Hub angeschlossen. Zumeist wird für single Allocation die Regel der kleinsten Entfernung (oder Kosten) angewendet.

Anders ist die Situation bei der **multiplen Allocation**. Hier kann ein Quellgebiet an unterschiedliche Hubs angeschlossen werden, je nachdem, welche Zielgebiete erreicht werden sollen. Mit der Option der multiplen Allocation gehen die Hub-basierten Transportnetze über die bekannten Modelle der Location Theory hinaus, in der die Konsumgüterdistribution nur die Politik der single Allocation zulässt. Die Politik der multiplen Allocation ist beim Layout von Netzen für den Passagiertransport von Bedeutung, da Passagiere ungern erkennbar grosse Umwege in Kauf nehmen möchten und daher eine Zuordnung des Quellgebietes zu einem Hub, der nicht die Richtung des Zielgebiets berücksichtigt, vermieden werden sollte. Diese Einschränkung entfällt bei Paketdiensten.

Ist die Anzahl der p Hubs vorgegeben und fragt man nach der optimalen Lokalisation von Hubs, so spricht man von dem **single p-Hub-Median-Problem** bzw. **multiple p-Hub-Median-Problem** falls eine strikte Hubbing Politik und eine single bzw. multiple Allocation vorliegt.

Ferner ist die Anzahl p von Hubs im Netz festzulegen. Dabei sind die Anzahl p_K der realisierten Hubstandorte, die in Kundenknoten liegen, von der Anzahl p_H der realisierten Hubstandorte zu unterscheiden, die außerhalb von Kundenknoten liegen. Wir haben dann definitionsgemäß $p = p_K + p_H$. Damit die oben erhobene Forderung erfüllt werden kann, dass an jeden Hubknoten mindestens ein Nicht-Hubknoten angeschlossen werden kann, muss gelten:

$$N - p_K \geq p, \text{ d.h., } N \geq 2 \cdot p_K + p_H$$

Schließlich ist die maximale Anzahl h der von Passagieren oder Sendungen von der Quelle zum Ziel zu durchlaufenden Hubs festzulegen. Zwar ist der Transport über mehrere Hubs theoretisch denkbar, jedoch wird in den Modellen zumeist die Anzahl der zu durchlaufenden Hubs auf höchstens zwei beschränkt. Mehr als zwei Umsteigevorgänge würden von Passagieren nicht akzeptiert. Die dabei zugrunde liegende Vorstellung ist, dass vom Quellgebiet der Transport zu einem nahe gelegenen Hub stattfindet, dort die Sendungen konzentriert werden und in einer Fernverbindung kostengünstig zu einem Hub in der Nähe des Zielgebietes gebracht werden. Von diesem Hub geht dann die Verbindung in das Zielgebiet. Die Abbildung 7-2 veranschaulicht diesen Zusammenhang.

Unter der strikten Hubbing-Politik gibt es keinen Non-Stop-Service für ein (Q-Z)-Paar. Ist darüber hinaus eine single Allocation gegeben, so erfordert diese Politik, dass jeder

Knoten einem Hub zugeordnet ist für alle ein- und ausgehenden Verkehre. Dies bedeutet, dass, wenn zwei Nicht-Hubknoten von demselben Hub bedient werden, diese Knoten nur mit einem Ein-Hub-Stop-Service (One-Stop-Service) verbunden werden können.

Wenn zwei Nicht-Hub-Knoten von zwei verschiedenen Hubs bedient werden und diese Hubs direkt verbunden sind, liegt der Fall eines Zwei-Hub-Stop-Services vor (Two-Stop-Service). Zusammenfassend können wir die drei möglichen Servicetypen festhalten:

- Non-Stop-Service

- One-Stop-Service

- Two-Stop-Service

Die bisherige Diskussion ging von der vereinfachten Annahme aus, dass die Verbindung von einem Nicht-Hub-Knoten zu einem Hub nur auf direktem Weg möglich ist. Diese Annahme berücksichtigt jedoch nicht die Möglichkeit, dass das Transportmittel Zwischenstops an einem Kundenknoten auf diesem Weg einlegt, bei denen Fracht oder Passagiere aufgenommen werden können. Wenn die Zwischenstops auf dem Weg liegen oder in der Nähe des Weges, kann damit der Einsatz von eigenständigen Transportmitteln, die nur die Verbindung des Knotens am Zwischenstop zum Hub konstituieren, entfallen.

Der Weg eines Transportmittels von einem Knoten zu einem anderen Knoten über Zwischenstops wird als **Route** bezeichnet. Einen Zwischenstop auf einem Weg zu einem Hub einzurichten, erfordert eine Abwägung des damit verbundenen Zeitverlustes und des entstehenden Umwegs mit der Einsparung an Transportmitteln. Mit s bezeichnen wir die maximale Anzahl der zugelassenen Zwischenstops auf einem Weg von einem Nicht-Hub-Knoten zu einem Hub. Ist $s = 0$, so sind keine Zwischenstops erlaubt.

Wenn Kundenknoten nur ein kleines Aufkommen an ausgehender Fracht oder Passagieren besitzen, ist der Einsatz von kleinen als Feeder bezeichneten Transportflugzeugen ökonomisch, die dieses Aufkommen an den nächsten Kundenknoten einer bestehenden Route liefern und es dort mit dem Aufkommen dieses Kundenknoten vereinigen. Auf diese Weise wird eine Konzentration des Aufkommens herbeigeführt und vermieden, kleine Mengen direkt an den Hub zu liefern. Beim Netzlayout ist zu entscheiden, ob die Feederoption zugelassen ist oder nicht.

*Abbildung 7-7:   Grundtypen von Nabe-Speiche-Transportsystemen (O'Kelly und Miller
1994)*

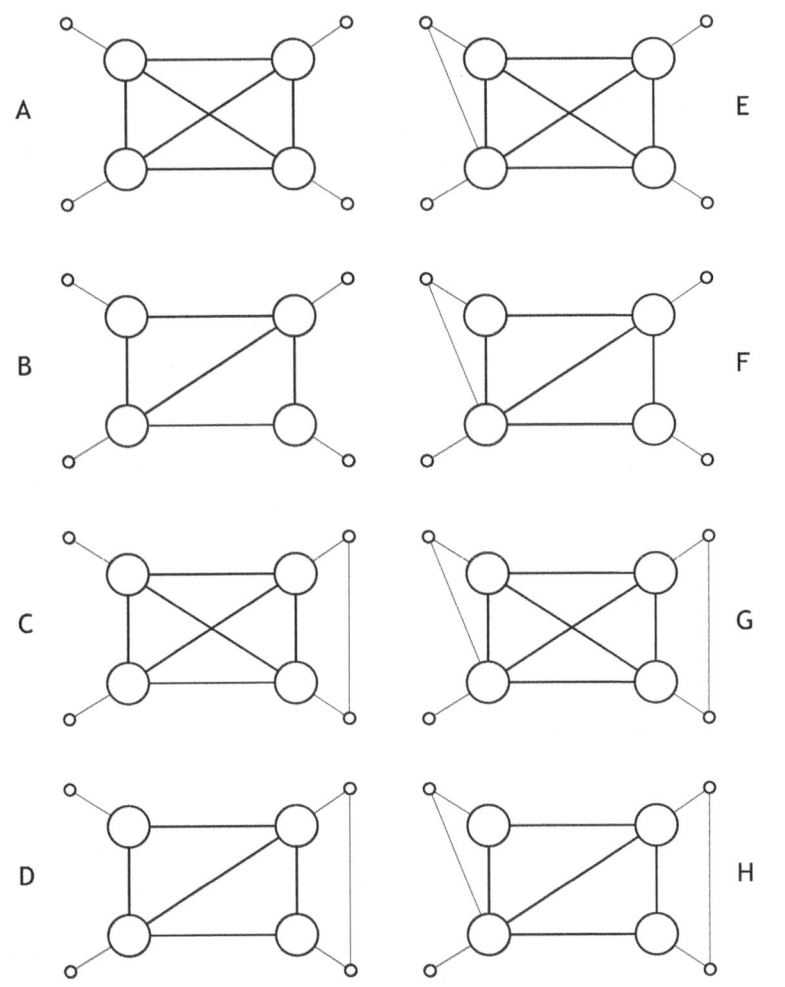

Die verschiedenen, oben diskutierten Möglichkeiten der Ausprägung von Transportnetzen fassen wir in folgender Klassifikation zusammen:

1. Die Anzahl p der existierenden Hubs.

2. Sind die Knoten einem Hub (single Allocation) oder mehreren Hubs zugeordnet
(multiple Allocation).

3. Eine strikte Hubbing Politik, eine nicht strikte Hubbing Politik oder ausschließlich Non-Stop-Services liegen vor.

4. Die Verbindungen unter den Hubs sind direkt möglich ($h \leq 2$), oder von einem Hub zu einem anderen Hub muss ein Weg womöglich über Zwischenhubs genommen werden ($h > 2$).

5. Die Anzahl s der zugelassen Zwischenstops einer Route.

6. An Nicht-Hub-Knoten einer Route kann die Fracht von Feedern aufgenommen werden oder nicht.

Eine ähnliche Klassifikation der verschiedenen Möglichkeiten des Layouts von Nabe-Speiche-Transportnetzen nehmen auch O'Kelly und Miller 1994 vor. Sie unterscheiden die Netze jedoch nur nach den obigen Punkten 2), 3) und 4). Mit dieser Klassifikation gelangen sie zu acht Grundtypen von Nabe-Speiche-Transportsystemen, die sie als Protokolle A bis H kennzeichnen. Die Abbildung 7-7 zeigt dieses auf, wobei die großen Kreise die Hubs darstellen und die kräftig ausgezeichneten Linien die Interhub-Verbindungen repräsentieren.

So zeichnet sich das Protokoll H dadurch aus, dass die multiple Allocation möglich ist. Knotenpunkt 5 ist sowohl an Hub 1 wie auch an Hub 2 angeschlossen. Ferner sind unter dem Protokoll H direkte Verbindungen zwischen Kundenknoten zugelassen, wie zwischen Knoten 8 und Knoten 7. Schließlich gibt es nicht in allen Fällen eine direkte Verbindung unter den Hubs, wie dies z. B. von Knoten 1 zu 3 der Fall ist.

7.3 Statische Modelle ohne Zeitstrukturen

7.3.1 Überblick

Die in diesem Abschnitt behandelten Ansätze gehen von den bekannten statischen Modellen der Lokalisationstheorie aus, erweitern diese um das Hub-Konzept und um Verbindungen zwischen Hubs, die sich durch Economies of Scale auszeichnen. Die Modelle sind durchwegs so stark vereinfacht, dass sie keine Zwischenstops ($s=0$) und keine Feeder zulassen. Beide Fälle, die single und die multiple Allocation, werden behandelt. Zumeist wird eine strikte Hubbing Politik angenommen, wobei die Hubs direkt untereinander verbunden sind ($h \leq 2$).

Hier können Modelle formuliert werden, welche in Analogie zur klassischen Location Theorie die Frage stellen, wie viele Hubs überhaupt erforderlich sind um ein kostenminimales Transportnetz mit Hubs zu etablieren. Andererseits wird im p-Hub-Median-Problem gefragt, wie bei einer festgelegten Anzahl von p Hubs diese zu lokalisieren sind und welche Quell- und Zielgebiete an die p Hubs angeschlossen werden sollen $(1 \leq p \leq N - p_K)^2$. Damit wird die Netzkonfiguration zu einem **kombinierten Location-Allocation-Problem**. Zu dieser Frage liegt eine reiche Anzahl von Veröffentlichungen vor, die O'Kelly 1987 begonnen hat und die u. a. von Aykin, Campbell, Klincewicz und Skorin-Skapov fortentwickelt worden sind. Grundlage dieser Modellansätze sind Informationen über die Nachfrage und über die Kosten. Die Kosten C_{ij} pro Mengeneinheit für die Transporte von einem Nicht-Hub-Knoten zu einem Hubknoten und von einem Hub zu einem Nicht-Hub-Knoten sowie für Transporte zwischen je zwei Hubknoten sowie die Nachfrage W_{ij} zwischen je zwei Nicht-Hub-Knoten sind bekannt. Dieser Ansatz knüpft am betriebwirtschaftlichen Theorieverständnis der optimalen Gestaltung unter gegebenen Umweltbedingungen an, wird jedoch aus der volkswirtschaftlichen Perspektive dahingehend kritisiert, dass die Nachfrage W_{ij} nicht statisch gegeben ist, sondern eine fallende Funktion der Transportpreise ist. Den Fall, dass ein Monopol den Transportpreis festlegen kann, untersuchen Hendricks, Piccione und Tan 1995.

Das Modell von O'Kelly 1987 für das p-Hub-Median-Problem sieht folgendermaßen aus. Dieses Modell basiert auf der strikten Hubbing-Politik mit $s=0$ und der single Allocation mit $h \leq 2$. Wir betrachten ein System von N Knoten, das von p Hubs bedient wird. Hubs sind an den Knoten anzusiedeln. Mit W_{ij} wird das Mengenaufkommen vom Knoten i zum Knoten j bezeichnet, mit C_{ij} die Kosten für den Transport einer Einheit von i nach j, $i \neq j$. Wir definieren die folgenden binären Entscheidungsvariablen: $X_{ik} = 1$, wenn Knoten i bedient wird vom Hub k, $X_{ik} = 0$ sonst. $X_{ii} = 1$, wenn Knoten i ein Hub wird, $X_{ii} = 0$ sonst. Das Problem der kostenminimalen Lokalisierung von p Hubs mit der strikten Hubbing-Politik und der single Allocation wird wie folgt formuliert:

$$\min Z = \sum_i \sum_j \sum_k W_{ij} C_{ik} X_{ik} + \sum_i \sum_j \sum_m W_{ij} C_{mj} X_{jm} + A \sum_i \sum_j \sum_k \sum_m W_{ij} C_{km} X_{ik} X_{jm}$$

unter den Bedingungen:

(1) $(N - p + 1) X_{jj} \geq \sum_i X_{ij}$ für alle j

(2) $\sum_j X_{ij} = 1$ für alle i

(3) $\sum_i X_{ii} = p$

---

2 Die Zahl p der Hubs wird auf $N - p_k$ beschränkt, damit an jeden Hub mindestens ein Nicht-Hub-Knoten angeschlossen werden kann. Diese Beschränkung wird jedoch nicht bei allen Ansätzen eingehalten, siehe O'Kelly (1987) sowie Add- und Drop-Heuristiken unten.

Die ersten beiden Terme der Zielfunktion beschreiben die Kosten des Transports vom Quellgebiet i zum Hub k und vom Hub m zum Zielgebiet j. Der dritte Term drückt die Kosten für den Transport zwischen den Hubs k und m aus. Die Interhubkosten C_{km} werden mit einem Parameter A, $0 < A < 1$, multipliziert, um damit den Skaleneffekt für Zwischenhub-Flüsse auszudrücken. Die Idee dahinter besteht darin, dass durch die Bündelung der Transporte zwischen den Hubs größere Skaleneffekte auftreten, z. B. können Fluggesellschaften Großflugzeuge einsetzen. Die Nebenbedingung 1 stellt sicher, dass kein Knoten mit einem Hub verbunden wird, solange der Hub nicht an dieser Stelle geöffnet ist, und dass höchstens $(N - p + 1)$ Knoten an jeden Hub angeschlossen werden (einschließlich des Hubs selbst).

Die Nebenbedingung 2 sorgt dafür, dass jeder Knoten genau einem Hub zugeordnet wird. Hierin kommt die Politik des single Allocation zum Ausdruck. Mit der Nebenbedingung 3 wird die gewünschte Zahl von p Hubs erreicht. Diese Modellformulierung von O'Kelly führt zu einer Zielfunktion mit quadratischen Termen der Entscheidungsvariablen X_{ij} und gilt daher als schwer lösbar. Von Aykin 1995A wird hierfür ein Branch and Bound Verfahren angegeben. In der Formulierung von O'Kelly wird nicht gefordert, dass an jeden Hub-Knoten mindestens ein Nicht-Hub-Knoten angeschlossen werden muss. Dieses kann mit der zusätzlichen Nebenbedingung

(4) $\quad \sum_i X_{ij} \geq X_{jj}$ *für alle j*

erreicht werden.

Für $A = 0$ entfällt der quadratische Term in der Zielfunktion, und das Problem reduziert sich zu dem klassischen p-Median-Problem der Location Theory. Betrachtet man die aggregierten Mengen O_i bzw. D_i der im Kundenknoten i ein- bzw. ausgehenden Verkehre, so lässt sich die Zielfunktion wie folgt umformulieren.

$$Z = \sum_i \sum_k C_{ik} X_{ik} (O_i + D_i) + A \sum_i \sum_j \sum_k \sum_m W_{ij} C_{km} X_{ik} X_{jm}$$

7.3.2 Heuristiken für das p-Hub-Median-Problem

In diesem Abschnitt werden Heuristiken zur Lösung des p-Hub-Median-Problems vorgestellt. Die Modellannahmen beziehen sich bei den meisten Autoren auf die single Allocation kombiniert mit der strikten Hubbing Politik. Aber auch nicht strikte Hubbing Politik und die multiple Allocation werden behandelt. In der überwiegenden Mehrzahl der Fälle werden die aus der Location Theory bekannten Heuristiken auf das p-Hub-Median-Problem übertragen, wie

▪ **Add**: Ausgehend von einem Hub werden solange solche Hubs eröffnet, die eine (maximale) Senkung der Gesamtkosten ermöglichen, bis die Zahl von p Hubs erreicht ist.

▓ **Drop**: Zunächst werden in jedem der N Kundenknoten Hubs eröffnet. Ausgehend von N Hubs werden solange solche Hubs geschlossen, die eine (maximale) Senkung der Gesamtkosten ermöglichen, bis die Zahl von p Hubs erreicht ist.

▓ **Allocation Austauschheuristik**: Die Zuordnung eines Nicht-Hub-Knotens zu einem Hub wird geändert, wenn damit eine (maximale) Senkung der Gesamtkosten möglich wird.

▓ **Location Austauschheuristik**: Ein Hub-Knoten wird mit einem Nicht-Hub-Knoten getauscht, wenn damit eine (maximale) Senkung der Gesamtkosten möglich wird.

Die beiden letzen Verfahren werden auch als Interchange-Heuristiken bezeichnet. Wird die Option der maximalen Senkung der Kosten ausgeübt, so spricht man von einer Greedy-Heuristik. Zum Teil werden diese Ansätze randomisiert (Tabu Search) und die Schritte mit einer Abkühlwahrscheinlichkeit ausgeführt (Simulated Annealing). Zum Teil werden diese Heuristiken mit Branch and Bound Verfahren kombiniert, wie z. B. bei Aykin 1995A. Sowohl bei der Add- als auch der Drop-Heuristik ist nicht sichergestellt, dass an jeden Hub-Knoten mindestens ein Nicht-Hub-Knoten angeschlossen ist und dass die aus dieser Bedingung abgeleiteten Beschränkung $p \leq N - p_K$ eingehalten wird.

O'Kelly 1987 schlägt zwei Heuristiken zur Lösung des single p-Hub-Median-Problems vor. Heuristik 1 bestimmt durch vollständige Enumeration im Falle $p \leq 4$ die Lokalisation von p Hubs, wobei die Allokation der Knoten zu den Hubs durch die Regel der nächsten Entfernung bzw. niedrigsten Kosten vorgenommen wird. Die Heuristik 2 unterscheidet sich von der Heuristik 1 durch die Allokationsphase, bei der auch die zweitgeringsten Kosten berücksichtigt werden. O'Kelly hat die Heuristiken mit den Daten von Civil Aeronautics Board 1970 (im folgenden CAB-Daten) getestet, die das Passagieraufkommen unter 25 amerikanischen Städten darstellen. O'Kelly führt hierfür den Faktor A (A ≤ 1) ein, welcher Skaleneffekte in den Kosten für Flüsse zwischen den Hubs, widerspiegelt. Für den Scale-Faktor $A \leq 0{,}6$, stellt er keine Unterschiede zwischen beiden Heuristiken fest, so dass für diesen Wertebereich von A die Allokationsregel der kleinsten Entfernung greift. Dieses Phänomen ist von vielen Forschern beobachtet worden und liegt darin begründet, dass bei sinkenden Interhubkosten das Kostenminimum des Netzlayouts stets von dieser Allokationsregel herbeigeführt wird. Im Vergleich zu den Interhubkosten dominieren die Kosten der Verbindung der Nicht-Hub-Knoten zu den Hubs, die mit dieser Regel minimiert werden.

Klincewicz 1991 beschäftigt sich mit der Frage der Zuordnung von Knoten zu den Hubs bei einer gegebenen Menge von p Hubs beim single p-Hub-Median-Problem. Er schlägt einen Multikriteria-Ansatz vor, der außer der Entfernung auch das Ausmaß des Verkehrs an den einzelnen Knoten berücksichtigt. Zur Verbesserung der Zielfunktion gibt er eine Location Austauschheuristik und eine Allocation Austauschheuristik an. Wird die letztere Heuristik zum Austausch von zwei Nicht-Hubs gegen zwei Hubknoten erweitert, so erhält man die Double-Exchange-Heuristik, die sich in seinen

Testläufen mit den CAB-Daten weniger als 10% oberhalb des Wertes befand, der mit Heuristik 1 von O'Kelly erzielt werden konnte. Damit ist eine einfache Heuristik gewonnen, die den mühseligen Weg der vollständigen Enumeration vermeidet. Bei den Exchange-Heuristiken wird mit einer Hubkonfiguration der p Hubs gestartet, welche die p größten $O_i + D_j$ Werte ausweisen. Zusätzlich schlägt Klincewicz eine Clustering Heuristik vor, welche die gegebenen Kundenorte in p Gruppen clustert.

In einer weiteren Heuristik formuliert Klincewicz 1992 einen randomisierten Algorithmus für die Bestimmung einer Startlösung seiner Arbeit von 1991 von p Hubs für das single p-Hub-Median-Problem. Er baut schrittweise eine Liste H von p Hubs auf. Für jeden Nicht-Hubknoten i wird die Ersparnis bestimmt, die entsteht, wenn i in H aufgenommen würde. Klincewicz bildet die Liste der sieben größten Ersparnisse und wählt daraus zufällig einen Knoten aus und fügt ihn in die Liste der Hubs ein. Nach der Lokalisation wird eine Verbesserung durch einen Location Austausch vorgenommen, die über eine Tabu-Liste gesteuert wird. Der Vergleich mit den Ergebnissen von 1991 zeigt, dass in jedem Einzelfall diese Heuristik zwischen 1% und 6% besser ist als die Double-Exchange-Heuristik.

Eine Tabusuche (siehe Kapitel 10.1) für das single p-Hub-Median-Problem unternehmen Skorin-Karpov, D. und Skorin-Karpov, J. 1994. Sie starten wie Klincewicz 1991 mit der Lokalisation von p Hubs auf den p Knoten mit dem meisten Verkehr $O_i + D_j$. Danach verbessern sie ihre Lösung, indem sie sowohl den Location- als auch Allocation-Teil mit einer Austauschheuristik überprüfen, wobei sie diesen Prozess mit einer Tabu-Liste steuern.

Mit den CAB-Daten wird ein Vergleich mit der Heuristik von O'Kelly 1987 vorgenommen. Rechenzeit und Zielfunktionswert sind vergleichbar mit O'Kelly, jedoch weisen die Lösungen des Tabu Search Ansatzes um 1% geringere Kosten auf.

Aykin hat 1995A eine weitere, auf Simulated Annealing beruhende Heuristik zur Lösung des single p-Hub-Median-Problems publiziert. Den Allocation Part löst er als Drop-Greedy-Algorithmus, wobei er dann die Zuordnung der Kunden zu den Hubs mit seiner 1990 publizierten notwendigen Optimalitätsbedingung herleitet. Auf diese Startlösung folgt eine Location Austauschheuristik. Ein Kundenknoten wird gegen einen Hubknoten ausgetauscht, wobei die eintretende Verbesserung lediglich geschätzt wird. Ist die Schätzung positiv, wird die Verbesserung vorgenommen, sonst nur mit einer Abkühlwahrscheinlichkeit. Getestet wird das Verfahren mit Luftverkehrsdaten unter 40 US-Städten aus dem Jahre 1989. Die heuristisch erzielten Lösungen werden dabei verglichen mit exakten Lösungen, die auf einen Branch and Bound Ansatz (siehe unten) von ihm beruhen, der eine untere Schranke zum Löschen der Zweige nutzt, die mit einer Drop-Greedy-Interchange-Heuristik zur Lösung des multiplen p-Hub-Median-Problems bestimmt wird. Der Grundgedanke dieser Konstruktion besteht darin, dass jede Lösung des multiplen p-Hub-Median-Problems eine untere Schranke des single p-Hub-Median-Problems darstellt. Es wurden 16 Instanzen gerechneten, mit $p = 2$ bis 5 und $N = 10$ bis 40 Städten, von denen in 8 Fällen der Branch and Bound die optimale Lösung ermitteln konnte. In diesen 8 Fällen wurde die optimale Lösung auch von der Simulated Annealing basierten Greedy Interchange Heuristik zur Lösung des single p-Hub-Median-Problems aufgefunden, was für die hohe Lösungsqualität spricht. Die Lösungsqualität der Drop-Greedy-Interchange-Heuristik zur Lösung des multiplen p-Hub-Median-Problems ist nach den Ergebnissen von Aykin ebenfalls ausgezeichnet. Die Optimalwerte aller obigen 16 Instanzen, die durch Enumeration hergeleitet wurden, konnten von dieser Heuristik bestimmt werden.

Ernst und Krishnamoorthy 1996 stellen ein Simulated Annealing Verfahren für das single p-Hub-Median-Problem vor. Dabei definieren sie ein Cluster als die Menge der Kunden, die zum gleichen Hub verbunden sind. Sie starten mit einer zufällig erzeugten Anfangslösung mit p Clustern und definieren zwei Typen des Übergangs, um Nachbarschaftslösungen zu erzeugen:

▪ Zuordnung eines zufällig gewählten Kunden zu einem anderen Cluster,

▪ Änderung der Lage eines Hubs in einem zufällig gewählten Cluster zu einem anderen zufällig gewählten Kunden im Cluster.

Getestet wurde diese Heuristik mit den CAB-Daten und den Sendungsdaten der australischen Post mit $N = 200$ Knoten. Die Ergebnisse der Heuristik konnten verglichen werden mit exakten Lösungen, die durch einen Branch and Bound Ansatz eines IP-Modells erzielt wurden (siehe unten). Die Ergebnisse der Heuristik sind hervorragend; unter 60 Instanzen der CAB-Daten mit $N = 10$ bis 25 und $p = 2$ bis 4 und $A = 0{,}2$ bis 1 findet sich nur eine Instanz, die nicht die optimale Lösung erreicht und eine Abweichung von 0,22% aufweist. Unter den 20 Instanzen der australischen Post mit N zwischen 10 und 50 und p zwischen 2 und 5 sowie $A=0{,}75$ gibt es nur eine Instanz, in der das Optimum verfehlt wird und um 0,13% darüber liegt. Die CPU-Zeit für diese Probleme rangiert zwischen 0,19 Sekunden für $N = 10$ und $p = 2$ für die CAB-Daten und 19 Sekunden für $N = 50$ und $p = 5$ der Postdaten. Für große Probleme wurden acht Instanzen zwischen $N = 100$ bis 200 und $p = 5$ bis 20 gerechnet. Hierfür liegen keine optimalen Lösungen mit Branch and Bound mehr vor. Die durchschnittliche CPU-Zeit steigt nun von 80 Sekunden bis auf 1555 Sekunden.

Während die Mehrzahl der Autoren sich mit Netzwerkansätzen beschäftigen, gibt es auch Arbeiten, die sich mit dem Layout von Transportnetzen in der 2-dimensionalen Ebene für das single p-Hub-Median-Problem auseinandersetzen. Es handelt sich hier um Campbell 1990 und Aykin 1995.

Campbell 1990 nimmt ein regelmäßiges Gitter in der Ebene als potentielle Anordnungspunkte für die Hubterminals an. Er unterscheidet drei Politiken, um die Kundengebiete miteinander zu verbinden:

▪ Nächster Terminal. Das Quellgebiet als auch das Zielgebiet werden an den jeweils nächsten Hub angeschlossen. Zwischen den Hubs ist eine direkte Verbindung möglich (NT-Routing).

▨ Die Politik der kürzesten Entfernung. Gewählt werden Hubs, so dass der Gesamt-weg vom Quell- zum Zielgebiet minimal wird (MD-Routing).

▨ Die Verbindung mit den geringsten Kosten. Gewählt wird ein Weg, dessen Ge-samtkosten minimal sind (MC-Routing).

Im Unterschied zur gewöhnlichen euklidischen Distanz wird eine L1-Metrik (auch „Manhatten-Distanz") zugrunde gelegt, wobei die horizontalen und vertikalen Kom-ponenten der Distanz unabhängig voneinander behandelt werden können. Die fol-gende Abbildung gibt Beispiele, aus der die Unterschiede von MC-, NT- und MD-Routing hervorgehen. In der Abbildung sind die quadratischen Kästchen Standorte von Hubs. Beim NT-Routing wird das Quellgebiet (Origin) an den nächsten Hub oben links angeschlossen, und das Zielgebiet (Destination) an den Hub unten rechts. Nach der L1-Metrik durchläuft die Interhubverbindung die vertikale Distanz vom Hub oben links zum Hub unten links und darauf die horizontale Distanz vom Hub unten links zum Hub unten rechts. Beim MD-Routing wird das Quellgebiet (bzw. das Zielgebiet) von vier Hubs des Rasters umgeben und an denjenigen unter diesen vier Hubs ange-schlossen, dessen (x,y)-Koordinaten am nächsten dem Zielgebiet (bzw. dem Quellge-biet) liegen. Der Weg beim MC-Routing ergibt sich aus den hier nicht visualisierbaren Kostengrößen.

Abbildung 7-8: MC-, NT- und MD-Routing

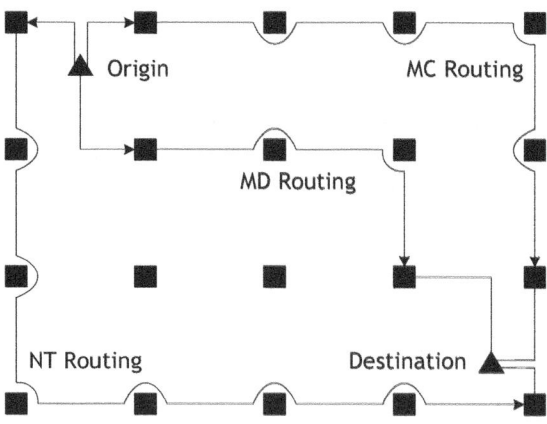

Aykin 1995B sucht für die euklidische Ebene die optimalen Standorte von p Hubs, wobei die Nachfrage gegeben ist. Er kann dieses Problem P1 auf ein Problem P2 redu-zieren, wenn die p Standorte gegeben sind. Dann sind einfache Entscheidungen über optimale Servicetypen zu fällen, die durch vollständige Enumeration herbeigeführt werden können. Sind dagegen die Servicetypen gegeben, so reduziert sich das Problem P1 auf P3, das als ein Multi Facility Problem der Location Theorie mit unsymmetrischen Flüssen gelöst werden kann. Aykins Lösungsansatz ist wie folgt:

1. Initialisierung: Zunächst sucht er mit einer vorgeschalteten Heuristik eine Startlösung L von p Standorten.

2. Eine Lösung P2 für L wird aufgesucht und so die erforderlichen Servicetypen berechnet.

3. Mit den gegebenen Servicetypen wird P3 mit einer vom Steiner-Weber-Problem bekannten Iteration gelöst und neue Standorte L1 gefunden.

4. Abbruch: Ein Abbruchkriterium wird überprüft. Ansonsten wird mit L = L1 ein Sprung zu 2 gemacht.

Um eine Startlösung zu finden, werden vier Heuristiken getestet, wobei sich eine Drop-Heuristik und eine Drop- und Interchange-Heuristik als geeignet herausstellen. Getestet wurden die Heuristiken mit zwei Datengruppen. Einmal 180 Instanzen mit Random-Daten für $N=10$ bis 20 und $P=2$ bis 5 und zweitens 18 Probleme mit Random-Daten für $P=3$ bis 20 und $N=20$ bis 60.

Bei den großen Instanzen wächst die Rechenzeit durch den Interchange-Part bei Drop und Interchange rascher als bei Drop. Insofern ist die Drop- und Interchange-Heuristik für nur kleine Datenmengen geeigneter. Um eine Startlösung zu finden, wird bereits 95% der CPU-Zeit benötigt. Die folgende Tabelle fasst noch einmal die behandelten Heuristiken zusammen:

Tabelle 7-3:   *Heuristiken für das p-Hub-Median-Problem*

Autor	Startlösung Location	Startlösung Allocation	Verbesserung
O'Kelly 1987	Vollständige Enumeration	Kleinste Kosten, zweitkleinste Kosten	
Klincewicz 1991	Max (O_i + D_i)	Multi Criteria	Austausch, 2er-Tausch
Klincewicz 1992	Add-Verfahren mit Zufallsauswahl	Kleinste Kosten	Austausch mit Tabuliste
Skorin-Karpov u. a. 1994	Max (O_i + D_i)	Kleinste Kosten	Austausch mit Tabuliste
Aykin 1995A	Drop Greedy	Notwendige Bedingung von Aykin 1990	Austausch mit Abkühlwahrscheinlichkeit
Ernst u. Krishnamoorthy 1996	Zufällige Wahl	Nicht ermittelbar	Nachbarschaftswahl mit Simulated Annealing

7.3.3 Integer Programming Ansätze für Hub-Probleme

In diesem Abschnitt werden Verfahren zur Lösung von p-Hub-Median-Problemen vorgestellt, die auf Ansätzen des Integer Programming basieren. Dabei werden sowohl Heuristiken behandelt, die IP-gestützt sind, wie z. B. Aykin 1994, als auch Branch-and-Bound-Verfahren, die auf Modellen des Integer Programming beruhen. In einer Arbeit (Aykin 1994) werden noch zusätzlich Kapazitätsschranken auf den Hubs eingeführt. Eine simultane Optimierung von Lage und Anzahl der Hubs nimmt Klincewicz 1996 vor, wobei er auch Fixkosten berücksichtigt. Interessant sind hier die Fragen, unter welchen Bedingungen integerfreundliche Modelle formuliert werden können, deren Branch-and-Bound Lösung rasch zu ganzzahligen Lösungen kommt.

In einem Übersichtsartikel gibt Campbell 1994 verschiedene Integer Programming Ansätze für Hub orientierte Probleme an und erweitert damit die bekannten Ansätze aus der Lokalisationstheorie. Das p-Median-Problem wird erweitert zum p-Hub-Median-Problem, das p-Centerproblem zum p-Hub-Centerproblem, das Coveringproblem zum Hub-Coveringproblem und das unkapazitierte Warehouse Locationproblem zum unkapazitierten Hub Locationproblem.

Wir stellen hier den Integer Programming Ansatz für das multiple p-Hub-Median-Problem mit strikter Hubbing Politik vor und definieren die folgenden Parameter:

X_{ijkm} ist der Anteil des Flusses von der Quelle i zum Ziel j, wobei dieser geroutet wird über die Hubs k und m in dieser Reihenfolge.

$Y_k = 1$, wenn Knoten k ein Hub ist, sonst 0.

$Z_{ik} = 1$, wenn Knoten i an den Hub k angeschlossen ist, sonst 0.

W_{ij} ist die nachgefragte Transportmenge von der Quelle i zum Ziel j, $i \neq j$. Sei mit C_{ij} die Kosten des Transports zwischen Knoten i und Knoten j pro Mengeneinheit bezeichnet, $i \neq j$. Wird eine Transporteinheit von i nach j über die Hubs k und m geroutet, so entstehen unter Berücksichtigung des mit $A < 1$ ausgedrückten Skaleneffekts für die Interhubverbindungen die Kosten $C_{ijkm} = C_{ik} + C_{mj} + A \cdot C_{km}$. Die Entscheidungsvariablen X_{ijkm} und Z_{ik} determinieren die Allokation. Die Entscheidungsvariablen Y_k definieren die Lokalisierung der Hubs. Die Zielfunktion Z des p-Hub-Median-Problems summiert die Transportkosten über alle (Q-Z)-Paare:

$$\min \; Z = \sum_i \sum_j \sum_k \sum_m W_{ij} X_{ijkm} C_{ijkm}, \quad \text{wobei } i \neq j$$

unter den Nebenbedingungen:

(1) $\quad \sum_k Y_k = p$

(2) $\quad 0 \leq Y_k \leq 1$, für alle k, Y_k ganzzahlig

(3) $0 \leq X_{ijkm} \leq 1$, für alle i,j,k,m

(4) $\sum_k \sum_m X_{ijkm} = 1$, für alle i, j

(5) $X_{ijkm} \leq Y_k$, für alle i,j,k,m

(6) $X_{ijkm} \leq Y_m$, für alle i,j,k,m

Nebenbedingung 1 sorgt dafür, dass genau p Hubs eingerichtet werden. Nebenbedingung 2 schränkt Y_k auf 0 oder 1 ein. Nebenbedingung 3 limitiert den Bereich der Flussanteile X_{ijkm}. Die Nebenbedingung 4 stellt sicher, dass die (Q-Z)-Paare über ein Paar von Hubs geroutet werden. Die Nebenbedingungen 5 und 6 stellen sicher, dass die Flüsse dort geroutet werden, wo Hubs sind.

Skorin, D. und Skorin, J., 1996 gehen von dem Ansatz von Campbell 1994 für das p-Hub-Median-Problem aus und zeigen aber, dass diese Formulierung den Nachteil besitzt, dass die LP Relaxationen in einem hohen Maß fraktional ist. Durch die Summation über die Nebenbedingungen (5) und (6) erhalten die Autoren eine strengere Relaxation, die fast immer ganzzahlige Lösungen aufweist. In fast allen durchgerechneten Beispielen terminiert ein Branch and Bound Verfahren mit der LP Relaxation als unterer Schranke bereits am Root des Branch and Bound Baumes mit einer ganzzahligen Lösung. Die Ganzzahligkeit tritt in 97% der getesteten Instanzen für den multiplen Allocation Ansatz und 95% der getesteten Instanzen für den single Allocation Ansatz auf. Die integerfreundliche Formulierung der Nebenbedingungen durch Summation ist die gegenteilige Politik, die von Revelle 1993 (und von ReVelle und Swain 1970) für die integerfreundliche Formulierung von Lokalisationsproblemen vorgeschlagen wurde. Dort wird an verschiedenen Problemen der Lokalisationstheorie aufgezeigt, dass die Formulierungen mit disaggregierten Nebenbedingungen („starke LP Relaxation") integerfreundlich sind. Hieraus ist der Schluss zu ziehen, dass für konkrete Fälle sowohl die aggregierten als auch die disaggregierten Nebenbedingungen herangezogen werden müssen. Sohn und Park 1997 weisen nach, dass im Falle $p=2$ die LP-Relaxation des single p-Hub-Median-Problems stets ganzzahlige Lösungen besitzt – ein bloß theoretisch interessantes Ergebnis, da im Falle $p=2$ das Problem auch durch vollständige Enumeration gelöst werden kann.

Als Erweiterung seines Ansatzes von 1995A setzt Aykin 1995A einen Branch-and-Bound-Algorithmus ein, um für das single p-Hub-Median-Problem die optimale Menge von p Hubs aufzufinden. Hierbei benutzt er zur Abschätzung der unteren Schranken seine Drop-Greedy Interchange Heuristik für das multiple p-Hub-Median-Problem (siehe oben). Die Allokation der Kunden wird mit vollständiger Enumeration gefunden. Zum Test benutzt Aykin Daten aus dem Passagieraufkommen unter 40 US Städten von 1989. Um die Kosten abzuschätzen, nimmt er die Annahme eines Ladungsfaktors von 60% der Sitze an, für die Flüge von Nicht-Hubknoten zu Hubknoten und für 80% der Routensegmente zwischen Hubs. Er untersucht dazu fünf Flugzeugtypen. Die durchschnittlichen direkten Betriebskosten pro bezahlter Passagiermeile als Funktion der Distanz wurden von ihm berechnet, indem er die durchschnittlichen Flugstunden dieser Flugzeuge heranzog. Jedes Netzwerk wurde für $p = 2$ bis 5 gelöst, wodurch sich die Anzahl von 16 Problemen ergab. Die Tests wurden für $A = 0{,}80$, $A = 0{,}85$ durchgeführt, wobei die Optimallösung mit Hilfe dieses Ansatzes (Branch & Bound Algorithmus) in 8 von 16 Fällen gefunden wurde.

Ernst und Krishnamoorthy 1996 formulieren das single p-Hub-Median-Problem als Multi Commodity Ansatz wie folgt. Sie nehmen Entscheidungsvariable Z_{ij} an, die 1 sind, wenn Knoten i am Hub j angeschlossen wird und 0 sonst. Insbesondere impliziert $Z_{kk} = 1$, dass Knoten k als Hub gewählt ist. Damit formulieren sie das quadratische Problem von O'Kelly 1987 um, indem sie wie Campbell 1994 als Entscheidungsvariable X_{ijkl} annehmen. Dieses Problem impliziert mit N Knoten $N^4 + N^2$ Variablen, wobei N^2 binär sind. Es erfordert zudem $(1+N+ N^2 + 2N^3)$ lineare Nebenbedingungen. Diese Formulierung besitzt eine LP Relaxation mit einer engen unteren Schranke, wie Skorin-Kapov u. a. 1996 gezeigt haben (siehe oben). Dieser an sich erfolgsversprechende Weg ist jedoch insofern problematisch, als diese Formulierung für grosse N auf einem Rechner wegen des explosiven Wachstums der Zahl der Variablen und Nebenbedingungen nicht mehr darstellbar ist. Wird das Problem jedoch als Multicommodity Flow dargestellt, dann reduziert sich die Zahl der Variablen auf $N^3 + N^2$ und $1 + N + N^2$ lineare Nebenbedingungen. Ernst und Krishnamoorthy gehen wie folgt vor: X_{ijkm} ist der gesamte Fluss, der am Knoten i entsteht und zwischen den Hubs k und m geroutet wird. Mit der oben eingeführten Notation O_i und D_i erhalten sie dann die folgende Problemformulierung:

$$\min Z = \sum_i \sum_k C_{ik} Z_{ik}(O_i + D_i) + A\sum_i \sum_k \sum_m C_{km} Y_{ikm}$$

unter den Nebenbedingungen:

(1) $\quad \sum_k Z_{kk} = p$

(2) $\quad \sum_k Z_{ik} = 1$, für alle i

(3) $\quad \sum_m Y_{ikm} - \sum_m Y_{imk} = O_i Z_{ik} - \sum_j W_{ij} Z_{ij}$, für alle i,k

(4) $\quad Z_{ik} \leq Z_{kk}$, für alle i,k

Die Gleichung (3) verteilt den Fluss vom Knoten i am Hub k, wenn Angebot und Nachfrage determiniert wird durch die Allokationen Z_{ik}. Mit diesem Ansatz beschreiben Ernst und Krishnamoorthy ein Branch-and-Bound-Verfahren, das ihren oben erwähnten Simulated Annealing Algorithmus als obere Schranke benutzt. Wegen

212

der hohen Qualität dieser Schranke kann die Zahl der zu untersuchenden Knoten im Branch-andBound-Baum drastisch reduziert werden.

In einem Papier von 1994 führt Aykin zu dem multiplen p-Hub-Median-Problem ohne strikte Hubbing Politik zusätzlich Kapazitätsrestriktionen ein, da er argumentiert, dass im Luftverkehr die Landerechte die kritischen Engpässe darstellen. Wenn die Hub-Lokalisation gegeben ist, kann er das Problem vereinfachen, indem er die Kapazitätsrestriktionen, die bei ihm nicht ganz klar definiert sind, in die Zielfunktion in Lagrangeform aufnimmt. Das duale Problem kann über ein Subgradientenverfahren gelöst werden. Mit einer Greedy Drop Heuristik bestimmt er zunächst p Standorte für Hubs und wendet dann ein Branch and Bound Verfahren sowie eine Greedy Interchange Heuristik an. Benutzt werden die Passagierdaten von 1989 aus 40 Städten.

Das Subgradientenverfahren liefert eine untere Schranke für Branch and Bound Verfahren. Getestet werden Hubs $p = 2$ bis 5 und 29 Problemgruppen mit insgesamt 155 Instanzen. Der Branch-and-Bound-Ansatz resultiert in Lösungen mit einer Differenz zwischen bester Lösung und unterer Schranke kleiner als 3,6%. Beim Greedy Interchange wurden von 135 Instanzen 129 gleich oder besser gelöst als durch den Branch-and-Bound-Ansatz, bei sechs Instanzen bis 1,4% schlechter. Der Drop-Teil wird gesteuert durch die untere Schranke. Geschlossen wird der Hub-Knoten, der die kleinste untere Schranke besitzt. Beim Interchangeteil werden Nicht-Hub-Knoten gegen Hubknoten getauscht. Wenn die untere Schranke größer ist als die laufend beste Lösung, gibt es keinen Austausch. Sonst wird der Austausch vorgenommen gegen einen Nicht-Hubknoten mit der kleinsten unteren Schranke.

Ein Verfahren, das unkapazitierte **Hub Location Problem** mit Fixkosten zu lösen, gibt Klincewicz 1996 an. Dieses Problem geht von einer multiplen Allocation und einer strikten Hubbing Politik sowie von Fixkosten aus, die bei Eröffnung eines Hubs entstehen. Gefragt wird danach, die Anzahl und Lage von Hubs zu bestimmen sowie die Allokation der Kundenknoten, welche die Summe von Fixkosten und variablen Transportkosten minimiert. Klincewicz versucht, den Ansatz des Dual Ascent und Dual Adjustment von Erlenkötter 1978 aus der Location Theory auf das Hub Location Problem zu übertragen. Allerdings erweist sich dieser Ansatz nicht als erfolgreich, da die erwünschte Integralität am Root des Branch-and-Bound-Baumes wesentlich seltener auftritt als beim klassischen Facility Location (Erlenkötter 1978). Vielmehr sind viele Branching-Schritte erforderlich, um zu ganzzahligen Lösungen zu gelangen.

7.4 Hub-Konfiguration mit Routen- und Zeitstrukturen

An dieser Stelle soll von den zu stark vereinfachten statischen, auf den Ansatz von O'Kelly 1987 zurückgehenden Modellen, die von verschiedenen Autoren, wie O'Kelly und Miller 1994 und Kuby und Gay 1993, als zu wenig realitätsgerecht kritisiert wurden, abgegangen werden. Es sollen Ansätze untersucht werden, welche die Zeitstruktur, die zeitliche Erreichbarkeit der Hubs, die Routenbildung von Flugzeugen (Jaillet und Song 1996) und deren Abhängigkeit von Start- und Landezeiten (Daskin und Panayotopoulos 1989, Kuby und Gray 1993) sowie den Einfluss der Zeitzonen (Hall 1989) einbeziehen. Gleich drei Arbeiten behandeln die Gestaltung optimaler Netze unter Zugrundelegung eines festen Hubs, dessen Lage nicht Gegenstand der Optimierung ist (Daskin und Panayotopoulos 1989, Kuby und Gray 1993, Barnhart und Schneur 1996).

Die Einbeziehung der Zeitstruktur in die Hub-Lokalisation ist das Thema des Papiers von Hall 1989. Für die USA ist eine derartige Betrachtung insofern besonders relevant, als durch die große Ost-West-Erstreckung des Landes dieses in verschiedene Zeitzonen eingeteilt ist. Dies bedeutet für die Einsammelverkehre im Paketdienst, dass in Städten im Westen ein früherer Annahmeschluss („Cut-Off-Zeit") erforderlich ist, damit die Pakete rechtzeitig zur lokalen Zeit am weiter östlich gelegenen Hub zur Sortierung eintreffen können. Zu seiner Analyse definiert Hall den Begriff des Zeitfensters als Differenz zwischen der Ankunftszeit der Lieferung beim Kunden am Morgen und der Startzeit der Flugzeuge in den Ursprungsstädten. Er nimmt an, dass in allen Städten der USA die gleiche Cut-Off-Zeit lokal gegeben ist. Die untere Grenze des Zeitfensters ist dann die Flugzeit von der jeweiligen Stadt zum Hub und vom Hub zum Ziel unter Einbeziehung der Zeitzonen, jedoch noch ohne Berücksichtigung der Sortierzeit. Zunächst präsentiert er ein einfaches Modell mit einer eindimensionalen Ausdehnung, das in Z Zeitzonen eingeteilt ist. Das minimale Zeitfenster bestimmt sich dann aus

- der Länge des linearen Segments geteilt durch die Durchschnittsgeschwindigkeit der Flugzeuge

- plus zweimal Lande- bzw. Startzeit

- plus Anzahl der Zeitzonen.

Hall erweitert sein Modell zur Bestimmung minimaler Zeitfenster für die USA, indem er 38 Standard Metropolitan Statistical Areas (SMSA) zugrunde legt. Von diesen Punkten aus berechnet er die Flugzeiten zu einem gegebenen Hub. In einer zweiten Analyse untersucht er den Einfluss der Sortierung auf die Größe des Zeitfensters. Die Sortierung hängt vom Ankunftsverhalten der Flugzeuge ab und diese wiederum von der Lage des Hubs. Er diskutiert das Ankunftsverhalten in dem linearen Modell, wobei die Städte gleich verteilt sind und der Hub einmal im Osten, einmal in der Mitte und einmal im Westen angeordnet ist. Die Ankunftszeiten beim East-Hub sind über acht Stunden verteilt, beim West-Hub nur über zwei Stunden.

In einer weiteren Analyse berechnet er das Zeitfenster für drei beispielhafte Hub-Lokalisationen im Line-Segment in Abhängigkeit der Sortierkapazität. Wie diese bestimmt wird, ist unklar. Diese Ergebnisse überträgt er auf die 38 SMSA. Bei Hub-

Lokalisationen in Washington DC oder in St. Louis stellt sich heraus, dass diese wenig sensitiv sind bezüglich der Sortierzeit. Hall plädiert für mehrfache Hubs, da ein zentraler Hub nachteilig ist wegen langer Entfernungen. So ist die mittlere, mit den Einwohnerzahlen gewichtete Entfernung zwischen je zwei Städten der 38 SMSA gleich 1.100 Meilen, die mittlere Entfernung aber über einen Zentral-Hub bei Indianapolis gleich 1.680 Meilen.

In der Arbeit von Jaillet und Song 1996 wird von dem einfachen Modell des klassischen Ansatzes von O'Kelly, Aykin und Campbell abgewichen. Hier werden Hubs nicht unterstellt, sind aber möglich als Resultat der Optimierung. In dem zugrunde liegenden Modell können verschiedene Flugzeugtypen, die Zahl der Flugzeuge pro Typ und Routen gewählt werden. Auch mit diesen Annahmen können Jaillet und Song die Modellbildung beim Netzlayout stärker an die reale Welt heranführen als es beim klassischen Ansatz von O'Kelly der Fall ist.

In Erweiterung des klassischen Modells sind darüber hinaus verschiedene Pfade zugleich möglich: ein direkter Pfad von der Quelle zum Ziel, der einen bestimmten Anteil der Fracht bzw. Passagiere aufnimmt, während der andere Teil über einen Zwischenstop oder über einen Hub gelenkt wird. Drei Politiken werden untersucht, wobei als ein Stop ein Zwischenstop oder ein Hub verstanden wird:

- One stop: Entweder eine direkte Verbindung oder ein Stop.

- Two stop: Entweder eine One-stop Politik oder eine Verbindung mit zweiten Stop.

- All stop: Beliebig viele Stops sind möglich.

Da Song 1995 eine Reduktion von all stop auf one stop aufgewiesen hat, reicht ein Lösungsverfahren für one stop aus. Das one stop Modell kann als ein einfaches MIP-Modell formuliert werden, wobei die Zahl der erforderlichen Flugzeuge ganzzahlige Größen sind und der Prozentsatz X_{itj} der Anteil der Fracht von Quelle i zum Ziel j ist, der über den Knoten t geroutet wird. Eine Kapazitätsschranke tritt als Nebenbediengung hinzu. Die Lösung des Modells wird mit einer Heuristik vorgenommen, wobei zunächst die LP Relaxation des Modells gelöst wird, und zusätzlich mit einer validen Restriktion die Lösung verbessert wird. Dann wird durch lokalen Austausch der Flüsse auf den Kanten die Lösung verbessert, d. h. die Zahl der benötigen Flugzeuge gesenkt. Wenn z. B. die Residual-Kapazität auf der Kante von i nach j umgelegt werden kann auf den Pfad i nach t und t nach j, dann kann die Zahl der benötigten Flugzeuge auf der Kante von i nach j um eine Einheit reduziert werden.

Das Modell wird getestet an den CAB-Daten sowie mit Daten aus den 39 größten Städten der USA, wobei die Nachfrage nach Transportleistungen aus einem Gravitationsmodell hergeleitet wird. Als eines der Resultate kann festgehalten werden, dass, gemessen am Gap zwischen Heuristik und der LP-Relaxation, die Heuristik maximal um 7% von der Optimallösung abweicht, wenn die Nachfrage unter den Städten groß ist. Die Heuristik arbeitet dagegen schlecht für kleine Nachfragen. Als Resultat der Optimierung können sich Stops zu Hubs entwickeln.

Daskin und Panayotopoullos 1989 untersuchen die Zuordnung von Flugzeugtypen zu Routen, die von einem festen Hub ausgehen und in diesem wiederum enden. Zugrunde liegt ein Zuordnungsproblem der Ressourcenplanung, bei dem ein Flugzeug in überlappenden Zeitperioden nur einer Route zugeordnet werden kann. Die Zielfunktion ist die Maximierung des Gewinns bei bestimmten Zuordnungen. Zu jeder Route ist eine geplante Startzeit und Rückkehrzeit gegeben. Gelöst wird das Problem mit der Technik der Lagrange-Relaxation. Für gegebene Lagrange-Multiplier wird aus der Lösung der Lagrange-Relaxation mit einer Heuristik eine primal zulässige Lösung hergeleitet. Mit einem Subgradienten-Ansatz werden die Multiplier solange fortgeschrieben, bis die Lösung konvergiert. Die Testläufe mit Random-Daten haben gute Ergebnisse gezeigt, gemessen am Gap zwischen bester Lösung und oberer Schranke, wenn die Zahl der benötigten Flugzeuge ungefähr dem Angebot der Flugzeuge entspricht. Dann bewegt sich der Gap im Bereich von 1% bis 5%.

In der Studie von Kuby und Gray 1993 untersuchen die Autoren das westliche Netz von Federal Express mit Memphis als Hub. Im Unterschied zu den einfachen Kosten-Minimierungsmodellen in Abschnitt 3 wird eine differenzierte Gestaltung der Routen zugelassen. In einem Flug von einem Quellgebiet zum Hub sind Zwischenstops (stopover) möglich. Am Start einer Route und an den stopover Punkten sind Lieferungen durch kleinere Flugzeuge erlaubt (feeder). Bei einem Stop können verschiedene Aktivitäten ausgeführt werden, die zur Koordination im Netzwerk führen:

- Aufnahme von Fracht anderer eingetroffener Flugzeuge;

- Aufnahme von Fracht, die originär aus dem Quellgebiet des Stops resultiert;

- Abgabe von Fracht für das Zielgebiet des Stops.

Verschiedene Flugzeugtypen mit spezifischen Transportkosten werden in das Modell aufgenommen. Gesucht wird ein kostenminimales Netzlayout mit einem Hub in Memphis. Die Lösung folgt mit einem Integer Programming Ansatz, der Routen, Pfade und Kanten einschließt. Das Modell enthält Fixkosten. Das Aufkommen an Sendungen der verschiedenen Städte wird modellhaft hergeleitet aus der Bevölkerungsdichte dieser Städte. Gelöst wird der Integer Programming Ansatz mit einem Standard-Software-Paket. Dieses ist möglich, da die Modellgröße beschränkt wird, indem nur Routen zugelassen werden, deren Flugdauer nicht mehr als 6,8 Stunden beträgt. Diese Beschränkung ist erforderlich, damit die Fracht rechtzeitig zu dem Sortierprozess in Memphis eintrifft. Die Autoren vergleichen die in ihrem Modell gefundene optimale Lösung mit dem aktuellen Netz von Federal Express und stellen nur geringe Abweichungen fest.

In dem Papier von Barnhart und Schneur 1996 wird das Problem des Service Design für Express-Dienste mit Flugzeugen und bodengebundenen Sammel- und Verteilverkehren betrachtet. Gegeben ist ein fester Hub sowie die Kundennachfrage. Zu wählen ist die Lage der Flughäfen, die Verbindung der Flughäfen mit Sammel- und Verteilverkehren, die Zuordnung der Flugzeuge zu den Flughäfen und die Gestaltung von Flugplänen. Die Spitzenlast kann an andere Dienste abgegeben werden. Variationen des Modells sind möglich, wie

- Sammel- und Verteilverkehre durch Bodenverkehre oder kleinere Flugzeuge;

- Routen mit mehreren Stops am Hub, sofern Zeitfenster keine Restriktion bilden, jedoch die Flugkapazität die Restriktion darstellt;

- mehrere Hubs;

- Variationen des Serviceniveaus, wie next day, second day, usw.

Die Lösung des Problems erfolgt in zwei Phasen. In einer Pre-Processing-Phase wird die Problemgröße reduziert. So wird zum Beispiel die second day Lieferung in die Excess-Kapazität verlagert. Gelöst wird der Ansatz mit dem Branch and Price Verfahren von Barnhart u. a., 1998. Die LP-Lösung des reduzierten Problems wird mit einem Standard-Solver (CPLEX) gelöst. Das IP hat einen Gap zur LP Relaxation von 0,5%. Die Autoren geben eine Kostenreduktion durch das Verfahren von 7% an.

Die Bedeutung von Hub-Strukturen für viele-zu-viele Netzwerke wurde dargelegt und die verschiedenen Ausprägungen solcher Netze aufgezeigt. Die verschiedenen Verfahren der Standortoptimierung für die Lokalisierung von p Hubs in vereinfachten Modellen für viele-zu-viele Netzwerke wurden betrachtet. Für die differenzierten Ansätze, die mit Hubstrukturen verbundenen Probleme der realen Welt in Modellen abbilden, wurden insbesondere die Konsolidierungen von Sendungen durch Routenbildung und die Erstellung von Flugplänen behandelt. Die wenigen Veröffentlichungen zu diesem Themenkreis deuten auf einen erheblichen Forschungsbedarf hin.

Weiterführende Literatur

Amiri, A.; Pirkul, H.: Routing and capacity assignment in backbone communication networks under time varying traffic conditions, in: European Journal of Operational Research, Heft 1/1999, S. 15-29

Barnhart, C. et al.: Using Branch-and-Price-and-Cut to solve Origin-Destination Integer multicommodity Flow Problems, in: Operations Research, Vol. 48, 2000, S. 318-326

Costamagna, E.; Fanni, A.; Giacinto, G.: A tabu search algorithm for the optimisation of telecommunication networks, in: European Journal of Operational Research, Heft 2-3/1998, S. 357-372

Mayer, G.: Strategische Logistikplanung von Hub&Spoke-Systemen, Wiesbaden 2001

Irnich, S.: Netzwerk-Design für zweistufige Transportsysteme und ein Branch-and-price-Verfahren für das gemischte Direkt- und Hubflugproblem, Diss. Aachen 2002

Teil III

Tourenplanung

8 Kantenorientierte Rundreisen

Als Rundreiseprobleme werden Fragestellungen bezeichnet, die eine Rundreise durch ein Netzwerk beschreiben, dessen Kanten (i,j) mit Entfernungen $d_{ij} > 0$ bewertet sind.

Die Instanzen der Rundreiseprobleme werden also zusätzlich zu den Knoten V und den Kanten E noch durch die Entfernungsmatrix $D = (d_{ij})$ charakterisiert: $N = (V,E,D)$.

Je nachdem, ob jede Kante mindestens einmal besucht werden soll oder jeder Knoten, unterscheidet man die kanten- von den knotenorientierten Rundreiseproblemen. In diesem Kapitel wenden wir uns den kantenorientierten Rundreisen zu. Den knotenorientierten Rundreisen ist dann das folgende Kapitel 9 gewidmet.

8.1 Euler-Netzwerke und Euler-Touren

Kantenorientierte Rundreiseprobleme treten bei Logistiksystemen in Stadtbezirken auf, wie bei der Verteilung von Zeitungen und von Postsendungen an die einzelnen Haushalte und bei der Entsorgung von Müll in den einzelnen Straßen. Hier geht es darum, die einzelnen Straßen eines Stadtbezirks als Kanten zwischen Knoten (Kreuzungen) aufzufassen, und die einzelnen Straßen nacheinander in einer optimalen Reihenfolge abzufahren. Optimal heißt hier, möglichst wenig Straßen doppelt bzw. möglichst wenig Umwege zu fahren. In gleicher Weise hat ein Briefträger in einem Stadtviertel seine Tour dahingehend zu planen, jede Straße mindestens einmal abzulaufen. Man spricht daher auch von einer **Briefträgertour**. Die kantenorientierten Rundreiseprobleme basieren auf dem Konzept der Euler-Netzwerke.

Ein **Euler-Netzwerk** ist ein zusammenhängendes Netzwerk, in dem jeder Knoten einen geraden Knotengrad von mindestens zwei besitzt. Die folgende Abbildung 8-1 stellt ein Nicht-Euler-Netzwerk einem Euler-Netzwerk gegenüber. Im Nicht-Euler-Netzwerk besitzen die Knoten 3 und 5 einen Grad von 3, also einen ungeraden Grad.

Abbildung 8-1:   Nicht-Euler-Netzwerk und Euler-Netzwerk

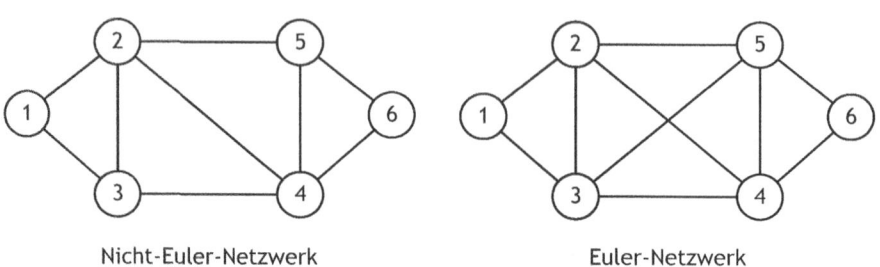

Nicht-Euler-Netzwerk   Euler-Netzwerk

Eine **Euler-Tour** ist ein Zyklus in einem Netzwerk, der jede Kante genau einmal durchläuft. Für die Organisation einer Briefträger-Tour zur Verteilung der Post in einer Stadt sind Euler-Touren insofern ein Vorbild, als dass keine Straße vom Briefträger doppelt durchlaufen werden muss. Kantenorientierte Rundreiseprobleme werden daher auch als **Briefträgerprobleme** bezeichnet. Die folgende Aussage stellt den Zusammenhang zwischen Euler-Netzwerken und Euler-Touren her.

Aussage 8-1:   In jedem Euler-Netzwerk N gibt es eine Euler-Tour.

Herleitung: Starte mit einem Knoten s und gehe zu einem Nachbarknoten i. Da der Knotengrad von i gerade ist, gibt es von i aus eine Kante, die noch nicht besucht wurde. Mit dieser Kante wird i verlassen zu einem Nachbarknoten j. Dann kann von j aus ein Nachbar k besucht werden. Ist der Knotengrad von i gleich 2, so wird der Knoten i nicht wieder von j aus besucht, da zwei zu i inzidente Kanten für das Eintreffen und Verlassen von i vorhanden sind. Das Verfahren bildet einen Zyklus Z, wenn der Startknoten s wieder erreicht wird. Man streicht dann alle Kanten des Zyklus in N und bildet im verbleibenden Netzwerk N' wiederum einen Zyklus usw., bis alle Kanten von einem Zyklus besucht wurden. Anschließend werden alle Zyklen zu einer Euler-Tour vereinigt. Mit dem folgenden Verfahren werden diese Überlegungen im Pseudocode präzisiert. Die Notation $Z = Z + i$ soll das Anfügen eines Knotens i an den Zyklus Z symbolisieren.

Verfahren 8-1: *Euler-Tour*

Initialisierung

1 $N' := N$;

2 p := 1; zählt die Zyklen

Verarbeitung

3 WHILE N' noch Knoten enthält DO

4   Wähle in N' einen Startknoten s und setze Teiltour $Z = s$.

5   Alle Kanten des Netzwerkes N' sind unmarkiert. Setze $k = s$.

6   REPEAT

7   Suche einen Nachfolger i von k, so dass die Kante (k,i) unmarkiert ist.

8   Setze $Z = Z + i$.

9   Setze Kante (k,i) als markiert. Setze $k = i$.

10   UNTIL $k = s$

11   Setze Zyklus $Z_p = Z$.

12   Streiche im Netzwerk N' die Kanten des Zyklus Z_p und die dann entstehenden isolierten Knoten.

13   Setze $p = p+1$.

14 ENDWHILE

//Vereinigung der Zyklen zu einem Zyklus Z:

15 Alle Zyklen Z_i sind unmarkiert

16 $Z = Z_1$

17 WHILE ein Z_i unmarkiert ist, $i=2..p-1$ DO

18   FOR $i := 2$ To $p-1$ DO

19   IF Z_i unmarkiert und (Z und Z_i besitzen einen gemeinsamen Knoten k) THEN

20   Vereinige Z_i mit Z, indem Z_i in Z an der Stelle k eingefügt wird

21   Markiere Z_i

22   ENDIF

23   ENDFOR

24 ENDWHILE.

Die Euler-Touren in Euler-Netzwerken sind nicht eindeutig, sondern hängen von der Wahl des Startknotens s zur Bildung des ersten Zyklus ab und davon, wie der Zyklus gebildet wird. Wählen wir oben in Abbildung 8-1 rechts z. B. den Knoten 1 als Startknoten, so können wir das Netzwerk in einem Zyklus 1,2,5,6,4,3,2,4,5,3,1 durchlaufen.

Abbildung 8-2:   Briefträgertour im Euler-Netzwerk von Abbildung 8-1

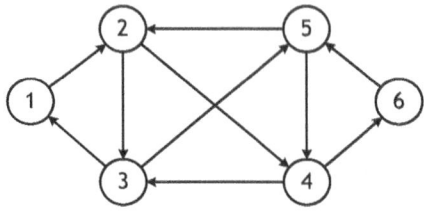

Wird andererseits der Startknoten 2 gewählt, so kann als erster Zyklus Z_1 2,3,1,2 entstehen. Wir streichen dann die Kanten (1,2), (1,3) und (2,3) und den Knoten 1. Im Restnetzwerk N' wählen wir Knoten 5 als Startknoten aus und bilden den Zyklus Z_2 5,4,6,5. Wir streichen dessen Kanten und den Knoten 6. Im Restnetzwerk N' wählen wir dann den Knoten 2 als Startknoten aus und bilden den Zyklus Z_3 2,4,3,5,2. Im anschließenden Schritt werden die Zyklen Z_1, Z_2, Z_3 zu einem Zyklus Z vereinigt. Da Z_1 und Z_2 keinen gemeinsamen Knoten k besitzen, werden zuerst Z_1 und Z_3 über den gemeinsamen Knoten k=2 zu Z = **2,4,3,5,2**,3,1,2 vereinigt und dann mit Z_2 über den gemeinsamen Knoten k=5 zu Z = 2,4,3,**5,4,6,5**,2,3,1,2. Die Abbildung 8-2 zeigt den Gesamtzyklus Z mit Startknoten 2.

8.2   Bestimmung einer distanz-minimalen Briefträgertour

Da eine Euler-Tour jeden Knoten, den sie besucht, auch verlassen muss, ist ein gerader Knotengrad auch notwendig für die Existenz einer Euler-Tour. Daher kann in Nicht-Euler-Netzwerken keine Euler-Tour auftreten. Zu fragen ist nun, wie Briefträgertouren zu gestalten sind, wenn nicht alle Knoten einen geraden Knotengrad aufweisen, was in realen Netzwerken zu erwarten ist.

Die Grundidee in dieser Situation ist, das bestehende Nicht-Euler-Netzwerk mit zusätzlichen Kanten zwischen Knoten mit **ungeradem** Knotengrad so zu erweitern, dass ein Euler-Netzwerk entsteht und die hinzugenommenen Kanten einen minimalen Umweg für den Briefträger bedeuten. Für die neuen Kanten lassen sich glücklicherweise die Knoten mit ungeradem Knotengrad zu Paaren zusammenstellen, da wir von diesen Knoten stets eine **gerade Anzahl** auffinden können.

Diese Zusammenstellung zu Paaren bezeichnet man auch als **Matching**. Ein Matching in einem Netzwerk $N = (V, E)$ ist eine Teilmenge M der Kantenmenge E, so dass jeder

Knoten des Netzwerkes inzident zu höchstens einer Kante des Matchings ist. Hierzu hilft uns die folgende Aussage 8-2 weiter, wenn wir für ein Netzwerk N mit $U(N)$ die Anzahl der Knoten mit **ungeradem Knotengrad** bezeichnen.

Aussage 8-2:   *Wenn $N = (V,E)$ ein zusammenhängendes Netzwerk ist, dann ist $U(N) = 0$ oder eine gerade positive Zahl.*

Herleitung: Zur Herleitung bemerken wir, dass jede Kante zwei Endknoten aufweist, weswegen die Summe der Knotengrade

$$\sum_{i \in V} grad(i) = 2|E|$$

eine gerade Zahl ist ($|E|$ bedeutet Anzahl Kanten). Wir zerlegen die Knotenmenge V in zwei Teilmengen V_g für Knoten i mit geradem Knotengrad und V_u für Knoten i mit ungeradem Knotengrad. Die Summe der Knotengrade über V können wir dann zerlegen in die Summe über $i \in V_g$ für gerade Knotengrade und in eine Summe über $i \in V_u$ für ungerade Knotengrade. Die Summe über die Knoten mit geradem Knotengrad ist eine gerade Zahl. Folglich muss auch die Summe über die Knoten mit ungeradem Knotengrad eine gerade Anzahl darstellen. Hieraus folgt, dass $U(N)$ gerade ist.

In Kapitel 1 hatten wir die Annahme getroffen, dass in einem Netzwerk keine parallelen Kanten auftreten dürfen. Die Einschränkung müssen wir hier fallen lassen, um zu Erweiterungen von Nicht-Euler-Netzwerken zu Euler-Netzwerken zu gelangen. Die folgende Abbildung 8-3 gibt dazu eine Veranschaulichung. Mit der Parallel-Kante zwischen den Knoten 2 und 3 erhalten diese Knoten den Grad 4.

Wir erweitern nun das Nicht-Euler-Netzwerk N zu einem Euler-Netzwerk N', indem wir zwischen je zwei Knotenpaaren $k, i \in V_u$ eine zusätzliche Kante legen, die mit der Länge d_{ki} des kürzesten Weges zwischen k und i bewertet wird und die als ein Weg in N zu interpretieren ist. Um die Erweiterung distanzminimal zu gestalten, stellen wir die Knoten mit ungradem Knotengrad in einem Matching mit minimalem Gewicht zu Paaren zusammen.

Abbildung 8-3:   Erweiterung zum Euler-Netzwerk mit einer Parallel-Kante

---

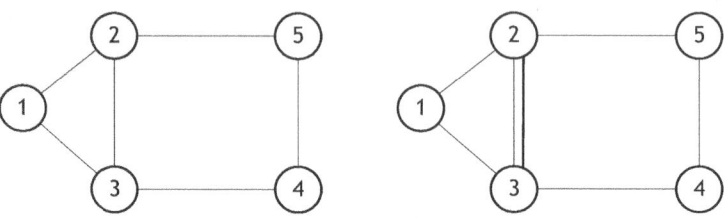

Dazu benötigen wir ein **kostenminimales Matching,** d. h. eine Anwendung des minimalen Gewichtsmatchings, das eine Erweiterung des Zuordnungsproblems auf nicht-bipartite Netzwerke darstellt – ein polynomiales Verfahren, das Edmonds und Johnson 1973 publiziert haben. Da dieses Verfahren sehr aufwendig ist, verzichten wir hier darauf und wenden eine einfache Greedy-Heuristik an, um eine kostengünstige Zuordnung zu finden.

Verfahren 8-2:   Heuristik Minimales Gewichtsmatching

Initialisierung
1   Ausgangspunkt ist ein vollständiges bewertetes Netzwerk mit n Knoten.

Verarbeitung
2   Ordne die Kanten nach aufsteigenden Bewertungen in einer Liste.
3   Wähle nacheinander aus der Liste $1/2\,n$ Kanten aus, beginnend am Kopf der
     Liste mit der Kante mit kleinster Bewertung. Wenn eine der zur Auswahl stehenden Kanten in der Liste einen gemeinsamen Knoten mit einer bereits ausgewählten Kante hat, dann überspringe sie.

Die Qualität der Lösung dieser Heuristik ist nicht besonders gut. In Kapitel 9.3 werden weitere Heuristiken für das minimale Gewichtsmatching aus den Heuristiken für das Travelling Salesman Problem hergeleitet.

Die kostenminimale Erweiterung eines Nicht-Euler-Netzwerkes zu einem Euler-Netzwerk soll anhand des folgenden Beispiels erläutert werden.

Abbildung 8-4:   *Beispiel zum minimalen Gewichtsmatching*

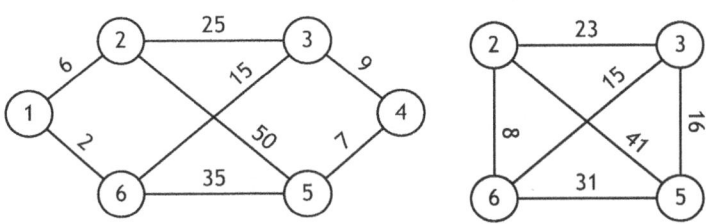

Die Abbildung 8-4 zeigt auf der linken Seite das Original-Netzwerk, in dem die Knoten 2, 3, 5 und 6 einen ungeraden Knotengrad aufweisen. Um dieses Netzwerk in ein Euler-Netzwerk zu überführen, sind also unter den Knoten mit ungeradem Knotengrad Zusatzkanten einzufügen. Zu diesem Zweck betrachten wir das Teilnetzwerk der Knoten mit ungeradem Knotengrad (vgl. Abbildung 8-4 rechts). Die Bewertungen auf den Kanten repräsentieren die Entfernungen des kürzesten Weges im Originalnetzwerk. So führt zum Beispiel der kürzeste Weg von 2 nach 5 über die Knoten 3 und 4 mit einer Länge von 25+9+7=41. Gefragt wird nun, wie in dem Teilnetzwerk ein perfektes Matching mit minimaler Bewertungssumme der Kanten durchgeführt werden kann. Dazu müssen die Kanten des Teilnetzwerks zunächst nach ihren Bewertungen aufsteigend sortiert werden (vgl. Tabelle 8-1).

Tabelle 8-1:   *Nach aufsteigender Bewertung sortierte Kanten*

Kante	Bewertung	Kante	Bewertung
(2,6)	8	(2,3)	23
(3,6)	15	(5,6)	31
(3,5)	16	(2,5)	41

Das Teilnetzwerk enthält vier Knoten, demnach sind aus dieser Liste nun zwei Kanten auszuwählen und in das Matching aufzunehmen. Zunächst wird Kante (2,6) ausgewählt (Kante mit der kleinsten Bewertung). Die Kante (2,5) wird übersprungen, da sie inzident zur Kante (2,6) ist (gemeinsamer Knoten: Knoten 2). Kante (3,5) ist nicht inzident zu (2,6) und wird daher in das Matching aufgenommen (vgl. Abbildung 8-4 links).

Durch Einfügen der Kanten (2,6) und (3,5) in das Originalnetzwerk entsteht ein Euler-Netzwerk mit minimalen Zusatzkosten (vgl. Abbildung 8-5 rechts).

Abbildung 8-5:   Resultierendes Euler-Netzwerk

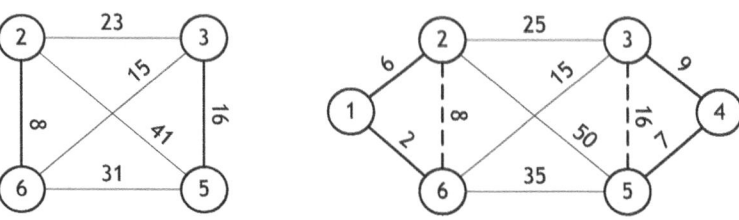

Im Euler-Netzwerk der Abbildung 8-5 repräsentieren die gestrichelten Kanten diejenigen Kanten, die neu eingefügt wurden. Die dick ausgezeichneten Kanten werden vom Briefträger im Original-Netzwerk dann doppelt durchlaufen. Es gibt also keine direkte Verbindung zwischen Knoten 2 und 6. Vielmehr handelt es sich hier um eine virtuelle Verbindung, die über den Knoten 1 realisiert wird. In der Literatur wird die kostenminimale Erweiterung eines Nicht-Euler-Netzwerkes auch als Chinese Postman Problem bezeichnet, da erstmals der chinesische Autor Mei-ko Kwan (1962) hierfür ein Verfahren gefunden hatte.

Weiterführende Literatur

Hamers, H.; Borm, P.; van de Leensel, R.; Tijs, S.: Cost allocation in the Chinese Postman Problem, in: European Journal of Operational Research, Heft 1/1999, S. 153-163

Edmonds, J. und Johnson, E.L.: Matching, Euler Tours and the Chinese Postman, in: Mathematical Programming, Bd. 5, 1973, S. 88-94

Kwan, M.: Graphic Programming Using Odd und Even Points, in: Chinese Mathematics, Bd. 1, 1962, S. 273-277

9 Knotenorientierte Rundreisen

Rundreiseprobleme durch die Knoten eines Netzwerkes werden als Probleme des Handlungsreisenden (**Travelling Salesman Probleme**) bezeichnet. Man geht von der Vorstellung aus, dass ein Handlungsreisender nacheinander eine fest vorgegebene Zahl von Städten zu besuchen hat und am Schluss seiner Reise wieder an seinen Ursprungsort zurückkehren möchte. Gefragt wird nach einer Reihenfolge der Städte, welche die Reiseentfernungen minimiert.

Das Auffinden einer kürzesten Rundreise bedingt die Angabe der Entfernungsdaten auf den Kanten. Man nimmt an, dass diese Daten als eine Matrix D der Distanzen d_{ik} vorliegen und dass $d_{ik} > 0$ ist für alle Kanten (i,k). Soweit nicht explizit angegeben können wir im Folgenden die vereinfachende Annahme eines vollständigen Netzwerkes treffen und eine Instanz eines Travelling Salesmann Problems durch Angabe einer Knotenmenge V und einer Entfernungsmatrix D beschreiben: $N = (V,D)$.

Anwendungen für das Travelling Salesman Problem sind zahlreich. Man denke etwa an das Problem, auf dem Lande die Milch bei den Bauern für den Transport zu einer Molkerei einzusammeln und dafür eine optimierte Rundreise aufzufinden. Ein verwandtes Problem stellt die Auslieferung der Pakete an die Kunden durch Paketdienste in Form einer Rundreise des Auslieferungsfahrzeuges dar. Ein Verfahren zur Auffindung einer optimalen Travelling Salesman Tour zur Belieferung von Kunden unter Berücksichtigung von Kundenzeitfenstern wird in Kapitel 10.2 vorgestellt.

Die Führung von Bohrmaschinen durch die Bohrpositionen für eine große Anzahl von Bohrungen auf Leiterplatten für elektronische Schaltungen kann ebenfalls als ein Travelling Salesman Problem interpretiert werden. Auch bei der Kommissionierung von Aufträgen in einem Lager geht es um die Optimierung der Wege für den Lagerroboter bzw. für den Orderpicker. In einem abstrakteren Sinne kann man das Problem der Optimierung von Rüstreihenfolgen an einer Maschine bei wechselnder Sortenproduktion ebenfalls als ein Travelling Salesman Problem interpretieren. Daher stellt das Travelling Salesman Problem ein Problemfeld dar, das weltweit seit Jahrzehnten intensiv erforscht wird und einige tausend Veröffentlichungen hervorgebracht hat.

Das Travelling Salesman Problem ist zwar einfach zu beschreiben, aber gleichwohl schwierig zu lösen, sobald es um das Auffinden der kürzesten Tour geht und nicht um eine Annäherung an dieses Optimum. Das Problem besteht darin, dass bei n verschiedenen Städten n-1! alternative Travelling Salesman Touren vorliegen. Dies bedeutet etwa für $n = 13$, dass knapp eine halbe Milliarde unterschiedliche Travelling Salesman Touren geprüft werden müssten. Das Travelling Salesman Problem zählt zu den Problemen, die schwer berechenbar sind (NP-hart). Das heißt, dass für dieses Problem kein schneller Algorithmus vorliegt, der eine polynominale Rechenzeit aufweist. Hingegen wächst der Berechnungsaufwand für die Bestimmung der optimalen Travelling Salesman Tour exponentiell mit der Knotenzahl n.

In den vergangenen Jahrzehnten hatte es unter den Forschern zum Travelling Salesman Problem immer wieder Versuche gegeben, die maximale Größe der mit den exakten Verfahren berechneten Travelling Salesman Problemen hinauszuschieben (vgl. M. Grötschel u. M. Padberg, 1999). So veröffentliche Grötschel 1977 eine optimale Tour unter 120 Städten von Deutschland. Padberg und Rinaldi fanden 1987 eine optimale Tour unter 532 Schaltpunkten des AT&T-Telefon-Netzes in den USA. Grötschel und Holland publizierten 1988 eine optimale Tour unter 666 interessanten Orten der Welt. Nach einer Veröffentlichung von Applegate, Bixby, Chavtal und Cook (1998) wurde das Travelling Salesman Problem mit 13500 Städten der USA mit mehr als 500 Einwohnern exakt gelöst. Mit dem heutigen Stand der Technik ist eine optimale Rundreise unter 25.000 Orten von Schweden berechenbar, die im Jahre 2006 von Applegate, Bixby, Chavtal und Cook ermittelt wurde.

Literaturübersichten über den jeweiligen Stand der Forschung wurden von Lawler u. a. 1985, Reinelt 1994, Gutin und Punnen 2002 und Applegate et al. 2006 gegeben.

9.1 Grundbegriffe des Travelling Salesman Problems

In diesem Abschnitt beschreiben wir zunächst Varianten des TSP, bevor wir Eigenschaften dieser Varianten in Bezug auf ihre Verwendung in Lösungsverfahren diskutieren.

Wir unterscheiden knotenorientierte Rundreisen nach den Kriterien, ob

- nach dem Besuch des letzten Knotens eine Rückkehr an den Ausgangsknoten erfolgt (geschlossene Tour) und

- jeder Knoten genau einmal besucht wird (hamiltonscher Zyklus oder Weg).

Abbildung 9-1 gibt einen Überblick über die möglichen Ausprägungen der Fragestellung. Der Fall des hamiltonschen Zyklus, in dem jeder Knoten genau einmal besucht wird, bei vollständigem Netzwerk und euklidschen Daten, wird als Standardfall betrachtet und üblicheweise verkürzt als Travelling Salesman Problem bezeichnet. Treffen diese restriktiven Annahmen nicht zu, so sprechen wir von dem allgemeinen Travelling Salesman Problem. Im Folgenden diskutieren wir Möglichkeiten der Umformung des allgemeinen Falles in den Standardfall, für den wir dann Eigenschaften beschreiben können, die uns später bei der Formulierung von Algorithmen nützlich sein werden.

Abbildung 9-1:   Varianten der knotenorientierten Rundreisen

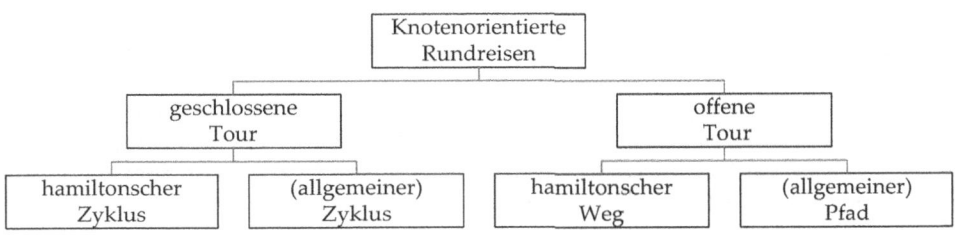

9.1.1   Hamiltonsche Zyklen

Im Netzwerk von Abbildung 9-2 stellt der Weg W_1 = (1,5,2,3,4,5,1) einen allgemeinen Zyklus der Länge 40 dar. W_2 = (1,5,4,3,2,1) ist ein Hamiltonscher Zyklus der Länge 7+3+8+6+4 = 28, der keine optimale Travelling Salesman Tour darstellt, da der Hamiltonsche Zyklus W_3 = (1,2,5,3,4,1) mit der Länge 24 kürzer ist.

Abbildung 9-2:   Rundreisemöglichkeiten durch 5 Städte

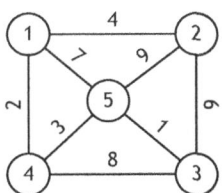

Setzen wir euklidische Entfernungen voraus, oder nehmen wir zumindest an, dass die Distanzen die Dreiecksungleichung erfüllen, so können wir aus den folgenden Überlegungen heraus unsere weiteren Betrachtungen auf den Standardfall des Travelling Salesman Problem beschränken.

Bei abstrakten Daten kann das allgemeine Travelling Salesman Problem als ein Travelling Salesman Problem mit Daten gelöst werden, bei denen die Dreiecksungleichung gilt. Um dieses zu erreichen, schaltet man ein kürzestes Wegeverfahren vor, das die kürzesten Wege zwischen je 2 Knoten bestimmt. Dann ersetzt man die Originaldistanzen durch die ermittelten Längen der kürzesten Wege. Diese Daten erfüllen dann die Dreiecksungleichung, so dass für diesen Fall die optimale Rundreise einen Hamiltonschen Zyklus darstellt. Ist dieser Zyklus aufgefunden, so werden die mit modifizierten Distanzen versehenen Kanten u. U. durch die jeweiligen kürzesten Wege ersetzt. Es ergibt sich ein allgemeines Travelling Salesman Problem, in dem Knoten ggf. mehrfach besucht werden.

Die ausschließliche Betrachtung von Hamiltonschen Zyklen reduziert den Lösungsraum erheblich. Weitere Vorteile ergeben sich aus Überlegungen, die auf der Betrachtung der zwei-dimensionalen Geometrie der Ebene fußen. Im Folgenden soll für euklidische Daten die Struktur optimaler Travelling Salesman Touren behandelt werden (vergl. Schiemann 2005). Die Argumentation wird mit Begriffen der Konvexität und Kreuzungsfreiheit geführt. Sind die Daten als euklidische Daten gegeben, so liegt die Menge V der Knoten als Punktwolke im Koordinatensystem vor. Man kann diese Punktwolke mit einer konvexen Hülle CON(V) eingrenzen, auf der je 2 benachbarte Eckpunkte mit einer Geraden verbunden sind. Damit entsteht eine Rundreise unter den Eckpunkten der konvexen Hülle. Die Abbildung 9-3 zeigt dies auf.

Abbildung 9-3:   Rundreise durch die konvexe Hülle

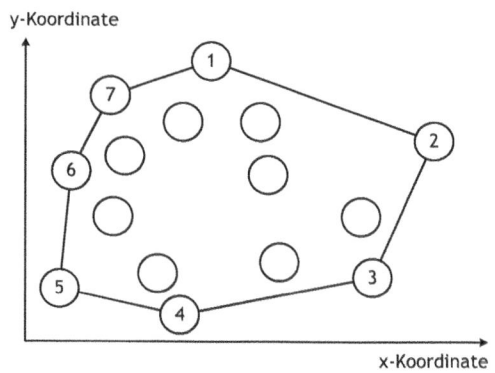

Wir können zunächst feststellen, dass für eine optimale Travelling Salesman Tour in einem Netzwerk eine **Kreuzung** auszuschließen ist, wie wir uns mit elementaren geometrischen Überlegungen klarmachen können. Wir zeigen, dass die Kreuzung zweier Kanten durch einen Austausch beseitigt wird. Dabei wird die Länge der bestehenden Tour infolge der Gültigkeit der Dreiecksungleichung für euklidische Daten verkürzt. Bezeichnet man den Kreuzungspunkt in Abbildung 9-4 mit p, so ist evident, dass die Linie von i nach j kürzer ist als die Strecken i,p und p,j. Das Gleiche gilt für die gestrichelte Linie von k nach l. Ersetzt man also die Kanten (i,l) und (k,j) durch die Linien (i,j) und (k,l), so ist die neu entstehende Tour kürzer als die alte Tour.

Abbildung 9-4:   *Verkürzungsmöglichkeit bei einer Kreuzung*

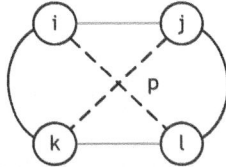

Aus diesen Überlegungen folgt, dass eine besonders einfache notwendige Bedingung für die Optimalität einer Tour gewonnen werden kann: Wenn eine Tour optimal ist, dann weisen ihre Kanten keine Kreuzung auf. Denn andernfalls könnte die Tour im Widerspruch zur Optimalität verkürzt werden. In Abschnitt 9.3.2.1 wird mit dem 2-opt-Nachoptimierungs-Verfahren die Kreuzungsfreiheit bei euklidischen Daten herbeigeführt und dieser Ansatz auf abstraktere Datentypen verallgemeinert.

Man kann zeigen, dass die Knoten, die auf dem topologischen Rand der konvexen Hülle von V liegen, in dem Rand in der gleichen Reihenfolge auftreten wie in der optimalen Tour. Wäre dies nämlich nicht der Fall, so besäße die optimale Tour im Widerspruch zu Optimalität eine Kreuzung. Dieses wird jetzt gezeigt. Dazu sind folgende Vereinbarungen notwendig: Sei $C = \text{CON}(V)$ die konvexe Hülle der Punktmenge V. Sei $V_c = \{K_1, K_2, ..., K_p\}$ die Menge der Knoten $K_i \in V$, die auf dem topologischen Rand von C liegen und als Extrempunkte die Menge C erzeugen. Die Knoten $K_1, ..., K_p$ seien so numeriert, dass $T_c = (K_1, K_2, ..., K_p, K_1)$ eine Tour durch V_c, also eine Tour um den Rand ist, vgl. Abbildung 9-3.

Aussage 9-1:   *Wenn eine Tour T kreuzungsfrei ist, dann treten in T die Randknoten*
    $K \in V$ in der gleichen Reihenfolge wie in der Randtour Tc auf.

Herleitung: Sei T eine Tour in N, in der die Randknoten nicht in der Reihenfolge von T_c auftreten. Betrachte zwei Knoten K_i und $K_j \in V_c$, die in T, aber nicht in T_c direkt aufeinanderfolgen. Dann existieren Knoten $K_k, K_m \in V_c$, so dass K_i vor K_k und K_k vor K_j und dass K_j vor K_m und K_m vor K_i in T_c liegt. Wir durchfahren die Tour T, indem wir bei K_i beginnen und zunächst direkt nach K_i gehen. Sei W_i dieser Teilweg. Wir setzen die Tour T von K_j aus fort und haben zwei Fälle:

1. Zunächst wird über einen Weg W_2 der Knoten K_k erreicht und dann erst über einen Weg W_3 der Knoten K_m. Anschaulich definiert dieser Weg einen Schnitt durch die Knotenmenge V. Die Knoten K_k und K_m sind durch den Schnitt ge-

trennt. Der Weg W_3 von K_k nach K_m kann nicht außerhalb der durch die Randtour T_c gegebenen konvexen Figur verlaufen. Daher schneidet er den Weg W_1,
und T besitzt eine Kreuzung.

2. Der Fall, dass zuerst K_m und dann K_k erreicht wird, ist analog.

Mit dieser Aussage kann in einfacher Weise die optimale Reihenfolge der Randknoten
als ein Teil der optimalen Travelling Salesman Tour beschrieben werden. Als eine
weitere Schlussfolgerung aus der Aussage 9-1 ergibt sich, dass eine kreuzungsfreie
Tour und damit auch die optimale Tour entweder zwei aufeinander folgende Eckpunkte K_i und K_{i+1} direkt verbindet oder diese mit einer **Zick-Zack Linie** im Inneren
$Int(V)$ der konvexen Hülle verbindet. Abbildung 9-5 verdeutlicht diese Aussage. Als
Frage verbleibt die Zuordnung der Knoten im Zentrum zu den von der konvexen Hülle
aus verlaufenden Zick-Zack Linien. Die im Abschnitt 9.3 diskutierten Konstruktionsheuristiken wenden sich dieser Frage zu.

Abbildung 9-5:   *Eine kreuzungsfreie Tour als Folge von Zick-Zack-Linien zwischen je zwei*
Eckpunkten

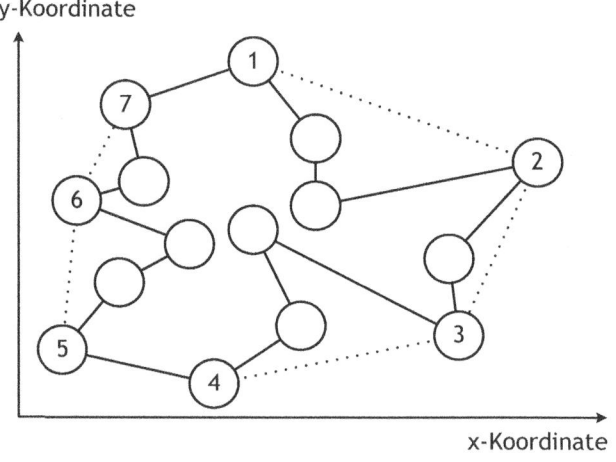

9.1.2   Offene und geschlossene Touren

Man unterscheidet die offenen von den geschlossenen Travelling Salesman Touren.
Bei offenen Travelling Salesman Touren besucht der Handlungsreisende jede Stadt

genau einmal, ohne jedoch zum Schluss zum Ausgangsort zurückzukehren (**offene Hamiltonsche Wege**).

Man kann diese Fragestellung dahingehend präzisieren, dass nach einem kürzesten Hamiltonschen Weg zwischen je zwei gegebenen Endknoten s und t gefragt wird (Fragestellung A), oder dass nach dem schlechthin kürzesten Hamiltonschen Weg zwischen zwei beliebigen Knoten gefragt wird (Fragestellung B).

Zu beachten ist, dass ein kürzester Hamiltonscher Weg zwischen zwei Endknoten s und t entsteht, wenn in einer optimalen geschlossenen Travelling Salesman Tour T^* eine Kante, z. B. die Kante (s, t), gestrichen wird. Durch eine entsprechend hohe „Bestrafung" der von den Endknoten s und t ausgehenden Kanten kann man erreichen, dass die Fragestellung A in eine Fragestellung B überführt wird. Hierzu werden die Werte in der Distanzmatrix D wie folgt mit großen Werten M „bestraft", wobei wir als Endknoten $s = 1$ und $t = 2$ unterstellen. Man nimmt eine große Konstante M und setzt die neuen Entfernungen D' wie folgt an:

$$d'_{ik} = d_{ik} + 3M \text{ , für } i = 3,...,n, \, k = 1, 2$$

$$d'_{ki} = d_{ki} + 3M \text{ , für } i = 3,...,n, \, k = 1, 2$$

$$d'_{ki} = d_{ki} + 2M \text{ , für } i = 1, 2 \text{ und } k = 1, 2$$

$$d'_{ij} = d_{ij} \text{ , für } i, j \text{ sonst}$$

Hieraus ergibt sich die transformierte Entfernungsmatrix D'. Dann ist eine Lösung der Fragestellung B mit den Daten D' zugleich eine Lösung der Fragestellung A mit den Originaldaten D. Dieses lässt sich wie folgt begründen:

Jeder Hamiltonsche Weg gehört zu einer der folgenden drei Kategorien:

1. Keiner seiner Endknoten ist der Knoten s oder t.

2. Einer von seinen Endknoten ist entweder s oder t.

3. Ein Endknoten ist s und ein Endknoten ist t.

Hamiltonsche Wege der Kategorie 1 besuchen den Knoten s und verlassen diesen Knoten auf einer anderen Kante. Hierdurch entstehen Strafkosten von $6M$. Das Gleiche gilt für den Knoten t, so dass insgesamt $12M$ Strafkosten auf Wegen dieses Typs liegen. Bei Hamiltonschen Wegen der Kategorie 2 ist entweder s oder t ein Endknoten. Wenn s ein Endknoten ist, dann entsteht eine Bestrafung von $6M$ am Knoten t. Für den Knoten s, der Endknoten ist, entsteht eine Bestrafung von $3M$, so dass wir insgesamt eine Bestrafung von $9M$ haben. Bei Hamiltonschen Wegen der Kategorie 3 erreicht eine Kante den Knoten s und eine weitere Kante den Knoten t, so dass wir insgesamt eine Bestrafung von $6M$ haben. Letztendlich ergibt sich damit, dass Hamiltonsche Wege der Kategorie 3 die geringste Bestrafung besitzen. Für hinreichend große Werte von M, wie z. B. der maximalen Länge eines Hamiltonschen Weges in D, z. B.

$M = n * \max(d_{ij})$, sind alle Wege der Kategorie 3 kürzer als alle Wege der Kategorie 1 oder 2. Damit ist die optimale Lösung in der Kategorie 3.

Wenn mit den Daten der modifizierten Distanzmatrix D' eine Lösung des geschlossenen Travelling Salesman Problems gesucht wird, dann entsteht sie aus Hamiltonschen Wegen der Kategorie 3. Alle diese Touren besitzen die Strafkosten für Hamiltonsche Wege dieser Kategorie, also $6\,M$, plus $2\,M$ für die Verbindung von s nach t, also insgesamt $8\,M$ Strafkosten. Damit sind diese Lösungen kürzer als Lösungen, die aus Hamiltonschen Wegen der Kategorie 1 oder 2 bestehen. Eine Lösung des geschlossenen Travelling Salesman Problems mit den Daten der modifizierten Distanzmatrix D' ist damit zugleich eine Lösung des offenen Travelling Salesman Problems der Kategorie A. Hierdurch wird der Zusammenhang zwischen offenen und geschlossenen Travelling Salesman Problemen hergestellt. Wir wollen uns des Weiteren nur mit geschlossenen Travelling Salesman Problemen beschäftigen.

9.1.3 Die Existenz von Hamiltonschen Zyklen und Wegen

Eine Rundreise, welche jede Stadt mindestens einmal besucht, wird als Travelling Salesman Zyklus bezeichnet. Eine Euler-Tour in einem Netzwerk definiert z. B. einen Travelling Salesman Zyklus. Das Problem besteht darin, unter allen Travelling Salesman Zyklen den Zyklus mit minimaler Länge zu finden. Dieser Ansatz wird dann zur Modellierung von Logistiknetzwerken benötigt, wenn das Netzwerk wenig Kanten aufweist, so dass man bei einer Rundreise gezwungen ist, einige Knoten mehrfach zu besuchen. Dieses ist z. B. bei Auslieferungstouren von einem Depot entlang einer Hauptstrasse der Fall, wenn rechts und links von ihr Kunden mit Stichstrassen erreicht werden sollen. Die Abbildung 9-6 zeigt diese Fragestellung auf, für die kein hamiltonscher Zyklus existiert.

Abbildung 9-6: Struktur einer Ausliefertour entlang einer Hauptstrasse

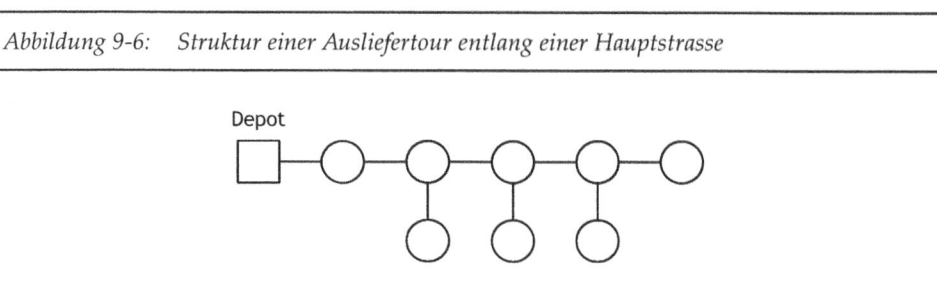

Wenn man zusammenhängende Netzwerke betrachtet, die nicht vollständig sind, so ist die Existenz eines Hamiltonschen Zyklus oder eines offenen Hamiltonschen Weges nicht von vornherein gegeben. Die Existenz eines offenen Hamiltonschen Weges kann sogar von der Wahl der Anfangs- und Endknoten abhängen, siehe Abbildung 9-7.

Abbildung 9-7:   Ein unvollständiges Netzwerk

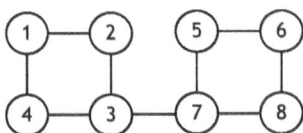

Nur zwischen den Knoten 2 und 5 läßt sich ein offener Hamiltonschen Weg konstruieren: 2-1-4-3-7-8-6-5. In diesem Beispiel existiert keine geschlossene Travelling Salesman Tour, da man die Kante (3,7) kein zweites Mal durchlaufen kann.

Folgende notwendige Bedingungen lassen sich für die Existenz eines Hamiltonschen Zyklus' oder eines offenen Hamiltonschen Weges formulieren: Da auf dem Weg jeder Knoten mit einer Kante besucht und mit einer anderen Kante verlassen wird, ist für die Existenz eines Hamiltonschen Zyklus' notwendig, dass jeder Knoten einen Grad ≥ 2 aufweist. Für die Existenz eines offenen Hamiltonschen Weges ist notwendig, dass die Anzahl der Knoten, die einen Knotengrad eins haben, kleiner oder gleich zwei ist. Daher existiert im Beispiel von Abbildung 9-7 kein offener Hamiltonscher Weg. Das Verfahren 10-1 überprüft die Existenz eines Hamiltonschen Zyklus

---

Verfahren 9-1:   Überprüfung der Existenz eines Hamiltonschen Zyklus über Distanzen

---

1   Wir ergänzen die im Netzwerk N fehlenden Kanten, um ein vollständiges Netzwerk N' zu erhalten. Die neuen Kanten erhalten die Bewertung mit einer großen Konstanten M, wobei M größer sein muß als die Länge eines jeden möglichen Hamiltonschen Zyklus' in N, so z. B. $M = 1 + n^* \max(d_{ik})$ mit n = Anzahl der Knoten in N. Im vollständigen Netzwerk lösen wir das Problem des Travelling Salesman mit einer Heuristik oder mit einem exakten Verfahren und erhalten eine Tour T. Da diese Verfahren die Tourlänge minimieren, vermeiden sie in N' Kanten mit der hohen Bewertung M. Wenn daher die Länge von T kleiner als M ist, verläuft T ausschließlich auf Kanten von N. Also kann ein Hamiltonscher Zyklus in N konstruiert werden.

9.2 Untere Schranken für das TSP

Das Travelling Salesman Problem weist große Ähnlichkeiten zu den bislang betrachteten Problemstellungen auf. Anders als in den vorangegangenen Kapiteln kann aber kein exaktes Lösungsverfahren mit polynomialer Laufzeit angegeben werden. In einer ersten Näherung sollen deshalb wohlbekannte Problemstellungen als Relaxation Verwendung finden. Relaxationen vereinfachen das zu lösende Problem und führen daher zu meist stark optimistischen Zielfunktionswerten. Diese können im Fall von Minimierungsproblemen als untere Schranken fungieren.

Untere Schranken geben eine Einschätzung über die zu erreichende Lösungsgüte und ergänzen damit Heuristiken, die ihrerseits auf obere Schranken zusteuern. Je schärfere Schranken vorliegen, desto kleiner wird die Spanne, in der sich die optimale Lösung befinden muss. Gleichen sich untere und obere Schranken, so ist die optimale Lösung erreicht. Das Auffinden von möglichst scharfen unteren Schranken ist somit eine wichtige Fragestellung der Optimierung. Für Branch-and-Bound Verfahren ist die Kenntnis einer scharfen unteren Schranke elementar, da auf dieser Basis ein Großteil des Suchbaumes von der Betrachtung ausgenommen werden kann.

Im Folgenden werden auf dem Zuordnungsproblem und auf dem KAB basierende untere Schranken behandelt. Letztere erfahren eine Erweiterung durch Eins-Baum Schranken sowie durch Held-Karp-Schranken. Weitere Verfahren, untere Schranken zu bestimmen, werden bei Reinelt (1994) in Kapitel 10 behandelt.

9.2.1 Das Zuordnungsproblem

Die Beziehung des Travelling-Salesman-Problems zum Zuordnungsproblem ist wie folgt zu erkennen. Jede Travelling-Salesman-Tour definiert implizit eine Zuordnung der Knoten, wenn die Tour von einem Startknoten aus durchfahren wird. Wenn Knoten i auf Knoten j in der Tour folgt, so liegt eine Zuordnung von i nach j vor. Die Kosten der Zuordnung sind dann durch die Summe der Kantengewichte der zugeordneten Knoten gegeben. Die Lösung des Zuordnungsproblems für ein gegebenes Netzwerk stellt demnach eine untere Schranke für die Länge der optimalen Tour dar. Wird das Travelling-Salesman-Problem als ein Lineares Optimierungsproblem mit binären Entscheidungsvariablen x_{ij} formuliert, so sieht man ebenfalls unmittelbar die Verwandtschaft zum Zuordnungsproblem, das als eine Relaxation des Travelling-Salesman-Problems erscheint.

Das Travelling-Salesman-Problem lässt sich wie folgt als ein Integer Programming Problem formulieren, wobei x_{ij} = 1, wenn die Kante $[i,j]$ Bestandteil der optimalen Tour ist, und x_{ij} = 0 sonst:

min $\sum d_{ij}\, x_{ij}$

unter den Nebenbedingungen :

(1) $\sum_i x_{ij} = 1, \quad j = 1,...,n$

(2) $\sum_j x_{ij} = 1, \quad i = 1,...,n$

(3) Die Variablen x_{ij} dürfen keine Subtour definieren.

(4) $x_{ij} = \in \{0,1\}$

Die Nebenbedingungen (1) sagen aus, dass in einem Knoten j nur eine Kante der Tour eintreffen darf, und Nebenbedingungen (2), dass von einem Knoten i nur eine Kante der Tour fortgehen darf. Während die Zielfunktion und die Nebenbedingungen (1) und (2) das Zuordnungsproblem definieren, sind die Nebenbedingungen (3) für das Travelling-Salesman-Problem entscheidend, da sie Subtouren ausschließen.

Da die Zahl der möglichen Subtouren mit n exponentiell ansteigt, müssen mit den Nebenbedingungen (3) eine mit n exponentiell wachsende Zahl von Subtouren kontrolliert werden. Hierzu sucht man alle Teilmengen $S \subset V$ mit $2 \leq |S| \leq n/2$ (für n gerade) oder $2 \leq |S| \leq (n-1)/2$ (für n ungerade) und fordert

(3A) $\sum_{i \in S} \sum_{j \in S} x_{ij} \leq |S| - 1$.

Da die Menge V insgesamt 2^n Teilmengen besitzt, erkennt man den exponentiell wachsenden Aufwand zur Formulierung der Nebenbedingungen (3). Genau darin liegt das Komplexitätsproblem des Travelling-Salesman-Problems.

Der Vorteil, das Zuordnungsproblem als Relaxation durch Auslassen von (3) zu wählen, besteht in der Bestimmung der minimalen Zuordnungen mit dem schnellen Verfahren der Ungarischen Methode (vgl. Kapitel 6). Besteht die Lösung des Zuordnungsproblems in einer geschlossen Tour, so ist damit zugleich eine obere Schranke des Travelling-Salesman-Problems für das Teilproblem gegeben. Dieses Ergebnis wird jedoch nicht immer erzielt.

Vielmehr zerfällt im Normalfall die Lösung des Zuordnungsproblems in mehrere Teiltouren. Allerdings ist für nicht symmetrische Entfernungsdaten die Qualität der mit dem Zuordnungsproblem gewonnen unteren Schranke sehr gut. Sie liegt nach Tests von Balas und Toth (1985, S. 366) mit Zufallsdaten im Durchschnitt bei 98 % des Wertes, der die Länge der optimalen Travelling-Salesman-Tour darstellt.

Bei symmetrischen Distanzen treten eine Vielzahl von Teiltouren auf, die lediglich zwei Knoten umfassen: Die Zuordnung von i nach j und die Zuordnung von j nach i.

Beispiel 9-1

Bestimmen wir die minimale Zuordnung mit Daten zum euklidischen (damit auch symmetrischen) 10-Städte-Problem aus Abbildung 9-8 (mit Koordinaten aus Tabelle 9-

1 und Entfernungen aus Tabelle 9-2), so erhalten wir vier Kurzzyklen bei einem Ziel-funktionswert von 144,23.

Abbildung 9-8: *Sich aus dem Zuordungsproblem ergebende Kurzzyklen*

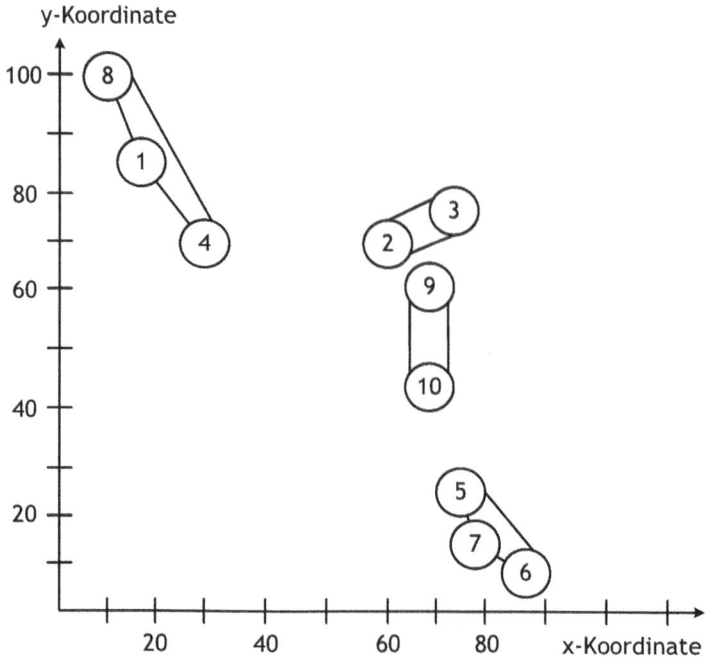

Dabei treten zwei Kurzzyklen der Art *i-j-i* auf. Mithilfe der Nächste-Nachbar-Heuristik (siehe Abschnitt 9.3.1.1) kann die Tour 6,7,5,10,9,2,3,4,1,8,6 mit dem Startknoten 6 und einer Länge von 278,83 als **obere Schranke** bestimmt werden. Wir erkennen die schlechte Qualität der mit dem Zuordnungsverfahren bestimmten Zuordnungssumme von 144,23 als unterer Schranke daran, dass sie um ca. 50 % unter der Länge dieser Tour liegt, deren Länge nahe am Optimum von 269,54 liegt, das mit der Tour 1-4-6-7-5-10-9-2-3-8-1 erzielt wird.

Tabelle 9-1:   *Koordinaten eines 10-Städte-Problems*

Knoten	1	2	3	4	5	6	7	8	9	10
x	18	62	71	28	77	79	78	4	62	68
y	84	71	77	72	14	6	11	100	63	48

Dieses Beispiel zeigt, dass sich bei symmetrischen Distanzmatrizen der Wert der minimalen Zuordnung deutlich von der Länge der optimalen Travelling-Salesman-Tour unterscheidet. Nach Tests von Balas und Toth (1985, S. 370) mit Zufallsdaten für symmetrische Distanzmatrizen liegt der Wert der Lösung des Zuordnungsproblems im Durchschnitt bei 82 % des Wertes, der die Länge der optimalen Travelling-Salesman-Tour darstellt.

Die durch das Zuordnungsproblem gegebene untere Schranke reicht dann nicht nahe an die optimale Lösung des Travelling-Salesman-Problems heran und besitzt deswegen keine hohe Möglichkeit, Teile des Lösungsbaums zu eliminieren. Die schlechte Qualität der unteren Schranke bei symmetrischen Daten überträgt sich auch auf unsymmetrische Distanzmatrizen, die nur einen kleinen Antisymmetrie-Index aufweisen. Bei Christophides (1976) wird ein Verfahren beschrieben, um einzelne Teiltouren, die bei der Lösung des Zuordnungproblems entstehen, schrittweise zu aggregieren und dadurch die Qualität der unteren Schranke zu verbessern.

Tabelle 9-2:   *Entfernungs-Daten des 10 Städte-Problems*

nach von	1	2	3	4	5	6	7	8	9	10
1		45,88	53,46	15,62	91,55	99,02	94,49	21,26	48,75	61,61
2	45,88		10,82	34,01	58,94	67,19	62,1	64,85	8	23,77
3	53,46	10,82		43,29	63,29	71,45	66,37	70,84	16,64	29,15
4	15,62	34,01	43,29		75,93	83,41	78,87	36,88	35,17	46,65
5	91,55	58,94	63,29	75,93		8,25	3,16	112,81	51,24	35,17
6	99,02	67,19	71,45	83,41	8,25		5,1	120,25	59,48	43,42
7	94,49	62,1	66,37	78,87	3,16	5,1		115,75	54,41	38,33
8	21,26	64,85	70,84	36,88	112,81	120,25	115,75		68,8	82,46
9	48,75	8	16,64	35,17	51,24	59,48	54,41	68,8		16,16
10	61,61	23,77	29,15	46,65	35,17	43,42	38,33	82,46	16,16	

9.2.2 Der aufspannende Baum

Auch der kürzeste aufspannende Baum KAB liefert eine untere Schranke für die Länge der optimalen offenen und geschlossenen Travelling Salesman Touren:

Aussage 9-2:   *Sei N ein Netzwerk mit n Knoten und symmetrischen Entfernungsdaten und T* eine optimale geschlossene Travelling Salesman Tour und T_0 eine optimale offene Travelling Salesman Tour zwischen den Endknoten s und t in N. Dann gilt:*

---

1. $L(KAB) \leq (1 - 1/n)L(T^*) < L(T^*)$

2. $L(KAB) \leq L(T_0)$

Herleitung: 1. Da aus jeder geschlossenen Travelling Salesman Tour ein aufspannender Baum durch Weglassen einer Kante wird, ist der KAB eine untere Schranke für jede geschlossene Travelling Salesman Tour. Wird in der geschlossenen optimalen Tour T^* mit n Kanten die Kante mit der größten Distanz d_{max} fortgelassen, so ist $L(KAB) \leq L(T^*) - d_{max} \leq (1 - 1/n)L(T^*)$.

Herleitung: 2. Da T_0 ein aufspannender Baum ist, gilt: $L(KAB) \leq L(T_0)$.

Die in der Aussage *9-2* aufgewiesene untere Schranke $L(KAB)$ für $(1 - 1/n)L(T^*)$ wird für den Spezialfall angenommen, dass die optimale Tour T^* aus gleich langen Kanten besteht, etwa bei einer Rundreise um ein Quadrat. In Abschnitt 9.3.1.4 wird gezeigt, dass $2^*L(KAB)$ eine obere Schranke für $L(T^*)$ ist.

Eine schärfere untere Schranke bei symmetrischen Distanzmatrizen bestimmt man mit der **Eins-Baum-Schranke**. Dieser Ansatz geht von der Überlegung aus, dass eine Travelling-Salesman-Tour einen aufspannenden Baum unter den verbleibenden *n-1* Knoten definiert, wenn aus der Tour ein Knoten entfernt wird, etwa Knoten 1. Eine untere Schranke für die Länge der Travelling-Salesman-Tour besteht dann in der Länge des aufspannenden Baumes unter den verbleibenden *n-1* Knoten plus der kürzesten beiden Kanten am Knoten 1. Mit dieser Überlegung gewinnt man die untere Schranke des Eins-Baumes wie folgt:

In der Knotenmenge *V* zeichnet man einen Knoten *s* aus, der zu eliminieren ist. Unter den verbleibenden *n-1* Knoten wird der KAB erzeugt. Zur Länge des aufspannenden Baumes werden die beiden kürzesten Kanten addiert, die in den Knoten *s* im Originalnetzwerk eintreffen. Die Summe ist eine untere Schranke für die Länge der optimalen Travelling-Salesman-Tour. Man kann den Wert der unteren Schranke erhöhen, indem man den Eins-Baum über alle Eliminationsknoten *s* bestimmt und das Maximum auswählt. Diese Schranke wird als **Max-Einsbaum-Schranke** bezeichnet.

9.2.3 Held-Karp-Schranke

Die Eins-Baum-Schranke lässt sich als eine Lagrange-Relaxation der Integer Programming Formulierung des symmetrischen Travelling-Salesman-Problems deuten. Für **symmetrische Daten** in einem vollständigen Netzwerk kann man das Travelling-Salesman-Problem wie folgt formulieren, wobei $x_{ij} = 1$, wenn die Kante (i,j) Bestandteil einer Tour ist, und sonst $x_{ij} = 0$:

$$\min \ \sum d_{ij} \, x_{ij}$$

unter den Nebenbedingungen :

(1) $\sum_i x_{ij} = 2, \quad j = 1...n$

(2) $\sum_{i,j} x_{ij} = n$

(3) Die Variablen x_{ij} dürfen keine Subtour definieren.

(4) $x_{ij} \in \{0,1\}$

Die Nebenbedingungen (1) sagen aus, dass ein Knoten j nur zu zwei Kanten einer Tour inzident sein darf. Nebendingung (2) bedeutet, dass die Tour genau n Kanten besitzen muss.

Wenn wir für die Definition des Eins-Baums den Knoten s wählen, so lautet die Integer Programming Formulierung des Travelling-Salesman-Problems:

$$\min \ \sum d_{ij} \, x_{ij}$$

unter den Nebenbedingungen :

(1) $\sum_i x_{ij} - 2 = 0, \quad j = 1...n, j \neq s$

(2) $\sum_i x_{is} = 2$

(3) $\sum_{i,j} x_{ij} = n$

(4) Die Variablen x_{ij} dürfen keine Subtour definieren.

(5) $x_{ij} \in \{0,1\}$

Die Bedingung (2) hebt den Knoten s besonders hervor: in ihm dürfen nur zwei Kanten eintreffen. Um zur **Lagrange-Relaxation** zu gelangen, werden die Nebenbedingungen (1) als Nebenbedingungen entfernt und stattdessen mit reellwertigen Gewichten g_i in die Zielfunktion übernommen:

$$\min \ \sum_{i,j} d_{ij}x_{ij} + \sum_{i,j} g_i(x_{ij}-2)$$

unter den Nebenbedingungen :

(1) $\sum_i x_{is} = 2$

(2) $\sum_{i,j} x_{ij} = n$

(3) Die Variablen x_{ij} dürfen keine Subtour definieren.

(4) $x_{ij} \in \{0,1\}$

Die Vorteilhaftigkeit dieser Formulierung wird daran erkennbar, dass die Nebenbedingung (4) nicht erforderlich ist, da die Nebenbedingungen (1) bis (3) ein Polyhedron mit ganzzahligen Eckpunkten beschreiben. Sei $L(g)$ der Zielfunktionswert in Abhängigkeit von Gewichtung g bei Vernachlässigung von Nebenbedingung (3). Hierbei ergibt die Lösung im Allgemeinen keine Tour. Um allerdings zu einer möglichst hohen unteren Schranke zu gelangen, werden die Gewichte g_i gesucht, welche $L(g)$ maximieren: $L^* = \max L(g)$

Der Wert L^* wird auch als **Held-Karp-Schranke** bezeichnet, da Held und Karp (1970) zum ersten Mal ein Verfahren beschrieben haben, um L^* zu bestimmen. Der Wert von L^* kann mit Hilfe von nichtlinearen Optimierungstechniken berechnet werden, die auf der Beobachtung fußen, dass alle Knoten des durch die optimale Tour gegebenen Eins-Baums einen Knotengrad ≤ 2 aufweisen. Das mit dem Held-Karp-Verfahren umschriebene Subgradientenverfahren verteilt dann schrittweise Gewichte auf den Knoten mit dem Ziel, bei der Bildung des kürzesten aufspannenden Baumes einen Knotengrad ≤ 2 zu erreichen.

Um die durch den Eins-Baum gegebene Schranke zu verbessern, werden Gewichte g_i auf die Knoten gelegt und die Distanzen d_{ij} zu $d_{ij} + g_i + g_j$ fortgeschrieben, um die Knoten, die im Eins-Baum den Grad 1 besitzen, attraktiver für den Shortest-Spanning-Tree-Algorithmus zu machen und die Knoten mit Grad ≥ 3 weniger attraktiv. Wird dann mit den fortgeschriebenen Distanzen ein neuer minimaler Spanning Tree berechnet, so ist dessen Länge L(KAB,g) womöglich größer, was eine bessere untere Schranke ergibt. Die Länge des Spanning Trees L(KAB) mit den Originaldistanzen d_{ij} ist dann gleich $L(KAB,g) - 2 * \sum g_i$. Die Gewichtung hat hierbei keinerlei Einfluss auf die Optimalität einer Tour.

Als Gewichte g_i werden zunächst die Abweichungen der Knotengrade des Spanning Trees vom Wert 2 gewählt. Dies bedeutet, dass Kanten zu Knoten hohen Grades teurer und damit unattraktiver werden. In Abbildung 9-9 wird dies illustriert. Gegeben ist ein vollständiger Graph (I), gesucht wird die kürzeste Tour durch sämtliche Knoten. In (II) wird nun der Eins-Baum erzeugt. Zu erkennen ist, dass sich keine geschlossene Tour ergibt. Nun wird eine Gewichtung der Kanten in Abhängigkeit des Knotengrades der zugehörigen Knoten durchgeführt. Hierbei werden beispielsweise die Kanten zu Knoten 3 um eine Einheit teurer. Hieraus ergibt sich Graph (III). Bei der Erzeugung des modifizierten Eins-Baumes (IV) entsteht nun eine geschlossene Tour, sämtliche Knoten haben Grad 2. Somit ist eine optimale Lösung gefunden.

Abbildung 9-9:   Gewichtung im Eins-Baum

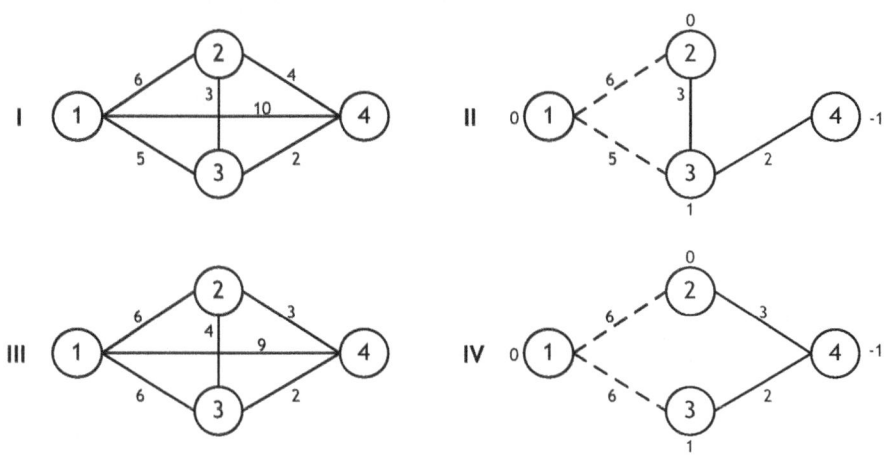

Im Allgemeinen werden zum Erreichen einer optimalen Lösung mehrere Iterationen benötigt. Hierzu werden in einem Iterationsverfahren die Gewichte g_i fortgeschrieben und die Iteration abgebrochen, wenn entweder der Wert von $L(KAB,g)$ sich kaum noch ändert oder wenn in V ein Eins-Baum gefunden wird, dessen Knoten alle einen Grad ≤ 2 besitzen, womit dann eine Travelling-Salesman Tour aufgefunden ist. Wir geben das Iterationsverfahren als Pseudocode nach Reinelt (1994, S. 176) an:

Verfahren 9-2:   Held-Karp-Verfahren

Initialisierung

1   Wähle als Eliminationsknoten s denjenigen in der Knotenmenge V, dessen Summe von kürzester und zweitkürzester Kante, die in s eintreffen, unter allen Knoten die maximale ist. Dieses definiert die Knotenmenge $V'=V-s$, in welcher der Baum zur Gewinnung des Eins-Baums bestimmt wird.

2   Sei t^1 die anfängliche Schrittweite, λ ein Verkleinerungsfaktor für die Schrittweite und T die Anzahl der Iterationen.

3 Setze $g_i = 0$ für jeden Knoten i und setze k=1. Setze $g_i^1 = 0$.

Verarbeitung

4 WHILE $k \leq T$ ist DO

5 Berechne den kürzesten aufspannenden Baum in der Knotenmenge V' für die Distanzen $d'_{ij} = d_{ij} + g_i^k + g_j^k$ für $i,j \in V'$. Setze $d'_{sj} = d_{sj} + g_j^k$ für $j \in V'$.

6 Bestimme den Eins-Baum, indem von s aus die kürzeste und zweitkürzeste Kante, die in s unter der Bewertung d' eintreffen, zum Baum geführt werden.

7 Bestimme das Gewicht des Eins-Baums unter 6 mit den Originaldistanzen d_{ij} und speichere den laufenden Baum mit dem höchsten Gewicht temporär.

8 Wenn der Eins-Baum eine Tour ist, dann breche die Schleife ab.

9 Definiere den Vektor d^k durch $d_i^k = \delta_i - 2$, wobei δ_i der Grad von Knoten i ist im unter 5 berechneten Eins-Baum.

10 FOR jeden Knoten i DO

11   IF $k > 1$ THEN $g_i^{k+1} = g_i^k + t^k (0{,}7 d_i^k + 0{,}3 d_i^{k-1})$

12   IF k=1 THEN $g_i^2 = (1 + t^1) d_i^1$.

13 ENDFOR

14 Setze $t^{k+1} = \lambda t^k$ und $k = k+1$.

15 ENDWHILE

Für den Wert von λ ist der Bereich von 0.99 bis 0.999 zu empfehlen. Für die anfängliche Schrittweite t^1 ist ein Wert zwischen 0.5 und 1.0 zu wählen. Für die Anzahl der Iterationen T sind Werte zwischen 100 und 1.000 anzuwenden. Die richtige Wahl der Parameter für den Einzelfall kann nur experimentell gefunden werden. Abbildung 9-10 gibt einen typischen Anstieg der Held-Karp-Schranke beim Subgradientenverfahren wieder.

Abbildung 9-10: Typischer Anstieg der Held-Karp-Schranke beim Subgradientenverfahren

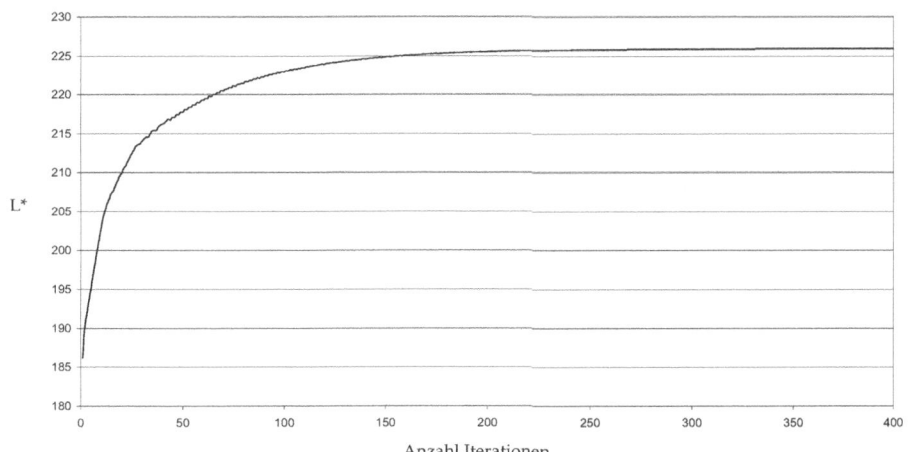

9.3 Heuristiken für das TSP

Wegen des (mindestens) exponentiell ansteigenden Rechenaufwandes in Abhängigkeit von der Knotenanzahl *n* ergeben sich für große *n* lange Rechenzeiten. So berichten die Autoren der schwedischen Studie, Applegate et al. 2006, von 84 CPU-Jahren. Aus diesem Grunde wurden zur approximativen Lösung des Travelling Salesman Problems verschiedene, auch bei großem *n* schnell berechenbare Heuristiken entwickelt.

Heuristiken besitzen ferner im Kontext von exakten Lösungsverfahren, wie etwa Branch-and-Bound oder Branch-and-Cut, eine wichtige Hilfsfunktion, da mit ihnen auf schnelle Weise obere Schranken zur Eingrenzung des Optimalwertes gefunden werden können. Häufig reichen für die Praxis auch angenäherte Lösungen aus, die mit Heuristiken rasch gewonnen werden können. Auf der Internet-Seite zu unserem Buch sind die im Folgenden besprochenen Heuristiken als Applets abrufbar. Auch in der Logistik-Toolbox CD von Lasch (2006) finden sich einige Heuristiken implementiert.

Man unterscheidet die Heuristiken, die zur Konstruktion einer möglichst guten Tour führen – sogenannte Tourenkonstruktions-Heuristiken – von denjenigen, die eine gegebene Tour noch weiter verbessern (Tourenverbesserungsverfahren). Jede von einer Tourenkonstruktions-Heuristik oder von einem Tourenverbesserungsverfahren gelieferte Tour T ist eine obere Schranke für die Länge der optimalen Travelling Salesman Tour T*.

9.3.1 Tourenkonstruktions-Heuristiken

Von der Forschung wurden in den vergangenen 40 Jahren zahlreiche Heuristiken entwickelt. An dieser Stelle sollen nur die wichtigsten genannt werden. Zu einem erschöpfenden Überblick sei der Leser auf Schiemann 2005 und Grünert/Irnich 2005 verwiesen.

9.3.1.1 Nächster-Nachbar-Heuristik

Intuitiv ansprechend ist die Nächster-Nachbar-Heuristik (NN). Sie ist für alle oben diskutierten Typen von Entfernungsdaten geeignet und als eine einfache Greedy-Heuristik aufgebaut:

Verfahren 9-3:   Nächster-Nachbar-Heuristik

Initialisierung
1   Man wählt aus V einen Startknoten s und setzt Endknoten = s.
2   Man setzt Teilstück der Tour gleich (s).

Verarbeitung
3   Nachdem ein Teilstück einer Tour konstruiert worden ist, fragt man danach, welcher bisher noch nicht besuchte Knoten dem Endknoten des bereits konstruierten Teilstücks am nächsten liegt und schließt diesen an. Der angeschlossene Knoten wird Endknoten.

Terminierung
4   Das Verfahren bricht ab, wenn alle Knoten angeschlossen sind.

Wird vom letzten Knoten die Rückkehr zum ersten Knoten in die Tour einbezogen, so erhält man eine **geschlossene** Travelling Salesman Tour. Diese Heuristik wird mit NNT bezeichnet. Wird die Rückkehr nicht mit einbezogen, so erhält man als Hamiltonschen Weg eine **offene** Travelling Salesman Tour. Diese Heuristik wird mit NNW und die gewonnene Tour als NNW-Tour bezeichnet. Die mit NNT bzw. NNW gewonnenen Touren hängen von der Wahl des Startknotens ab. Wir bezeichnen für eine Instanz $I = (V,D)$ mit $L(NNW,s,I)$ bzw. $L(NNT,s,I)$ die Länge der offenen bzw. geschlossenen NN-Tour mit Startknoten s. Der Aufwand von NNT bzw. NNW beträgt O(n^2), da in jeder der n Zeilen der Distanzmatrix D das Minimum mit einem Aufwand O(n) gesucht werden muss, wenn n die Knotenzahl im Netzwerk darstellt.

Beispiel 9-2

Wir geben folgendes Beispiel für NNT mit abstrakten Daten aus Tabelle 9-3 unten und zeigen die Abhängigkeit der erzielten Lösungen von der Wahl des Startknotens s auf:

Tabelle 9-3:   *Beispiel zur NNT-Heuristik*

von / nach	1	2	3	4	5
1	0	2	5	7	3
2	6	0	4	8	10
3	18	16	0	14	12
4	24	13	23	0	17
5	19	20	22	11	0

Wenn wir Knoten 1 als Startknoten wählen, erhalten wir als Tour $T_1 = (1,2,3,5,4,1)$ mit einer Länge von 2+4+12 +11 +24 = 53. Wir erkennen, dass die letzte Kante in dieser Tour von Knoten 4 nach Knoten 1 den Wert 24 besitzt, also die schlechteste Verbindung im ganzen Netzwerk. Wenn anstelle des Wertes 24 für die Kante (4,1) ein großer Wert in der Distanzmatrix stände, so würde die Tour T_1 beliebig lang, was ein schlechtes **worst case** Verhalten von NNT anzeigt. Wählen wir hingegen 5 als Startknoten, so erhalten wir als Tour $T_2 = (5,4,2,3,1,5)$ mit einer Länge von 11+13+4+18+3 = 49.

Der Vorteil der NNT-Heuristik ist, dass sie einem einfachen Prinzip folgt und sehr schnell in der Durchführung ist. Nachteilig an ihr ist, dass die zur Auswahl stehenden Knoten gegen Ende der Tourenkonstruktion immer mehr abnehmen, so dass am Ende tendenziell sehr schlechte Verbindungen aufgenommen werden müssen (vgl. z. B. oben Tour T_1).

Das Verhalten von NNT im **best case** lässt sich für alle Typen von Entfernungsdaten wie folgt beschreiben: Wenn in der Distanzmatrix D pro Spalte bloß ein Zeilenminimum auftritt, dann erzeugt NNT die optimale Tour. Daher ist stets bei Anwendung von Verfahren zur Bestimmung der optimalen Travelling Salesman Tour ein Vorschalten von NNT zu empfehlen, um den genannten Sonderfall des best case in einfacher Weise herauszufiltern bzw. zumindest anzunähern.

Für vollständige Netzwerke mit nicht-euklidischen Daten, welche dennoch der Dreiecksungleichung genügen und die symmetrisch sind, kann jedoch im worst case die Lösung mit NNT mit steigender Knotenzahl n beliebig weit vom Optimum entfernt liegen. Deswegen besitzt NNT für nicht-euklidische Daten keine **Performance Garantie**. So haben Rosenkrantz u. a. gezeigt, dass für jede Knotenzahl $n = 2^k - 1 \geq 15$ für nicht-euklidische Daten eine Instanz I mit einem Startknoten s existiert, so dass $L(NNT,s,I) > (\log_2(n+1) + 4/3)\mathrm{OPT}(I)/3$, wenn mit OPT($I$) die Länge der optimalen Tour bezeichnet wird. (Rosenkrantz u. a.,1977, S. 563-581). Ein ähnliches Ergebnis haben Hurkens und Woeginger (2004) für euklidische Daten erzielt. Für gleichverteilte euklidische Daten ist die Qualität von NN jedoch wesentlich besser. Empirische Erfahrungen mit zufällig erzeugten euklidischen Daten zeigen, dass Lösungen mit NNT um

20 % bis 40 % vom Optimum abweichen, die Abweichung aber nicht logarithmisch mit der Knotenzahl n anwächst.

Wir können hier die Güte von NNW mithilfe des kürzesten aufspannenden Baumes KAB abschätzen (siehe Beispiel 9-3). Dessen Länge $L(KAB,I)$ ist eine untere Schranke für jede offene Travelling Salesman Tour (siehe oben) Das folgende Beispiel 9-3 weist NNW-Touren auf, die um den Faktor 1,06 bis 1,974 länger als $L(KAB,I)$ sind.

Da die Lösung mit NNW von der Wahl des Startknotens abhängt, kann man als **Multistartheuristik** die beste Variante ermitteln, indem man alle Knoten als Startknoten ausprobiert. Wir wollen dies in folgendem Beispiel anhand von euklidischen Daten mit Koordinaten im Bereich von 0...100 darstellen. Über das worst case Verhalten dieser Multistartheuristik ist nichts bekannt.

Beispiel 9-3

Der KAB des in Tabelle 9-1 und Tabelle 9-2 eingeführten Problems besteht aus den Kanten (5,7), (7,6), (5,10), (10,9), (9,2), (2,3), (2,4), (4,1), (1,8) mit einer Länge von 149,3. Die Abbildung 9-11 visualisiert die Verteilung der Knoten und den KAB.

Die *NNW-Tour* (bzw. *NNT-Tour*) mit Startknoten 6 besucht die Knoten in folgender Reihenfolge: 6,7,5,10,9,2,3,4,1,8 und besitzt mit einer Länge von 158,58 (bzw. 278,83) eine Abweichung von 6,2 % vom KAB. Da der KAB eine untere Schranke für die Länge der optimalen Tour ist, ist die NNW-Tour mit Startknoten 6 weniger als 6,2 % von der kürzesten Travelling Salesman Tour zwischen Knoten 6 und 8 entfernt. Ganz anders verhält sich die NNW-Tour (bzw. NNT-Tour) mit Startknoten 1. Sie besucht die Knoten in folgender Reihenfolge: 1,4,2,9,10,3,5,7,6,8 und besitzt mit einer Länge von 294,74 (bzw. 316,00) eine Abweichung vom KAB von 97,4 % und ist nahezu doppelt so lang wie die Tour mit Startknoten 6.

Abbildung 9-11: Eins-Baum des 10-Städte Problems

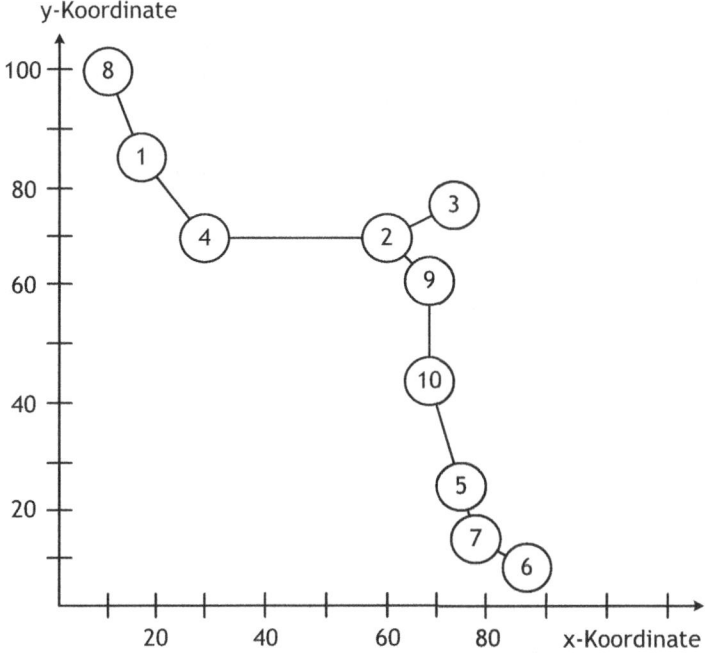

Man gewinnt die **Max-Einsbaum-Schranke** mit dem Eliminationsknoten 8 und erhält als Schranke den Wert 186.18, der aber noch weit unter der Länge der NNT-Tour 6,7,5,10,9,2,3,4,1,8,6 mit dem Wert von 278,83 liegt. Man erkennt daran, dass die Max-Einsbaumschranke für geschlossene Touren eine schlechtere Schranke darstellt als der KAB für offene Touren.

Man kann das Grundprinzip von NNT in verschiedener Hinsicht variieren:

- Einfügen eines am nächsten gelegenen noch nicht besuchten Knoten jeweils am Beginn oder am Ende der Tour.

- Einbau eines Elements der Vorausschau in den Algorithmus. So kann man die beiden zuletzt gewählten Knoten zunächst als vorläufig betrachten und diese vergleichen mit der Teiltour, die entsteht, wenn man beim zweitletzten Knoten anstatt des Nächstgelegenen den zweitnächst gelegenen Knoten auswählt. Hat man hier den Status der vorläufig gewählten Knoten auf die letzten beiden beschränkt, so kann man diese vorläufig gewählten Knoten beliebig z. B. auf die drei oder vier letzten ausdehnen, wobei man dann allerdings einen komplexeren Entscheidungsbaum abarbeiten muss.

251

■ Für **euklidische Daten** lässt sich die in Abschnitt 9.1.1 beschriebene Struktur der optimalen Tour als Folge von Zick-Zack-Linien zwischen je zwei Knoten auf der konvexen Hülle für weitergehende Überlegungen ausnutzen. Wie weiter unten in Abschnitt 9.3.1.3 unter Heuristik 2 beschrieben, lassen sich die Knoten im Inneren der konvexen Hülle den Randkanten zuordnen. In der Distanzmatrix D werden dann Verbindungen, die zwischen Knoten im Inneren der konvexen Hülle verlaufen und die zu verschiedenen Randkanten gehören, mit hohen Werten bestraft. Damit wird dafür gesorgt, dass das Verfahren NNT stets nur die aktuelle Zick-Zack-Linie aufbaut, nicht aber zwischen verschiedenen Zick-Zack-Linien hin und her springt.

9.3.1.2 Einfügeverfahren

Die Grundidee der Einfügeverfahren besteht in dem schrittweisen Einfügen von noch nicht besuchten Knoten in eine geschlossene Subtour T_p, die bloß einen Teil der Knoten umfasst. Nach folgendem Verfahren werden die noch nicht besuchten Knoten k eingefügt: Für jede Kante (i,j) von T_p wird die Verlängerung der Tour T_p berechnet, die durch das Einfügen von k zwischen Knoten i und Knoten j entstünde. In der um k erweiterten Tour kommen die Distanzen der Kanten (i,k) und (k,j), also $d_{ik}+d_{kj}$, hinzu, während die Verbindung d_{ij} aufgegeben wird. Die Verlängerung der um k erweiterten Tour beträgt also insgesamt $d_{ik}+d_{kj}-d_{ij}$. Dann wird k in diejenige Kante (i,j) eingefügt, welche die Verlängerung minimiert. Die folgende Abbildung 9-12 veranschaulicht das Einfügen eines Knotens k in eine Subtour. Das Einfügeverfahren ist für alle oben diskutierten Typen von Entfernungsdaten geeignet.

Abbildung 9-12: Einfügen eines Knotens k in eine Subtour

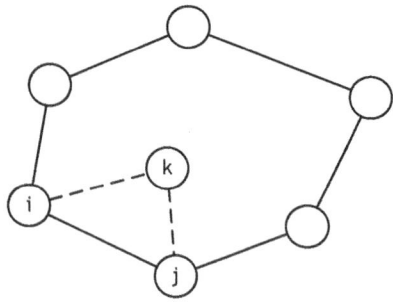

Die um k erweiterte Tour T_p wird als TOUR(T_p,k) bezeichnet. Für den Sonderfall, dass die Subtour T_p nur aus einem Knoten i besteht, wird die Erweiterung TOUR(T_p

,k) aus den beiden Kanten (i,k) und (k,i) aufgebaut. Wenn T_p aus zwei oder mehr Knoten besteht, dann ist TOUR(T_p,k) die kürzeste Tour, die durch das Einfügen von k in T_p erzielt werden kann. Wenn Tp nur aus einem Knoten i besteht, dann ist TOUR(T_p,k) die einzige Tour, die aus den Knoten i und k aufgebaut werden kann.

Verfahren 9-4:   *Einfügeverfahren (Insert)*

Initialisierung

1   Wähle einen Startknoten s und setze $T_1 = (s)$.

2   Setze Zähler $i = 1$.

Verarbeitung

3   WHILE $i < n$ DO

4   Wähle einen Knoten $a_i \in N - T_i$

5   Setze $T_{i+1} = TOUR(T_i, a_i)$

6   Setze $i = i+1$

7   ENDWHILE

Terminierung

9   Im Schritt $i = n$-1 sind alle Knoten eingefügt. Die Tour T_n ist die Approximation der optimalen Travelling Salesman Tour.

Mit INSERT wird die mit dem Einfügeverfahren erzeugte Tour T_n , mit L(*INSERT*) deren Länge und mit Einfügekosten EK(T_p,k) die Differenz zwischen der Länge der Tour TOUR(T_p,k) und der Länge von T_p bezeichnet. Wir betrachten dann wegen des schrittweisen Aufbaus der Tour INSERT die folgende Beziehung mit den Größen T_i und a_i aus dem Verfahren Insert:

$$L(INSERT) = \sum_{i=1}^{n-1} EK(T_i, a_i)$$

Da die Tour INSERT noch von der Wahl des Startknotens s abhängt, kann die beste Variante über alle Startknoten ermittelt werden. Für das Auswählen des Knotens a_i im Verarbeitungsschritt des Einfügeverfahrens gibt es eine Reihe von Kriterien, welche die einzelnen Einfügeverfahren unterscheiden:

▨ Wähle den Knoten a_i, der die Subtour T_i um den geringsten Betrag anwachsen lässt, also EK(T_i,a_i) minimiert (**cheapest insertion**). Die erzeugte Tour wird als INSERTC bezeichnet.

▪ Wähle den Knoten a_i, welcher zu den Knoten der Subtour T_i die geringste Distanz aufweist (**nearest insertion**), d. h. $d(a_i)=\min\{d(a_i,x):x\in T_i\}$ minimiert, wenn mit $d(a_i,x)$ die Distanz zwischen Knoten a_i und Knoten x bezeichnet wird. Die erzeugte Tour wird als INSERTN bezeichnet.

▪ Wähle den Knoten a_i, der am weitesten von den Knoten der bestehenden Subtour T_i entfernt ist (**farthest insertion**), d. h. $d(a_i)=\min\{d(a_i,x):x\in T_i\}$ maximiert, wenn mit $d(a_i,x)$ die Distanz zwischen Knoten a_i und Knoten x bezeichnet wird. Die erzeugte Tour wird als INSERTF bezeichnet.

▪ Wähle den Knoten a_i, der durch eine Zufallsauswahl bestimmt worden ist (**random insertion**). Die erzeugte Tour wird als INSERTR bezeichnet.

Bis auf random insertion benötigen die verschiedenen Auswahlverfahren für den Knoten a_i einen Aufwand von O(n^2), und der Einfügeschritt beim Verfahren Insert benötigt ebenfalls einen Aufwand von O(n^2), so dass sich insgesamt ein Aufwand von O(n^2) für alle Insertverfahren ergibt. Die verschiedenen Einfügeverfahren weisen folgende Eigenschaften auf: Nach den Testergebnissen von Rosenkrantz u. a. (1977) für Probleme mit 50 Knoten und euklidischen Daten im Einheitsquadrat erzielt das Verfahren nearest insertion die schlechtesten Ergebnisse und liegt mit 7 bis 22 % oberhalb der Lösungen, die mit farthest insertion erzielt werden.

Das gute Abschneiden von farthest insertion ist damit zu erklären, dass es günstig ist, zunächst die groben Umrisse einer Tour zu erzeugen, indem Knoten mit großen Distanzen eingefügt werden, und dann die kurzen Verbindungen zu detaillieren. Wenn kurze Verbindungen spät im Verfahren eingefügt werden, dann ist es sehr wahrscheinlich, dass diese Verbindungen später nicht wieder durch neue Einfügungen aufgehoben werden. Um das Grundkonzept von farthest insertion zu unterstützen, werden zunächst die groben Umrisse einer Tour erzeugt. Dazu sollte als Startknoten ein Knoten gewählt werden, der zur längsten Kante in N inzident ist.

Das Verfahren cheapest insertion ist z. T. besser, aber auch z. T. schlechter als farthest insertion. Rosenkrantz u. a. geben einen Bereich von 7 % besser bis 12 % schlechter an. Nach den Testergebnissen von Rosenkrantz u. a. für ein großes Travelling Salesman Problem mit 2000 Knoten im Einheitsquadrat liefert random insertion kaum schlechtere Ergebnisse als farthest insertion, besitzt aber den Vorteil, dass für die Auswahl eines Knotens im Unterschied zu farthest insertion eine geringe, von der Knotenzahl n unabhängige Rechenzeit benötigt wird, während bei farthest insertion zur Bestimmung der größten Entfernung bis zu $n^2/4$ Vergleiche erforderlich sind. Damit ist random insertion für sehr große Travelling Salesman Probleme besonders geeignet.

Wenn das Netzwerk $N = (V,D)$ symmetrische Daten D aufweist und diese Daten die Dreiecksungleichung erfüllen, dann lässt sich die Länge der Einfügetouren INSERTN und INSERTC mit dem kürzesten aufspannenden Baum KAB abschätzen. Da dessen

Länge $L(KAB)$ eine untere Schranke für die Länge $L(T^*)$ der optimalen Travelling Salesman Tour T^* darstellt, ergibt sich daraus eine Performance Garantie von 2 für die Verfahren cheapest insertion und nearest insertertion.

Aussage 9-3:   *Das Netzwerk N = (V,D) weise symmetrische Daten D auf, und die Daten D erfüllen die Dreiecksungleichung. Dann gilt:*
(1) Für eine Subtour T, einen Knoten $k \in N\text{-}T$ und einen Knoten $i \in T$ gilt:
$EK(T,k) \leq 2d_{kj}$
(2) Wenn T eine nach dem Verfahren cheapest inseriont oder nearest insertion aufgebaute Travelling Salesman Tour in N ist, dann gilt: $L(T) \leq 2L(KAB)$.

Herleitung:

(1) Sei (i,j) eine Kante in T und (p,q) die Kante in T, in welche Knoten k in der Tour TOUR(T,k) eingefügt wird. Da die Kante (p,q) durch die minimalen Umwegkosten bestimmt ist, gilt $EK(T,k) = d_{pk} + d_{kq} - d_{pq} \leq d_{ik} + d_{kj} - d_{ij}$. Nach der Dreiecksungleichung ist $d_{kj} - d_{ij} \leq d_{ki}$. Damit ist $EK(T,k) \leq d_{ik} + d_{ki} = 2d_{ki}$.

(2) Wenn INSERT nach dem Prinzip nearest insertion aufgebaut wird, wird die Subtour T_i um den Knoten $a_i \in N - T$ erweitert, der die kürzeste Entfernung zu T_i besitzt, also die Größe $d(a_i) = \min\{d(a_i, x) : x \in T_i\}$ minimiert. Das Minimum $\min\{d(a_i, x) : x \in T_i\}$ werde im Knoten $y_i \in T_i$ angenommen, wenn mit $d(a_i, x)$ die Distanz zwischen Knoten a_i und Knoten x bezeichnet wird. Die Kanten (a_i, y_i), $i=1,\dots,n\text{-}1$, ergeben den kürzesten aufspannenden Baum KAB von N. Mit (1) haben wir $EK(T_i, a_i) \leq 2d(a_i, y_i)$. Dann ist $L(INSERTN) = \sum EK(T_{i,a_i}) \leq 2L(KAB)$. Für das Einfügeverfahren cheapest insertion sei auf Rosenkrantz u. a. verwiesen.

9.3.1.3   Einfügeverfahren mit der konvexen Hülle als Starttour

Einfüge-Heuristik 1

Wenn wir das Grundkonzept von farthest insertion beachten, zunächst die groben Umrisse einer Tour zu erzeugen, so können wir dieses auf euklidische Daten übertragen und die konvexe Hülle der Punktwolke der Knoten des Netzwerkes N als Umriss der Tour auffassen. Damit ergibt sich die konvexe Hülle als Starttour des Verfahrens. Wir beschreiben hier verschiedene Einfügeverfahren, die von der konvexen Hülle als Starttour ausgehen und daher euklidische Daten erfordern. Die Nutzung der konvexen Hülle als Starttour für das Einfügeverfahren führt nach Golden und Stewart zu guten Ergebnissen (vgl. B.C. Golden und R.W. Stewart, 1985, S. 223). Das erste Verfahren, Knoten in die Partialtour der konvexen Hülle einzufügen, geht wie folgt vor:

Verfahren 9-5:   *Einfüge-Heuristik 1*

Initialisierung

1   Man konstruiert mit Hilfe der konvexen Hülle CON(V) eine Starttour.

2   Man setzt als Partialtour T_p die Starttour.

Verarbeitung

3   Man wählt nach einem der oben beschriebenen Kriterien einen noch nicht besuchten Knoten k aus.

4   Der unter 3 ausgewählte Knoten wird in diejenige Kante der Partialtour T_p eingefügt, welche die Partialtour T_p um den geringsten Betrag anwachsen lässt.

Terminierung

5   Wenn alle Knoten eingefügt sind, dann Abbruch, ansonsten GOTO 3.

Dieses Einfügeverfahren besitzt einen Aufwand von O(n^2) sowohl für die Konstruktion der konvexen Hülle wie auch für das Einfügen.

Einfüge-Heuristik 2

Im Kontext der Diskussion oben um die Struktur der optimalen Tour wurde gezeigt, dass diese als eine Folge von Zick-Zack-Linien zwischen je zwei Eckpunkten der konvexen Hülle aufgebaut ist (vgl. Abbildung 9-5 oben). Durch diesen Aufbau der optimalen Tour ist eine **Zuordnung** von Knoten aus dem Inneren Int(V) der konvexen Hülle zu den Kanten der konvexen Hülle gegeben: Wenn $k \in Int(V)$, so ordne k der Kante (E_i, E_{i+1}) zu, zu deren Zick-Zack-Linie k gehört. Die Menge der Kante (K_i, K_{i+1}) zugeordneten Knoten $k \in Int(V)$ sei mit OPT_i bezeichnet.

Aufgrund dieser Überlegungen ist die Einfüge-Heuristik 1 so zu modifizieren, dass ein neu einzufügender Knoten $k \in OPT_i$ nur in diejenige Zick-Zack-Linie nach dem Kriterium des geringsten Zuwachses eingefügt wird, welche die Eckpunkte (K_i, K_{i+1}) der zugeordneten Kante verbindet. Da diese Zuordnung für die optimale Tour unbekannt ist, soll eine Zuordnung eines Knotens k mit dem Kriterium der **geringsten Umwegkosten** $d_{i,k} + d_{k,i+1} - d_{i,i+1}$ erfolgen und mit folgender Heuristik hergeleitet werden:

Verfahren 9-6   *Einfüge-Heuristik 2*

---

1   Ordne $k \in Int(V)$ der Kante (K_i, K_{i+1}) zu, für welche der Knoten k die geringsten

Umwegkosten $d_{i,k} + d_{k,i+1} - d_{i,i+1}$ darstellt, wobei die Indizes i und $i+1$ die Eckpunkte K_i und K_{i+1} bedeuten. Auf diese Weise erhält man für jede Rand-Kante (K_i, K_{i+1}) eine Knotenmenge M_i von Knoten aus Int(V), die der Kante (K_i, K_{i+1}) zugeordnet sind.

Wegen der Konvexität der euklidischen Distanzfunktion würden die Knoten der ganzen Verbindungslinie zweier Knoten p und q der Kante (K_i, K_{i+1}) zugeordnet, wenn p wie auch q der Kante (K_i, K_{i+1}) zugeordnet sind. Damit stellen die konvexen Hüllen der Zuordnungen M_i der Knoten in $Int(V)$ zu den Rand-Kanten überschneidungsfreie konvexe Bereiche im Inneren von V dar, vgl. Abbildung 9-5.

Mit diesem Ansatz lässt sich das Travelling Salesman Problem in Teilprobleme **modularisieren**: Jede Zuordnungsmenge M_i von Knoten im Inneren stellt ein eigenständiges offenes Travelling Salesman Problem zwischen den Endknoten (K_i, K_{i+1}) mit einer geringeren Knotenzahl dar. In einer optimalen Tour sind die durch die optimalen Zuordnungen OPT_i gegebenen Teilprobleme ebenfalls optimale offene Travelling Salesman Probleme.

Einfüge-Heuristik 3

Wenn bei der Einfüge-Heuristik 2 die Knoten aus dem Inneren den Randkanten zugeordnet werden, so erscheint diese Zuordnung unter folgendem Aspekt zu schematisch: Für Knoten, die nah am Rand liegen, ist dieses Kriterium sinnvoll. Für Knoten, die im Zentrum der konvexen Menge liegen, wird es dagegen Zweifel geben, welcher der Kanten am Rande er zuzuordnen ist. In der Einfüge-Heuristik 3 werden die Zick-Zack-Linien schrittweise aufgebaut, und die Zuordnungen werden nicht über die Randkanten, sondern über den jeweiligen Stand der Zick-Zack-Linien definiert. Bei jeder Iteration wird allen Zick-Zack-Linien jeweils nur ein Knoten zugeordnet, dann werden die Zuordnungen gelöscht und neu berechnet. Das Verfahren mit den dynamischen Zuordnungen ist dann wie folgt:

Verfahren 9-7:   Einfüge-Heuristik 3

Initialisierung

1   Wir nehmen p Eckpunkte K_i , i =1...p, an, bezeichnen mit R_i die Randkante

$R_i = (K_i, K_{i+1})$ und setzen als Zick-Zack Linie $Z_i = R_i$.

2   Die nicht zugeordneten Knoten werden in der Menge M verwaltet.

3   Die Menge U_i ist die Menge der Z_i zugeordneten Knoten.

4   Wir initialisieren: U_i ist leer, i =1...p und $M = V \setminus \{ E_1,...,E_p \}$.

Verarbeitung

5   FOR alle $i \in M$ DO:

6   Ordne i der Zick-Zack Linie Z_j zu, wo i die kleinsten Einfügekosten besitzt in

einer der Kanten von Z_j und nehme i in U_j auf.

7   ENDFOR

8   FOR $r := 1$ To p DO

9   Wenn $U_r \neq$ leer suche in U_r einen Knoten i, der in Z_r die minimalen Einfü-

gekosten besitzt und füge ihn in Z_r in eine Kante ein, wo die Einfügekosten

minimal sind.

10   Setze $M = M - \{i\}$.

11 ENDFOR

12 Lösche alle Mengen U_j .

Terminierung

13 Wenn M = leer dann Abbruch, sonst GOTO 5.

Einfüge-Heuristik 4 (Zwiebelschalen-Heuristik)

Die folgende Variante einer Einfüge-Heuristik geht von der Randtour T_1 durch den Rand der konvexen Hülle CON(V) aus und wiederholt diesen Prozess mit den übrig gebliebenen Knoten in der Menge $V_2 = Int(V) = V \setminus \{$Randknoten von $V\}$. Wird in dieser Knotenmenge eine Randtour T_2 gebildet, so bleiben wiederum Knoten im Inneren von V_2 übrig: $V_3 = Int(V_2) = V_2 \setminus \{$Randknoten von $V_2\}$. Wir bilden dann in V_3 wiederum die Randtour T_3 und so fort. Das Bilden einer Tour bricht ab, wenn keine inneren Knoten mehr vorliegen. Mit diesem Ansatz erhält man eine Reihe ineinander geschachtelter Touren $T_1, T_2, T_3,...$ welche die Knotenmenge in einem Zwiebelschalenmodell anordnen, vgl. Abbildung 9-13. Mit einem Insertion-Ansatz werden dann die Touren $T_1, T_2, T_3,...$ schrittweise vereinigt. Man fügt die Knoten von T_2 in T_1 mit dem cheapest insertion-Verfahren ein, dann die Knoten von T_3 usw.

Abbildung 9-13: Zwiebelschalenmodell einer Knotenmenge

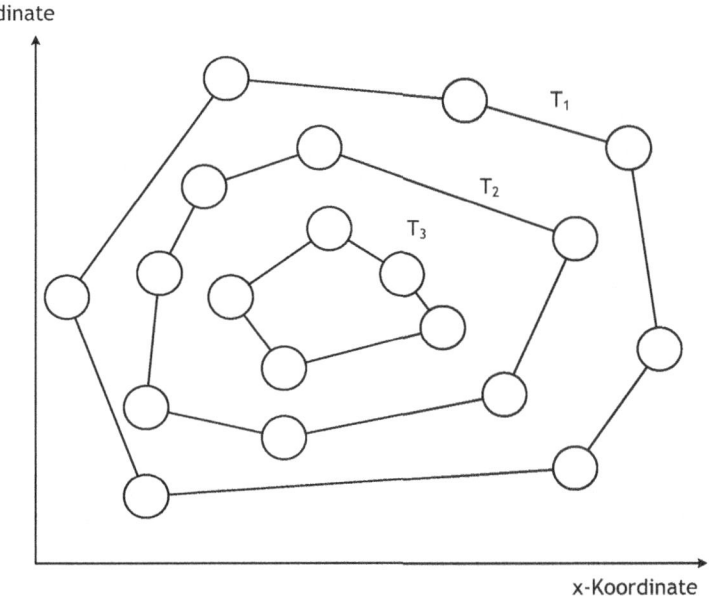

9.3.1.4 Die Heuristik von Christofides

Zur Vorbereitung der Heuristik von Christofides soll hier eine Heuristik für das minimale Summenmatching dargestellt werden. Dabei wird zugleich ein interessanter Zusammenhang zwischen dem minimalen Summenmatching und der Lösung des Travelling Salesman Problems hergestellt. Wir erläutern hier zunächst den Begriff des Matchings. Ein **Matching** in einem Netzwerk $N = (V, E)$ ist eine Teilmenge M der Kantenmenge E, so dass jeder Knoten des Netzwerkes inzident zu höchstens einer Kante des Matchings ist. Ein Knoten heißt **exponiert** bezüglich M, wenn er nicht zu einer Kante des Matchings M inzident ist. Unter einem minimalen Summenmatching versteht man ein Matching in der Knotenmenge V mit höchstens einem exponierten Knoten und einer minimalen Summe der Bewertungen der Kanten im Matching.

Um die Heuristik für das minimale Summenmatching zu formulieren, sei M^* die optimale Lösung des minimalen Summenmatchings und T^* eine optimale Travelling Salesman Tour in einem Netzwerk. Sei $C(M^*)$ bzw. $L(T^*)$ die Bewertungssumme des Matchings M^* bzw. die Länge der Travelling Salesman Tour T^*.

Aussage 9-4: $C(M^*) \le \frac{1}{2} L(T^*)$.

Herleitung: Die optimale Travelling Salesman Tour T^* definiert auf folgende Weise zwei Matchings M_1 und M_2 mit höchstens einem exponierten Knoten, wenn in der Tour T^* die Knoten in der Reihenfolge $x_1, x_2, x_3, ...$ durchlaufen werden:

$$M_1 = ((x_1, x_2), (x_3, x_4), (x_5, x_6), ...)$$

$$M_2 = ((x_2, x_3), (x_4, x_5), (x_6, x_7), ...)$$

Es ist für eine gerade Knotenzahl n: $C(M_1) + C(M_2) = L(T^*)$ und für eine ungerade Knotenzahl n: $C(M_1) + C(M_2) + d_{1n} = L(T^*)$. Es folgt $MIN(C(M_1), C(M_2)) \le 1/2 \, L(T^*)$. Das minimale Matching M^* besitzt aber kein größeres Gewicht als M_1 oder M_2.

Die hier angewandte Beweistechnik zeigt einen Weg für Heuristiken zur Bestimmung eines minimalen Summenmatchings auf: Jeder Travelling Salesman Tour, die mit einer Tourenkonstruktionsheuristik (vgl. Kapitel 9.3.1) gewonnen werden konnte, lassen sich die Matchings M_1 und M_2 der Herleitung zuordnen. Das Matching mit dem kleineren Gewicht ist dann eine heuristische Lösung des Summenmatchings.

Die Heuristik von Christofides über die Erzeugung einer Travelling Salesman Tour basiert auf Daten, welche die Dreiecksungleichung erfüllen. Sie geht von der Überlegung aus, in dem kürzesten aufspannenden Baum KAB eine Eulertour T_E als eine Rundreise um die Kanten dieses Baumes durchzuführen. Die Knotenfolge dieser Rundreise wird definiert, indem man ein Tiefensuchverfahren, ausgehend von einem Blatt als Startknoten s, im KAB durchführt. Die Reihenfolge, in welcher beim Tiefensuchverfahren die Knoten auf den Stapel gelegt und vom Stapel entnommen werden, definieren die Reihenfolge von Knoten einer Eulertour T_E, welche jede Kante im KAB genau zweimal besucht. Wenn mit $L(T^*)$ die Länge der optimalen Travelling Salesman Tour T^* und $L(KAB)$ das Gewicht des kürzesten aufspannenden Baumes bezeichnet wird, dann durchläuft die Rundreise um den KAB jede Kante des KAB zweifach und ist deshalb zweimal so lang wie $L(KAB)$. Da $L(KAB)$ eine untere Schranke der optimalen Travelling Salesman Tour ist, gilt, dass diese Rundreise T_E höchstens doppelt so lang ist wie $L(T^*)$. Die Abbildung 9-14 visualisiert die Rundreise um einen aufspannenden Baum.

Abbildung 9-14: Euler-Tour als eine Rundreise um einen Baum vom Startknoten s

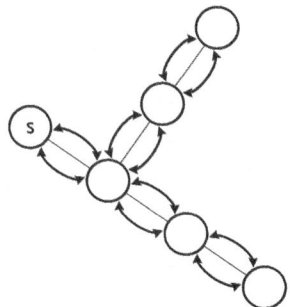

Die Idee von Christofides besteht in der Wahl einer kürzeren Eulertour, indem er im KAB eine **Briefträgertour** definiert. Hierzu wird unter den Knoten mit ungeradem Knotengrad ein minimales Summenmatching durchgeführt. Wie oben in Aussage 9-4 gezeigt, erweitert sich damit die Kantenlänge von KAB um höchstens ½ $L(T')$, wenn mit T' die optimale Travelling Salesman Tour durch die Knoten mit ungeradem Knotengrad bezeichnet wird. Da $L(T') \leq L(T^*)$ und $L(KAB) \leq (1 - 1/n)L(T^*)$ ist (vgl. Herleitung von Aussage 9-3), beträgt das Gesamtgewicht des erweiterten Netzwerks nicht mehr als $(3/2 - 1/n)L(T^*)$. Durch das erweiterte Netzwerk wird eine Eulertour als Travelling Salesman Zyklus gelegt, und die mehrfach besuchten Knoten werden übersprungen, so dass eine Travelling Salesman Tour entsteht. Das Überspringen dieser Knoten verlängert wegen der Gültigkeit der Dreiecksungleichung nicht die bestehende Tour. Wir haben damit die folgende Aussage hergeleitet:

Aussage 9-5:   *Erzeuge in einem Netzwerk mit Daten, welche die Dreiecksungleichung erfüllen, mit der Heuristik von Christofides eine Travelling Salesman Tour T. Dann gilt: $L(T) \leq (3/2 - 1/n)L(T^*)$.*

Die Performance-Garantie für die Heuristik von Christofides beträgt demnach 3/2. Diese Performance-Garantie ist besser als die für die Heuristiken nearest insertion und cheapest insertion, die bloß eine Performance-Garantie von 2 ergeben. Nach dem bisherigen Forschungsstand gibt es keine Heuristik mit einer besseren Performance-Garantie als 3/2.

Beispiel 9-4

Wir geben hier ein Beispiel für die Christofides-Heuristik mit den Daten des euklidischen 10-Städte-Problems von Beispiel 9-3 oben. Der KAB besteht aus den Kanten

(5,7), (7,6), (5,10), (10,9), (9,2), (2,3), (2,4), (4,1), (1,8) mit einer Länge von 149,3. Die Knoten 2,3,6,8 besitzen einen ungeraden Knotengrad (vgl. Abbildung 9-11). Unter ihnen sind die drei Matchings mit folgendem Gewicht möglich:

- M_1 : 2-3 und 6-8, C(M_1) = 131,07

- M_2 : 2-6 und 3-8, C(M_2) = 138,03

- M_3 : 2-8 und 3-6, C(M_3) = 136,30

Das Machting M_1 ist minimal. Wir erweitern den Baum KAB um die Kanten (2,3) und (6,8) und bilden im erweiterten Netzwerk eine Eulertour: 8,1,4,2,3,2,9,10,5,7,6,8. In dieser Tour wird der Knoten 2 zweimal besucht und kann übersprungen werden. Die Travelling Salesman Tour T sieht dann wie folgt aus: 8,1,4,2,3,9,10,5,7,6,8 mit $L(T)$ = 278,19. Damit ist T geringfügig kürzer als die NNT-Tour mit Startknoten 6 und einer Länge von 278,83 (vgl. Beispiel 9-3).

Mit der Idee, eine Euler-Tour um den KAB durchzuführen, läßt sich 2*$L(KAB)$ als obere Schranke für die Länge der optimalen Travelling Salesman Tour T^* wie folgt herleiten.

Aussage 9-6:   *In einem Netzwerk N mit Daten, welche die Dreiecksungleichung erfüllen, gilt: $L(T^*) \leq 2*L(KAB)$.*

Herleitung: Sei T_E die oben beschriebene Eulertour als Rundreise im KAB. Da in N die Dreiecksungleichung gilt, kann T_E zu einer Travelling Salesman Tour T umgeformt werden, indem in T_E mehrfach besuchte Knoten übersprungen werden, ohne die Länge von T zu vergrößern. Wir erhalten: $L(T^*) \leq L(T) \leq L(T_E) = 2 * L(KAB)$.

Wie das folgende Beispiel einer Instanz mit euklidischen Daten für n = 3 zeigt, wird die Schranke 2*$L(KAB)$ für $L(T^*)$ angenommen und ist damit eine obere Schranke. Das Beispiel kann auf große Werte von n übertragen werden. Im Netzwerk von Abbildung 9-15 ist 1-2-3 der KAB mit der Länge 2 und T^*=(1-2-3-1) mit der Länge 4.

Abbildung 9-15: Instanz mit $L(T^*) = 2L(KAB)$

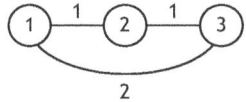

9.3.2 Tourenverbesserung mit lokalen Suchverfahren

Die Verbesserungsverfahren gehen von einer gegebenen Travelling Salesman Tour T aus, definieren zu T eine „Umgebung" von Touren T', die in polynomialer Zeit danach durchsucht werden kann, ob kürzere Touren darin auffindbar sind. Man spricht von lokalen Suchverfahren oder von Nachoptimierung. Von der Forschung wurde eine ganze Reihe von Umgebungen zur lokalen Suche entwickelt (Bang-Jensen und Gutin 2002). Hier wollen wir uns auf den Umgebungstyp beschränken, der durch Austausch von k Kanten entsteht. Diese Suchverfahren werden als **k-opt** bezeichnet und versuchen, durch einen **Austausch von Kanten** die Länge der Tour T zu verkürzen. Beim Kantenaustausch können $k = 2$, 3 oder mehr Kanten getauscht und überprüft werden, ob die entstehende neue Tour kürzer wird. Tatsächlich beschränkt man sich auf den Austausch von 2 Kanten (2-opt-Verfahren) oder von 3 Kanten (3-opt-Verfahren). Da optimale Touren mit euklidischen Daten kreuzungsfrei sind, ist es eine notwendige Vorbedingung für das Erzielen von nahezu optimalen Touren, bei der Tourenkonstruktion oder bei der Tourenverbesserung diese Überschneidungsfreiheit sicherzustellen. Dieses gelingt Mithilfe des Suchverfahrens 2-opt.

9.3.2.1 Das Suchverfahren 2-opt

Das Suchverfahren 2-opt betrachtet die Umgebung einer Tour T, die aus allen Touren besteht, die sich in genau zwei Kanten von T unterscheiden. In der Implementierung geht man so vor, dass man systematisch zwei Kanten der Tour T austauscht und prüft, ob eine Verkürzung der Tour eintritt. Sie ist für alle Datentypen geeignet und wie folgt aufgebaut:

Verfahren 9-8:   Austauschverfahren 2-opt

---

1 Das Austauschverfahren 2-opt geht von einer zu verbessernden Tour aus und wählt in dieser Tour nacheinander jeweils 2 nicht benachbarte Kanten aus, streicht diese in der bestehenden Tour und setzt die verbleibenden 2 Teiltouren auf alternative Weise neu zusammen. Dabei wird geprüft, ob die entstehende Tour kürzer ist als die alte. Trifft dies zu, so werden die neuen Kanten beibehalten, ansonsten wird der Austausch verworfen. Das Verfahren bricht ab, wenn durch einen Kantenaustausch keine Verbesserung mehr erzielt werden kann.

Die Abbildung 9-16 zeigt diesen Austausch. Die eine Kante ist vom Knotenpaar (i,j) gegeben, die andere Kante vom Knotenpaar (k,l). Werden diese beiden Kanten aus der Tour entfernt, entstehen 2 Teiltouren T_1 und T_2. Werden beide Teiltouren nun über die gestrichelten Kanten neu zusammengesetzt, so entsteht eine neue Travelling Salesman Tour.

Abbildung 9-16: Austauschverfahren 2-opt

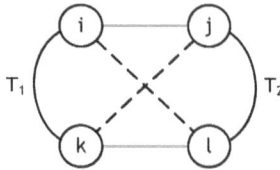

Zur Festlegung der Länge einer Tour hat man bei asymmetrischen Daten die Richtung zu berücksichtigen, in der eine Tour durchlaufen wird. Das Austauschverfahren 2-opt stellt die Reihenfolge der Knoten um, in der sie von der Travelling Salesman Tour durchlaufen werden. Geht man z. B. in Abbildung 9-16 von der Originaltour aus und durchläuft diese im Uhrzeigersinn, so wird beim Austausch der Kante (i,j) gegen (i,l) die Teiltour T_2 gegen den Uhrzeigersinn durchlaufen. Beim Test, ob die neu zusammengesetzte Tour kürzer als die alte ist, unterscheiden wir daher, ob die Daten symmetrisch sind oder nicht:

1. **Symmetrische Daten**: Hier ist die Länge der Teiltour T_2 unabhängig von der Richtung, in der sie durchlaufen wird. Daher kann sie beim Längenvergleich unberücksichtigt gelassen werden. Die neue Tour ist kürzer als die alte, wenn $d_{ij} + d_{kl} > d_{il} + d_{kj}$.

2. **Asymmetrische Daten**: Hier ist die Länge der Teiltour T_2 abhängig von der Richtung, in der sie durchlaufen wird. Die neue Tour ist kürzer als die alte, wenn $d_{ij} + d_{kl} +$ Länge von T_2 auf dem Hinweg $> d_{il} + d_{kj} + d_{il} + d_{kj} +$ Länge von T_2 auf dem Rückweg.

Der 2er Austausch ist sehr einfach, relativ schnell und sehr leistungsfähig. So werden Kreuzungen von Kanten bei euklidischen Daten durch dieses Verfahren eliminiert. Als Ergebnis des Suchverfahrens 2-opt kann festgestellt werden, dass beim Vorliegen von euklidischen Daten die Nachoptimierung mit 2-opt eine **kreuzungsfreie Tour** ergibt.

Interessant ist die Struktur der soweit mit 2-opt optimierten Touren bei euklidischen Daten. Jeweils zwei benachbarte Eckpunkte der konvexen Hülle werden entweder mit einer Kante direkt oder durch eine Zick-Zack-Linie, die im Inneren der konvexen Hülle verläuft, verbunden (vgl. Abbildung 9-5). Hervorzuheben ist, dass sich diese Zick-Zack-Linien jeweils nicht überschneiden.

Oben wurde beim Einfügeverfahren, das von der konvexen Hülle als Starttour ausgeht, vorgeschlagen, eine vorläufige Zuordnung der Knoten im Inneren Int(V) der konvexen Hülle Con(V) zu den Kanten der konvexen Hülle nach dem Kriterium der geringsten Umwegkosten vorzunehmen, wodurch sich Zuordnungsmengen M_i erge-

ben. Diese Zuordnung kann sich jedoch beim Zusammensetzen der vom Einfügeverfahren erzeugten Zick-Zack-Linien als zu schematisch erweisen. Das 2-opt-Verfahren
verbessert die Zuordnungen von benachbarten Zick-Zack-Linien.

Das 2-opt-Verfahren verwaltet in zwei geschachtelten FOR-TO-DO-Schleifen die zu
tauschenden Kanten und besitzt daher die Zeitkomplexität $O(m^2)$, wenn m die Zahl
der Kanten im Netzwerk darstellt. Da beim Travelling Salesman Problem ein vollständiges Netzwerk mit $m = n^2$ unterstellt wird, erhalten wir $O(m^2) = O(n^4)$ als Zeitkomplexität.

9.3.2.2 Das Suchverfahren 3-opt

Das Suchverfahren 3-opt geht analog zum Verfahren 2-opt vor. Es betrachtet die Umgebung einer Tour T, die aus allen Touren besteht, die sich in genau drei Kanten von T
unterscheiden. In der Implementierung geht man so vor, dass drei Kanten entfernt
und die so entstehenden drei Teiltouren alternativ verbunden werden. Die Abbildung
9-17 zeigt das Vorgehen mit den drei Kanten (i,j), (k,l) und (r,s) an. Man beachte, dass
die gegebene Tour durch Entfernen der drei Kanten in die drei Teiltouren T_1, T_2 und
T_3 zerfällt.

Abbildung 9-17: Austauschverfahren 3-opt

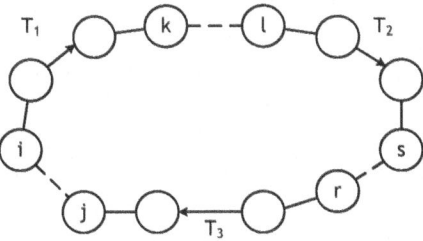

Im Unterschied zu 2-opt gibt es allerdings bei diesem Verfahren nicht nur eine Möglichkeit, die bestehenden drei Teiltouren neu zusammenzuschließen, sondern vier
Möglichkeiten. Daher müssen für je 3 Kanten, die nicht benachbart sind, jeweils vier
neue Lösungen alternativ dahingehend überprüft werden, ob sie eine kürzere Tour
ergeben. Naturgemäß steigt dadurch der Rechenaufwand sehr stark an und wird ab n
= 50 spürbar. Wir erläutern das Kantenaustauschverfahren anhand der Abbildung 9-
17.

Entfernt werden aus einer geschlossenen Tour T die drei Kanten (i,j), (k,l) und (r,s).
Dadurch entstehen aus der Tour T die drei Teiltouren T_1, T_2 und T_3. Als Bezugspunkt

und Startpunkt für die alte und die neue Tour wird der Knoten i gewählt. In der Originaltour T werden die Teiltouren T_1 von j nach k, T_2 von l nach r und T_3 von s nach i durchlaufen. Die Kanten (i,j), (k,l) und (r,s) werden von i nach j, k nach l und r nach s durchlaufen. Die folgende Tabelle 9-4 fasst die vier Möglichkeiten zusammen, bei 3-opt die drei Teiltouren neu zu kombinieren:

Tabelle 9-4: *Kombinationsmöglichkeiten der Teiltouren bei 3-opt*

Fall	Verbinde Knoten			Durchlaufe Teiltouren		
				T1	T2	T3
1	j nach r	i nach k	l nach s	rückwärts	rückwärts	vorwärts
2	j nach s	i nach l	r nach k	rückwärts	vorwärts	vorwärts
3	r nach j	i nach l	k nach s	vorwärts	vorwärts	vorwärts
4	l nach j	i nach r	k nach s	vorwärts	rückwärts	vorwärts

Wenn die Länge der neu entstehenden Tour beim 3-opt-Verfahren überprüft wird, so ist bei asymmetrischen Daten zu beachten, dass die Teiltouren T_1 und T_2 rückwärts durchlaufen werden können.

Das 3-opt-Verfahren verwaltet in 3 geschachtelten FOR-TO-DO-Schleifen die zu tauschenden Kanten und besitzt daher die Zeitkomplexität O(m^3), wenn m die Zahl der Kanten im Netzwerk darstellt. Da beim Travelling Salesman Problem ein vollständiges Netzwerk mit $m = n^2$ unterstellt wird, erhalten wir O(m^3) = O(n^6) als Zeitkomplexität und damit lange Laufzeiten. Eine reduzierte Version des 3-opt-Verfahrens ist das Or-opt-Verfahren. Es wurde in den 70er Jahren entwickelt, um gegenüber dem 3-opt-Verfahren Rechenzeit einzusparen. Da diese Fragestellung heute irrelevant geworden ist, verzichten wir darauf, dieses Verfahren darzustellen. Eine Erweiterung des 3-opt-Verfahrens auf 4-opt oder 5-opt ist möglich, wird aber in der Literatur wegen der langen Laufzeiten nicht empfohlen.

9.3.2.3 Empirische Erfahrungen mit den Heuristiken

Für euklidische Daten und kleine Knotenzahlen $n \leq 10$ sind die mit NNT konstruierten Touren häufig überschneidungsfrei und scheinen daher nahe der optimalen Konfiguration zu sein. Allerdings darf diese Tatsache nicht als besondere Leistungsfähigkeit des Verfahrens NNT interpretiert werden. Sobald man auf eine größere Knotenzahl geht mit $n \leq 20$, liefert das Verfahren NNT fast immer Touren mit Kreuzungen und insofern nicht-optimale Touren.

Besonders leistungsfähig ist das Verfahren 2-opt in Verbindung mit einem Tourenkonstruktionsverfahren, z. B. der NNT. Da gegen Ende des NNT die Auswahl an günstigen Verbindungen stark abnimmt, werden zum Schluss sehr oft ungünstige Kanten mit großen Entfernungen ausgewählt. Die Anwendung von NNT auf Instanzen mit euklidischen Daten führt daher zu Touren, die noch um ca. 20 % über dem Optimum liegen, wie empirische Erfahrungen zeigen. Doch eine Kombination von NNT mit dem 2-opt-Verfahren ist bei euklidischen Daten sehr effizient, da Touren erzielt werden, die nach empirischen Erfahrungen im Bereich von nur 1 % bis 3 % vom Optimum abweichen. Denn eine Nachoptimierung mit 2-opt beseitigt Kreuzungen aus den NNT-Touren und stellt damit auch sicher, dass die Eckpunkte in der konvexen Hülle in der Reihenfolge auftreten, wie sie in der optimalen Tour auftreten müssen.

War bereits ein 2-opt-Nachoptimierungsverfahren vorgeschaltet, so sind die Verbesserungen, die mit 3-opt erzielt werden können, dann nur noch im Bereich von einem halben Prozent. Wegen der langen Laufzeiten von 3-opt, ist zu empfehlen, mit dem schnellen 2-opt-Verfahren die größten Verbesserungen vorzunehmen und dann erst 3-opt anzuwenden. Da das 3-opt-Verfahren nicht unbedingt in einem lokalen Minimum des 2-opt-Verfahrens terminiert, sollte dem 3-opt-Verfahren stets ein 2-opt-Verfahren nachgeschaltet werden.

Die folgende Tabelle 9-5 weist Ergebnisse von Heuristiken aus, die auf fünf verschiedene Instanzen von Travelling Salesman Problemen mit 100 Knoten und euklidischen Daten angewendet werden, und stellt deren Abweichung in Prozent vom Optimum dar. Dabei zeigt sich, dass die Ergebnisse von NNT kombiniert mit 2-opt und 3-opt im Bereich von 0,5 % bis 2,5 % liegen und somit vergleichbar sind mit der Einfüge-Heuristik mit der konvexen Hülle und nachgeschaltetem 2-opt oder 3-opt. Selbst die 25-malige Auswahl einer Zufallstour mit nachgeschaltetem 2-opt liefert vergleichbar gute Ergebnisse, was die Leistungsfähigkeit von 2-opt unterstreicht.

Tabelle 9-5   *Vergleich von Heuristiken für das Travelling Salesman Problem*
            B.C. Golden und R.W. Stewart 1985, S. 223

	Problem				
	24	25	26	27	28
Optimale Lösung (absolut)	21.282	22.141	20.749	21.294	22.068
Abweichungen vom Optimum in Prozent					
Nächster Nachbar (alle Städte)	16.67	16.88	13.35	16.51	13.27
Einfügen + Konvexe Hülle	3.64	2.52	2.54	2.35	3.45
Zufällige Starttour + 2-opt (25x)	1.11	3.05	0.51	3.27	3.24
Zufällige Starttour + 3-opt (1x)	7.82	2.87	3.30	1.15	1.40
NN(alle Städte) + 2-opt + 3-opt	0.14	1.46	1.06	0.73	2.46
Konvexe Hülle + 2-opt	0.94	1.94	1.60	2.04	3.22
Konvexe Hülle + 3-opt	0.37	1.46	1.06	0.35	2.46

9.4 Branch-and-Bound-Verfahren für das TSP

Exakte Verfahren, die zur Bestimmung der optimalen Tour führen, lassen sich in Branch-and-Bound Verfahren und Branch-and-Cut Verfahren[1] unterteilen. Beide Ansätze gehen von einer Relaxation des Travelling Salesman Problems aus, die schnell berechenbar ist. Die anhand von Relaxationen erzielten Lösungen werden dahingehend überprüft, ob Bedingungen für eine Travelling Salesmann Tour verletzt sind. Ist dies der Fall, werden diese im Entscheidungsbaum durch zusätzliche Nebenbedingungen schrittweise ausgeschlossen. Zur Lösung des Travelling-Salesman-Problems haben sich zwei Verfahren für die Berechnung der unteren Schranken in der Literatur herausgebildet:

■ das Zuordnungsproblem und

■ das Eins-Baum-Problem.

Zu Beginnn werden einige generische Ausführungen zum Branch-and-Bound Verfahren ausgeführt, sowie das Branching und das Bounding Vorgehen erläutert. Weiterhin wird auf die Ausführung zu unteren Schranken aus Abschnitt 9.2 zurückgegriffen.

9.4.1 Branching und Bounding

Das Branch-and-Bound-Verfahren wird zur Lösung von Problemen mit ganzzahligen Entscheidungsvariablen eingesetzt, für die keine schnellen, polynomialen Verfahren bekannt sind, wie etwa Travelling Salesman Probleme oder p-Median-Probleme. An dieser Stelle erläutern wir diesen Ansatz am Beispiel eines Problems, eine Funktion $x \rightarrow f(x)$ über einer Menge M von zulässigen Lösungen x zu minimieren, d. h. $\min\limits_{x \in M} f(x)$, wobei die Menge M durch eine Anzahl von Nebenbedingungen beschrieben wird. Wir bezeichnen mit z^* das Minimum von f über M.

Die Grundidee des Branch-and-Bound besteht darin, das zu lösende Problem der Minimierung über $M = T_0$ in Teilprobleme der Minimierung über Teilmengen T_i von M aufzuspalten (**Branching**) und diese Teilprobleme gesondert zu untersuchen. Abbildung 9-18 veranschaulicht den Entscheidungsbaum der Teilprobleme.

---

[1] Die Branch-and-Cut Verfahren stellen zusätzliche Restriktionen als gültige Facetten des Travelling Salesman Polytops zur Verfügung, wie etwa die von Grötschel und Padberg (1985) erforschten Comb-Inequalities.

Abbildung 9-18: *Entscheidungsbaum beim Branch-and-Bound-Verfahren*

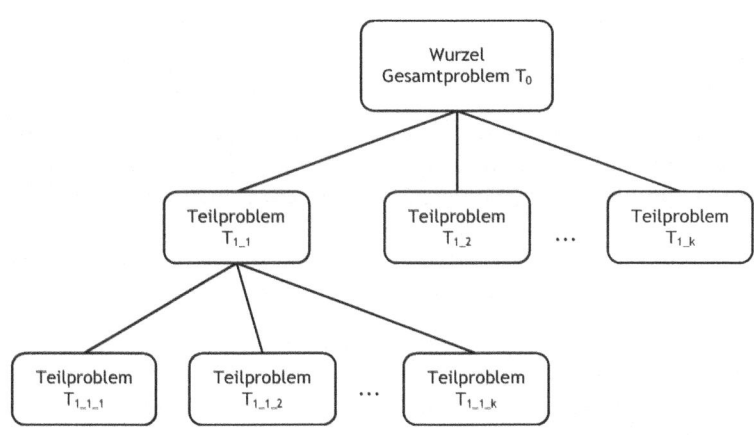

Für jedes Teilproblem wird das Minimum $\min\limits_{T_i} f(x)$ nicht direkt berechnet, sondern über eine schnell zu berechnende obere Schranke U_i und untere Schranke L_i eingegrenzt. Deswegen werden für die Teilprobleme schnell berechenbare, auch als **Relaxationen** bezeichnete untere Schranken bestimmt. Die Relaxationen kommen zustande, indem bestimmte Nebenbedingungen, welche die Menge M beschreiben, entweder ganz entfallen oder gelockert werden, siehe Abschnitte 3.1.2 und 3.1.3. Für das relaxierte Problem wird darüber hinaus u. U. eine schnell berechenbare Funktion f_R gewählt mit $f_R \leq f$. Der Wertebereich des einem Teilproblem T_i zugeordneten relaxierten Problems wird mit $R(T_i)$ beschrieben. Wegen der Relaxation hat man $T_i \subseteq R(T_i)$ und deswegen $\min\limits_{R(T_i)} f_R(x) \leq \min\limits_{T_i} f(x)$.

$\min\limits_{R(T_i)} f_R(x)$ im Teilproblem T_i stellt eine **untere Schranke** für $\min\limits_{T_i} f(x)$ dar und wird mit L_i bezeichnet. Für die unteren Schranken L_i mit $L_i = f_R(x_0)$ mit $x_0 \in M$ wird die höchste bislang aufgefundene untere Schranke L_i als Wert L fortgeschrieben. Ferner wird für jedes Teilproblem des Entscheidungsbaums mit einer Heuristik eine Lösung $x \in M$ bestimmt, deren Wert $f(x)$ eine **obere Schranke** U_i für die optimale Lösung z^* ergibt. Die niedrigste bislang aufgefundene obere Schranke U_i wird als die beste bekannte Lösung U fortgeschrieben und temporär gespeichert.

Für den Fortgang des Branch-and-Bound-Verfahrens ist nun die Argumentation entscheidend, dass Teilprobleme T_i nicht weiter aufgespalten und untersucht werden müssen, wenn deren untere Schranken L_i die beste bekannte Lösung U des Branch-

and-Bound-Verfahrens übersteigen: $L_i > U$. Der Verzweigungsprozess kann dann bei diesen Teilproblemen abgebrochen werden, da sicher ist, dass diese die optimale Lösung nicht enthalten. Dieser Vorgang wird auch als **Bounding** bezeichnet. Um große Teile des Verzweigungsbaums beim Bounding abschneiden zu können, sind sehr gute untere Schranken notwendig.

Die Teilprobleme des Verzweigungsprozesses werden in einer Liste verwaltet, aus der Teilprobleme beim Bounding gestrichen und in die im Rahmen des Branching ggf. neu verzweigten Teilprobleme aufgenommen werden. Zur schrittweisen Entwicklung des Entscheidungsbaums ist die Anwendung von zwei Regeln entscheidend. Der konkrete Ablauf eines Branch-and-Bound-Verfahrens hängt von der Ausgestaltung dieser Regeln ab.

- Die **Selektions-Regel** gibt an, welches Blatt des Entscheidungsbaums weiter aufgespalten wird. Hier werden Verfahren der Breitensuche oder der Tiefensuche angewendet, siehe Abschnitt 3.3. Eine weitere Selektions-Regel ist die Auswahl des Blattes für die weitere Aufspaltung, bei dem die obere Schranke U angenommen wird.

- Die **Verzweigungs-Regel (Branching-Regel)** gibt an, nach welchen Kriterien ein Blatt in Nachfolger aufgespalten wird. Gute Verzweigungs-Regeln sollen möglichst wenig neue nachfolgende Teilprobleme an den Blatt-Knoten des Entscheidungsbaums erzeugen, um den Baum klein zu halten.

Verfahren 9-9:   *Branch-and-Bound-Algorithmus*

Initialisierung

1   Liste = $\{ T_0 \}$

2   Bestimme die obere Schranke U_0 und die untere Schranke L_0

3   Setze $U = U_0, L = L_0$

4   Prüfe Abbruchkriterium

Verarbeitung

5   WHILE NOT Abbruchkriterium DO

6   Wähle T_i aus der Liste aus und streiche T_i aus der Liste

7   IF eine Verzweigung möglich ist THEN

8   verzweige T_i in die Teilprobleme $T_{i,1},...,T_{i,k}$ und nehme diese Teilprobleme in die Liste auf.

9   ENDIF

10   Berechne die oberen Schranken $U_{i,1},...,U_{i,k}$ und die unteren Schranken $L_{i,1},...,L_{i,k}$ der Teilprobleme $T_{i,1},...,T_{i,k}$

11   Aktualisiere die Schranken L und U: $U = Min(U, U_{i,1},...,U_{i,k})$

12   Speichere das Teilproblem $T_{i,1}$ temporär, wo das Minimum U erreicht wurde

13   Streiche alle Teilprobleme T_k aus der Liste mit $L_k > U$

14   Prüfe Abbruchkriterum

15   END WHILE

Als **Abbruchkriterium** für das Branch-and-Bound-Verfahren gilt eine der drei folgenden Bedingungen:

3. Die Liste der Teilprobleme ist leer. Dann wurden alle Verzweigungen, die unter Ausschluss von Teilproblemen mit $L_i > U$ im Entscheidungsbaum möglich sind, gebildet. Dann wird als optimale Lösung das $x \in M$ des temporär gespeicherten Knotens mit $U_i = U$ gewählt.

4. Die Liste ist nicht leer, und die optimale Lösung x^* mit $L = f(x^*) = z^*$ wird in einem Teilproblem T_i aufgefunden, wenn folgendes gilt:

   5. $f_R(x^*) = L_i = \min\limits_{R(T_i)} f_R(x)$

   6. $x^* \in M$. Das relaxierte Problem nimmt also sein Minimum bei einer zulässigen Lösung an.

   7. $f_R(x^*) = L$

3. Eine festgelegte Rechenzeitgrenze oder Speicherplatzgrenze wird überschritten.

Wenn ein Branch-and-Bound-Verfahren mit der Bedingung 3 abbricht, so ist die optimale Lösung nicht ermittelt worden. Allerdings kann durch Vergleich der unteren Schranke L und der besten bekannten Lösung U die maximale Abweichung von U vom Optimum in Prozent angegeben werden. Eine Übersicht gibt Verfahren 9-9.

9.4.2   Relaxation über das Zuordnungsproblem

In diesem Ansatz wird das Zuordnungsverfahren zur Erzeugung unterer Schranken eingesetzt. Die Relaxation über das Zuordnungsproblem lässt Kurzzyklen zu, ist dafür aber durch die Ungarische Methode sehr schnell zu berechnen. Da bei nicht-symmetrischer Datenmatrix naturgemäß weniger Kurzzyklen gebildet werden, eignet sich das Verfahren besonders für die Daten mit einem hohen Antisymmetrieindex.

Die Verzweigung vermeidet Kurzzyklen, indem weitere Teilprobleme im Entscheidungsbaum einzelne, in Kurzzyklen involvierte Kanten schrittweise verbieten. Die bestehenden Kurzzyklen sollen so sukzessive zu einer Rundreise vereinigt werden.

Um den Baum klein zu halten, werden zunächst nur die Kanten der kleinsten Kurzzyklen (gemessen in der Anzahl von Kanten) verboten.

Beispiel 9-5

Zur Erzeugung unterer Schranken gehen wir von fünf Städten mit folgenden unsymmetrischen Entfernungsdaten in einem gerichteten Netzwerk aus:

Tabelle 9-6:   *Daten eines 5 Städte-Problems (Die Zahlen von 99 auf der Diagonale sind Strafwerte, um Kurzzyklen i-i auszuschließen.)*

von/nach	1	2	3	4	5
1	99	15	16	22	11
2	14	99	12	14	13
3	12	10	99	15	14
4	13	18	20	99	27
5	25	15	16	11	99

Eine erste **obere Schranke** von 66 erhalten wir, indem wir eine Nächste Nachbar Heuristik (siehe Abschnitt 9.3.1.1) mit Startknoten 4 mit den Daten aus Tabelle 9-6 starten und die Tour 4-1-5-2-3-4 konstruieren. Wir setzen dann als beste bekannte Lösung 66 an. Wenden wir das Zuordnungsverfahren an, so erhalten wir zwei Kurzzyklen 1-5-4-1 und 2-3-2 mit der Zuordnungssumme 57 als **unterer Schranke**.

Da die beiden Kurzzyklen keine gültige Rundreise repräsentieren, darf zumindest eine der Kanten der beiden Kurzzyklen nicht in der optimalen Tour enthalten sein. Zum Verzweigen ist eine dieser Kanten durch hohe Strafwerte zu sperren. Da die **Branching-Regel** kleine Kurzzyklen favorisiert, wird zunächst Kurzzyklus 2-3-2 ausgewählt. Da wir noch nicht wissen, ob die Kante [2,3] oder [3,2] zur Erreichung der optimalen Lösung auszuschließen ist, zerlegen wir das Gesamtproblem in zwei Teilprobleme, bei denen jeweils eine der Kanten [2,3] und [3,2] mit hohen Strafkosten versehen werden. Aufgrund der Strafkosten werden diese Kanten zukünftig vom Zuordnungverfahren nicht mehr ausgewählt. Die folgende Abbildung 9-19 veranschaulicht den Verzweigungsprozess, wobei die Attribute der Kanten des Entscheidungsbaums die gesperrten Kanten des Problems angeben.

Abbildung 9-19: Entscheidungsbaum des Branch-and-Bound-Verfahrens im Beispiel

---

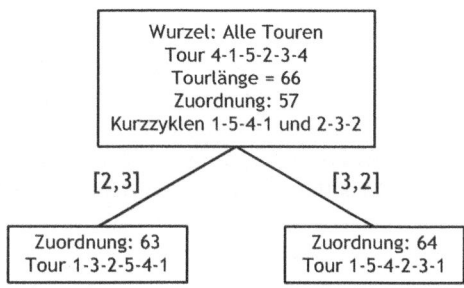

Beim Sperren der Kante [2,3] erhalten wir für die minimale Zuordnung einen Zyklus 1-3-2-5-4-1 mit einer unteren Schranke von 63. Da wir zugleich auch eine kürzere Tour als die Ausgangstour gefunden haben, erhalten wir damit eine bessere obere Schranke von 63 und damit die beste bekannte Lösung von 63. Da in diesem Zweig die obere und die untere Schranke übereinstimmen, können wir schlussfolgern, dass die kürzeste Travelling Salesman Tour in diesem Zweig, der alle Touren ohne die Kante [2,3] umfasst, die Länge von 63 besitzt.

Betrachten wir noch die Verzweigungen, welche die Kante [3,2] sperrt, so erhalten wir als minimale Zuordnung eine untere Schranke von 64, die oberhalb von 63 liegen, so dass wir diesen Zweig verwerfen können. Die im anderen Zweig aufgefundene Lösung von 63 können wir damit als optimale Lösung bestätigen. Das Beispiel illustriert anschaulich den Unterschied zwischen dem Auffinden der optimalen Lösung und der Bestätigung derselben durch die Abarbeitung aller anderen noch offenen Zweige im Entscheidungsbaum.

9.4.3 Relaxation über das Eins-Baum-Problem

Wird das Eins-Baum-Verfahren zur Bildung unterer Schranken bei symmetrischen Distanzmatrizen eingesetzt, so werden zur Gewinnung von Nachfolgern eines Entscheidungsbaumknotens schrittweise Kanten (i,j) durch Bewertung mit großen Strafwerten verboten, die beim Eins-Baum in einem Knoten eintreffen mit einem Knotengrad ≤ 3. Hierbei ist das Ziel, die Knoten im Eins-Baum schrittweise zu einem Knotengrad ≤ 2 zu überführen. Wird eine Kante (i,j) in einem Nachfolger des Entscheidungsbaums verboten, so ist im gleichen Nachfolger ebenfalls die Kante (j,i) zu verbieten. Um den Entscheidungsbaum klein zu halten, wird im Eins-Baum eines Entscheidungsbaumknotens nur ein Knoten mit einem minimalen Knotengrad ≤ 3 ausgewählt und dessen eintreffende Kanten schrittweise verboten. Experimente haben ergeben, dass für euklidische Daten ein Knotengrad von 3 fast immer auffindbar ist (vgl. Kapitel 3).

Beispiel 9-6

Der Einsatz des Eins-Baum-Verfahrens zur Erzeugung unterer Schranken soll an einem Beispiel mit euklidischen Daten dargestellt werden, da sich das Eins-Baum-Verfahren im Gegensatz zum Zuordnungsverfahren als sehr effizient erweist. Im KAB sind häufig Knoten mit dem Grad 3 als Kandidaten für die weitere Verzweigung anzutreffen (vgl. Abbildung 9-11). Das Beispiel geht von den in Tabelle 9-1 vorgestellen 10 Städten aus, wobei die in Tabelle 9-2 hinterlegten euklidischen Distanzen um große Werte (z. B. 999) auf der Diagonale erweitert werden, um Kurzzyklen zu vermeiden.

Wir starten das Verfahren, indem wir eine obere Schranke $U = 278.83$ durch die Anwendung des Nearest Neigbour Verfahrens mit dem Startknoten 6 bestimmen und an der Wurzel 1-1 des Entscheidungsbaums die Held-Karp-Schranke berechnen, vgl. Abschnitt 9.2.3. Die Held-Karp-Schranke hängt, wie oben bereits dargestellt, von den Parametern λ, t (Schrittweite) und T (Anzahl der Iterationen) ab. Die folgende Tabelle 9-7 fasst die erzielten Schranken für den Knoten 1-1 von Abbildung 9-20 bei Schrittweite 1 und $T = 300$ in Abhängigkeit von λ zusammen:

Tabelle 9-7:   Held-Karp-Schranke

λ	0.95	0.96	0.97	0.98	0.99	0.998
Schranke	221.34	225.50	232.45	245.18	269.16	269.54

Bemerkenswert ist in diesem Fall die starke Verbesserung der Schranke beim Übergang von $\lambda = 0.98$ auf $\lambda = 0.99$. Beim Wert $\lambda = 0.998$ wird sogar an der Wurzel des Entscheidungsbaums nach $T = 300$ Iterationen die optimale Tour identifiziert.

Mit den Werten $\lambda = 0.99$, Schritt = 1 und $T = 300$ parameterisieren wir nun die Held-Karp-Schranke für das Branch-and-Bound Verfahren: Wir erhalten eine untere Schranke von 269,16 und im aufgefundenen Eins-Baum den Knoten 2 mit dem Grad 3 mit eintreffenden Kanten (2,3), (2,4), (2,9). Wir verzweigen im Entscheidungsbaum von der Wurzel auf die Nachfolger 2-1, 2-2 und 2-3 und erhalten mit der Held-Karp-Schranke für die Nachfolger die unteren Schranken 278.32, 269.53 und 270.48. Wenn vom Knoten 2-1 weiter verzeigt wird, erhält man untere Schranken $> U$. Damit werden diese Knoten verworfen. Für die Nachfolger 3-4, 3-5 und 3-6 von Knoten 2-2 erhält man die unteren Schranken 273.42, 269.70 und 269.54. Der Eins-Baum in Knoten 3-6 erweist sich darüber hinaus als eine Tour. Damit kann U auf 269.54 gesenkt werden, und die Knoten 3-4 und 3-5 werden wegen $L_i > U$ ebenfalls verworfen. Die Nachfolger von 2-3 besitzen untere Schranken $> U$ und werden auch verworfen. Folglich ist die in Knoten 3-6 aufgefundene Tour mit einer Länge von 269.54 optimal. Sie besitzt die Knotenfolge

1-4-6-7-5-10-9-2-3-8-1. Die folgende Abbildung 9-20 zeigt den Entscheidungsbaum mit den zu den Knoten gehörenden unteren Schranken.

Abbildung 9-20: Entscheidungsbaum mit unteren Schranken

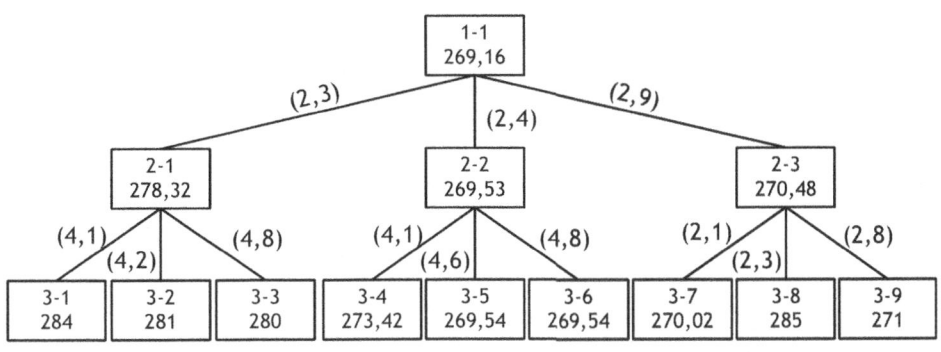

An dem mit dem Eins-Baum-Verfahren gewonnenen Entscheidungsbaum ist bemerkenswert, dass die mit dem Subgradientenverfahren gewonnenen Schranken an Nachfolger-Knoten nicht in jedem Fall anwachsen. In einigen Fällen gehen sie sogar zurück, obwohl durch Sperren von Kanten die Bewertungen auf den Kanten zunehmen, wie das Beispiel an den Knoten 2-3 und 3-7 zeigt.

Weiterführende Literatur

Gutin, G. und Punnen, A. (Hersg.): The Travelling Salesman Problem and its variationDordrecht 2002

Schiemann, S.A.: Lösungsverfahren für das 2-dimensionale, euklidische Traveling Salesman Problem unter besonderer Berücksichtigung der Delaunay-Triangulation, Berlin 2005

Voudouris C. und Tsang, E.: Guided local search and its application to the traveling salesman problem, in: European Journal of Operational Research, Heft 2/1999, S. 469-499

10 Tourenplanung in der Auslieferung

Obwohl vielseitig erforscht, stellt das Travelling Salesman Problem eine eher akademische Problemstellung dar, deren im vorigen Kapitel vorgestellten Lösungsverfahren nur unzureichend auf die Erfordernisse der Tourenplanung in der Praxis übertragbar sind. In diesem Kapitel betrachten wir die erweiterte Problemstellung der Tourenplanung, wie sie etwa für die Distributionslogistik relevant ist. Sie berücksichtigt eine Flotte von Fahrzeugen mit Kapazitätsbeschränkung, die eine Anzahl von Kundenorten mit einer Gütermenge von einem Depot aus beliefert. Es gilt nun Auslieferungstouren in Form von Rundreisen vom Depot so zu gestalten, dass unter Einhaltung aller Restriktionen (z. B. Anzahl der Fahrzeuge, Kapazität der Fahrzeuge, Zeitrestriktionen) die Gesamttransportdistanz minimiert wird.

Die Problemstellung macht zunächst die Zuordnung von Kunden zu Touren notwendig. Innerhalb der Touren muss dann jeweils ein Travelling Salesman Problem zum Auffinden einer optimalen Reihenfolge gelöst werden. Unglücklicherweise sind die beiden skizzierten Entscheidungen nicht unabhängig voneinander, sondern müssen, zumindest zum Auffinden einer optimalen Lösung, simultan gelöst werden. Aufgrund der Schwere des Problems werden in der Literatur vornehmlich Heuristiken vorgeschlagen, die Tourenpläne konstruieren und/oder verbessern. Im Folgenden stellen wir das Standardproblem der Tourenplanung (CVRP: Capacitated Vehicle Routing Problem) in einer etwas formaleren Weise vor und diskutieren Konstruktionsheuristiken, bevor wir Tabu-Suche als eine Vertreterin der Metaheuristiken für die Tourenplanung vorstellen. Abschließend diskutieren wir relevante Anwendungsbereiche und mögliche Erweiterungen der Tourenplanung.

10.1 Das Standardproblem der Tourenplanung

Unter einem **Depot** wird der Ort verstanden, an dem die Auslieferungs- und/oder Sammelfahrten beginnen und enden. Beispiele für Depots sind Auslieferungslager, Sammellager und Fahrzeugdepots. Im Modell wird dem Depot die Nummer 0 zugewiesen, die zu versorgenden **Kundenorte** werden mit $1,...,n$ numeriert. Dem Tourenplanungsproblem liegt ein zusammenhängendes Netzwerk $V = (V,E)$ mit der Knotenmenge $V = \{0, 1,...,n\}$ zugrunde, welche die Kunden und das Depot repräsentiert. Die zulässigen Verbindungen von Kunde i nach Kunde j oder zum Depot 0 werden von der Kantenmenge E zum Ausdruck gebracht. Die Bewertung d_{ik} einer Kante (i,j) bildet die **Entfernung** von Kunde i zu Kunde j ab.

Eine geordnete Menge von Kunden, die auf einer, in einem Depot beginnenden und in einem Depot endenden, Fahrt bedient werden, wird als eine **Tour** bezeichnet. So ist (0,1,2,3,0) eine mögliche Tour. Wenn angenommen wird, dass Start- und Zielort der Fahrzeuge identisch sind, handelt es sich um geschlossene Touren. Im Gegensatz dazu spricht man von offenen Touren, falls die Fahrzeuge nicht zum gleichen Depot zurückkehren.

Der Bedarf des Kunden i betrage q_i Mengeneinheiten. Eine Tour $(0,1,2,...,r,0)$ liefert eine **Transportmenge** $q_1 + q_2 + ... + q_r$ an die Kunden aus und besitzt die **Länge** $d_{01} + d_{12} + ... + d_{r0}$. Wir nehmen an, dass alle Lieferfahrzeuge eine gleiche Ladekapazität C besitzen. Damit ergibt sich die folgende **Kapazitätsrestriktion** für zulässige Touren: $q_1 + q_2 + ... + q_r \leq C$.

Eine Menge von Touren mit der Eigenschaft, dass jeder Kunde auf genau einer Tour bedient wird, heißt **Tourenplan**. Die Gesamtdauer bzw. Gesamtlänge eines Tourenplanes ist die Summe der Dauer bzw. Länge seiner Touren. Ein zulässiger Tourenplan genügt allen Restriktionen des Tourenproblems. Zulässige Tourenpläne können unter verschiedenen Zielsetzungen optimiert werden:

1. Minimale Gesamtlänge,

2. Minimale Anzahl von Touren,

3. Gleichmäßige Auslastung der Fahrzeuge.

Die minimale Gesamtlänge beeinflußt die variablen Kostenbestandteile von Auslieferungstouren. Da jeder mit einem LKW gefahrene Kilometer zu diesen Kostenbestandteilen einen Beitrag leistet, wird mit der Minimierung der gesamten Länge auch eine Minimierung der variablen Kosten vorgenommen.

Das zweite Kriterium, die minimale Anzahl von Touren als Optimierungsziel, ist für den Kapitalbedarf der Auslieferungsflotte von Bedeutung. Je geringer die Anzahl der abzufahrenden Touren ist, desto geringer ist auch die Anzahl der benötigten Lieferfahrzeuge.

Das dritte Kriterium der gleichmäßigen Auslastung der Fahrzeuge kann sinnvoll sein, wenn der Fahrzeugeinsatz pro Tag in zwei jeweils vierstündige Schichten, eine Vormittags- und eine Nachmittagsschicht, unterteilt ist. Dann müssen die Fahrzeuge der Vormittagsschicht möglichst gleichzeitig in das Depot zurückkehren, um für die Nachmittagsschicht erneut beladen werden zu können.

Im Folgenden ist eine mathematische Formulierung des VRP dargestellt (Laporte 1992). Die Entscheidungsvariable $x_{ijk} = 1$ wenn Fahrzeug k die Kante (i,j) befährt, und 0 sonst. Variable $y_{ik} = 1$, wenn Knoten i von Fahrzeug k bedient wird, und 0 sonst.

(1) $\quad \min \sum\limits_{k=1}^{m} \sum\limits_{i \neq j} d_{ij} x_{ijk}$

unter den Nebenbedingungen :

(2) $\quad \sum\limits_{i=1}^{n} q_i y_{ik} \leq C, \quad k = 1, \dots, m$

(3) $\quad \sum\limits_{k=1}^{m} y_{ik} = \begin{cases} m, & i = 0 \\ 1, & i = 1, \dots, n \end{cases}$

(4) $\quad \sum\limits_{j=0}^{n} x_{ijk} = y_{ik}, \quad i = 0, \dots, n; k = 1, \dots, m$

(5) $\quad \sum\limits_{i=0}^{n} x_{ijk} = y_{jk}, \quad j = 0, \dots, n; k = 1, \dots, m$

(6) $\quad \sum\limits_{i,j \in S} x_{ijk} \leq |S| - 1 \quad S \subset V; |S| \geq 1; k = 1, \dots, m$

(7) $\quad x_{ijk} \in \{0,1\}, \quad i, j = 1, \dots, n; k = 1, \dots, m$

(8) $\quad y_{ik} \in \{0,1\}, \quad i = 1, \dots, n; k = 1, \dots, m$

Die Zielfunktion (1) minimiert die Distanz über die von den m Fahrzeugen befahrenen Kanten *(i,j)*. In Nebenbedingung (2) wird die Kapazität C der Fahrzeuge berücksichtigt. q_i ist die Ladungsgröße von Kunde i. Nebenbedingung (3) stellt sicher, dass jeder Kundenort von genau einem Fahrzeug besucht wird. Lediglich das Depot 0 wird von allen m Fahrzeugen besucht. Nebenbedingungen (4) und (5) binden die Variablen x und y indem sie sicherstellen, dass Kanten jeweils dem Fahrzeug zugeordnet werden, dass auch den inzidenten Knoten besucht. Die Subtour-Elimination der Nebenbedingungen (6) kennen wir schon vom Traveling Salesman Problem. Nebenbedingungen (7) und (8) sichern die Ganzzahligkeit der Entscheidungsvariablen.

10.1.1 Konstruktionsheuristiken

Die Verfahren der Tourenplanung lassen sich in **zwei Teilprobleme** zerlegen:

- die Zuordnung der Kunden zu den einzelnen Touren und

- die Festlegung der Reihenfolge der Kunden innerhalb jeder Tour.

Man unterscheidet die Tourenplanungsverfahren dahingehend, ob die Teilprobleme der Zuordnung und Reihenfolge simultan gelöst werden (parallele Verfahren) oder ob beide Teilprobleme nacheinander gelöst werden (sequentielle Verfahren).

Zur Lösung des VRP stellen der **Sweep-Algorithmus** als sequentielles Verfahren und der **Savings-Algorithmus** als paralleles Verfahren zwei bekannte Verfahren zur Tourenbildung dar, die im Folgenden beschrieben werden.

10.1.1.1 Der Sweep-Algorithmus

Der Sweep-Algorithmus von Gillett und Miller (1974) ist ein koordinatenorientiertes Verfahren, bei dem die Knoten in Form von kartesischen Koordinaten oder Polarkoordinaten vorliegen. Der Algorithmus geht davon aus, dass die Standorte des Depots und der Kunden durch Koordinaten (x_i, y_i) so gegeben sind, dass das Depot im Ursprung des Koordinatensystems liegt. Die Entfernung d_{ij} zwischen je zwei Standorten i und j werde als Luftlinie (euklidisch) ermittelt. Die Kunden werden nun nach aufsteigenden Polarwinkeln φ (d. h. gegen den Uhrzeigersinn) sortiert. Es wird im Folgenden stets davon ausgegangen, dass die Kunden in dieser Reihenfolge von 1 bis n nummeriert sind. Das Verfahren kann damit auf folgende Weise skizziert werden.

Verfahren 10-1: Sweep-Algorithmus

Initialisierung

1 Ordne die Kunden nach aufsteigenden Polarwinkeln (d. h. gegen den Uhrzeigersinn) und nummeriere sie von 1 bis n durch.

Verarbeitung

2 FOR i:=1 To n DO

3 Erstelle Tourenplan P_i, indem die Kundenliste beginnend bei Kunde i folgendermaßen abgearbeitet wird:

4 Repeat

5 Eröffne eine neue Tour;

6 Füge der Tour solange Kunden hinzu, bis die Kapazitätsgrenze des LKWs erreicht ist oder eine Abschätzung der Fahrzeit zeigt, dass die maximale Fahrzeit erreicht ist;

7 Ermittle die Travelling Salesman Tour für diese Kunden und deren Länge;

8 UNTIL Alle Kunden sind einer Tour zugeordnet;

9

10 Ermittle die Gesamtlänge von Tourenplan P_i;

11 ENDFOR;

Ermittle den Tourenplan mit minimaler Gesamtlänge $P = \min_i \{P_i\}$.

Das Verfahren ist ein sequentielles Verfahren und baut die einzelnen Touren eines Tourenplanes nacheinander wie folgt auf: Die erste Tour des Planes enthält die Kunden 1, 2, ..., i_1 (also die Kunden mit den kleinsten Polarwinkeln); die zweite Tour wird durch die Kunden $i_1 + 1, ..., i_1 + i_2$ gebildet usw. Bei der Zusammenfassung von Kunden zu Touren werden in einem Segment so viele Kunden zusammengefasst, bis die Kapazitätsgrenze C des Fahrzeugs erreicht ist.

Innerhalb eines Segmentes sind dann die Kunden in einer optimierten Reihenfolge zu einer Tour zusammengefasst. Dieses geschieht mit den Lösungsverfahren für das **Travelling Salesman Problem**. Hier können Heuristiken aus Abschnitt 9.3.1.1 und Abschnitt 9.3.1.2 zum Einsatz kommen.

Die Zusammenfassung der Kunden in Segmente hängt davon ab, welcher Kunde als Kunde 1 festgelegt wurde. Weitere Tourenpläne werden analog erstellt, indem die Toureneinteilung mit Kunde 2, 3, 4,..., n beginnt. Damit werden insgesamt n (verschiedene) Pläne erzeugt, unter denen der beste Plan bestimmt wird. Schematisch ist der Sweep-Algorithmus in Verfahren 10-1 wiedergegeben.

Abbildung 10-1:   Vom Sweep-Algorithmus erzeugte Tourenpläne (Quelle: Ziegler 1988, S. 76)

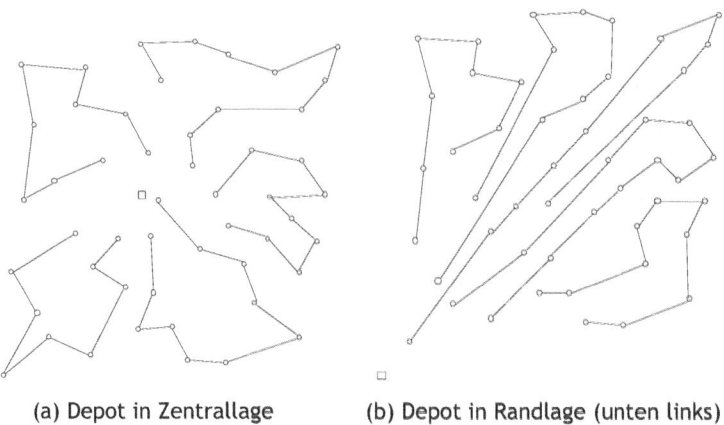

(a) Depot in Zentrallage   (b) Depot in Randlage (unten links)

Der Sweep-Algorithmus erzielt gute Ergebnisse, wenn das Depot zentral relativ zur Kundenstruktur liegt und mit möglichst wenig Touren jeweils relativ viele Kunden pro Tour angefahren werden sollen. Liegt das Depot etwa in der Stadtmitte und sind die Kunden längs der sternförmig verlaufenden Ausfallstraßen aufgereiht, so sind diese Voraussetzungen gegeben. Die Abbildung 10-1 zeigt Beispiele für die vom Sweep-Algorithmus erzeugten Tourenpläne.

Beispiel 10-1

Vom Depot aus seien 11 Orte – der Einfachheit halber mit gleichem Bedarf an Transportvolumen – zu beliefern. Ein Fahrzeug kann maximal vier Orte auf einer Tour versorgen. Zeit- bzw. Längenrestriktionen je Tour sowie Ausgeglichenheit der Tourenlängen mögen bei diesem Beispiel keine Rolle spielen. Entsprechend Abbildung 10-2 lässt sich das schematische Streckennetz skizzieren.

Abbildung 10-2: Orte eines Tourenplanungsproblems

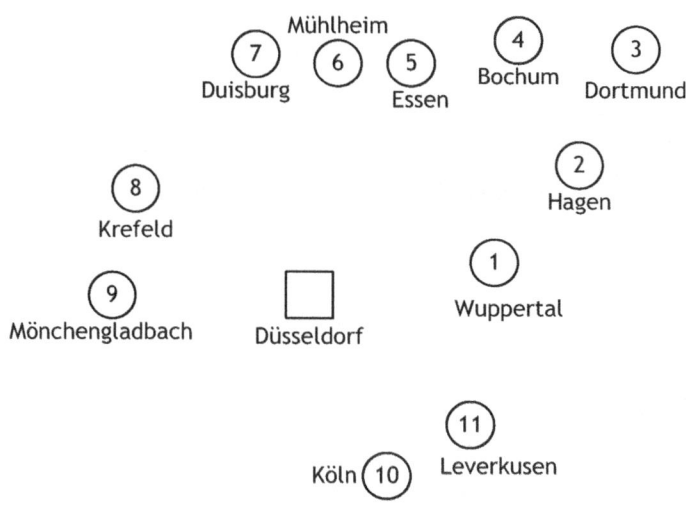

Die symmetrische Entfernungsmatrix $D = (d_{ij})$, von der im Folgenden ausgegangen wird, zeigt Tabelle 10-1.

Tabelle 10-1:   Entfernungsmatrix D für das Tourenplanungsproblem aus Abbildung 10-2

	0	1	2	3	4	5	6	7	8	9	10	11
0	0	33	61	72	50	36	35	33	28	36	38	27
1		0	31	58	40	57	68	66	61	69	64	46
2			0	27	50	67	79	90	89	97	77	59
3				0	23	40	52	63	93	116	104	86
4					0	17	29	40	70	86	88	77
5						0	12	23	53	72	74	63
6							0	11	41	66	73	62
7								0	30	55	71	60
8									0	25	66	55
9										0	70	63
10											0	18
11												0

Da die Orte bei diesem Verfahren nach aufsteigenden Winkeln von 1 bis 11 durchnumeriert werden, baut sich der 1. Tourenplan mit einer Gesamtlänge von 432 km wie folgt auf:

1. Tour mit 1,2,3,4 in Reihenfolge: [0,1,2,3,4,0] und der Länge Z = 164 km.

2. Tour mit 5,6,7,8 in Reihenfolge: [0,5,6,7,8,0] und der Länge Z = 117 km

3. Tour mit 9,10,11 in Reihenfolge: [0,9,10,11,0] und der Länge Z = 151 km.

Ein zweiter Tourenplan enthält die Touren: [0,2,3,4,5,0], [0,6,7,8,9,0], [0,10,11,1,0]. Analog werden nun weitere Tourenpläne generiert. Aus den n generierten Plänen wird abschließend derjenige mit der niedrigsten Tourlänge ausgewählt. Der beste aufgefundene Tourenplan nach dem Sweep-Verfahren ist im Beispiel der 8. Tourenplan mit den Touren: [0,8,9,10,11,0], [0,1,2,3,4,0], [0,5,6,7,0] zu 168, 164 und 92 km Länge sowie einer Gesamtlänge von 424 km.

Abbildung 10-3: Optimaler Sweep-Tourenplan

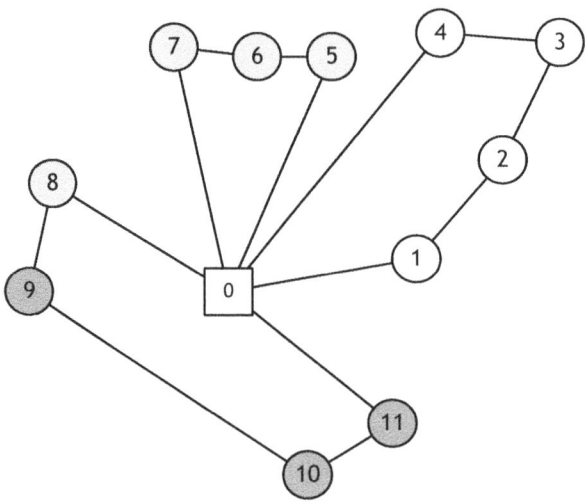

Die Tabelle 10-2 stellt alle vom Sweep-Algorithmus betrachteten Tourenpläne noch einmal zusammen. Die Länge der Touren differiert z. T. erheblich, was nachträglich den Aufwand der Erstellung aller möglichen Pläne rechtfertigt. Nummer 8 bezeichnet den besten aufgefundenen Tourenplan.

Tabelle 10-2:   *Tourenpläne nach dem Sweep-Algorithmus*

1. Tourenplan				
Tour 1	0-1-2-3-4-0	33+31+27+23+50	=	164
Tour 2	0-5-6-7-8-0	36+12+11+30+28	=	117
Tour 3	0-9-10-11-0	36+70+18+27	=	151
Gesamtlänge				432
2. Tourenplan				
Tour 1	0-2-3-4-5-0	61+27+23+17+36	=	164
Tour 2	0-6-7-8-9-0	35+11+30+25+36	=	137
Tour 3	0-10-11-1-0	38+18+46+33	=	135
Gesamtlänge			=	436
3. Tourenplan				
Tour 1	0-3-4-5-6-0	72+23+17+12+35	=	159
Tour 2	0-7-8-9-10-0	33+30+25+70+38	=	196
Tour 3	0-11-1-2-0	27+46+31+61	=	165
Gesamtlänge				520
4. Tourenplan				
Tour 1	0-4-5-6-7-0	50+17+12+11+33	=	123
Tour 2	0-8-9-10-11-0	28+25+70+18+27	=	168
Tour 3	0-1-2-3-0	33+31+27+72	=	163
Gesamtlänge				454
5. Tourenplan				
Tour 1	0-5-6-7-8-0	36+12+11+30+28	=	117
Tour 2	0-9-10-11-1-0	36+70+18+46+33	=	203
Tour 3	0-2-3-4-0	61+27+23+50	=	161
Gesamtlänge				481
6. Tourenplan				
Tour 1	0-6-7-8-9-0	35+11+30+25+36	=	137
Tour 2	0-10-11-1-2-0	38+18+46+31+61	=	194
Tour 3	0-3-4-5-0	72+23+17+36	=	148
Gesamtlänge				479
7. Tourenplan				
Tour 1	0-7-8-9-10-0	33+30+25+70+38	=	196
Tour 2	0-11-1-2-3-0	27+46+31+27+72	=	203
Tour 3	0-4-5-6-0	50+17+12+35	=	114
Gesamtlänge				513
8. Tourenplan				
Tour 1	0-8-9-10-11-0	28+25+70+18+27	=	168
Tour 2	0-1-2-3-4-0	33+31+27+23+50	=	164
Tour 3	0-5-6-7-0	36+12+11+33	=	92
Gesamtlänge				424

9. Tourenplan					
	Tour 1	0-9-10-11-1-0	36+70+18+46+33	=	203
	Tour 2	0-2-3-4-5-0	61+27+23+17+36	=	164
	Tour 3	0-6-7-8-0	35+11+30+28	=	104
Gesamtlänge					471
10. Tourenplan					
	Tour 1	0-10-11-1-2-0	38+18+46+31+61	=	194
	Tour 2	0-3-4-5-6-0	72+23+17+12+35	=	159
	Tour 3	0-7-8-9-0	33+30+25+36	=	124
Gesamtlänge					477
11. Tourenplan					
	Tour 1	0-11-1-2-3-0	27+46+31+27+72	=	203
	Tour 2	0-4-5-6-7-0	50+17+12+11+33	=	123
	Tour 3	0-8-9-10-0	28+25+70+38	=	161
Gesamtlänge					487

10.1.1.2 Das Savings-Verfahren

Das Savings-Verfahren von Clarke und Wright (1964) ist das wohl bekannteste und in der Praxis das am häufigsten eingesetzte heuristische Lösungsverfahren für knoten-orientierte Tourenprobleme. Das Verfahren zählt zu den **Parallelverfahren**, weil die Zuordnung zum Fahrzeug und die Reihenfolgebildung für das besuchen der Orte simultan erfolgen.

Voraussetzung für das klassische Savings-Verfahren ist eine symmetrische Entfer-nungsmatrix $D = (d_{ij})$ mit $i, j = 0,...,n$ oder den Koordinaten für das Depot und die Kunden. Das Verfahren beginnt mit einer **Anfangslösung**, bei der jeder Kunde i eine Tour i definiert, also einzeln vom Depot aus angefahren wird. Diese Tour wird als **Pendeltour** bezeichnet. Die Anzahl der Touren entspricht dann der Anzahl der Kun-den; die Reihenfolge der i-ten Tour ist $(0, i, 0)$. Die Gesamtlänge Z des Tourenplans beträgt:

$$Z = 2 \cdot \sum d_{0i}, \quad i \in I$$

wobei d_{0i} die Entfernung des Knoten i vom Depot 0 und I die Menge der Kunden sei.

Diese üblicherweise sehr ungünstige Anfangslösung wird im Laufe des Verfahrens sukzessive durch Vereinigung von jeweils zwei Touren – unter Berücksichtigung der Kapazitäts- und Zeitrestriktionen – verbessert. Werden der erste und der letzte Kunde einer Tour als **Endkunde** bezeichnet, so werden zwei Touren durch Übergang von einem Endkunden der ersten Tour zu einem Endkunden der zweiten Tour miteinan-der verknüpft.

Die Endkunden zweier verschiedener Touren lösen dabei ihre Verbindung mit dem Depot 0 auf. Werden beispielsweise zwei Touren ($0,i_1,...,i_k,0$) und ($0,i_l,...,i_m,0$) miteinander verknüpft, so ergeben sich vier mögliche neue Touren (von denen einige zusammenfallen, wenn mindestens eine der beiden ursprünglichen Touren eine Pendeltour ist):

($0,i_1,...,i_k$, $i_l,...,i_m,0$),

($0,i_l,...,i_m$, $i_1,...,i_k,0$),

($0,i_1,...,i_k$, $i_m,...,i_{l+1},i_l,0$),

($0,i_m,...,i_{l+1}$, $i_l,i_1,...,i_k,0$).

Bei der Anwendung des Savings-Verfahren auf asymmetrische Tourenplanungsprobleme dürfen die Tourenteile nicht in entgegengesetzter Richtung durchlaufen werden und damit ergeben sich bei der Verknüpfung zweier Touren lediglich zwei neue Touren:

($0,i_1,...,i_k$, $i_l,...,i_m,0$),

($0,i_l,...,i_m$, $i_1,...,i_k,0$)

Die Vereinigung zweier Touren durch Verknüpfung ihrer Touren über die Endkunden i und j ergibt ein **Saving** (Ersparnis) in Höhe von $s_{ij} := d_{0i} + d_{0j} - d_{ij}$. Abbildung 10-4 stellt die Ersparnis dar, die sich bei der Kombination zweier Touren durch Wegfall der Rückfahrten zum Depot einstellt.

Abbildung 10-4: Ersparnis durch Wegfall der Rückfahrten beim Verbinden zweier Touren

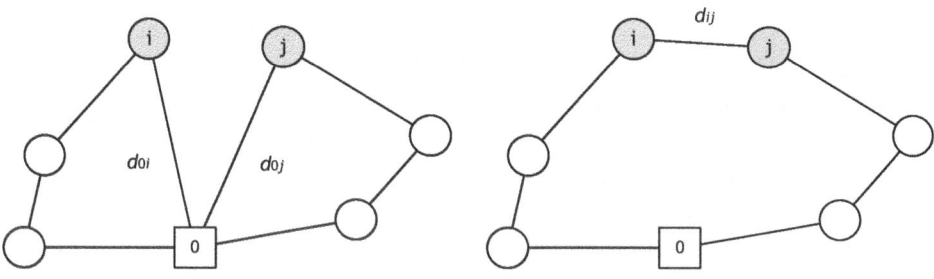

Wenn die Entfernungen d_{ij} mit der Koordinatenmethode gewonnen worden sind, gilt für die Entfernungen die Dreiecksungleichung $d_{ik} \leq d_{ij} + d_{jk}$ für alle Knoten i, j und k, und es ist stets $s_{ij} \geq 0$. Liegt den Entfernungen d_{ij} die Straßennetzmethode zugrunde, können negative Savingswerte auftreten. Der Savingswert s_{ij} ist umso größer, je näher die Kunden i und j beieinander liegen und je weiter sie vom Depot entfernt sind.

Verfahren 10-2:   Savings-Verfahren

Initialisierung
1   Initialisiere eine Tourenliste wird mit den n Pendeltouren.

Verarbeitung
2   Berechne für je zwei Endkunden i,j die $n^2 - n$ Savingswerte s_{ij} und lege sie in einem Array ab, $i, j = 1...n$.
3   Sortiere die berechneten Savingswerte im Array absteigend.
4   Betrachte die positiven Savingswerte s_{ij} beginnend mit dem größten Savingswert in absteigender Reihenfolge und überprüfe, ob unter Beachtung der Restriktionen jeweils die zu den Endkunden i und j gehörenden Touren verknüpft werden können.
5   Können in 4 zwei Touren verknüpft werden, führe dies aus.
6   Streiche in der Tourenliste die beiden Touren und nehme die neue Tour in den Tourenplan auf.
7   Überprüfe in 4 den nächst kleineren Savingswert.

Terminierung
8   Das Verfahren bricht ab, wenn alle positiven Savingswerte überprüft sind.

Der größte Rechenaufwand beim Savings-Verfahren entsteht in Schritt 3 beim Sortieren. Hier ist ein Aufwand $O(n^4)$ zu erbringen. Zum Sortieren von k Zahlen benötigt man einen Aufwand $O(k^2)$ im worst case. Hier ist $k = n^2$ zu setzen. In Schritt 4 müssen $n^2 - n$ Überprüfungen vorgenommen werden, die auch recht rechenaufwendig sind. Zum Aufbau der Touren unter den n Kunden werden lediglich n Verbindungen und damit n Savingswerte benötigt. Jedoch werden $n^2 - n$ Savingswerte zunächst berechnet, von denen schließlich $n^2 - 2n$ gar nicht als neue Verbindungen umgesetzt werden können. Damit wird nur der Bruchteil von $n/(n^2 - n) = 1/(n-1)$ der Savingswerte genutzt. Bei $n = 300$ Kunden müssen 89.700 Savingswerte berechnet werden, von denen lediglich 0,3 % zur Verkürzung des Tourplans genutzt werden können, bei $n = 1000$ Kunden sind es knapp 1 Mio. Werte mit Nutzungsrate von 0,1 %.

Wird der Aufwand für die erstellung der Savingsliste zu groß, so kann ggf. nur eine Teilmenge der n Knoten evaluiert werden. Kandiaten sind hier die weit vom Depot entfernt liegenden Kundenorte, da sie hohe Savingswerte verspechen.

Trotz der von den Pendeltouren repräsentierten äußerst schlechten Startlösung gelangt das Savingsverfahren zu sehr guten Lösungen. Die Touren sind wie Blätter einer Blüte um das Depot aufgebaut. Die Touren gruppieren sich um die zum Depot entfernt liegenden Kunden, während die depotnahen Kunden in eigenen Touren versorgt werden. Die folgende Abbildung 10-5 zeigt Beispiele für die vom Savings-Verfahren erzeugten Tourenpläne.

Abbildung 10-5: Vom Savings-Verfahren erzeugte Tourenpläne (Quelle: Ziegler 1988, S. 76/77)

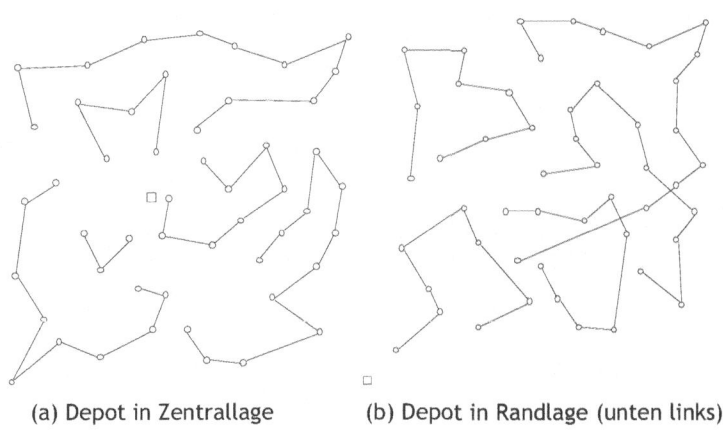

(a) Depot in Zentrallage (b) Depot in Randlage (unten links)

Das Savings-Verfahren eignet sich im Gegensatz zum Sweep-Algorithmus insbesondere bei einer relativ großen Anzahl Touren und einer relativ kleinen Anzahl zu versorgender Kunden pro Tour.

Beispiel 10-2

Der Sweep-Algorithmus erzielt gute Ergebnisse, wenn das Depot zentral relativ zur Kundenstruktur liegt und mit möglichst wenig Touren jeweils relativ viele Kunden pro Tour angefahren werden sollen. Liegt das Depot etwa in der Stadtmitte und sind die Kunden längs der sternenförmig verlaufenden Ausfallstraßen aufgereiht, so sind diese Voraussetzungen gegeben. Die Abbildung 10-1 zeigt Beispiele für die vom Sweep-Algorithmus erzeugten Tourenpläne.

Beispiel 10-1 (siehe Abbildung 10-2 und Tabelle 10-1) soll an dieser Stelle mit Hilfe des Savings-Verfahren gelöst werden. In einem ersten Schritt wird ein Tourenplan mit 11 Pendeltouren als Anfangslösung gebildet (vgl. Tabelle 10-3). Anschließend werden die Savingswerte gebildet und absteigend sortiert (Tabelle 10-4). Bei gleicher Ersparnis ist die Rangfolge in der Tabelle um Kleinbuchstaben erweitert.

Tabelle 10-3:   Pendeltouren im Beispiel

Pendeltour	Länge		Pendeltour	Länge
0-1-0	66		...	...
0-2-0	122		0-7-0	66
0-3-0	144		0-8-0	56
0-4-0	100		0-9-0	72
0-5-0	72		0-10-0	76
0-6-0	70		0-11-0	54
			Summe	898

Gemäß der Errechung des Saving $s_{ij} := d_{0i} + d_{0j} - d_{ij}$ ergibt sich für die Verschmelzung der Orte 1 und 2 ein Saving von 33+61-31 = 63. Die Verschmelzung der Orte 1 und 6 würde dageben mit 33+35-68 = 0 keine Ersparnis erbringen. Da im Beispiel euklidische Daten vorliegen, werden bei keiner Verschmelzung negative Savings generiert.

Tabelle 10-4:   Savingswerte im Beispiel absteigend sortiert

Nr.	Orte	Ersparnis		Nr.	Orte	Ersparnis
1	2,3	106		17	2,5	30
2	3,4	99		18	2,11	29
3	4,5	69		19a	2,10	22
4	3,5	68		19b	6,8	22
5	1,2	63		20	2,6	17
6	2,4	61		21a	1,11	14
7	5,6	59		21b	7,9	14
8	6,7	57		22	3,11	13
9	4,6	56		23	1,5	12
10	3,6	55		24	5,8	11
11a	1,3	47		25	4,8	8
11b	10,11	47		26a	1,10	7
12	5,7	46		26b	3,8	7
13a	1,4	43		27	3,10	6
13b	4,7	43		28	6,9	5
14	3,7	42		29a	2,7	4
15	8,9	39		29b	9,10	4
16	7,8	31		30	3,9	2

Durch das Zusammenfügen je zweier Teiltouren baut sich der Tourenplan dann wie folgt auf:

1. Kopplung der Touren 0-2-0 und 0-3-0 zu 0-2-3-0: Ersparnis = 106 km (Savingswert 1), Länge der neuen Tour = 61+27+72 = 160 km.

2. Kopplung der Touren 0-2-3-0 und 0-4-0 zu 0-2-3-4-0: Ersparnis = 99 km (Savingswert 2), Länge der neuen Tour = 61+27+23+50 = 161 km.

3. Kopplung der Touren 0-2-3-4-0 und 0-5-0 zu 0-2-3-4-5-0: Ersparnis = 69 km (Savingswert 3), Länge der neuen Tour = 61+27+23+17+36 = 164 km. Damit ergibt sich die erste fertige Tour, da die maximale Tourkapazität von vier Orten erreicht ist. Die Orte 2,3,4 und 5 werden für weitere Verbindungen gesperrt. Die Savingswerte 5-7 werden daher nicht betrachtet.

4. Kopplung der Touren 0-6-0 und 0-7-0 zu 0-6-7-0: Ersparnis = 57 km (Savingswert 8), Länge der neuen Tour = 35+11+33 = 79 km.

5. Kopplung der Touren 0-10-0 und 0-11-0 zu 0-10-11-0: Ersparnis = 47 km (Savingswert 11b), Länge der neuen Tour = 38+18+27 = 83 km. (Die Savingswerte 9, 10 und 11a werden nicht betrachtet, da die Touren mit mindestens einem dieser Orte bereits ausgelastet sind.)

6. Kopplung der Touren 0-8-0 und 0-9-0 zu 0-8-9-0: Ersparnis = 39 km (Savingswert 15), Länge der neuen Tour = 28+25+36 = 89 km. (Die Savingswerte 12-14 werden nicht betrachtet, da die Touren mit mindestens einem dieser Orte bereits ausgelastet sind.)

7. Kopplung der Touren 0-6-7-0 und 0-8-9-0 zu 0-6-7-8-9-0: Ersparnis = 31 km (Savingswert 16), Länge der neuen Tour = 35+11+30+25+36 = 137 km. Damit ergibt sich die zweite fertige Tour, da die maximale Tourkapazität von vier Orten erreicht ist. Die Orte 6,7,8 und 9 werden für weitere Verbindungen gesperrt. Die Savingswerte 17-20 werden daher nicht betrachtet.

8. Kopplung der Touren 0-10-11-0 und 0-1-0 zu 0-10-11-1-0: Ersparnis = 14 km (Savingswert 21a), Länge der neuen Tour = 38+18+46+33 = 135 km. Damit ergibt sich die dritte fertige Tour, denn die Savingswerte 21b-30 entfallen wegen Überschreiten der Tourenkapazität von maximal vier Orten pro Tour, und Savingswert 26a ist irrelevant, da die Knoten 1 und 10 derselben Tour angehören. Da keine weiteren positiven Savingswerte vorhanden sind, ist das Verfahren beendet.

Der Tourenplan nach dem Savings-Verfahren umfasst damit die Touren

- [0,2,3,4,5,0] mit einer Länge von 164 km,

- [0,6,7,8,9,0] mit einer Länge von 137 km und

- [0,10,11,1,0] mit einer Länge von 135 km

und hat eine Gesamtlänge von 436 km (vgl. Abbildung 10-6).

Abbildung 10-6: Optimaler Savings-Tourenplan im Beispiel

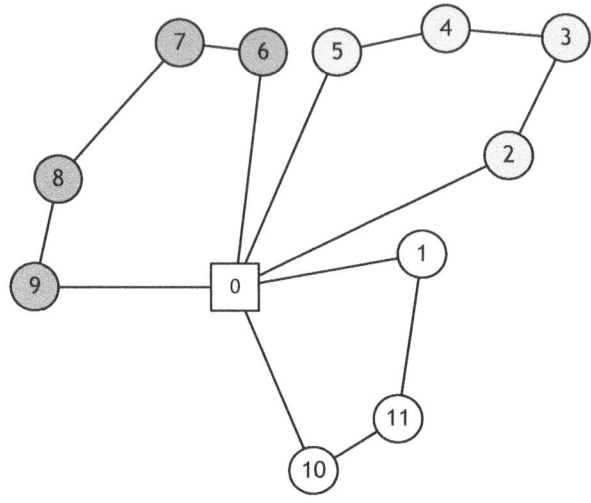

Im Vergleich zum Sweep-Tourenplan mit einer Gesamtlänge von 424 km ist diese Lösung etwas schlechter. Dieses Ergebnis ist jedoch nicht verallgemeinerbar, wie das Beispiel von Ziegler (1988, S. 70 ff.) zeigt. Dort ist der vom Savings-Verfahren erzeugte Tourenplan dem Sweep-Tourenplan leicht überlegen.

10.1.2 Tabu-Suche für das VRP

Aufbauend auf die Konstruktion eines Tourenplans kann dieser durch Verbesserungsverfahren „nachoptimiert" werden. Die wohl bedeutendsten heuristischen Verfahren sind das 2-opt- und das 3-opt-Verfahren, die zur Verbesserung von Travelling Salesman Touren entwickelt wurden. Darüber hinaus kann in der Tourenplanung geprüft werden, ob der Austausch von Kunden zwischen Touren eine Verbesserung ermöglicht. Dabei ist sicherzustellen, dass die Kapazität der Fahrzeuge C nicht überschritten wird. Studien haben gezeigt, dass die Länge der von Praktikern entwickelten Tourenpläne um bis zu 4 % verkürzt werden kann (Meisel 2005).

Wir bezeichnen solche oben skizzieten Verbesserungsverfahren auch als Lokale Suche, da ausgehend von einer bereits gefundenen Lösung s in einem iterativen Prozess neue, potenziell bessere Lösungen s' generiert werden. Neue Lösungen werden durch geringfügige Änderungen (move) der aktuellen Lösung mittels eines Suchoperators erzeugt. Die Menge der von einer Ausgangslösung s erreichbaren neuen Lösungen wird als Nachbarschaft $s' \in N(s)$ bezeichnet. Die Nachbarschaft wird durch den Suchoperator induziert. Die Suche endet in einem lokalen Optimum, wenn keine bessere Lösung mehr erreicht werden kann.

Die begrenzte Nachbarschaft bei lokalen Suchverfahren führt schnell zu besseren Lösungen, das globale Optimum bleibt aber meist unerreicht. Diesen Aspekt möchten wir in Abbildung 10-7 einmal näher illustrieren. Von einer Startlösung x_1 führt die lokale Suche mittels des Kriteriums des steilsten Abstiegs (Minimierungsproblem bezüglich $f(x)$) in die Lösung x_2. Da keine Verschlechterungen des Zielfunktionswertes zugelassen sind, ist es dem Verfahren nicht möglich, den Punkt x_4 zu überwinden, um das globale Optimum in Punkt x_5 zu erreichen.

Abbildung 10-7: Grafische Darstellung eines eindimensionalen Lösungsraums

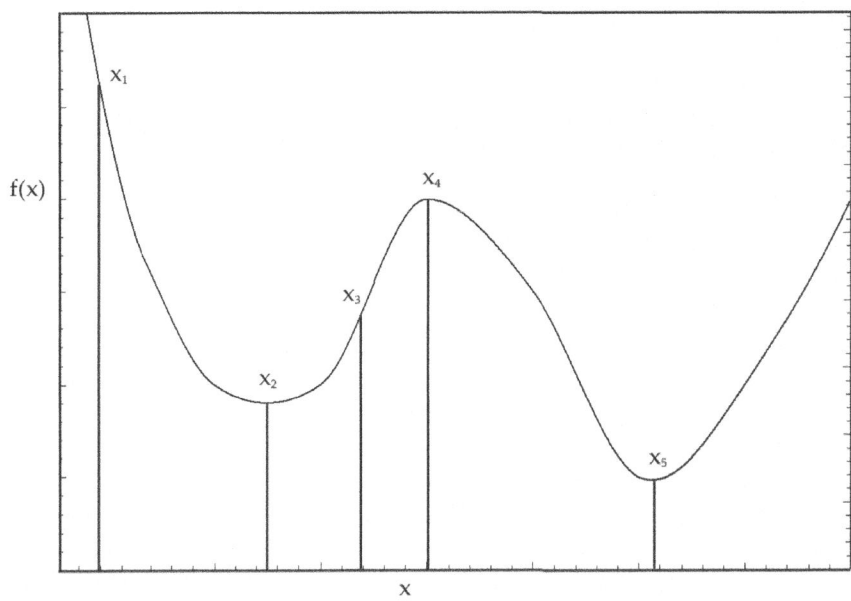

Dieser Schwäche versuchen Metaheuristiken zu begegnen. Ausgehend von einer Startlösung vollzieht sich der Suchprozess iterativ unter Einbeziehung definierter Nachbarschaftsoperatoren. Die typischerweise stochastisch arbeitende Kontrollstruktur lässt temporäre Verschlechterungen zu, verfolgt jedoch auf längere Sicht die kontinuierliche Verbesserung des Lösungsniveaus. Um einerseits kurzfristige Verschlechterungen zuzulassen und andererseits langfristig eine nahe-optimale Lösung aufzufinden, müssen Metaheuristiken über ein „Gedächnis" (memory) ihrer bisherigen Suche verfügen. Die Steuerung der Suche durch eine Kontrollstruktur, die sich an den Charakteristika der in der Vergangenheit bereits aufgefundenen Lösungen orientiert, ist das gemeinsame Merkmal der Metaheuristiken.

Die Metaheuristiken gehen auf die 1980er Jahre zurück, in denen sich die Grenzen der exakten Verfahren zur Lösung NP-harter Probleme manifestierten. Bestehende Konstruktions- und Verbesserungsverfahren wurden in das Rahmenwerk der Metaheuristiken integriert, wobei sich die Idee der Kontrollstruktur oft an in der Natur zu beobachtenden Phänomenen orientierte. Zu nennen sind die Simulierte Abkühlung (simulated annealing), der Sintflut-Algorithmus (threshold acceptance), Evolutionäre Algorithmen (evolutionary algorithms), Ameisen Algorithmen (ant algorithms) sowie die Tabu-Suche (tabu search). Eine Übersicht gibt Reeves (1994). Wir werden im Folgenden generische Komponeten von Metaheuristiken besprechen bevor wird die Tabu-Suche für das Problem der Tourenplanung vertiefen.

10.1.2.1 Komponenten von Metaheuristiken

Zusätzlich zu den bereits erwähnten Komponenten für die lokale Suche, verwenden Metaheuristiken einen Meta-Suchalgorithmus, die Kontrollstruktur. Bevor eine solche Meta-Strategie mit der Tabu-Suche erläutert wird, gehen wir zuerst auf die Komponenten von Metaheuristiken ein. Diese betreffen

1. die Repräsentation des Problems,

2. die Generierung von Startlösungen,

3. das Auffinden neuer Lösungen,

4. die Bewertung von Lösungen und

5. eine übergeordnete Kontrollstruktur.

Repräsentation

In Kapitel 3.2 wurde detailliert auf die Abbildung von Netzwerken in verschiedenen Datenstrukturen eingegangen. Eine ähnlich große Bedeutung hat die Repräsentation des Problems für den darauf operierenden Algorithmus. Bei einer Metaheuristik sollte dabei besonders auf die Generierung von Lösungen, deren Modifikation und Evaluation geachtet werden. Diese drei Schritte im iterativen Suchprozess beanspruchen den Großteil der Rechenzeit und können durch eine geeignete Repräsentation von Lösungen unterstützt werden.

Rothlauf (2002) beschreibt Voraussetzungen für eine gute Repräsentation: Zunächst sollten alle gültigen Lösungen des Suchraums repräsentierbar sein. Weiterhin sollten die Lösungen in gleicher Frequenz repräsentiert werden. Durch Redunanzen in der Darstellung der Lösungen kann eine Bevor- oder Benachteiligung des Absuchens von Bereichen im Suchraum entstehen. Darüber hinaus sollte die Repräsentation kleine Änderungen im Sinne der Nachbarschaftsdefinition unterstützen.

Wir wollen im Weiteren die Repräsentation einer Tour durch das bereits bekannte Knotenfeld realisieren. Eine Tour des Tourenplans soll wie in Abbildung 10-8 gezeigt, dargestellt werden. Da ein Tourenplan mehrere Touren enthalten kann, werden diese ggf. durch mehrere Besuche des Depots getrennt. Jeder Besuch des Depots stellt den Beginn einer neuen Tour dar. In dem vorliegenden Fall gibt es nur eine Tour im Tourenplan und das Depot steht nur am Anfang und Ende des Tourenplans.

Startlösung

Wie jede lokale Suche benötigen auch Metaheuristiken eine gültige Anfangslösung. Für das VRP können wir die bereits bekannten Algorithmen Savings- und Sweep-Verfahren verwenden. Generell gilt, je besser die Startlösung, desto effektiver ist auch die Metaheuristik. Idealerweise beginnt der Suchprozess mit einer schon akzeptablen Lösungsgüte und kann zielgerichtet den Lösungsraum mit den zur Verfügung stehenden Operatoren durchsuchen. Den vergleichsweise langsamen Suchprozess konzentriert die Kontrollstruktur der Metaheuristik durch die bessere Startlösung dann idealerweise auf vielversprechende Lösungsräume.

Nachbarschaft

Die wichtigste Determinante für die Güte einer Metaheuristik ist die Nachbarschaft. Ein Operator erzeugt aus einer vorhandenen Lösung mehrere leicht veränderte Lösungen. Das zugrunde liegende Ziel ist, aus dieser Menge von Nachbarlösungen mit einer hohen Wahrscheinlichkeit eine bessere Lösung als die aktuelle zu finden. Um eine Nachbarschaft zu definieren, ist die Kenntniss der Repräsentation notwendig, auf der syntaktisch Operationen ausgeführt werden. Dabei beginnt man mit der Festlegung einfacher Moves. Für das Knotenfeld wäre dies z. B. der Tausch zweier Positionen, was im realen Problem die Änderung der Reihenfolge zweier zu befahrender Orte bedeuten würde. Mehrere solcher Tausche, etwa des ersten Elements im Knotenfeld mit allen anderen Elementen, ergibt eine mögliche Nachbarschaft. Dieser Sachverhalt ist in Abbildung 10-8 veranschaulicht.

Fünf wichtige Eigenschaften für die Definition von Nachbarschaften beschreibt Mattfeld (1996).

1. Korrelation: Eine Lösung sollte sich von den Lösungen seiner Nachbarschaft nur durch kleine Änderungen unterscheiden. So wird eine ausgiebige Erkundung des Suchraumes gewährleistet.

2. Gültigkeit: Lösungen der Nachbarschaft sollten ohne Ausnahme auch gültige Lösungen darstellen. Kann dies nicht gewährleistet werden, so müssen Lösungen, die gegen Nebenbedingungen verstoßen, entweder repariert, oder deren Vorhandensein bestraft werden.

Abbildung 10-8: Nachbarschaft für den Tausch des ersten mit allen anderen Elementen im Knotenfeld

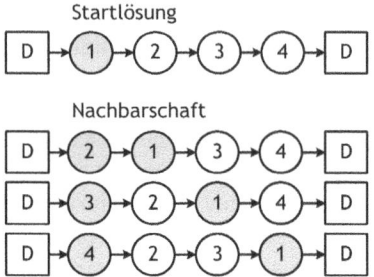

3. Verbesserung: Eine Nachbarschaft sollte eine gute Chance besitzen, einen besseren Zielfunktionswert zu generieren. Dabei ist es hilfreich, problemspezifisches Wissen in den Operator einfließen zu lassen. In der Tourenplanung trifft man solche Fragestellungen an, wenn ein Ort von einer Tour in eine andere eingefügt wird. Falls die empfangende Tour vorher nahe der Kapazitätsgrenze des Fahrzeugs lag, ist diese Nebenbedingung durch einen zusätzlich anzufahrenden Ort mit großer Wahrscheinlichkeit verletzt. Dieses Wissen könnte dazu führen, dass keine Einfügeoperation sondern vielmehr ein Tausch von Orten zwischen diesen beiden Touren bevorzugt wird.

4. Größe: Bezüglich der Größe einer Nachbarschaft muss ein sinnvoller, oft problemabhängiger Kompromiss gefunden werden. Eine zu große Nachbarschaft verbietet sich unter Umständen aus Zeitgründen (Evaluation). Wählt man die Nachbarschaft hingegen zu klein, so werden früh lokale Optima gefunden, die nicht wieder verlassen werden können.

5. Verbindung: Von einer beliebigen Lösung im Suchraum sollte jede andere Lösung erreichbar sein. Nur ein vollständig miteinander verbundener Suchraum ermöglicht die Erkundung aller Lösung und damit das Auffinden der besten Lösung.

Die Erfüllung aller Kriterien kann und muss nicht immer gewährleistet sein. Vielmehr stellen sie einen Anhaltspunkt für eine gute Nachbarschaftsdefinition dar. Wir möchten im Folgenden zwei mögliche Operatoren bezüglich der obigen Kriterien miteinander vergleichen.

1. Die erste Nachbarschaft soll der schon vorgestellte Tausch zweier Elemente im Knotenfeld sein. Dies entspricht der Enumeration einer Traveling Salesman Tour und kann daher auch nur bei kleinen Touren komplett durchgeführt werden.

2. Eine andere mögliche Nachbarschaft ist der Tausch zweier Elemente zwischen zwei Knotenfeldern. Dies entspricht der Zuordnung zweier Orte zu dem jeweils anderen Fahrzeug und wird als Exchange-Operator bezeichnet.

Die Bewertung der Operatoren geschieht auf Basis von plausiblen Überlegungen zu den Operatoren und ist empirisch nicht belegt. Als Darstellung wird ein Netzdiagramm gewählt, siehe Abbildung 10-9. Ein Wert bezüglich eines Kriteriums kann von 0 (nicht erfüllt) bis 3 (voll erfüllt) vorgenommen werden.

Abbildung 10-9: Bewertung von Nachbarschaften für das VRP

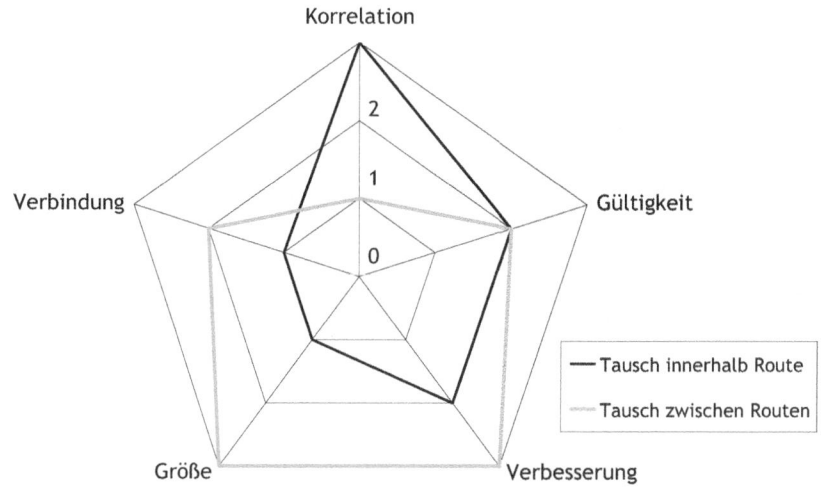

- Der Abstand der Zielfunktionswerte zwischen zwei benachbarten Lösungen ist bei 1. tendenziell geringer als bei 2. Der geänderte Tourenplan unterscheidet sich bei letzterem Operator sowohl in der Zuordnung der Orte zum Fahrzeug als auch in der Reihenfolge, in der die Orte angefahren werden.

- Gültige Lösungen werden von beiden Operatoren mit einer relativ großen Wahrscheinlichkeit erzeugt.

- Das Potenzial zur Verbesserung der Lösung ist bei 1. begrenzt. Die Kombination möglicher Lösungen steigt erst stark an, wenn man in 2. die Zuordnungsbeziehung zwischen Fahrzeug und Ort zum Gegenstand der Veränderung macht.

■ Die Größe der Nachbarschaft ergibt sich durch den Freiheitsgrad in der Zuordnungs- und in der Reihenfolgeentscheidung. Das größere Verbesserungspotenzial von 2. wird mit einer Erheblichen Vergrößerung der Nachbarschaft bezahlt.

■ Durch Andwendung von 2. kann in einer endlichen Anzahl von Iterationen jede beliebige Lösung von einer Startlösung aus erreicht werden.. Dies ist bei der Anwendung von 1. nicht der Fall.

Die begrenzte Größe und der fehlende Zusammenhang in der Nachbarschaft verbieten die alleinige Ausführung des Operators Tausch innerhalb einer Tour. Vielmehr sollte dieser in Verbindung mit anderen Operatoren verwendet werden. Aus diesem Grund wollen wir hier mögliche Nachbarschaften vorstellen, die sich im Einsatz bewährt haben. Grundsätzlich können Nachbarschaften nach Kanten- und Knotenorientierung unterschieden werden. Der Exchange-Operator erzeugt eine knotenorientierte Nachbarschaft.

■ Die einfachste Form für den Austausch von zwei Knoten ist die Relocation. Es wird genau ein Knoten von einer Tour zu einer anderen Tour transferiert. Für den Fall, dass die Tour, in die der Knoten eingefügt wird, bezüglich der Kapazitätsgrenze des Fahrzeugs ausgelastet ist, ist die Wahrscheinlichkeit eines erfolgreichen Moves sehr gering. Dieser Schwäche kann mit komplexeren Operatoren begegnet werden.

■ Neben dem Exchange-Operator wurde der Lamda-Interchange Operator entwickelt. Dieser wurde erstmals von (Osman 1993) beschrieben und stellt eine Erweiterung des Exchange-Operators dar. Lambda gibt an, wie viele Knoten zwischen zwei Touren ausgetauscht werden. Ein 1-Interchange Operator entspricht somit dem Exchange-Operator.

■ Glover führt 1992 eine neue Nachbarschaftsdefinition mit dem Node Ejection Chains Operator ein. Ein beliebiger Knoten wird aus einer Tour entfernt (ejection) und verdrängt den Knoten einer anderen Tour. Dieser wiederum verdrängt einen dritten Knoten in einer nächsten Tour. Dies setzt sich bis zu einem definierten Ende fort (Glover 1992a und Glover 1992b). Beispielhaft ist diese Nachbarschaft in Abbildung 10-10 dargestellt. Hier wurde der Tausch eines Knotens von Tour 1 zu Tour 2, von Tour 2 zu Tour 3 und von Tour 3 zu Tour 1 durchgeführt.

■ Der Cyclic-Transfer Operator lehnt sich an den Node Ejection Chains Operator an, lässt jedoch die Verschiebung von mehreren Knoten gleichzeitig zu. Dies können in den unterschiedlichen Schritten auch verschieden viele Knoten sein. Eine „b-cyclic m-transfer" Nachbarschaftsschritt, wie ihn (Thompson und Psaraftis 1993) beschreiben, verschiebt m Knoten zwischen b Touren.

■ Der k-opt Operator von (Lin 1965) gehört zu den kantenorienierten Operatoren. Er kommt aus der lokalen Suche für Traveling Salesman Probleme, kann aber auch auf das Tourenplanungsproblem angewendet werden. Hier bezieht sich der Operator auf die Suche innerhalb einer Tour. Es wird eine bestimmte Anzahl k von nicht benachbarten Kanten, wie aus den Verbesserungsverfahren für Traveling Salesman Probleme bekannt, für den Tausch vorgesehen. Alle gültigen Lösungen, die dieser Operator erzeugt, bilden die Nachbarschaft.

Abbildung 10-10: Node Ejection Chains Nachbarschaft

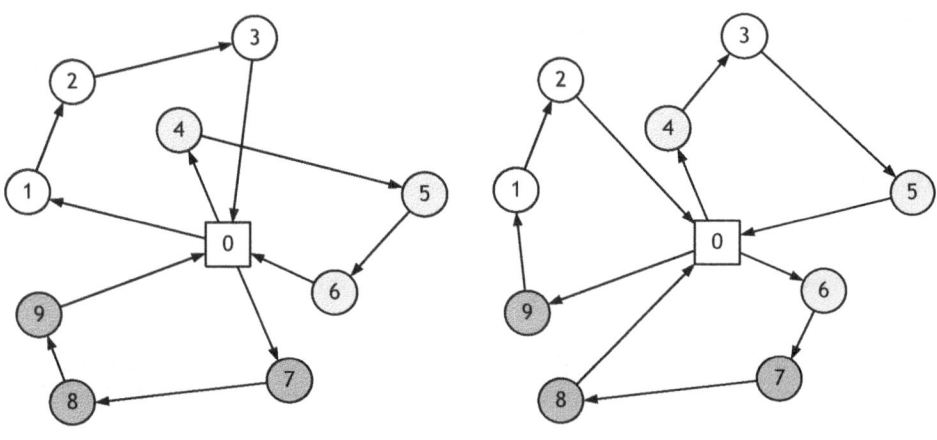

Mit zunehmender Komplexität können Nachbarschaften sehr groß werden. Eine Anwendung in vertretbarer Zeit ist dann ausgeschlossen. Anpassungen bezüglich der Parameterwahl (z. B. b und m im Cyclic-Transfer Operator) und Approximation des Evaluationswertes können dies teilweise kompensieren. In jedem Fall ist eine empirische Untersuchung für das spezielle Problem notwendig. Die vorgestellten Eigenschaften sind Anhaltspunkte für gute Nachbarschaftsdefinitionen. Die größte Herausforderung der lokalen Suche gilt dem Auffinden geeigneter Operatoren.

Evaluation

Kernbestandteil der Evaluation ist die Evaluationsfunktion. Aus einer gegebenen Lösung ermittelt sie den zugehörigen Zielfunktionswert. Dazu muss aus der Repräsentation der Lösung die Belegung der Entscheidungsvariablen ausgelesen werden. Anschließend wird mithilfe der Zielfunktionskoeffizenten die Bewertung der Lösung vorgenommen. Im Fall der Tourenplanung bilden die Entscheidungsvariablen befahrene Streckenabschnitte zwischen Orten und die Zielfunktionskoeffizenten die Entfernungen zwischen Orten ab. Besagt die Lösung (ermittelt aus der Repräsentation), dass die Strecke zwischen zwei Orten gefahren wird, so wird die Entfernung zwischen diesen beiden Orten zum Zielfunktionswert dazu addiert. Über alle zurückgelegten Strecken ergibt sich der Zielfunktionswert.

Die Evaluation wird während einer Metaheuristik sehr oft durchgeführt. Für alle Nachbarschaftslösungen muss in jedem Durchlauf einmal der Zielfunktionswert berechnet werden, um sie miteinander vergleichen zu können. Abhängig von Nachbarschaftsgröße, Anzahl der Durchläufe und gewählter Repräsentation entsteht somit ein beträchtlicher Rechenaufwand. Diese Komponente sollte somit sehr effizient implementiert werden. Durch die Wahl von Operatoren, die Lösungen nur geringfügig ändern, und die Struktur von Tourenplanungsproblemen ist es möglich, so genannte Delta-Evaluationen durchzuführen. Viele Strecken, und somit Entscheidungsvariablen, bleiben in der direkten Nachbarschaft unberührt, wodurch nur die sich ändernden Streckenabschnitte neu berechnet werden müssen.

Kontrollstruktur

Als Kontrollstruktur der Tabu-Suche dient eine so genannte Tabu Liste. In ihr werden im einfachsten Fall erfolgreiche Moves verwaltet, die für eine bestimmte Anzahl von Durchläufen nicht mehr erlaubt sind. Lokale Optima, wie oben beschrieben, können damit überwunden und die Suche in Lösungsräume mit potenziell guten Lösungen gelenkt werden.

Außerdem verhindert die Kontrollstruktur die Zyklenbildung, die immer dann in lokalen Suchverfahren auftritt, wenn zwischenzeitlich Verschlechterungen des Zielfunktionswertes zugelassen werden: Würde keine Tabu Liste existieren und neben dem steilsten Abstieg auch die Möglichkeit des schwächsten Anstiegs zugelassen (z. B. von x_2 zu x_3 in Abbildung 10-7), so würde im nächsten Move wieder der steilste Abstieg gewählt (hier x_3 zu x_2). Verbietet man hingegen den Rückweg, so kann im Folgenden x_4 erreicht werden, von wo aus wiederum durch steilste Abstiege das globale Optimum x_5 erreicht wird.

Das die Länge des Tabu Status eines Moves erheblichen Einfluss auf die Effizienz des Verfahrens hat, ist an dieser Betrachtung bereits zu erkennen. Die Anzahl von Durchläufen, die ein Move tabu aktiv gesetzt wird, nennt man Tabu Zeit. Verliert ein Move zu schnell seinen tabu aktiv Status, so besteht die Gefahr der Zyklenbildung. Das Verlassen lokaler Optima wird somit nicht ausreichend unterstützt. Wird die Tabu Zeit hingegen zu lang gewählt, kann die Suche in wenig attraktiven Bereichen des Suchraums erzwungen werden. Diesen Aspekt werden wir im Rahmen weiterführender Mechanismen und Strategien noch einmal aufgreifen.

Im allgemeinen Ablaufplan zur Tabu-Suche aus Abbildung 10-11 fügt sich die Tabu Liste wie folgt ein. Ausgehend von der aktuellen Lösung wird eine Nachbarschaft erzeugt. Diese Nachbarschaftsoperatoren dürfen keine Moves enthalten, die zurzeit tabu aktiv sind, d. h. für diesen Durchlauf verboten sind. Für alle Lösungen der Nachbarschaft wird nun die Evaluation durchgeführt. Der Move, welcher zur bestmöglichen Lösung führt, wird ausgeführt und gleichzeitig in die Tabu Liste aufgenommen. Er ist damit für die nächsten Iterationen verboten. So lange das Abbruchkriterium nicht erfüllt ist, wird dieses Schema mit der gerade ermittelten Lösung als aktueller

Lösung aufs Neue durchlaufen. Ansonsten erfolgt dzum Ende die Ausgabe der besten bekannten Lösung.

Abbildung 10-11: Allgemeines Ablaufschema zur Tabu-Suche

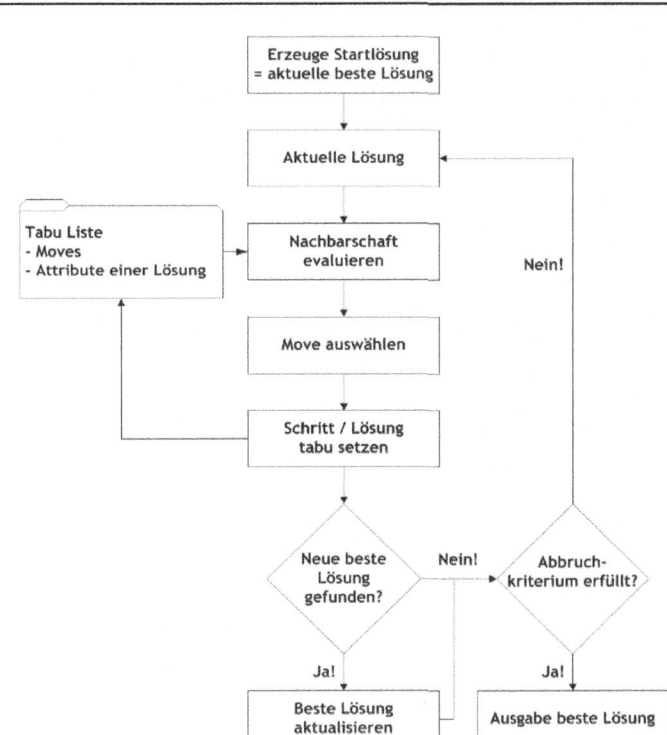

10.1.2.2 Erweiterungen - Strategien und Mechanismen

Für eine umfassende Erkundung des Suchraums finden zwei Strategien Anwendung. Intensivierung und Diversifikation stellen zwei grundlegende Herangehensweisen dar, wie der Suchraum im Detail aber auch in seiner Gesamtheit erkundet werden kann.

■ Intensivierung: Ein bestimmtes Gebiet im Suchraum wird ausgiebig durchsucht. Operatoren, die dies unterstützen, definieren eine Nachbarschaft, die sich auf das aktuelle Gebiet konzentriert. Dies wird erreicht, wenn Lösungen einander sehr ähnlich sind. Eine kurze Tabu Liste unterstützt dieses Vorgehen. Interessante Lösungsgebiete werden für die intensive Untersuchung vorgemerkt. Dazu werden Lösungen, deren Nachbarschaft später näher untersucht werden soll, in Elite-Listen gespeichert. Lösungen in dieser Elite-Liste sollten zueinander ein sehr hohes

Abstandsmaß (Anzahl von Moves um eine Lösung in eine andere zu überführen) besitzen und somit sehr unähnlich und im Suchraum weit voneinander entfernt sein. Eine Intensivierung der Suche erfolgt nun durch die Konzentration der Suche um die Lösungen in der Elite-Liste. Zur Unterstützung der Intensivierung kommen auch Boni zum Einsatz, die Lösungen im zu untersuchenden Gebiet belohnen (analog dazu sind auch Strafterme denkbar).

- Diversifikation: Der Suchraum soll an verschiedenen Stellen durchsucht werden. Operatoren sind notwendig, um von einer aktuellen Lösung in einen komplett anderen Teil des Suchraums zu gelangen. Dies kann z. B. durch einen Neustart des Verfahrens oder durch Verwendung von Kandidatenlisten erreicht werden. Kandidatenlisten enthalten Lösungen, deren Nachbarschaft noch nicht ausreichend abgesucht wurde. Sie können erzeugt werden, indem wenig benutze Elemente (etwa eine bestimmte Abfolge von Orten) miteinander kombiniert werden. Dies führt dazu, dass Lösungen als Ausgangspunkte verwendet werden, die bisherigen Lösungen sehr unähnlich sind, sich also an einer anderen Stelle im Suchraum befinden. Eine weitere Möglichkeit liegt wiederum in der Verwendung von Boni für Lösungen, die im Suchraum weit entfernt sind. An diesen Stellen kann nun wiederum eine Intensivierungsstrategie verfolgt werden.

Der Mechanismus des Gedächtnisses eröffnet zahlreiche Möglichkeiten, die Strategien der Intensivierung oder der Diversifikation zu implementieren. Dabei unterscheidet man zwischen Kurzzeitgedächtnis (recency based memory) und Langzeitgedächtnis (frequency based memory). Mechanismen zur Gestaltung und Ausnutzung des Gedächtnisses werden nun vorgestellt.

- Kurzzeitgedächtnis: Es soll Änderungen an der aktuellen Nachbarschaft vornehmen, um den Suchprozess zu verbessern. Beispiele hierfür sind die Festsetzung der Tabu Zeit und das Einführen eines Aspirationskriteriums. Aspirationskriterien geben dem Algorithmus die Möglichkeit, eigentlich tabu-aktiv gesetzte Moves trotzdem auszuführen. Dies kann sinnvoll sein, wenn dadurch z. B. eine neue beste Lösung gefunden wird oder wenn sonst kein Zug durchführbar ist. Die Bestimmung der Tabu Zeit ist hauptsächlich von der Problemstruktur und den verwendeten Operatoren abhängig, weshalb die Angabe eines Richtwertes sehr schwer fällt. In jedem Fall ist die Durchführung von Experimenten im jeweiligen Umfeld aus Operatoren und Problem notwendig. Zwei einfache Möglichkeiten, diese zu implementieren, sind:

  1. Zufallsgesteuert über einem Intervall zwischen maximaler Anzahl und minimaler Anzahl von Durchläufen.

  2. Anlegen einer Liste, in der Werte für die Tabu Zeit vorgegeben werden und diese dann zyklisch wiederholt werden.

- Langzeitgedächtnis: Es sollen Muster (z. B. für das Auftauchen bestimmter Teillösungen oder Eigenschaften) während des Suchprozesses erkannt und dies ausgenutzt werden, um die Suche effizienter zu gestalten. Dazu werden ein Transitionsmaß (Häufigkeit der Änderung) und ein Residenzmaß (Verweildauer von Eigenschaften) bestimmt. Die Untersuchung von Lösungen in Hinblick auf diese Maße kann z. B. Aufschluss über den Zusammenhang von einer Eigenschaft mit einer guten Lösungsqualität geben. Hier sollte eine Intensivierung der Erkundung des Suchraumes stattfinden.

10.1.2.3 Ein Tabu-Suche-Verfahren aus der Literatur

Die möglichen Ausprägungen der genannten Komponenten in einer Implementierung des Tabu-Suche-Verfahrens wollen wir anhand eines zentralen Papiers aus der Literatur in diesem Abschnitt näher untersuchen (Gendreau, Hertz und Laporte 1994). Die Autoren nennen ihren Algorithmus TABUROUTE. Die Forschungen zum VRP sind zugunsten der Behandlung von komplexeren Problemen seit Mitte der 90er Jahre zurückgegangen (siehe auch Kapitel 10.2). Der folgende Tabu-Suche-Algorithmus ist also durchaus aktuell in Bezug auf diese Problemstellung.

Für die **Repräsentation** nehmen wir das vorn dargestellte Knotenfeld an (Abbildung 10-8). Einerseits gehen die Autoren nicht näher darauf ein, andererseits ist es für das Verständnis der anderen Komponenten hilfreich, wenn wir dieses Charakteristikum nicht verändern.

Die **Startlösung** besteht aus einem Tour-first / Cluster second Ansatz. Es wird zuerst eine alle Knoten umfassende Tour gebildet. Danach fährt man die Knoten der Reihenfolge nach ab, bis die Kapazitätsgrenze erreicht ist. Tritt dieser Fall ein, ist die Tour komplett. Die Prozedur wird so oft wiederholt, bis alle Knoten zugeordnet sind. Gibt es eine Begrenzung bezüglich der Fahrzeuganzahl, kann eine ungültige Lösung resultieren. Dies wird, wie weiter unten erläutert, in TABUROUTE ausdrücklich erlaubt.

Ein Operator, der eine bestimmte Anzahl von Knoten aus einer Tour entfernt und einzeln in alle anderen Touren einfügt, definiert die **Nachbarschaft**. Der Knoten wird immer direkt neben dem nächsten Nachbar in der Zieltour eingefügt. Die Anzahl der ausgewählten Knoten dient als Parameter des Algorithmus und wird für die **Intensivierungsstrategie** angepasst. Zusammen mit der Tabu Liste führt die Betrachtung mehrerer Knoten zu einer intensiveren Durchsuchung der Nachbarschaft, die sich dadurch aber auch stark vergößert. Nach dem Einfügen und der Überprüfung der Tabu Liste, werden die Kosten **evaluiert**. Tourenpläne, die Nebenbedingungen verletzten, sind ausdrücklich erlaubt und werden markiert. Der Algorithmus terminiert, wenn keine Verbesserung der Lösung für eine bestimmte Anzahl von Zyklen erreicht wird.

Als **Kontrollstruktur** dient eine Tabu Liste, deren Länge zufällig aus einem Intervall von minimal bis maximal erlaubter Zyklenanzahl ermittelt wird. Dazu wird für einen tabu zu setzenden Move die Dauer dessen Tabu Status zufällig gewählt und abgespeichert. Der betreffende Knoten darf für diese Anzahl von Zyklen nicht mehr in die Tour eingefügt werden, aus der er entfernt wurde. Falls die Evaluation eine neue beste Lösung erkennt, kann der Tabu Status aufgrund dieses **Aspirationskriteriums** außer Acht gelassen werden.

Neben der bereits angesprochenen Intensivierungsstrategie werden auch Erweiterungen für eine **Diversifizierung** eigeführt. Zum einen geschieht dies über die Anzahl der Startlösungen. Im Lösungsraum werden mehrere mögliche Ausgangslösungen für den Tabu-Suche Algorithmus erzeugt (z. B. über die Bildung und damit Festlegung der alle Knoten umfassenden Tour). Als Gößenordnung für die Anzahl der Startlösungen nennen die Autoren $\sqrt{n/2}$, wobei n die Anzahl der Knoten ist.

Zum anderen werden Knoten, die bereits oft in einen Move involviert waren, durch das Einfügen eines Strafterms in die Zielfunktion bestraft. Die Höhe der Bestrafung geschieht proportional zur Häufigkeit der Knotenbewegung. Zusätzlich erfolgt eine Bestrafung, wenn zu viele Zyklen ununterbrochen ungültige Lösungen hervorbringen. Damit wird erreicht, dass unzulässige Lösungen wieder zulässig werden.

Tabelle 10-5:   *Vergleich von TABUROUTE mit dem Savings-Verfahren von Clarke und Wright*

Nummer	Problem Knoten	Beste bekannte Lösung	Savings-Verfahren	TABUROUTE Durchschnitt	TABUROUTE Beste
1	50	524,61	585	524,61	**524,61**
2	75	835,32	900	835,77	**835,32**
3	100	826,14	886	829,45	**826,14**
4	150	1029,64	1204	1036,16	1031.07
5	199	1300,89	1540	1322,65	1311,35
6	50	555,43	619	555,43	**555,43**
7	75	909,68	976	913,23	**909,68**
8	100	865,94	973	865,94	**865,94**
9	150	1162,89	1426	1177,76	**1162,89**
10	199	1403,21	1800	1418,51	1404,75

Um die Güte der Ergebnisse von TABUROUTE abschätzen zu können, haben Gendreau et al. verschiedene Verfahren aus der Literatur zum Vergleich herangezogen. Dabei lieferte ihr Algorithmus in den meisten Fällen die bisher beste Lösung für 14 ausgewählte Testprobleme (in Tabelle 10-5 fett dargestellt). Darüber hinaus sind die restlichen gefundenen Ergebnisse nicht weit von der besten bekannten Lösung entfernt. In

Tabelle 10-5 wird TABUROUTE mit dem vorgestellten Savings-Verfahren von Clark und Wright verglichen. Für die verschiedenen Probleminstanzen in Spalte eins und zwei ist die beste, bis zu diesem Zeitpunkt (1994) bekannte, Lösung angegeben. Die Ergebnisse zeigen, dass der betriebene Aufwand, den die Tabu-Suche erfordert, durchaus gerechtfertigt ist. In allen Instanzen ist TABUROUTE dem Savings-Verfahren überlegen.

10.2 Tourenplanung mit Kundenzeitfenstern

Dieses Kapitel vermittelt eine Übersicht über Lösungsansätze zur Ein-Depot-Tourenplanung mit Zeitfenstern und zur Bestimmung von kürzesten Wegen mit Zeitfenstern. Für eine realitätsgerechte Abwicklung von Tourenplanungsproblemen ist die Aufnahme von Zeitfensterrestriktionen unabdingbar, wenn man bedenkt, dass in der heutigen Zeit besondere Ansprüche an die Logistiksysteme, wie Just-In-Time Lieferung und ein hohes Maß an Kundenorientierung, vorherrschen. Die auch von Internet-Technologien getriebene, wachsende Bedeutung von Auslieferungen durch Paketdienste verschafft dem Thema Tourenplanung mit Kundenzeitfenstern ein hohes Maß an Aufmerksamkeit.

Bei der Ein-Depot-Tourenplanung mit Zeitfenstern (VRP-TW) liegen die Kunden als Knoten in einem Netzwerk vor, die über die Kanten des Netzwerks mit Fahrzeugen erreicht werden können. Zusätzlich zu dieser räumlichen Struktur und den Variablen des Standard-Modells der Tourenplanung (vgl. Kapitel 10) wird noch die zeitliche Struktur, mit der die Fahrt- und Ankunftszeiten eines LKWs in einer Tour abgebildet werden, modelliert. Diese zeitliche Struktur besteht aus der Abfahrtszeit t_0 des Lieferfahrzeuges am Depot, der Fahrzeit t_{ij} auf den Kanten (i, j), einem Zeitfenster $[a_i, b_i]$ bei einem Kunden i (a_i stellt die früheste und b_i die späteste zulässige Ankunftszeit des Lieferfahrzeuges dar), der Ankunftszeit t_i des Fahrzeugs beim Kunden i und der der Servicezeit z_i beim Kunden i.

Harte und weiche Zeitfenster werden unterschieden. Bei **harten Zeitfenstern** wird gefordert, dass der Service innerhalb des Zeitfensters $[a_i, b_i]$ stattfinden muss. Dies impliziert, dass die Ankunftszeit t_i des Fahrzeugs vor dem Ende b_i des Zeitfensters liegen muss. Die Ankunftszeit t_j am Knoten j berechnet sich aus der Ankunftszeit t_i am Vorgängerknoten i in der Tour als $t_j = \max(t_i, a_i) + z_i + t_{ij}$. Das Modell für das VRP-TW sieht in Anlehnung an das Modell des VRP folgendermaßen aus:

(1) $\quad \min \sum_{k=1}^{m} \sum_{i \neq j} t_{ij} x_{ijk}$

unter den Nebenbedingungen :

(2) $\quad \sum_{i=1}^{n} q_i y_{ik} \leq C, \quad k = 1, \ldots, m$

(3) $\quad \sum_{k=1}^{m} y_{ik} = \begin{cases} m, & i = 0 \\ 1, & i = 1, \ldots, n \end{cases}$

(4) $\quad \sum_{j=0}^{n} x_{ijk} = y_{ik}, \quad i = 0, \ldots, n; \, k = 1, \ldots, m$

(5) $\quad \sum_{i=0}^{n} x_{ijk} = y_{jk}, \quad j = 0, \ldots, n; \, k = 1, \ldots, m$

(6) $\quad \sum_{i,j \in S} x_{ijk} \leq |S| - 1, \quad S \subset V; |S| \geq 1; \, k = 1, \ldots, m$

(7) $\quad t_j \begin{cases} \geq i_i + t_{ij} - \left(1 - x_{ijk}\right)T \\ \geq i_i + t_{ij} + \left(1 - x_{ijk}\right)T \end{cases}, \quad i, j = 1, \ldots, n; \, k = 1, \ldots, m$

(8) $\quad a_i \leq t_i \leq b_i, \quad i = 2, \ldots, n$

(9) $\quad x_{ijk} \in \{0,1\}, \quad i, j = 1, \ldots, n; \, k = 1, \ldots, m$

(10) $\quad y_{ik} \in \{0,1\}, \quad i = 1, \ldots, n; \, k = 1, \ldots, m$

Änderungen ergeben sich lediglich in der Formulierung der Zielfunktion. Hier wird anstatt der Tourlänge die Fahrdauer über alle Fahrzeuge minimiert. Weiterhin kommen die Zeitfenster-Nebenbedingungen (7) und (8), wie weiter oben besprochen, hinzu.

Das Fahrzeug kann auch vor dem Beginn a_i des Zeitfensters am Knoten i eintreffen. Dann entsteht eine **Wartezeit** $w_i = a_i - t_i$, bevor der Service aufgenommen werden kann. **Weiche Zeitfenster** unterscheiden sich von harten Zeitfenstern dadurch, dass der Service beim Kunden i vorzugsweise in dessen Zeitfenster stattfindet, es aber auch möglich ist, den Service außerhalb des Zeitfensters vorzunehmen. Ist dies der Fall, werden der Tour zusätzliche „Strafkosten" angelastet, die mit zunehmendem Abstand zum Zeitfenster ansteigen können.

Beide Modellierungsmöglichkeiten weisen Vor- und Nachteile auf: Bei weichen Zeitfenstern sind alle Touren, welche die Kapazitätsrestriktion und die Fahrzeitrestriktion des Ein-Depot-Tourenplanungsproblems in der Standardformulierung einhalten (vgl. Kapitel 10), auch bei Zeitfensterrestriktionen zulässig. In diesem Fall ist das Auffinden zulässiger Lösungen einfacher. Dieser Ansatz eignet sich daher für das Savings-Verfahren, das jeweils zwei Touren kombiniert, und besonders für genetische Algorithmen, die auf eine Vielzahl von zulässigen Lösungen angewiesen sind. Harte Zeitfenster schließen bei Modifikationen von zulässigen Touren eine Vielzahl von Lösungen aus und eignen sich daher besonders für Ansätze der Dynamischen Optimierung, um den Zustandsraum klein zu halten.

Als weitere Überlegung kommt bei Zeitfenstern hinzu, dass diese nicht unbedingt als gegeben hingenommen werden müssen. Vielmehr kann mit dem Ansatz des Supply Chain Managements versucht werden, mit den Kunden zu verhandeln und die Zeitfenster ein wenig zu verschieben, um eventuell günstigere Tourenpläne erzeugen zu können. Diesen Ansatz hat Daduna (2004) gewählt. Die Kostenvorteile, die günstigere Tourenpläne ermöglichen, können anteilig an die Kunden weiter gegeben werden.

Da sowohl eine räumliche wie auch eine zeitliche Koordination der Kunden in Touren erfolgen muss, gelingt die räumliche Koordination umso besser, wenn

▨ Zeitfenster weit sind, und

▨ zahlreiche Kunden mit verschiedenen Zeitfenstern zur Auswahl stehen.

Sind hingegen Zeitfenster eng und stehen nur wenige Kunden zur Auswahl, kann es sein, dass die Struktur der Zeitfenster kaum eine räumliche Koordination zulässt. Dann bestehen im Extremfall die Touren aus reinen Pendeltouren, wie wir sie bei der Diskussion des Savings-Verfahrens (vgl. Kapitel 10.1.1.2) kennengelernt haben. In der Literatur wird bei Problemen mit harten Zeitfenstern die Summe der Fahrzeiten, sowie die Summe der durch harte Zeitfenster verursachten Wartezeiten als **Tourzeit** bezeichnet. Ziel derartiger Ansätze ist die Minimierung der Fahrzeiten des gesamten Tourenplans.

Die Problemstellung der Ein-Depot-Tourenplanung mit Zeitfenstern soll anhand des folgenden Beispiels erläutert werden. Die Abbildung 10-12 zeigt die Verteilung von 9 Kunden und einem Depot im Koordinatensystem mit euklidischen Entfernungsdaten und mit zugeordneten Zeitfenstern auf. Man erkennt, dass Kunden, die nahe beieinanderliegen, also bei Tourenplanungsverfahren in einer Tour kombiniert werden könnten, aufgrund der verschiedenen Zeitfenster nicht in einer Tour ohne hohe Wartezeiten bedient werden können, so z. B. die Kunden 8 und 9. Hingegen sind Kunden 1 und 6 sowohl zeitlich wie auch räumlich nahe zusammen. Das Zeitfenster von Kunde 2 ist so groß, dass es keine wirksame Restriktion darstellt.

Beispiel 10-3

Gegeben sei die in Abbildung 10-12 gezeigte Verteilung der Kundenorte mit den jeweilig für die Belieferung möglichen Zeitfenstern.

Abbildung 10-12:   Verteilung der Kunden im Raum-Zeit-Diagramm von Beispiel 10-3

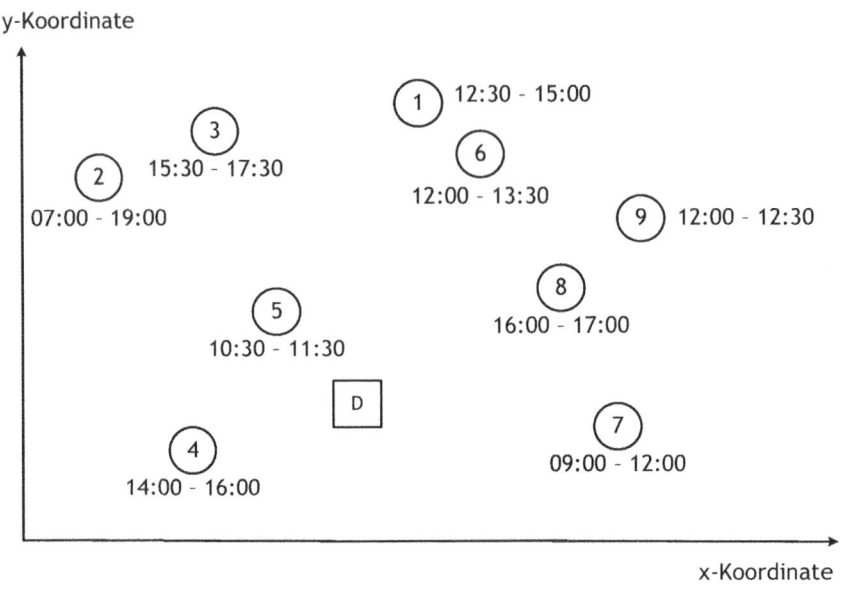

Es ergeben sich die in Tabelle 10-6 aufgelisteten Fahrtzeiten zwischen dem Depot und den Kundenorten.

Tabelle 10-6:   Fahrtzeiten in Minuten von Beispiel 10-3

Knoten	1	2	3	4	5	6	7	8	9	D
1	0	32	23	38	23	5	32	18	18	28
2	32	0	9	25	19	35	50	43	47	31
3	23	9	0	27	16	26	45	36	39	28
4	38	25	27	0	15	37	36	37	43	16
5	23	19	16	15	0	23	31	27	32	12
6	5	35	26	37	23	0	27	13	14	25
7	32	50	45	36	31	27	0	15	19	21
8	18	42	41	70	55	36	60	46	42	60
9	18	47	39	43	32	14	19	6	0	28
D	28	31	28	16	12	25	21	22	28	0

In der Tabelle 10-6 sind die Fahrtzeiten proportional zu den Entfernungsdaten von Beispiel 10-3 wiedergegeben. Sollen keine direkten Fahrten zwischen bestimmten Knoten möglich sein, so sind die Einträge in der Tabelle mit hohen Strafwerten zu versehen.

Wenn man in dem Beispiel von Abbildung 10-12 die Fahrtzeiten vom Knoten i zum Knoten j der Abbildung 10-12 unterstellt, und ferner harte Zeitfenster, eine maximale Wartezeit von 30 Minuten, eine Servicezeit von 15 Minuten und einen Beginn der Tour um 8:00 Uhr am Depot annimmt, so zeigt sich, dass lediglich Kunde 2 vom Depot aus erreichbar ist. Die Tabelle 10-7 stellt die Erreichbarkeit von Kunden vom Depot aus zusammen. Hieran ist die selektive Wirkung von Zeitfenstern und von beschränkten Wartezeiten erkennbar.

Tabelle 10-7:   Erreichbarkeit von Kunden vom Depot bei einer Startzeit von 8:00 Uhr

Kunde	Fahrtzeit vom Depot	Ankunft beim Kunden	Zeitfenster von	Zeitfenster bis	Erreichbar	Abfahrt beim Kunden
1	0:28	8:28	12:30	15:00	nein	
2	0:31	8:31	7:00	19:00	ja	8:46
3	0:28	8:28	15:30	17:30	nein	
4	0:16	8:16	14:00	10:00	nein	
5	0:12	8:12	10:30	11:30	nein	
6	0:25	8:25	12:00	13:30	nein	
7	0:21	8:21	9:00	12:00	nein	
8	1:00	9:00	16:00	17:00	nein	
9	0:28	8:28	12:00	12:30	nein	

Nach den Annahmen ist der Service beim Kunden 2 um 8:46 Uhr beendet, und aufgrund der Zeitfensterstruktur kann von dieser Startzeit aus nur der Kunden 7 nach 50 Minuten Fahrt erreicht werden, wo der Fahrer um 9:36 Uhr eintrifft. Der Service ist dann um 9:51 Uhr beendet, und nur Kunde 5 ist erreichbar nach 31 Minuten Fahrtzeit, wo der Fahrer um 10:22 Uhr eintrifft und eine Wartezeit von 8 Minuten in Kauf nehmen muss. Nach Beendigung des Service beim Kunden 5 kehrt der Fahrer ins Depot zurück, da keine weiteren Kunden ohne Überschreitung der Wartezeit erreichbar sind. Die Zeit bis zum Start einer neuen Tour verbringen der Fahrer und das Fahrzeug im Depot.

An diesem Beispiel ist ein gegenläufiges Verhalten der Ziele

■ niedrige Summe der Wartezeiten und

■ niedrige Summe der Fahrtzeiten

erkennbar. Denn anstatt zum Depot zurückzukehren, könnte das Fahrzeug auch einen anderen, noch nicht besuchten Kunden ansteuern und dort warten. Damit stiege zwar die Summe der Wartezeiten, aber die Summe der Fahrtzeit würde kleiner, als wenn ein Umweg über das Depot genommen würde. Andererseits ermöglicht die Rückkehr zum Depot den Einsatz des Fahrzeugs für eine neue Tour. Insgesamt ist eine Trennung von Vormittagstouren und Nachmittagstouren günstig, wenn z. B. bei Paketdiensten morgens die Zustellung von Paketen in der Premiumklasse erfolgt, und nachmittags die Zustellung von Paketen in der Standardklasse.

Im Folgenden werden die Standard-Verfahren in der Tourenplanung um Zeitfensterrestriktionen erweitert. Zunächst wird ein Verfahren zur Ermittlung von kürzesten Wegen behandelt und anschließend die aus Kapitel 10 bekannten Heuristiken zur Tourenplanung. Dann wird ein heuristisches Verfahren zur Tourenplanung vorgestellt, das mit Methoden der Dynamischen Optimierung zulässige Touren bei harten Zeitfenstern ermittelt. Schließlich wird eine Literaturübersicht zu anderen Ansätzen gegeben.

10.2.1 Die Erweiterung von Heuristiken um Zeitfensterrestriktionen

An dieser Stelle sollen die klassischen Heuristiken zur Tourenplanung um Zeitfensterrestriktionen erweitert werden. Diese Ansätze wurden erstmals von Solomon (1987) publiziert. Hier soll darauf eingegangen werden, da sich viele spätere Autoren auf diese Verfahren beziehen und die Datensätze als Benchmarkreferenz verwenden. Die Heuristiken werden anhand von Problemen mit jeweils 100 Knoten in der euklidischen Ebene getestet. Die jeweiligen Datensätze sind nach folgenden Eigenschaften gegliedert:

1. C = reine cluster Probleme,

2. R = zufällig erzeugte Probleme und

3. RC = Probleme mit einem Mix von zufällig verteilten und geclusterten Knoten.

Set 1 beinhaltet kurze Touren mit niedriger Schranke auf die Fahrzeit und Set 2 lange Touren mit hoher Schranke auf die Fahrzeit. Die Dichte der Kundenzeitfenster beträgt jeweils 25, 50, 75 bzw. 100 %. Solomon stellt seine Datensätze im Internet zur Verfügung.

■ Savings-Verfahren: Solomon benutzt hier den Ansatz mit harten Zeitfenstern. Die Verbindung von zwei Subtouren im Savings-Algorithmus zu einer erweiterten Tour geht zunächst mit den räumlichen Distanzmaßen des klassischen Savings vor sich. Zusätzlich wird die Zulässigkeit einer Tourkombination daraufhin überprüft, ob die Kunden der angefügten Tour vor dem Ende ihres Zeitfensters bedient werden können. Ist dies nicht der Fall, so wird keine Kombination vorgenommen.

Weiterhin besteht die Möglichkeit, dass Kunden auch vor Beginn des Zeitfensters angefahren werden können. Um nicht zwei räumlich nah beieinanderliegende Kunden zu verbinden, die zeitlich weit auseinander liegen, wird die entstehende Wartezeit beschränkt.

- Nearest-Neighbor Algorithmus zur Bestimmung einer Travelling Salesman Tour: Der Nearest-Neighbor Algorithmus wird dahingehend modifiziert, dass das Distanzmaß nicht mehr ein räumliches Maß ist, sondern aus einer gewichteten Summe der räumlichen Distanz, der zeitlichen Distanz zum Depot und der Dringlichkeit besteht. Dringlich ist die Bedienung eines Kunden dann, wenn die Differenz zwischen dem Eintreffen des Zeitpunkts t_i und dem Ende des Zeitfensters b_i klein wird.

- Einfügeheuristik: Hier werden Touren sequentiell aufgebaut. Solomon verwendet zwei Maße C1 und C2 für die Wahl der Einfügestelle in einer Tour und für die Wahl eines Kunden, der als nächstes eingefügt wird. C1 besteht aus der gewichteten Summe vom räumlichen Savingswert und der Verspätung, C2 aus der Differenz von Entfernung des Kunden zum Depot und C1. Solomon verwendet zwei verschiedene Einfügeheuristiken: Die erste Heuristik maximiert den Vorteil, der durch Einfügen eines Kunden gegenüber einer isolierten Bedienung entsteht. Die zweite Heuristik fügt die Kunden ein, die ein Maß aus Tourlänge und Fahrzeit minimieren.

- Sweep-Algorithmus: Die Kunden werden in einem Sektor gesammelt, dessen Winkel von der Größe der Ladungskapazität des Fahrzeugs abhängt. Zunächst werden Zeitrestriktionen nicht berücksichtigt. Kunden, die aufgrund der Zeitrestriktionen in einem Sektor nicht zugeordnet werden können, werden zurückgestellt und in einem neuen Planungslauf erneut mit dem Sweep-Verfahren einer Tour zugeordnet.

10.2.2 Dynamische Optimierung für das TSP mit harten Zeitfenstern

Fahrzeitminimale Travelling Salesman Touren unter Beachtung von harten Zeitfenstern werden vom Verfahren 10-3 gewonnen und dann in Verfahren 10-4 zur Gewinnung einer Lösung des Tourenplanungsproblems in Abschnitt 10.2.3 eingesetzt. Das Verfahren 10-3 baut schrittweise fahrzeitminimale offene Travelling Salesman Touren durch Teilmengen der Kundenmenge unter Beachtung von harten Zeitfenstern auf. Der Aufbau der Travelling Salesman Touren bricht ab, wenn eine (oder mehrere) Travelling Salesman Touren die Schranke von Fahrtzeit oder Ladungskapazität erreicht haben.

Mit dem Ansatz der Dynamischen Optimierung, der von Dumas, Desrosiers, Gelinas und Solomon 1987 publiziert wurde und mit dem gute Erfahrungen gemacht wurden, werden offene Traveling Salesman Touren konstruiert. Er basiert auf Dynamischer Programmierung und Ausschließungstests zur Einschränkung des Suchraums für die Lösung.

Die Dynamische Programmierung wurde in den 1950er Jahre durch den amerikanischen Mathematiker Richard Bellman entwickelt. Ihr Ziel ist die optimale Lösung mehrstufiger Entscheidungsprobleme. Sie ist ein exaktes Lösungsverfahren. Das TSP kann als mehrstufiges Entscheidungsproblem modelliert werden, indem die Wahl des als nächstes anzufahrenden Kunden eine Entscheidung darstellt. Das System geht durch die Wahl in einen Folgezustand über. Die sukzessive Wahl der Kunden enspricht den einzelnen Entscheidungsstufen.

Entscheidungen werden auf Basis eines so genannten Zustandes getroffen. Der Zustand wird als die Menge der Informationen definiert, die relevant für die Entscheidung des Entscheidungsträgers ist. Für das TSP wird ein Zustand durch das Tripel (S,i,t) (siehe unten) definiert. Die Menge der möglichen Zustände bildet den Zustandsraum.

Durch den Übergang von einem Zustand in einen Folgezustand entstehen Kosten. Ziel ist es, für jeden Zustand die Entscheidung zu bestimmen, welche die Gesamtkosten durch Zustandsübergänge auf lange Sicht, d.h. bis zum Ende des Entscheidungshorizontes, minimiert. Kosten im Sinne der TSP Planung sind die zurückgelegten Distanzen.

Der Dynamische Programmierungsansatz wird mit folgender Rekursionsgleichung definiert:

(1) $$F(S,j,t) = \min_{(i,j) \in E} \{ F(S - \{j\}, i, t') + t_{ij} \mid t \geq t' + z_i + t_{ij}, a_i \leq t' \leq b_i, w_{ij} \leq W_{max} \}$$
$$, S \subseteq N' \text{ mit } 0 \in S, j \in S \text{ und } a_j \leq t \leq b_j$$

Dabei gilt:

- $F(S, k, t)$ = Fahrzeit der zeitminimalen, offenen Travelling Salesman Tour unter allen Touren, die am Depot 0 starten, die Menge S durchlaufen und am Knoten k enden und zum Zeitpunkt t den Service anbieten.

- $V = (N, E, d)$ mit der Kundenmenge $N = \{0, 1, ..., n\}$, wobei 0 das Depot repräsentiert, der Kantenmenge E und der Kantenbewertung d.

- N' = Teilmenge der nicht versorgten Kunden mit $0 \in N'$. Der Fall $N' = N$ ist eingeschlossen.

- S = Menge der bereits besuchten Kunden

- t = Zeitvariable

■ w_{ij} = Wartezeit beim Kunden j, wenn direkt zuvor der Kunde i besucht wurde. Die Wartezeit ist definiert als $w_j = \max(0, a_j - (a_i + z_i + t_{ij}))$. $W_{\max}$ stellt die maximal zulässige Wartezeit dar.

Alle Zeitgrößen sind ganzzahlig und als ein diskretes Zeitraster in Minuten, fünf Minuten, 15 Minuten oder Stunden zu verstehen.

Initialisiert werden die Rekursionen am Depot 0 zur Abfahrtszeit t_0 mit

(2)
$$F(\{0, j\}, j, t) = t_{0j}, \quad \text{wenn}(0, j) \in E, t_0 + t_{0j} \le b_j \text{ und } t = \max(t_0 + t_{0j}, a_j) \le t \le b_j$$
$$F(\{0, j\}, j, t) = \infty, \quad \text{sonst}$$

Ziel der Rekursionsgleichung ist die Bestimmung von offenen Travelling Salesman Touren, die in Knoten 0 zur Abfahrtszeit t_0 starten und jeden Knoten im Netzwerk genau einmal unter Beachtung der Zeitfenster besuchen. $F(S, j, t)$ sind die minimalen Fahrzeiten über alle Wege, die in Knoten 0 starten, durch jeden Knoten der Menge S genau einmal verlaufen, am Knoten j enden und bei denen zur Zeit t oder später der Service ausgeführt werden kann. Die Funktion $F(S, j, t)$ kann durch obige Rekursion (1) berechnet werden.

Die Rekursionsgleichung besagt inhaltlich, dass die Zeit, die Menge S von Knoten zu durchlaufen und in Knoten j zur Zeit t bereitzustehen, gleich dem Minimum über alle Fahrzeiten $F(S-\{j\}, i, t')$ ist. Hierbei ist die Menge $S-\{j\}$ zu durchlaufen und im Knoten i zur Zeit t' bereitzustehen plus der Dauer der Verbindung t_{ij}, wobei nur die Knoten i in betracht kommen, die aufgrund der Zeitfensterstruktur und der Wartezeit ein zulässiger Vorgänger von j sein können. Wir erkennen hier das Prinzip der kürzestenWege Verfahren von Kapitel 4, modifiziert um die Zeitfensterstruktur. Das Verfahren 10-3 ist eine Vorwärtsrekursion mit den Schritten $s = 1,2,...,n-1$, in denen Wege mit s Kanten erzeugt werden. Allerdings sollen hier im Allgemeinen keine offenen Travelling Salesman Touren durch die gesamte Knotenmenge N' erzeugt werden, sondern das Verfahren wird abgebrochen, sobald eine Zeit- oder Mengenrestriktion für eine der Touren greift. Damit ist dann eine Tour gewonnen, die vom Depot startet und mit minimaler Fahrdauer und unter Beachtung der Zeitfenster die Kunden der Menge S besucht.

Im Kontext der Dynamischen Optimierung werden mit den Tripeln (S,i,t), $a_i < t < b_i$ Zustände mit Fahrzeiten $F(S,i,t)$ in einem Zustandsraum beschrieben: S ist eine ungeordnete Menge von besuchten Knoten, i ist der zuletzt besuchte Knoten, $i \in S$, und t ist der Zeitpunkt, zu dem der Service am Knoten i aufgenommen werden kann. Das folgende Beispiel soll dies verdeutlichen.

Das Verfahren 10-3 baut zur Entwicklung einer Lösung zunächst sukzessiv den Zustandsraum auf. In Abbildung 10-13 ist ein Ausschnitt des Zustandsraumes in Anlehnung an das Verfahren dargestellt. In der Abbildung sind Zustände zur Verdeutlichung enthalten, die im Verfahren in einem früheren Schritt entfernt worden wären.

Die Pfeile, die die Zustände verbinden, stellen Entscheidungen dar. Sie repräsentieren die Wahl des als nächstes anzufahrenden Kunden. Durch die Anfahrt des nächsten Kunden geht das System in einen neuen Zustand über. Der angefahrene Kunde wird in die Menge S aufgenommen. Er ist der neue zuletzt besuchte Kunde und die Zeitkomponente t der Zustandsdefinition spiegelt den Zeitpunkt der Anfahrt wieder. Der Ausschnitt illustriert Touren, die im Depot starten und zunächst den Kunden 7 anfahren. Es sind drei unterschiedliche Abfahrtszeitpunkte aus dem Depot dargestellt. Bei Abfahrt um 08:35 Uhr aus dem Depot kann Kunde 7 angefahren werden, auf Grund der Wartezeitrestriktion jedoch kein weiterer Kunde. Bei Abfahrt um 09:40 Uhr können eine Reihe weiterer Kunden besucht werden. Die Abfahrt 09:45 Uhr resultiert in den gleichen Zustand $\left(\{D,5,7,9\},9,12:00\right)$ wie die Abfahrt um 09:40 Uhr, da Kunde 9 erst ab 12:00 Uhr bedient werden kann. Der Fahrer muss in beiden Fällen eine Wartezeit in Kauf nehmen. Bei Kunde 9 besteht die Wahl zwischen zwei unterschiedlichen Folgekunden.

Abbildung 10-13: Verteilung der Kunden im Raum-Zeit-Diagramm von Beispiel 10-31

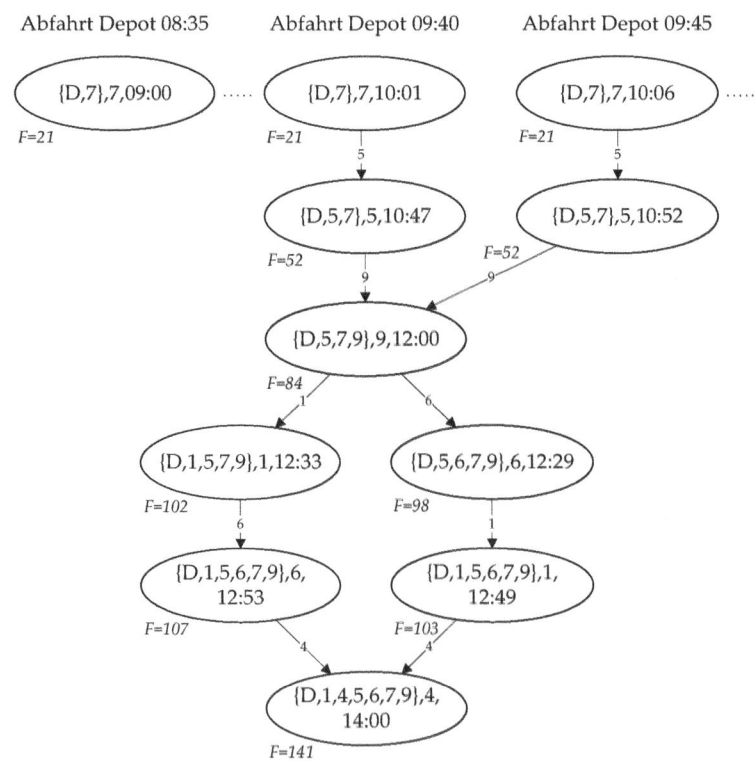

Für jeden Zustand in Abbildung 10-13 sind die bisher entstandenen Fahrdauern entsprechend der Rekursionsgleichung (1) an den jeweiligen Zustand geschrieben. Für das Erreichen des Zustandes $(\{D,1,4,5,6,7,9\}, 4, 14:00)$ fallen mindestens Fahrzeiten von $F=141$ an. Diese Kosten entstehen durch Wahl des Kunden 6 in Zustand $(\{D,5,7,9\}, 9, 12:00)$, die Wahl von Kunde 1 würde durch die längere Fahrtstrecke der Tour 9-1-6-4 im Vergleich zu 9-6-1-4, höhere Kosten nach sich ziehen.

Mit Hilfe von logischen Ausschließungstests können bestimmte Zustände identifiziert werden, von denen aus keine Fortsetzung der Wege vom Knoten 0 mehr möglich sind. Diese Zustände werden für die Verlängerung der Wege vom Depot 0 aus für die weitere Betrachtung gesperrt. Damit ist eine Reduktion des zu betrachtenden Zustandsraums und damit eine Vereinfachung möglich. Hierzu werden drei Tests vorgestellt.

Ausschließungstests:

Um die Tests zu formulieren, sollen folgende Größen bestimmt werden:

1. Die früheste Ankunftszeit FAZ(i,j) am Knoten j, wenn man vom Knoten i zur Zeit $a_i + z_i$ abfährt. FAZ(i,j) kann bestimmt werden, indem man das Kürzeste Wege Problem mit der Startzeit $a_i + z_i$ unter Beachtung der Zeitfensterrestriktionen löst.

2. Die späteste Abfahrtszeit SAZ(i,j) am Knoten i, so dass die Ankunftszeit t_j zulässig bleibt. SAZ(i,j) kann ebenfalls mit dem Kürzeste Wege Problem mit der Startzeit b_j unter Beachtung der Zeitfensterrestriktionen bestimmt werden, indem man von Knoten j rückwärts zu i geht.

3. Mit VOR(j) sei die Menge der Knoten bezeichnet, die in einer offenen Travelling Salesman Tour notwendig vor j besucht werden müssen, d. h. VOR$(j) = \{i \in N' |$ FAZ$(i,j) > b_j\}$.

4. Wir sagen, dass der Zustand (S,i,t) eine zulässige Erweiterung zum Knoten $j \notin S$ besitzt, d. h. $(S \cup \{j\}, j, \max(a_j, t+z_i+t_{ij}))$ erzeugt werden kann, wenn $t+z_i+t_{ij} \leq b_j$ ist und für die Wartezeit $w_{ij} \leq W_{max}$ gilt.

Die folgenden Tests reduzieren den Zustandsraum:

(1) Dominanztest

Im Allgemeinen sind mehrere Wege von 0 nach i in S möglich. Wir schließen den Zustand (S,i,t^b) aus und sperren ihn für die weitere Betrachtung, wenn ein Zustand (S,i,t^a) gefunden wird mit $t^a \leq t^b$ und F$(S,i,t^a) \leq$ F(S,i,t^b).

Nach diesem Dominanztest ist die Funktion F(S,j,t) eine stufenweise abnehmende Funktion über dem Intervall $[a_j, b_j]$ für zulässige t, und die Zustände (S,i,t) mit $a_i \leq t \leq b_i$ können nach aufsteigender Zeit und sinkender Fahrzeit F(S,i,t) geordnet werden. Sei FIRST(S,i) die Zeit t mit dem kleinsten Wert der Zustände (S,i,t) für $a_i \leq t \leq b_i$.

(2) Globaler Nachfolgertest

Gegeben seien für festes S und i die Zustände (S, i, t) für $a_i \leq t \leq b_i$. Wenn der niedrigste Zeit-Wert, bei i den Service zu beginnen, größer ist als die späteste Abfahrtszeit zu einem Knoten j, d. h. FIRST(S,i) > SAZ(i, j) für alle $j \notin S$, dann besitzen die Zustände (S,i,t) für $a_i \leq t \leq b_i$ keine zulässige Erweiterung, und man kann sie sperren.

Wenn mit einem Nachfolgertest die Zustände (S,i,t) für $a_i \leq t \leq b_i$ gesperrt worden sind, kann der Test auf die gleiche Menge S mit einem anderen Endknoten i' angewendet werden.

(3) Lokaler Nachfolgertest

Dieser Test prüft, ob die Menge S in VOR(j) enthalten ist und bestimmt damit, ob eine zulässige Erweiterung zum Knoten $j \notin S$ möglich ist.

Gegeben seien für festes S und i die Zustände (S,i,t) für $a_i \leq t \leq b_i$, $j \notin S$ mit (i,j) $\in E$. Wenn VOR(j) $\not\subset S$, dann ist keine zulässige Erweiterung zum Knoten j möglich.

Dieser Test besagt, dass alle Vorgänger von j besucht werden müssen, bevor Knoten j besucht wird.

Verfahren 10-3:   Dynamische Optimierung für TSP mit harten Zeitfenstern

---

Initialisierung

1 Sei N' eine Teilmenge der Kunden.

2 Für $t' = a_0$ bis $t' = b_0$ in Schritten von 5 Minuten initialisiere die Wege vom Depot zu den Kunden $j \in N'$, $j \neq 0$, mit Gleichungen (2) mit $t_0 = t'$ und $t = \max(t_0 + t_{0j}, a_j)$, falls die Wartezeiten $w_{0j} \leq W_{max}$ erfüllt sind.

3 Annahme: Mindestens für eine Startzeit t' kann ein Weg gefunden werden.

4 Setze $s = 1$. Gebe den mit (2) aufgefundenen Zuständen (S,j,t) die Vorgängermarke $p(j)=0$ und speichere die Wege vom Depot mit der Startzeit t' und mit der Kantenzahl 1 in der Liste(t',s).

Verarbeitung

5 Prüfe Abbruch.

6 IF kein Abbruch Then DO

7   FOR alle Listen Liste(t',s) mit L(t',s) $\neq \varnothing$, $a_0 \leq t' \leq b_0$ DO

8   Für die Zustände (S,j,t) aus der Liste(t',s) führe den Dominanztest aus und streiche die Zustände, die höhere Fahrdauern haben, aus der Liste(t',s).

9   ENDFOR

10   FOR alle Listen Liste(t',s) mit $L(t',s) \neq \emptyset$, $a_0 \leq t' \leq b_0$ DO

11   Für die Zustände (S,j,t) aus der Liste(t',s) führe den globalen Nachfolgertest aus.

12   Gib den Zuständen (S,j,t), die den globalen Nachfolgertest nicht bestehen, die Marke „kein Nachfolger", andernfalls die Marke „Nachfolger".

13   ENDFOR

14   FOR alle Listen Liste(t',s) mit $L(t',s) \neq \emptyset$, $a_0 \leq t' \leq b_0$ DO

15   FOR alle Zustände (S,i,t) in Liste(t',s) mit Marke „Nachfolger" und mit $a_i \leq t \leq b_i$ DO

17   IF Knoten $j \notin S$ den lokalen Nachfolgertest besteht, THEN

18   Berechne mit der Rekursion (1) die Erweiterung von (S,i,t) zum Knoten j, wenn für die Wartezeit $w_{ij} \leq W_{max}$ gilt.

19   Speichere den aufgefundenen Zustand $(S \cup \{j\}, j, \max(a_j, t + z_i + t_{ij}))$ in Liste(t',s+1) und gib dem Zustand eine aus der Rekursion bekannte Vorgängermarke $p(j)$.

20            $s:=s$+1, GOTO 5.

21   ENDIF

22   ENDFOR

23   ENDFOR

24 ENDIF

Abbruch

Der Abbruch erfolgt, wenn eine der drei folgenden Bedingungen erfüllt ist:

25 CASE 1

Alle Kunden in N' können durch einen optimalen Weg vom Depot aus erreicht werden. Als ermittelte offene Travelling Salesman Tour wird die Tour mit dem Endknoten k und Startzeit t_0 ausgegeben, die unter allen anderen Touren in N' mit Endknoten r die minimale Summe von Fahrzeiten $F(N',r,t)$ plus Rückkehrzeit t_{r0} aufweist.

26 CASE 2

Die Laderaum- oder Fahrtzeitrestriktion der Tourenplanung greift für eine der optimalen Touren in einer der Listen Liste(t',s), $a_0 \leq t' \leq b_0$. Als ermittelte offene Travelling Salesman Tour wird diese Tour ausgegeben.

27 CASE 3

Alle Zustände in den Listen Liste(t',s) besitzen die Marken „kein Nachfolger", $a_0 \leq t' \leq b_0$. Dann können nicht alle Kunden erreicht werden. Als ermittelte offene Travelling Salesman Tour wird die Tour mit dem Endknoten k und Startzeit t_0 ausgegeben, die unter allen Touren mit Endknoten r in den Listen Liste(t',s), $a_0 \leq t' \leq b_0$, die minimale Summe von Fahrzeiten $F(S,r,t)$ plus Rückkehrzeiten t_{r0} aufweist.

Das Verfahren 10-3 kann, mit dem in einer gegebenen Menge N' von noch nicht versorgten Kunden eine zeitminimale, offene Travelling Salesman Tour auffinden. Die Starts am Depot erfolgen im 5-Minuten-Rhythmus. Für alle diese Startzeiten werden offene Travelling Salesman Touren aufgesucht.

Die Dynamische Optimierung ist zwar theoretisch überzeugend, indem sie einem einfachen Prinzip folgt, benötigt aber zur Darstellung aller alternativer Wege durch die Menge S viel Speicherplatz im Hauptspeicher. Während dieser Hauptspeicherbedarf früher sehr kritisch gesehen wurde, bewegt sich heute die Verfügbarkeit von Hauptspeicherkapazität in der Größenordnung von meist mehr als 2 Gbyte und wird daher weniger als Restriktion angesehen. Zudem schränken die Zeitfensterstruktur und die maximale Wartezeit die Zahl der zulässigen Wege in S deutlich ein. Aus diesem Grunde ist das Verfahren 10-3 für Problemgrößen von einigen 100 Kunden geeignet. Die Autoren Dumas, Desrosiers, Gelinas und Solomon (1987) berichten von erfolgreichen Testrechnungen bis 800 Kunden. Da im Verfahren 10-4 mehrere offene Travelling Salesman Touren zur Tourenbildung gesucht werden, kann das Abbruchkriterium 25 von Verfahren 10-3 dahingehend erweitert werden, dass erst dann abgebrochen wird, wenn alle Touren die Restriktionen von Ladekapazität und Fahrtzeitschranke überschreiten.

Zur Implementation von Verfahren 10-3 seien folgende Hinweise gegeben: Die Zustände (S,i,t), $i \in S$, $i \neq 0$, werden zu einem Baumknoten zusammengefasst und in einer Baumstruktur mit Wurzel 0 verwaltet. Jeder Baumknoten verwaltet mit einem Feld $[1,2,...,n]$ von Pointern die Nachfolgeknoten k, zu denen die Zustände (S,i,t), erweitert werden können, oder zeigt an, dass keine Erweiterung möglich ist. Zusätzlich erhalten die Baumknoten ein Datenfeld, das im Feld $[t', i]$ für die Startzeit t' und den Endknoten i die Informationen über Fahrzeiten, Ankunftszeiten und Wege enthält.

Das Verfahren 10-3 kann zu einer sequentiellen Heuristik zur Tourenplanung erweitert werden, wie im folgenden Abschnitt dargestellt wird.

10.2.3 Eine Heuristik zur Tourenplanung mit harten Zeitfenstern

Das hier vorgestellte Verfahren 10-4 stellt eine sequentielle Heuristik dar, bei der Touren konstruiert werden, indem mit Hilfe von Verfahren 10-3 zeitminimale Travelling Salesman Touren unter Beachtung von harten Zeitfensterrestriktionen aufgesucht werden. Ist eine Tour aufgefunden, so erhalten die Kunden den Status versorgt, und das Verfahren wird mit den restlichen, unversorgten Kunden erneut gestartet, bis alle Kunden versorgt sind. Mit einer Nachoptimierung können die Kunden von ungünstigen Touren, die sich am Schluss des Verfahrens ergeben können, auf die übrigen Touren verteilt werden.

Verfahren 10-4: Verfahren zur Ein-Depot-Tourenplanung mit harten Zeitfenstern

---

Initialisierung:

1 Alle Kunden sind nicht versorgt. Bestimme für $N'=N$ eine offene Travelling Salesman Tour T mit Verfahren 10-3.

2 Setze alle Kunden $i \in T$ auf den Status versorgt.

Verarbeitung:

3 Setze $N' = N - \{i \in N \mid i$ ist versorgt$\}$

4 IF $N' = \varnothing$, THEN Abbruch. ENDIF

5 IF kein Abbruch, THEN

6   Bestimme für N' eine offene Travelling Salesman Tour T mit Verfahren 10-3.

7   Setze alle Kunden $i \in T$ auf den Status versorgt.

8   GOTO 3.

9 ENDIF

10.3 Übersicht über weitere Ansätze

Die Tourenplanung tritt in zwei unterschiedlichen Planungssituationen auf:

■ Tägliche Planung: Aufgrund bekannter Aufträge erfolgt die Planung für einen Tag jeweils am Vortag oder am frühen Morgen des gleichen Tages. Diese Situation stellt hohe Anforderungen an die Geschwindigkeit des gesamten Planungsprozesses, insbesondere des Lösungsverfahrens. Sie ist typisch für die Auslieferung von Gütern an den Handel, da hier die Aufträge täglich wechseln.

■ Planung von Standardtouren: Aufgrund typischer (z. B. durchschnittlicher) Auftragsprogramme erfolgt die Planung in größeren zeitlichen Abständen für einen Tag, gegebenenfalls unterschiedlich nach Wochentagen. Diese Standardtouren können, falls erforderlich, bei der täglichen Anwendung den tatsächlichen Aufträgen angepasst werden. Dieses Vorgehen ist sinnvoll bei geringer Schwankung des Auftragsprogramms oder wenn gleichbleibende Touren gewünscht sind, z. B. bei der Müllabfuhr oder im Schulbusverkehr (vgl. Fleischmann 1994, S. 212).

Es gibt zahlreiche Details, in denen sich Tourenplanungsprobleme voneinander unterscheiden. Zu nennen sind beispielsweise:

■ Sammelprobleme: Statt eines Auslieferungsproblems kann auch ein Sammelproblem vorliegen; z. B. das Abholen von Rohmilch bei Landwirten und örtlichen Milchsammelstellen durch die Fahrzeuge einer Molkerei, das Abholen von Haus- oder Industriemüll sowie das Leeren von Postbriefkästen.

▨ Pick up & Delivery-Probleme: In vielen Fällen werden während einer Tour sowohl Waren ausgeliefert als auch abgeholt; z. B. Brauereifahrzeuge beliefern die Kunden mit Getränken und nehmen gleichzeitig auch Leergut entgegen. Diese Probleme können wie reine Auslieferungsprobleme gelöst werden, wenn Volumen und Gewicht der Rückladung eines Kunden dem gelieferten Auftrag entsprechen.

▨ Transport von Personen (Schulbus-Probleme): Anstelle des Transports von Gütern kann es sich um den Transport von Personen handeln; z. B. es wird der Einsatzplan für eine Flotte von Schulbussen gesucht, die in einer Region Schüler von Bushaltestellen abholen, zur Schule und wieder zurückbringen. Das Problem tritt auch bei der Tourenplanung im industriellen Werksverkehr auf. Es entspricht dem Ein- oder Mehrdepot-Auslieferungsproblem, wobei hier in erster Linie die Anzahl der eingesetzten Fahrzeuge und weniger die Fahrleistung zu minimieren ist.

▨ Mehrdepot-Auslieferungsprobleme: Bei einem Mehrdepot-Auslieferungsproblem (mit Kapazitätsrestriktionen) werden die Kunden nicht von einem einzigen, sondern von mehreren Depots mit unterschiedlichen Standorten aus beliefert. Dabei besteht keine feste Zuordnung von Kunde zu Depot, d. h. für jede Tour ist noch zusätzlich festzulegen, von welchem Depot aus sie durchgeführt werden soll. Eventuell können bestimmte Aufträge nur von bestimmten Depots ausgeliefert werden, außerdem können die Vorräte in den Depots begrenzt sein; z. B. die Belieferung von Baustellen mit unterschiedlichen Mengen Kies und Sand (Transportgütern), die in verschiedenen Depots gelagert werden.

▨ Dynamische Tourenplanungsprobleme: Bei dynamischen Tourenproblemen liegen zu Beginn der Planung noch nicht alle Aufträge vor. Als ein spezielles Problem tritt in der Praxis das Dial-a-Ride (= Rufbus)-Problem auf. Personen (oder Güter, insbesondere Stückgut) mit unterschiedlichen Ausgangs- und Zielorten sollen unter Restriktionen (wie zumutbare Warte- und Fahrzeiten) und unter Minimierung der insgesamt zurückzulegenden Strecke befördert werden (z. B. Taxis).

▨ Depotfreie Auslieferung: Bei der depotfreien Auslieferung (mit Kapazitäts-restriktionen) werden die Aufträge nicht von einem Depot zu den Kundenorten, sondern zwischen den Kundenorten transportiert. Solche Probleme treten z. B. beim Stückgutverkehr von Speditionen, beim Einsatz von Lasten- und Personentaxis und beim Rufbusverkehr auf.

▨ Tourenprobleme mit tageszeitabhängigen Fahrzeiten: Bei Tourenproblemen in Stadt- bzw. Ballungsgebieten können die Fahrzeiten aufgrund des unterschiedlichen tageszeitabhängigen Verkehrsaufkommens (z. B. während der Rushhour) starken Schwankungen unterliegen. Die Höhe der entstehenden einsatzabhängigen Kosten wird in diesem Fall weniger von der Entfernung als mehr von der Fahrzeit beeinflusst. Es liegt daher nahe, insbesondere bei der Betrachtung von Tourenplanung in Stadt- bzw. Ballungsgebieten, tageszeitabhängige Fahrzeiten mit zu berücksichtigen (vgl. Ehmke 2012, Ehmke und Mattfeld 2012).

▨ Tourenprobleme mit Kundenzeitfenstern: Bei Tourenproblemen mit Kundenzeitfenstern müssen die Kunden innerhalb eines bestimmten Zeitintervalls bedient werden. Kundenzeitfenster werden mit Zeitintervallen $[a_i, b_i]$ bei einem Kunden i beschrieben, wobei a_i den frühestmöglichen und b_i den spätest möglichen Ankunftszeitpunkt darstellt.

Tabelle 10-8:   *Veröffentlichungen zu Tourenplanungsproblemen mit Zeitrestriktionen*

Problem / Autor	Verfahren
TSP mit Zeitrestriktionen	
Mundigl 1995	KNN
Dumas, Desrosiers, Gelinas und Solomon 1995	DP
Desrosiers, Dumas, Solomon und Soumis 1993	MIP
Malandraki und Daskin 1992	heuristisch
Campbell und Thomas 2008	heuristisch
Meisel 2011	ADP
Tourenplanungsprobleme mit Kundenzeitfenstern	
Gietz 1994	heuristisch
Kohl und Madsen 1993	MIP
Potvin und Rousseau 1993	heuristisch
Desrochers, Lenstra, Savelsbergh und Soumis 1988	heuristisch
Bräysy und Gendreau 2005a	heuristisch
Bräysy und Gendreau 2005b	heuristisch
Taillard, Badeau, Gendreau, Guertin und Potvin 1997	heuristisch
Desrosiers, Dumas, Solomon und Soumis 1995	MIP
Thangiah, Osman, Vinayagamoorthy und Sun 2003	heuristisch
Desrochers, Desrosiers und Solomon 1992	MIP
Koskosidis, Powell und Solomon 1992	MIP
Savelsbergh 1992	heuristisch
Dumas, Desrosiers und Soumis 1991	MIP
Fisher, Jörnsten und Madsen 1991	MIP
Solomon 1987	heuristisch
Tourenplanungsprobleme mit tageszeitabhängigen Fahrzeiten	
Fleischmann, Gietz und Gnutzmann 2004	heuristisch
Malandraki und Daskin1992	heuristisch
Ichoua, Gendreau und Potvin 2003	heuristisch
Van Woensel, Kerbache, Peremans und Vandaele	heuristisch

Haghani und Jung 2005	heuristisch
Maden, Eglese und Black 2010	heuristisch
Donati, Montemanni, Casagrande, Rizzoli und Gambardella 2008	heuristisch
Ehmke 2012	heuristisch

Pickup & Delivery-Probleme mit Kundenzeitfenstern
Zusammenfassende Übersicht: Parragh, Doerner und Hartl 2008

Die Vorstellung des VRP in Abschnitt 10.1 darf nicht darüber hinwegtäuschen, dass bisher kein generisches Verfahren zur Tourenplanung entwickelt worden ist, auf das die oben genannten Varianten des Tourenplanungsproblems aufsetzen und mit Zusatzrestriktionen verfeinern könnten. Stattdessen sind für die genannten Varianten stets neue Spezialverfahren entwickelt worden.

In den letzten Jahren wurden zunehmend, neben den bekannten klassischen Lösungsverfahren und dem erläuterten Tabu-Suche Verfahren, Genetische Algorithmen, Ansätze mit Künstlichen Neuronalen Netzen (KNN), Dynamische Programmierung (DP), Verfahren, die auf Ansätzen der Gemischt-Ganzzahligen Linearen Programmierung (Mixed Integer Programming , MIP) beruhen sowie exakte Verfahren zur Lösung von Tourenplanungsproblemen betrachtet. Wir geben im Folgenden dazu eine Übersicht.

Die Autoren, die Tourenplanungsprobleme mit Zeitfenstern behandeln, werden in Tabelle 10-8 zusammengestellt.

Die Tabelle 10-9 fasst die Autoren zusammen, die Tourenplanungsprobleme mit Lieferzeitbeschränkungen mittels MIP-Ansätzen bzw. der Dynamischen Optimierung lösen. Tabelle 10-10 schließlich zeigt die Autoren, die Tourenplanungsprobleme mit Lieferzeitbeschränkungen mittels heuristischer Verfahren lösen.

Tabelle 10-9: *Überblick der Autoren, die das Tourenproblem mit MIP-gestützten Ansätzen bzw. mit der Dynamischen Optimierung lösen*

Autor	Problem / Verfahren
Dumas, Desrosiers, Gelinas und Solomon 1995	Travelling Salesman Problem mit Kundenfenstern, Dynamische Optimierung
Kohl und Madsen 1993	MIP-Ansatz, Lagrange Relaxation der Zuordnung, kürzeste Wege mit Kundenzeitfenstern als Subproblem
Koskosidis, Powell und Solomon 1992	Weiche Kundenzeitfenster mit Strafkosten, nichtlineares General Assignment Problem, beschränkte Cluster als Masterproblem, Travelling Salesman Problem mit Kundenzeitfenstern als Subproblem
Derigs und Metz 1992	Pickup & Delivery-Problem mit Kundenzeitfenstern, Set-Partitioning Ansatz, Lösung als Matching mit Nebenbedingungen oder als Lagrange Relaxation, Subprobleme wieder als Matching

Desrochers, Desrosiers und Solomon 1992	Set-Partitioning Ansatz, LP Relaxation, Column Generation mit einem verallgemeinerten multiplen Knapsack als Subproblem
Fisher, Jörnsten und Madsen 1991	MIP-Formulierung mit Pfaden, die Kundenzeitfensterrestriktionen verletzen, k-tree Ansatz und Variablen Splitting Ansatz, der auf einer Lagrange Relaxation Basiert
Dumas, Desrosiers und Soumis 1991	Pickup & Delivery-Problem, Set-Partitioning Ansatz, LP-Relaxation, Column Generation, kürzeste Wege mit Kundenzeitfenstern als Subproblem
Kliewer, Knechtel und Lehmann 2005	MIP – Ansatz, Lösung mit CPLEX 9.0, Laufzeit 18 Stunden CPU-Zeit

Die Übersichten machen deutlich, dass zur Lösung von Tourenplanungsproblemen mit heuristischen Ansätzen eine Vielzahl von Methoden vorgeschlagen wird: Savelsbergh, Thangiah et al. und Bachem et al. verwenden für die Tourenkonstruktion Einfügeheuristiken. Die Autoren Balakrishnan, Thangiah et al. und Malandraki und Daskin lösen das Problem mit Nearest-Neighbor Heuristiken. Das Savings-Verfahren wird von Gietz und von Balakrishnan eingesetzt. Um den parallelen Aufbau von Touren anstelle des sequentiellen Ansatzes bemühen sich Savelsbergh und Potvin und Rousseau. Schnelle Verfahren zur Überprüfung der Zulässigkeit bei Veränderungen von Touren präsentieren Ahn und Shin sowie Savelsbergh. Den Ansatz von weichen Kundenzeitfenster verfolgen Bachem et al., Balakrishnan und van der Bruggen et al. Ansätze der Tourenverbesserung werden von van der Bruggen et al., Derigs und Grabenbauer sowie Savelsbergh vorgetragen. Das Problem der tageszeitabhängigen Fahrzeiten wird von Gietz und Malandraki und Daskin diskutiert. Einen Genetischen Algorithmus verwenden Thangiah et al. zur Lösung von Tourenplanungsproblemen mit Lieferzeitschranken.

Tabelle 10-10:   *Überblick der Autoren, die das Tourenproblem mit heuristischen Verfahren lösen*

Autor	Problem / Verfahren
Gietz 1994	Tageszeitabhängige Fahrzeiten, Savings-Verfahren, Kantenaustauschverfahren, Daten von Berliner Modellprojekt
Bachem, Hochstättler und Malich 1993	Einfüge- und Herausnahmeheuristik, simultane Betrachtung aller Touren durch Trading-Matching, weiche Kundenzeitfenster, Parallel-Computing
Balakrishnan 1993	Weiche Kundenzeitfenster, Nearest-Neighbor Heuristik, sequentielles Savingsverfahren, Space-Time Heuristik von von Sexton/Choi, Distanzmaß ist die gewichtete Summe Fahrzeit zum Depot, Kundenzeitfensterverletzung und Dringlichkeit, Beschränkung der Wartezeit
Potvin und Rousseau 1993	Weiche Kundenzeitfenster, paralleles Aufbauen von Touren mit dem Solomon Kriterium C1, C2, Knotenauswahl C2 Nach Regretmaß, Parameterschätzung (seeds) mit sequentieller Einfügeheuristik von Solomon
Van der Bruggen, Lenstra und	Pickup & Delivery im Travelling Salesman Problem mit wei-

Schuur 1993	chen Kundenzeifenstern, Startlösung durch Sortieren der Kundenzeitfenster, Verbesserung mit 2-opt Verfahren
Derigs und Grabenbauer 1993	k-best Einfügeheuristik, Knotenaustauschverfahren
Thangiah, Osman, Vinayagamoorthy u. Sun 2003	Lieferzeitschranken, Sweep-Heuristik, Einfügeheuristik Genetischer Algorithmus
Malandraki und Daskin 1992	MIP-Formulierung für tageszeitabhängige Fahrzeiten, Nearest-Neighbor Heuristiken für sequentielle und parallele Tourenkonstruktion ohne Kundenzeitfenster
Ahn und Shin 1991	Tageszeitabhängige Fahrzeiten, strikt monotone Ankunftszeiten A, Test der Zulässigkeit bei lokalen Operationen mit der Inversen von A
Savelsbergh 1992	Travelling Salesman Problem mit Kundenzeitfenstern, Or-opt Verfahren, Zulässigkeitstest durch Vorwärtsverschiebung
Savelsbergh 1990b	Paralleles Aufbauen von Touren durch Einfügeheuristik, Zuordnung nach Regretmaß, Zulässigkeitstest durch Vorwärtsverschiebung, Startpunkte mit der Zirkelmethode
Kliewer, Knechtel und Lehmann 2005	Nachoptimierung einer Praxistour durch 2-opt

Weiterführende Literatur

Fabri, A. und Recht, P.: On dynamic pickup and delivery vehicle routing with several time windows and waiting times, in: Transportation Research Part B: Methodological, Bd. 40, Heft 4, 2006, S. 335-350

Gendreau, M. and Hertz, A. and Laporte, G.: A Tabu Search Heuristic for the Vehicle Routing Problem, in: Management Science 40 (1994), S. 1276-1290.

Laporte, G.: The Vehicle Routing Problem: An overview of exact and approximate algorithms, in: European Journal of Operational Research 59 (1992), S. 345-358.

Mattfeld, D.C.: Evolutionary Search and the Job Shop: Investigations on Genetic Algorithms for Production Scheduling. Springer / Physica 1996.

Toth, P., & Vigo, D.: The vehicle routing problem. Philadelphia, 2002, PA: SIAM.

Golden, B. L., Raghavan, S., & Wasil, E. A. (Eds.): The Vehicle Routing Problem: Latest Advances and New Challenges, 2008, Boston: Springer.

Literatur

Ahn, B-H. und Shin, J.-Y.: Vehicle-routing with time windows and time-varying travel congestion, in: Journal of the Operational Research Society 42 (1991), S. 393-400

Ahuja, R. K. u.a.: Network Flows-Theory, Algorithms and Applications. Prentice Hall, Englewood Cliffs 1992

Aisling, J. und Reynolds-Feighan: European and American Approaches to Air Transport Liberalisation, in: Transportation Research, Part A, 1995

Amberg, A.; Domschke, W.; Voß, S.: Multiple center capacitated arc routing problems: A tabu search algorithm using capacitated trees, in: European Journal of Operational Research, Heft 2, 2000, S. 360-376

Amiri, A. und Pirkul, H.: Routing and capacity assignment in backbone communication networks under time varying traffic conditions, in: European Journal of Operational Research, Heft 1, 1999, S. 15-29

Angelelli, E. und Mansani, R.: The Vehicle Routing Problem with Time Windows and Simultaneuos Pick-up and Delivery, in: Klose et al. 2002, S. 240-268

Applegate, D.; Bixby, R.; Chvátal, V.; Cook, W.: On the solution of traveling salesman problems, Documenta Mathematica, Journal der Deutschen Mathematiker-Vereinigung, International Congress of Mathematicians 1998

Applegate, D.; Bixby, R.; Chvátal, V.; Cook, W.: The Traveling Salesman Problem: A Computational Study, Princeton University Press, Princeton, New Jersey, 2006

Atkinson, J.B.: A Greedy Look-Ahead Heuristic for Combinatorial Optimization: An Application to Vehicle Scheduling with Time Windows, in: Journal of the Operational Research Society, Vol. 45, No. 6, 1994, S. 673-684

Aykin, T.: Lagrangian Relaxation Based Approaches to Capacitated Hub-and-Spoke Network Design Problems, in: European Journal of Operational Research, Vol. 79, 1994, S. 501-523

Aykin, T.: Networking Policies for Hub-and-Spoke Systems with Application to the Air Transportation Systems, in: Transportation Science 29, 3, 1995 A, S. 201-221

Aykin, T.: On A Quadratic Integer Problem for the Location of Interacting Hub Facilities, in: European Journal of Operational Research, Vol. 46, 1990, S. 409-411

Aykin, T.: On the Location of Hub Facilities, in: Transportation Science 22, 1988, S. 155-157

Aykin, T.: The Hub Location and Routing Problem, in: European Journal of Operational Research, Vol. 83, 1995 B, S. 200-219

Bachem, A.; Hochstättler, W.; Malich, M.: The Simulated Trading Heuristic for Solving Vehicle Routing Problems, Report No. 93.139, Köln 1993

Balakrishnan, N.: Simple Heuristics for the Vehicle Routing Problem with Soft Time Windows. Journal of the Operational Research Society 44 (1993), S. 279-287

Balas, E. und Ho, A.: Set Covering Algorithms using Cutting Planes, Heuristics and Subgradient Optimization: A Computational Study, in: Mathematical Programming Study, Bd. 12, 1980, S. 37-60

Balas, E. und Toth, P.: Branch and Bound Methods, in: Lawler, E. et al. (Hrsg.): The Travelling Salesman Problem, New York 1985

Bang-Jensen, J. und Gutin, G.: Digraphs – Theory, Algorithm and Applications, London 2002

Barnhart, C. u.a.: Using Branch-and-Price-and-Cut to solve Origin-Destination Integer Multi-commodity Flow Problems, in: Operations Research, Vol. 48, 2000, S. 318-326

Barnhart, C. und Schneur, R.R: Air Network Design for Express Shipment Service, in: Operations Research, Vol. 44, No. 6, 1996, S. 852 – 863

Barnhart, C.: Airline Crew Scheduling," in: Handbook of Transportation Science, (2nd Edition) Randolph W. Hall (Editor), Kluwer Academic Publishers, Norwell, MA, 2003, S. 517-560

Barnhart, C.; Johnson, E.L.; Nemhauser, G.L.; Savelsbergh, M.W.P.; Vance, P.H.: Branch-and-Price: Column Generation for Solving Huge Integer Programs, in: Operations Research, Vol. 46, 1998, S. 316-329

Barros, A. I.: Discrete and Fractional Programming Techniques for Location, Models, Boston 1998

Bender, Th.; Hennes, H.; Kalsis, J.M.; Nickel, S.: Location Software and Interface with GIS and Supply Chain Management, in: Drezner, Z. und Horst W. Hamacher (Hersg.): Facility Location, Berlin 2004, S. 233-274

Berman, O. und Krass, D.: Facility Location Problems with Stochastic Demands and Congestion, in: Drezner, Z. und Horst W. Hamacher (Hersg.): Facility Location, Berlin 2004, S. 329-372

Bierwirth, C.: Adaptive Search and the Management of Logistics Systems, Boston 1999

Bodin, L.D.: Twenty Years of Routing and Scheduling. Operations Research, Vol. 38, No. 4, July-August 1990, S. 571-579

Bozkaya, B.; Zang, J.; Erkut, E.: An efficient Genetic Algorithm for the p-Median-Problem,: in: Drezner, Z. und Horst W. Hamacher (Hersg.): Facility Location, Berlin 2004, S. 179-206

Bräysy, O.; Gendreau, M.: Vehicle routing problem with time windows, Part II: Metaheuristics. Transportation Science, 39(1), 2005a, 119–139

Bräysy, O.; Gendreau, M.: Vehicle routing problem with time windows, Part I: Route construction and local search algorithms. Transportation Science, 39(1), 2005b, 104–118

Bruns, A. D.: Zweistufige Standortplanung unter Berücksichtigung von Tourenplanungsaspekten: Primale Heuristiken und lokale Suchverfahren, Diss., St. Gallen 1998

Burkard, R. E.; Çela, E.; Woeginger, G. J.: A minimax assignment problem in treelike communication networks, in: European Journal of Operational Research, Heft 3, 1995, S. 670-684

Campbell, J. F.: Freight Consolidation and Routing with Transportation Economies of Scale, in: Transportation Research, Vol. 24B, 1990, S. 345 – 361

Campbell, J. F.: Hub Location and the p-Hub Median Problem, in: Operations Research, Vol. 44, Nov. 1996, No. 6, S. 923 – 935

Campbell, J. F.: Integer Programming Formulations of Discrete Hub Location Problems, in: European Journal of Operational Research, Vol. 72, 1994, S. 387 – 405

Campbell, J.F.: Introduction in Hub Location, in: Location Science, Vol. 4, No. 3, October 1996B, S. 121-123

Campbell, J.F.; Thomas, B.W.: Probabilistic Traveling Salesman Problem with Deadlines, in: Transportation Science, Vol. 42, 2008, 1-21

Canós, M.J.; Ivorra, C.; Liern V.: The fuzzy p-median problem: A global analysis of the solutions, in: European Journal of Operational Research, Heft 2, 2001, S. 430-436

Carpaneto, G.; Martello, S.; Toth, P.: Algorithms and Codes for the Assignment Problem, in: Simeone, B. et al. : Fortran Codes for Network Optimization, Basel 1988, S. 193-224

Chan, Y. und Ponder, R. J.: The Small Package Air Freight Industry In The United States: A Review of the Federal Express, in: Transportation Research, Part A, Vol. 28, 1994, S. 221-231

Chang, G. J. und Ho, P.-H.: The β-assignment problems, in: European Journal of Operational Research, Heft 3, 1998, S. 593-600

Church, R. und ReVelle, C.: The Maximal Covering Location Problem, in: Papers of the Regional Science Association, Vol. 32, 1974, S. 101-118

Cieslik, D.: The vertex degrees of minimum spanning trees, in: European Journal of Operational Research, Heft 2, 2000, S. 278-282

Clark, G. (Hersg.): The Oxford Handbook of Economic Geography, Oxford, 2003,

Clarke, G. und Wright, J.W.: Scheduling of Vehicles from a central depot to a number of delivery points, in: Operations Research, Bd. 12, 1964, 568-581

Cooper, M.C.; Lambert, D.M.; Pagh, J.D.: Supply Chain Management: More than a new name for Logistics, in: The International Journal of Logistics Management, Vol. 8, Heft 1, 1997, S. 1-14

Costamagna, E.; Fanni, A.; Giacinto, G.: A tabu search algorithm for the optimisation of telecommunication networks, in: European Journal of Operational Research, Heft 2-3, 1998, S. 357-372

Daduna, J.: Distribution Planning with specific Delivery Time Restrictions for the Handling of Electronic Consumer Orders in Food/Non-Food Retail Trade, in: Klose et al. 2002, S. 149-162

Daduna, R.J.: Personal- und Fahrzeugeinsatzplanung in der Müllentsorgung, in: Ahr, D.; Fahrion, R.; Oswald, M.; Reinelt, G. (Eds.): Operations Research Proceedings, Heidelberg 2004, S. 127-132

Daskin, M.S.: Network and Discrete Location: Models, Algorithms, and Applications, New York, Wiley 1995

Daskin, M. S; Panayotopoulos, N.D.: A Lagrangian Relaxation Approach to Assigning Aircraft to Routes in Hub and Spoke Networks, in: Transportation Science, Vol. 23, No. 2, Mai 1989, S. 91 – 99

Derigs, U. und Döhmer, T.: Some Remarks on the GIST Approach for the Vehicle Routing Problem with Pick up and Delivery and Time Windows, in: Haasis et al.: Operations Research Proceedings 2005, Berlin 2006, S. 387-393

Derigs, U. und Grabenbauer, G.: Intime - A new heuristic approach to the vehicle routing problem with time windows, with bakery fleet case, in: Golden, B.L. (Ed.): Vehicle Routing 2000: Advances in Time Windows, Optimality, Fast Bounds, & Multi-Depot Routing. American Journal of Mathematical and Management Sciences, Vol. 13 (1993) Nos. 3 & 4, S. 249-266

Derigs, U. und Metz, A.: A matching-based approach for solving a delivery/pick-up vehicle routing problem with time constraints, in: OR-Spektrum (1992), S. 91-106

Desaulniers, G.; Desrosiers, J.; Dumas, Y.; Marc, S.; Rioux B.; Solomon, M.M.; Soumis, F.: Crew pairing at Air France, in: European Journal of Operational Research, Heft 2, 1997, S. 245-259

Desrochers, M.; Desrosiers, J.; Solomon, M.M.: A Column Generation Algorithm for the Vehicle Routing Problem with Time Windows, in: Akgül, M.; Hamacher, H.W.; Tüfekci, S. (Hrsg.): Combinatorial Optimization. Springer Berlin et al. 1992, S. 249-252

Desrochers, M.; Desrosiers, J.; Solomon, M.M.: A new optimization algorithm for the vehicle routing problem with time windows. Operations Research, Vol. 40, No. 2 (1992), S. 342-354

Desrochers, M.; Lenstra, J. K.; Savelsbergh, M. W. P.; Soumis, F.: Vehicle routing with time windows: Optimization and approximation. Amsterdam 1988, S. 65-84

Desrosiers, J.; Dumas, Y.; Solomon, M.M.; Soumis, F.: Time Constrained Routing and Scheduling. North-Holland, Amsterdam 1995

Domschke, W. und Drexl, A.: Einführung in Operations Research, 8. Auflage, Springer Verlag, Berlin 2011

Domschke, W. : Logistik: 1. Transport, 5. Auflage, Oldenbourg, München Wien 2007

Domschke, W.: Logistik: 2. Rundreisen und Touren, 4. Auflage, Oldenbourg, München Wien 1997

Domschke, W.: Logistik: 3. Standorte, 4. Auflage, Oldenbourg, München Wien 1996

Donati, A. V.; Montemanni, R.; Casagrande, N.; Rizzoli, A. E.; Gambardella, L. M.: Time dependent vehicle routing problem with a multi ant colony system. European Journal of Operational Research, 185(3), 2008, 1174–1191

Drezner, Z. (Ed.): Facility Location: A Survey of Applications and Methods, Springer Verlag, Berlin, 1995

Drezner, Z. und Hamacher, H.W.: Facility Location. Applications and Theory, Berlin 2004

Du, Ding-Zhu; Smith, J.M.; Rubinstein, J.H.: Advances in Steiner Trees, Boston 2000

Dumas, Y.; Desrochers, J.; Soumis, F.: The pickup and delivery problem with time windows, in: European Journal of Operational Research 54 (1991), S. 7-22

Dumas, Y.; Desrosiers, J.; Gelinas, E.; Solomon, M.M.: An Optimal Algorithm for the Traveling Salesman Problem with Time Windows. Operations Research (1995) Vol. 43, No. 2, S. 367-371

Edmonds, J. und Johnson, E.L.: Matching, Euler Tours and the Chinese Postman, in: Mathematical Programming, Bd. 5, 1973, S. 88-94

Ehmke, J. F.: Integration of Information and Optimization Models for Routing in City Logistics, International Series in Operations Research & Management Science, Vol. 177, New York 2012

Ehmke, J. F. und Mattfeld, D. C.: Einsatz tageszeitabhängiger Fahrzeiten für die verlässliche Tourenplanung in der City Logistik. Straßenverkehrstechnik 2/2012, 2012, S. 73 – 81

Erlenkotter, D.: A Dual-Based Procedure for Uncapacitated Facility Location, in: Operations Research, Vol. 26, November-December, 1978, S. 992-1009

Ernst, A. T. und Krishnamoorthy, M.: Efficient Algorithms for the Uncapacitated Single Allocation p-Hub Median Problem, in: Location Science, Vol. 4, No. 3, 1996, S. 139-154

Fabri, A. und Recht, P.: On dynamic pickup and delivery vehicle routing with several time windows and waiting times, in: Transportation Research Part B: Methodo-logical, Bd. 40, Heft 4, 2006, S. 335-350

Fisher, M. und Jaikumar, R.: A General Assignment Heuristic for Vehicle Routing. Networks 11, 1981, S. 109-124

Fisher, M.I.; Jörnsten, K.O.; Madsen, O.B.G.: Vehicle Routing with Time Windows. Research Report No. 4C, 1991. The Technical University of Denmark, Lyngby - Denmark (IMSOR), 1991

Fleischmann, B.: Tourenplanung, in: Isermann, H. (Hrsg.): Logistik: Beschaffung, Produktion, Distribution, Landsberg/Lech 1998, S. 211-225

Fleischmann, B. (Hrsg.): Advances in distribution logistics, Berlin, Springer, 1998 Lecture notes in economics and mathematical systems; 460

Fleischmann, B.; Gietz, M.; Gnutzmann, S.: Time-varying travel times in vehicle routing. Transportation Science, 38(2), 2004, 160–173

Francis, R. L.; McGinnis, L. F.; White, J. A.: Facility Layout and Location, Prentice Hall, Englewood Cliffs, NJ., 2. Auflage 1992

Galia, R. und Hjorring, C: Modelling of Complex Costs and Rules in a Crew Pairing Column Generator, in: Ahr, D.; Fahrion, R.; Oswald, M.; Reinelt, G. (Eds.): Operations Research Proceedings, Heidelberg 2004, S. 233-240

Galvão, R. D.; Gonzalo Acosta Espejo, L.; Boffey, B.:A comparison of Lagrangean and surrogate relaxations for the maximal covering location problem, in: European Journal of Operational Research, Heft 2, 2000, S. 377-389

Gary, M.S. und Johnson, D.S.: Computers and Intractability: A Guide to the Theory of NP-Completeness, New York 1979

Gendreau, M.; Hertz, A.; Laporte, G.: A Tabu Search Heuristic for the Vehicle Routing Problem, in: Management Science, Vol. 40, No. 10, October 1994, S. 1276-1290

Geoffrion, A.M. et a.: Distribution System Design, in : Drezner (1995), S. 181-198

Ghosh, A.; McLafferty, S.; Craig, C.: Multifacility Retail Networks, in: Z. Drezner (Hrsg.): Facility Location, New York 1995, S. 301-330

Gietz, M.: Computergestützte Tourenplanung mit zeitkritischen Restriktionen, Dissertation, Heidelberg 1994

Gillett, B. und Miller, L.: A heuristic algorithm for the vehicle dispatching problem, in: Operations Research Quarterly 22 (1974), S. 340-349

Glover, F.: Ejection Chains, Reference Structures and Alternating Path Methods for Traveling Salesman Problems. Technical Report, University of Boulder, School of Business, Boulder, April 1992.

Glover, F.: New Ejection Chain and Alternating Path Methods for Traveling Salesman Problems, in: Computer Science and Operations Research (1992), S. 449-50.

Goldberg, J.; Dietrich, R.; Chen, J.M.; Mitwasi, M.G.: Validating and applying a model for locating emergency medical vehicles in Tucson, AZ, in: European Journal of Operational Research, Heft 3, 1990, S. 308-324

Golden, B. und Assad, A.: Vehicle Routing - Methods and Studies, Amsterdam 1988

Golden, B.C. und Stewart, R.W.: Empirical Analysis of Heuristics, in: in: E. Lawler u.a. (Ed.): The Travelling Salesman Problem, New York, 1985

Golden, B.L.: Vehicle Routing 2000: Advances in Time Windows, Optimality, Fast Bounds, & Multi-Depot Routing, in: American Journal of Mathematical and Management Sciences, Vol. 13 (1993) Nos. 3 & 4

Goodchild, M.: ILCAS: A Location Allocation Model for Retail Site Selection, in: Journalof Retailing, Bd. 60, 1984, S. 84-100

Gouveia, L. und Voß, S.: A classification of formulations for the (time-dependent) traveling salesman problem, in: European Journal of Operational Research, Heft 1, 1995, S. 69-82

Grötschel, M. und Holland, O.: Solution of Large Scale Travelling Salesman Problem, in: Mathematical Programming, Vol. 51, 1991, S. 141-202.

Grötschel, M. und Padberg, M.: Die optimierte Odyssee, in: Spektrum der Wissenschaft, Digest, Heft 2, 1999

Grötschel, M. und Padberg, M. W.: Polyhedral theory, in: Eugene L. Lawler et al. (Editors): The Traveling Salesman Problem. A Guided Tour of Combinatorial Optimization, Wiley, 1985, S. 251-306

Grünert, T. und Irnich, S.: Optimierung im Transport, Band 1: Grundlagen, Aachen, Shaker, 2005

Grünert, T. und Irnich, S.: Optimierung im Transport, Band 2: Wege und Touren, Aachen, Shaker, 2005

Guéret, C.; Prins, C.; Sevaux, M.: Applications of optimization with Xpress-MP, Dash Optimization, Northants, 2002

Günther, H.-O.; Mattfeld, D.C.; Suhl, I. (Hersg.): Supply Chain Management und Logistik. Optimierung, Simulation, Decision Support , Berlin 2005

Günther, H.-O. und Tempelmeier, H.: Produktion und Logistik, 6. Auflage, Heidelberg 2005

Gutin, G. und Punnen, A,. (Hersg.): The Travelling Salesman Problem and its Variations, Dordrecht 2002

Haasis, H.-D.; Kopfer, H.; Schönberger, J. (Hersg.): Operations Research Proceedings 2005, Berlin 2006

Haghani, A.; Jung, S.: A dynamic vehicle routing problem with time-dependent travel times. Computers & Operations Research, 32(11), 2005, 2959–2986

Hall, R. W. (Editor): Handbook of Transportation Science, (2nd Edition), Kluwer Academic, 2003

Hall, R. W.: Configuration of An Overnight Package Air Network, in: Transportation Research, Vol. 23A, 1989, No. 2, S. 139-149

Hamers, H.; Borm, P.; van de Leensel, R.; Tijs, S.: Cost allocation in the Chinese postman problem, in: European Journal of Operational Research, Heft 1, 1999, S. 153-163

Haul, C. und Voß, S.: Using surrogate constraints in genetic algorithms for solving multidimensional knapsack problems, in: Woodruff, D.L. (Ed.): Advances in Computational and Stochastic Optimization, Logic Programming, and Heuristic Search, Kluwer, Boston 1998, S. 235 -251

Held, M und Karp, R.: The Travelling Salesman Problem and Minimum Spanning Trees, in : Operations Research 18, 1970, S. 1138-1162

Hendricks, K.; Piccione, M.; Tan, G.: The Economics of Hubs: The Case of Monopoly, in: The Review of Economic Studies, 1995, S. 83 – 99

Horn, M.; Knieps, G.; Müller, J.: Deregulierungsmaßnahmen in den USA. Schlußfolgerungen für die Bundesrepublik Deutschland, Baden-Baden 1988

Hurkens, C. A. J. und Woeginger, G.J.: On the Nearest Neighbor Rule for the Travelling Salesman Problem, in: Operations Research Letters, Bd. 32, 2004, S.1-4

Ichoua, S.; Gendreau, M.; Potvin, J. Y.: Vehicle dispatching with time-dependent travel times. European Journal of Operational Research, 144(2), 2003, 379–396

Ihde, G. und Kloster, T.: Netzeffekte in Logistiksystemen, in: Logistik-Management, Jahrgang 3, Heft 2, 2001, S. 25-34

Irnich, S.: Netzwerk-Design für zweistufige Transportsysteme und ein Branch-and-price-Verfahren für das gemischte Direkt- und Hubflugproblem, Diss. Aachen 2002

Isermann, H.(Hrsg.): Logistik: Beschaffung, Produktion, Distribution, Landsberg/Lech 1998

Jaillet, S.Y.: Airline Network Design and Hub Location Problems, in: Location Science, Vol. 4, No. 3, October 1996, S. 195-212

Kagaza, S.; Kikuchi, S.; Donelly, R.A.: Use of a fuzzy theory technique for grouping of trips in the vehicle routing and scheduling problem, in: European Journal of Operational Research Vol. 76, No. 1, 1994, S. 143-154

Kanafani, A.: Aircraft Technology and Network Structure in Short-Haul Air Transportation, in: Transportation Research, Vol. 15A, 1981, S. 305-314

Kliewer, N.; Knechtel, T.; Lehmann, R.: Qualifikationsbezogene Mehrdepot-Tourenplanung mit Zeitfenstern: Fallstudie des Technischen Kundendienstes der Miele&Cie. KG, in: Lasch und Janker 2005, S. 321-332

Klincewicz, J. G.: A Dual Algorithm for the Uncapacitated Hub Location Problem, in: Location Science, Vol. 4, No. 3, 1996, S. 173-184

Klincewicz, J. G.: Heuristics for the p-Hub Location Problem, in: European Journal of Operational Research, Vol. 53, 1991, S. 25-37

Klincewicz, J. G: Avoiding Local Optima in the p-Hub Location Problem, in: Annals of Operations Research, Vol. 40, 1992, S. 283-302

Klose, A.; Speranza, M.; Van Wassenhove, L. (Hrsg.): Quantitative Approaches to Distribution Logistics and Supply Chain Management, Berlin 2002

Kohl, N.und Madsen, O.B.G.: An Optimization Algorithm for the Vehicle Routing Problem with Time Windows based on Lagrangean Relaxation. Technical Report No. 17, 1993. The Technical University of Denmark, Lyngby - Denmark (IMSOR), 1993

Kopfer, H.: Konzepte genetischer Algorithmen und ihre Anwendung auf das Frachtoptimierungsproblem im gewerblichen Güterfernverkehr, in: OR-Spektrum 1992, S. 137-147

Kopfer, H.und Bierwirth, C. (Hrsg.): Logistik Management, Springer-Verlag 1999

Kopfer, H.; Pankratz, G.; Erkens, E.: Entwicklung eines hybriden Genetischen Algorithmus zur Tourenplanung, in: OR-Spektrum 1994 , S. 21-31

Koskosidis, Y.A.; Powell, W.B.; Solomon, M.M.: An Optimization-Based Heuristic for Vehicle Routing and Scheduling with Soft Time Window Constraints, in: Transportation Science Vol. 26, No. 2, May 1992, S. 69-85

Kou, L.; Markowsky, G.; Berman, L.: A Fast Algorithm for Steiner Trees, Research Report RC 7390, IBM Thomas J. Watson Research Center, Yorktown Heights, New York 1978

Kuby M.J.; Gray, R.G.: The Hub Network Design Problem with Stopovers and Feeders: The Case of Federal Express, in: Transportation Research, Vol. 27A, 1993, S. 1-12

Kuhn, H.: The Hungarian Method for the Assignment Problem, in: Naval Research Logistics Quarterly, Bd. 2, 1955, S. 83-97

Kruskal, J.: On the Shortest Spanning Subtree of a Graph and the Travelling Salesman Problem, in: Proceedings American Mathematical Society, Bd. 7, 1956, S. 48-50

Kwan, M.: Graphic Programming Using Odd und Even Points, in: Chinese Mathematics, Bd. 1, 1962, S. 273-277

Laporte, G.: The Vehicle Routing Problem: An overview of exact and approximate algorithms, in: European Journal of Operational Research 59 (1992), S. 345-358.

Lasch, R. und Janker, C.G.: Logistik Management. Innovative Logistikkonzepte, Deutscher Universitätsverlag, 2005

Lasch, R. und Uhr, W.: Logistik – BWL Lernsoftware interaktiv, Schäffer-Poeschel Verlag, Stuttgart, 2003

Lasch, R.: Quantitative Logistik - Fallstudien : Aufgaben und Lösungen zu Beschaffung, Produktion und Distribution, mit Logistik Toolbox auf CD-ROM, Wiesbaden, Gabler, 2006

Lawler, E.L.; Lenstra, J.R.; Rinnooye Kan, A.H.G.; Shmoys, D.B.: The Traveling Salesman Problem, London 1985

Lehmann, I.; Weber, R.; Zimmermann, H.-J.: Fuzzy Set Theory. Die Theorie der unscharfen Mengen, in: OR Spektrum 1992, Heft 14, S. 1-9

Lin, S.: Computer Solutions of the Traveling Salesman Problem, in: Bell System Technical Journal 44 (1965), S. 2245-2269.

Lysgaard, J.: A two-phase shortest path algorithm for networks with node coordinates, in: European Journal of Operational Research, Heft 2, 1995, S. 368-374

Maden, W.; Eglese, R.; Black, D.: Vehicle routing and scheduling with time-varying data: A case study. Journal of the Operational Research Society, 61, 2010, 515–522

Magnanti, T.: Network Design and Transportation Planning: Models and Algorithms, in: Transportation Science, Vol. 18, No. 1, 1984, S. 1-48

Malandraki, C. und Daskin, M.S.: Time Dependent Vehicle Routing Problems: Formulations, Properties and Heuristic Algorithms, in: Transportation Science Vol. 26, No. 3, August 1992, S. 185-200

Marianov V. und Serra, D.: Location Problems in the Public Sektor, in: Drezner, Z. und Horst W. Hamacher (Hersg.): Facility Location, Berlin 2004, S. 119-150

Martello, S. und Toth, P.: Knapsack Problems - Algorithms and Computer Implementations, Chichester: Wiley, 1990

Mattfeld, D.C.: Evolutionary Search and the Job Shop: Investigations on Genetic Algorithms for Production Scheduling. Springer / Physica 1996

Mattfeld, D.C.: Workshop zur Planung von Distributionsnetzwerken am 21. und 22. Januar 2003 in Wolfsburg, Bremen 2003.

Mattfeld, D.C.: The management of transshipment terminals: decision support for terminal operations in finished vehicle supply chains, New York, Springer, 2006.

Mayer, G.: Strategische Logistikplanung von Hub&Spoke-Systemen, Wiesbaden 2001

Mayrhuber, W.: Luftverkehr Quo Vadis? Herausforderungen durch Wandel von Markt, Service und Technologie, Vortrag Münchener Management Kolloquium 2002Meisel, Frank: Praxisbezogene Funktionalitätsanforderungen an eine Tourenplanungssoftware und ihre Umsetzung durch einen Verfahrensverbund, in: Lasch und Janker 2005, S. 333-246

Meisel, S.: Anticipatory Optimization for Dynamic Decision Making; Springer New York 2011

Mirchandani, P. B. und Francis, R. L. (Eds.): Discrete Location Theory, Wiley, New York, 1990

Mundigl, R.: Ansätze Künstlicher Neuronaler Netze zur Lösung von Tourenplanungsproblemen, Dissertation, Frankfurt am Main 1995

Nagih, A. und Soumis, F.: Nodal aggregation of resource constraints in a shortest path problem, in: European Journal of Operational Research, Bd. 172, Heft 2, 2006, S. 500-514,

Neumann, K. und Morlock, M.: Operations Research, Carl Hanser Verlag, München Wien 1993

O'Kelly, M. E.; Bryan, D.; Skorin-Kapov, D.; Skorin Kapov, J.: Hub Network Design with Single and Multiple Allocation, in: Location Science, Vol. 4, No. 3, October 1996, S. 125-138

O'Kelly, M. E. und Miller, H.J.: The Hub Network Design Problem, in: Journal of Transport Geography 1994, Vol. 2, No. 1, S. 31 – 40

O'Kelly, M. E.: A Quadratic Integer Program for the Location of Interacting Hub Facilities, in: European Journal of Operational Research, Vol. 32, 1987, S. 393-404

O'Kelly, M. E.: Hub Facility Location with Fixed Costs, in: Papers in Regional Science, Vol. 71, 1992, No. 3, 293 – 306

O'Kelly, M. E.: The Location of Interacting Hub Facilities, in: Transportation Science, Vol. 20, 1986, S. 92 – 106

Osman, I.H.: Metastrategy Simulated Annealing and Tabu Search Algorithms for the Vehicle Routing Problem, in Annals of Operations Research 41 (1993), S. 421-451.

Otto, A. und Obermaier, R.: Schaffen Netzwerke Wert? – Eine Analytik zur kausalen Erklärung des Netzeffektes, in: Lasch und Janker 2005, S. 135-148

Paessens, H.: Tourenplanung, Oldenbourg Verlag 1988

Parragh, S. N.; Doerner, K. F.; Hartl, R. F.: A survey on pickup and delivery problems, Part II: Transportation between pickup and delivery locations, in: Journal für Betriebswirtschaft, Vol. 58, 2008, 81–117

Pfohl, C.: Logistikmanagement, 2. Auflage, Heidelberg 2004

Pilot, C. und Pilot, S.: A model for allocated versus actual costs in assignment and transportation problems, in: European Journal of Operational Research, Heft 3, 1999, S. 570-581

Potvin, J.-Y. und Rousseau, J.-M.: A parallel route building algorithm for the vehicle routing and scheduling problem with time windows, in: European Journal of Operational Research 66 (1993), S. 331-340

Pretolani, D.: A directed hypergraph model for random time dependent shortest paths, in: European Journal of Operational Research, Heft 2, 2000, S. 315-324

Prim, R.: Shortest Connection Networks and some Generalisations, in: Bell Systems Technology, Bd. 36, 1957, S. 1389-1401

Rechenberg, I.: Evolutionsstrategie: Optimierung technischer Systeme nach Prinzipien der biologischen Evolution, Stuttgart-Bad Cannstatt: Frommann-Holzboog 1973

Reeves, C.R. (Ed.): Modern Heuristic Techniques for Combinatorial Problems, Oxford, Blackwell, Scientific Publications 1993

ReVelle, C.S. und Swain, R.: Central Facility Location, in: Geographical Analysis, Vol. 2, 1970, S. 30-42

ReVelle, C.S.: Facility Siting and Integer Friendly Programming, in: European Journal of Operational Research, Vol. 65, 1993, S. 147-158

ReVelle, C. S.und Laporte, G.: The Plant Location Problem: New Models and Research Prospects in: Operations Research, Vol. 44, No. 6, 1996, S. 864-874

Riebel, P.: Probleme einer entscheidungsorientierten Kosten-, Erlös- und Deckungsbeitragsrechnung im Güterkraftverkehrsbetrieb, in: Zeitschrift für Verkehrswissenschaft, 57. Jg. (1986), S. 3-38.

Rosenkrantz, D.J.; Stearns, R.E.; Lewis, P.M.: An Analysis of several Heuristics of the Travelling Salesman Problem, in: SIAM J. Comp., 6, 1977, S. 563-581

Rothlauf, F.: Representations for Genetic and Evolutionary Algorithms. Springer, Heidelberg 2002.

Savelsbergh, M.W.P.: A parallel insertion heuristic for the vehicle routing problem with side constraints, in: Statistica Neerlandica 44, 1990b, S. 139-148

Savelsbergh, M.W.P.: An efficient implementation of local search algorithms for constrained routing problems, in: European Journal of Operational Research 47 (1990a), S. 75-85

Savelsbergh, M.W.P.: The Vehicle Routing Problem with Time Windows: Minimizing Route Duration, in: Journal of Computing 4, 1992, S. 146-154

Schiemann, S. A.: Lösungsverfahren für das 2-dimensionale, euklidische Traveling Salesman Problem unter besonderer Berücksichtigung der Delaunay-Triangulation, Berlin 2005

Schilling, D.A.; Rosing K.E.; ReVelle C.S., Network distance characteristics that affect computational effort in p-median location problems, in: European Journal of Operational Research, Heft 3, 2000, S. 525-536

Skorin-Kapov, D.und Skorin-Kapov, J.: On Tabu Search for the Location of Interacting Hub Facilities, in: European Journal of Operational Research , Vol. 73, 1994 A, S. 502-509

Skorin-Kapov, D.; Skorin-Kapov, J.; O'Kelly, M.E.: Tight Linear Programming Relaxations of Uncapacitated p-Hub Median Problems, in: European Journal of Operational Research , 1996, Vol. 94, S. 582-593

Sohn, J.; Park, S.: A Linear Program for the Two-Hub Location Problem, in: European Journal of Operational Research, Vol. 100, 1997, S. 617-62

Solomon, M.M.: Algorithms for the vehicle routing and scheduling problems with time window constraints, in: Operations Research 35, 1987, S. 254-265

Suhl, L.; Mellouli, T.: Optimierungssysteme. Modelle, Verfahren, Software, Anwendungen. Heidelberg 2006

Sung, K.; Bell, M.G.H.; Myeongki,S.; Park, S.: Shortest paths in a network with time-dependent flow speeds, in: European Journal of Operational Research, Heft 1, 2000, S. 32-39

Taillard, E. D.; Badeau, P.; Gendreau, M.; Guertin, F.; Potvin, J. Y.: A tabu search heuristic for the vehicle routing problem with soft time windows. Transportation Science, 31(2), 1997, 170–186

Thangiah, S.R.; Osman, I.H.; Vinayagamoorthy, R.; Sun, T.: Algorithms for the vehicle routing problems with time deadlines, in: Golden, B.L. (Ed.): Vehicle Routing 2000, 2003, S. 323-356

Thiel, J. und Voß, S.: Some experiences on solving multiconstraint zero-one knapsack problems with genetic algorithms, in: INFOR 32, 1994, S. 226-242

Thompson, P.M. und Psaraftis, H.N.: Cyclic Transfer Algorithms for Multivehicle Routing and Scheduling Problems, in: Operations Research 41 (1993), S. 935-946.

Toregas, R.; Swain,R.; ReVelle, C.; Bergmann, L.: The Location of Emergency Service Facilities, in: Operations Research, 19, 1971, S. 1362-1373

Vahrenkamp, R.: Entwurf und Optimierung von Nabe-Speiche-Transportnetzen (Hubs) für die Luftfracht in der Eurologistik, in: Kopfer, H.; Bierwirth, Chr. (Hrsg.): Logistik Management, Springer-Verlag 1999

Vahrenkamp, R.: Logistik – Management und Strategien, 6. Auflage, München 2007

Vaithyanathan, S.; Burke, L.I.; Magent, M. A.: Massively parallel analog tabu search using neural networks applied to simple plant location problems, in: European Journal of Operational Research, Heft 2, 1996, S. 317-330

Van der Bruggen, L.J.J.; Lenstra, J.K.; Schuur, P.C.: Variable-Depth Search for the Single-Vehicle Pickup and Delivery Problem with Time Windows, in: Transportation Science Vol. 27, No. 3, August 1993, S. 298-311

Van Woensel, T.; Kerbache, L.; Peremans, H.; Vandaele, N.: Vehicle routing with dynamic travel times: A queueing approach. European Journal of Operational Research, 186(3), 2008, 990–1007

Vidal C.J. und Goetschalck, M.: A global supply chain model with transfer pricing and transportation cost allocation, in: European Journal of Operational Research, Heft 1, 2001, S. 134-158

Vogt, M.: Tourenplanung in Ballungsgebieten, Wiesbaden 1998

Voß, S. und Gutenschwager, K.: A chunking based genetic algorithm for the Steiner tree problem in graphs. In: P.M. Pardalos, P.M.; Du, D. (Eds.), Network Design: Connectivity and Facilities Location, in: DIMACS Series in Discrete Mathematics and Theoretical Computer Science 40, AMS, Providence 1998, S. 335-355

Voß, S.und Woodruff, D.L. (Hrsg.): Optimization Software Class Libraries, Boston 2002

Voß, S.: Steiner-Probleme in Graphen, Hain-Verlag, Frankfurt am Main 1990

Voudouris, C. und Tsang, E.: Guided local search and its application to the traveling salesman problem, in: European Journal of Operational Research, Heft 2, 1999, S. 469-499

Wäscher, G.: Innerbetriebliche Standortplanung, Wiesbaden 1982

Wendt, O.: Tourenplanung durch Einsatz naturanaloger Verfahren Integration von Genetischen Algorithmen und Simulated Annealing. Dissertation Wiesbaden 1995

Werners, B.; Steude, V.; Thorn, J.: Standortplanung für das Rettungswesen, in: Wirtschaftswissenschaftliches Studium , 2001, S. 653-658

Werners, B.: Grundlagen des Operations Research, Berlin 2006

Werners, B.: Kurzeinführung in CLIPMOPS, Fakultät für Wirtschaftswissenschaften, Bochum 2004

Werners, B.: Kurzeinführung in XPRESS-Ive, Fakultät für Wirtschaftswissenschaften, Bochum 2006

White, C.C.: Multiobjective, preference-based search in acyclic OR-graphs, European Journal of Operational Research, Heft 3, 1992, S. 357-363

Yan Shangyao und Chang Jei-Chi: Airline cockpit crew scheduling, in: European Journal of Operational Research, Heft 3, 2002, S. 501-511

Zachariasen, M.: Local search for the Steiner tree problem in the Euclidean plane, in: European Journal of Operational Research, Heft 2, 1999, S. 282-300

Stichwortverzeichnis

WIE GEMACHT FÜR SIE!

DIE MASSGESCHNEIDERTEN ABO-MODELLE DER VERKEHRSRUNDSCHAU

JETZT NEU:
EXKLUSIVE
ZUSATZNEWS*!

PREMIUM-ABO

Inklusive aller Magazin-
und Online-Vorteile!

MAGAZIN-ABO

ONLINE-ABO

VerkehrsRundsc
jetzt auch als We
App: Gleich teste

verkehrs RUNDSCHAU

The manufacturer's authorised representative in the EU is Springer
Nature Customer Service Centre GmbH, Europaplatz 3, 69115 Heidelberg,
Germany. If you have any concerns regarding our products, please
contact ProductSafety@springernature.com

Printed and bound by CPI Group (UK) Ltd, Croydon, CR0 4YY
24/04/2026
02096334-0009